我国义务教育学校教师
绩效工资制度改革研究

付卫东/ 著

中国社会科学出版社

图书在版编目（CIP）数据

我国义务教育学校教师绩效工资制度改革研究／付卫东著．—北京：中国社会科学出版社，2018.12
ISBN 978-7-5203-3658-1

Ⅰ.①我… Ⅱ.①付… Ⅲ.①义务教育—教师—工资改革—研究—中国 Ⅳ.①G635.15

中国版本图书馆CIP数据核字（2018）第281522号

出 版 人	赵剑英
责任编辑	周晓慧
责任校对	无 介
责任印制	戴 宽

出　　版	中国社会科学出版社
社　　址	北京鼓楼西大街甲158号
邮　　编	100720
网　　址	http://www.csspw.cn
发 行 部	010-84083685
门 市 部	010-84029450
经　　销	新华书店及其他书店
印　　刷	北京明恒达印务有限公司
装　　订	廊坊市广阳区广增装订厂
版　　次	2018年12月第1版
印　　次	2018年12月第1次印刷
开　　本	710×1000　1/16
印　　张	23
插　　页	2
字　　数	343千字
定　　价	88.00元

凡购买中国社会科学出版社图书，如有质量问题请与本社营销中心联系调换
电话：010-84083683
版权所有　侵权必究

序

　　付卫东博士撰写的《我国义务教育学校教师绩效工资制度改革研究》一书即将出版，我感到十分欣慰，并表示由衷地祝贺！2009 年开始实施的义务教育学校教师绩效工资改革，是党中央、国务院优先发展教育的重大决策，充分体现了党和政府对广大义务教育学校教师的亲切关怀，为确保《中华人民共和国义务教育法》所规定的教师平均工资水平不低于当地公务员的平均工资水平提供了重要的制度保障，这对于提高义务教育学校教师的经济地位和社会地位，充分调动广大教师的工作积极性，鼓励和吸引优秀人才到义务教育学校，尤其是到农村学校长期任教，具有重要的现实意义。作者凭借其学术的敏感性和研究视角的独特性，对我国义务教育学校教师绩效工资制度改革进行全方位探讨，有不少亮点和特色，具体来讲，该书的突出特点有：

　　一是研究视角全面。已有义务教育学校教师绩效工资制度的研究主要聚焦在两个方面：一是介绍国外教师绩效工资改革的基本经验，其中绝大部分文献介绍美国一些州和学区的做法，对其他国家和地区的教师绩效工资制度则很少涉及；二是对我国义务教育学校教师绩效工资制度的研究，主要集中在所出现的问题及困难上，对于如何给予相应的对策和解决办法则缺乏足够的探讨。而作者不仅对美国义务教育学校教师绩效工资制度改革进行研究，也对澳大利亚、英国和以色列等国家的教师绩效工资制度改革进行深入探讨；不仅研究国外教师绩效工资制度改革的现状及存在的主要问题，也深入探讨国外教师绩效工资制度改革的相关背景；不仅研究我国义务教育学校教师工资的制度性变迁，也深入探讨我国义务教育学校教师工资的现状，以便了解我国义务教育学校教师绩效工资制度改革的历史和现实背景；不仅研究我国义务教育学校教师绩效工资制度改革的成效、问题，也深入探讨问题背后的深层次原因和相应的对策建议。可见，作者并非就事论事。

二是理论观点新。已有研究对义务教育学校教师绩效工资制度的理论依据研究主要移植西方发达国家的企业绩效工资理论，该理论主要借鉴管理学中的激励—期望理论、目标设置理论、强化理论和公平理论等，但由于义务教育的教育性和长效性的特点使义务教育学校教师工作不能全部量化，义务教育的非营利性和非产业性也使义务教育学校对教师绩效工资的来源和支配能力有限。而作者不仅运用了管理学中的激励理论，还运用了按劳分配理论和效率工资理论，这既符合教师绩效工资改革中多劳多得的原则，也实现了通过改革来提高教师劳动报酬，改善教师生活待遇进而调动和发挥广大义务教育学校教师工作积极性的愿望。并且，作者一再强调不能完全照搬按劳分配理论和效率工资理论，要有所取舍，否则就会削足适履，适得其反。

三是实证研究深入。已有研究往往局限于一个县、一个市或最多在一个省的范围内，样本量较少，对不同省份和地区教师绩效工资的实证研究并不多见，而作者调查的地域和学校非常广泛，涉及我国东中西部8省（自治区）40个县80余所学校，不仅有大中城市也有县城、乡镇和农村，不仅有城市中小学也有农村初小和教学点。而且，作者还运用质化研究和量化研究相结合的方法，通过问卷调查法以及质化研究中的访谈法、观察法、案例研究法等，相互支持，取长补短，不仅可以全面了解我国义务教育学校教师绩效工资制度改革的现状，还对潜藏在问题背后的深层次原因进行深入探究，因而研究结论真实可信。

当然，尽管该书颇有新意，但无论在理论还是在实证分析方面，仍有许多有待作者进一步努力的地方。至今我国义务教育学校教师绩效工资制度改革已经有10年了，同绩效工资制度改革之初相比，历经10年的义务教育学校教师绩效工资制度改革肯定会出现不少新的情况和新的问题，希望作者能以本书为起点，脚踏实地，继续深入研究，再创新的业绩

范先佐

2018年11月18日于武昌桂子山

Abstract

According to compulsory education law and the reform of income distribution of Institution, On september 2, the Meeting of State Council decides that our country will implement the reform of teacher performance pay on compulsory school since the Date of January 1. It's an important decision to develop Education for our Communist Party and State Council, It also means that they are kind to teachers. the Reform of teacher Performance Pay, ensures that the compulsory education law provisions of average wage standard teachers not less than average wage standard of the local civil servants provides an important system guarantee, to raise their social status, fully mobilize the enthusiasm of teachers to attract and encourage all kinds of talents to the compulsory education schools, especially to the rural compulsory education school teachers, promote the balanced development of compulsory education, It also has very important sense.

So, What's the basis of theory on the reform of teachers performance pay in compulsory education? Why does our country want to make system reform of teacher performance pay? What has the reform made preliminary achievements? What are the main problems that still exist? What're the deep reasons of these problems? What are successful experiences of foreign teacher performance pay stem reform in compulsory education? The question is worthy of attention and eager to answer. This paper is from the view of education economics, economics, management, and psychology , from the perspective of positivism and humanism in the combination of methodology , investigation and field study for the organic combination of the research methods, through a lot of questionnaire investigations, interview and case analysis, and other structural research methods for data collection means, through the qualitative and quantitative analysis of data, The above problems a comprehensive and in-depth analysis, based on the basic experience of foreign school teacher performance pay reform and the reality of our country reality condition, puts forward the suggestions on further reform and perfect our country's teacher performance pay system. According to the above logic thinking, full text is divided into six chapters:

The first chapter for introduction, mainly introduces the origin of this study is briefly analyzed, and the teachers' salaries and obligations at home and abroad about teacher performance pay reviewed. At the same time, the definitions of pay, teacher performance pay of compulsory education such and so on. Finally, introduce the purpose of the research, the significance and the structure.

The second chapter introduces the theory of teacher performance pay reform in compulsory education. This part of the content mainly includes economics theory, the efficiency of distribution according to work and the incentive wages theory of management theory and their enlightenment to teacher performance pay system in compulsory education.

In the third chapter introduces the history for formation andhe reform background of teacher performance pay in compulsory education. This paper focuses on the parts in our country labor wage system of the teachers through five fundamental reforms: real convert system, the system of grade wages, the system of structure and job performance such as salary to salary. So as to learn how the system of teacher performance salary system works. Among them, the reform background relates to improve the teachers' pay duty to ensure that obligations, the salaries of teachers education schools requirements and promote the balance development of the compulsory education, etc.; The content of the reform of the total wages including performance pay and level of determination, the distribution of performance pay, funds to guarantee the performance and financial management; The principle of reform including sticking to the principle of morality first, to follow the principle of balanced development and the pursuit of fairness and efficiency of the organic unity.

The forth chapter introduces the effects and problems about the system reform of teacher performance pay. Among them, the reform efforts include: to guarantee the compulsory education teachers' income; Set up and local civil servant salary linkage mechanism that guarantees the teacher in compulsory education with the civil service salary allowance of adjustment synchronous growth; Ensure that the same county teachers' salary level in a rough balance, promote the balanced development of compulsory education ; More gain for more pay, superior performance to the principle of optimal payment, improve the teachers' enthusiasm; Set up the rural teachers allowance, promote the rural teachers stability. The problems include: teacher performance pay in part region is difficult to guarantee; performance gap is widening between urban and rural areas; distribution of teacher performance pay in the same county even within the same school is unequal; Temporary teacher pay not included in the scope of protection.

Chapter 5 analyzes problems of attribution that the system reform of teacher Performance Pay s exists. the reasons can be reduced to the following aspects: from the point of view of financial input, public finance in compulsory education investment still insufficient; From the way of salary, teachers' salary still use the traditional way; From the evaluation method, see, the teacher evaluation method is not reasonable, From the management perspective, and to pay attention to the performance evaluation but ignore the performance management; From the point of view of distribution, the way of teacher performance pay allocation is not reasonable, From the perspective of supervision, the supervision of teacher performance pay mechanism is not reasonable.

Chapter 6 suggests improving the system reform of teacher performance pay in compulsory education. First, analyzes experience and enlightenment on the system reform of teacher performance pay of the in compulsory education. Second, make the following Suggestions: to continue increasing public financial investment, to guarantee the teacher performance pay system reform in compulsory education proceeds smoothly; Explicit the responsibility of the government at all levels, and establish a provincial faculty performance pay guarantee mechanism gradually; To improve the countryside, especially the teachers economic treatment in the poor areas. Perfect teacher performance evaluation mechanism, establish a transparent performance evaluation system; To strengthen the performance management, ensure that teacher performance pay reform and the development of the school synchronize advancement; Insist on unified standard, procedural justice and fair principle, to guarantee fair distribution of teacher performance pay; Innovate the supervision mechanism of teacher performance pay, promoting the healthy and stable development of compulsory education.

Key words: Compulsory Education; Teacher Performance Pay; System Reform

目 录

第一章 导论 …………………………………………… (1)
 第一节 问题提出 ………………………………………… (1)
 第二节 研究目的和意义 ………………………………… (3)
  一 研究目的 …………………………………………… (3)
  二 研究意义 …………………………………………… (3)
 第三节 研究现状 ………………………………………… (6)
  一 对教师工资的研究 ………………………………… (6)
  二 对义务教育学校教师绩效工资的研究 ………… (25)
 第四节 相关概念的界定 ………………………………… (63)
  一 绩效 ………………………………………………… (63)
  二 工资 ………………………………………………… (65)
  三 绩效工资 …………………………………………… (66)
  四 教师绩效工资 ……………………………………… (67)
  五 义务教育学校教师绩效工资制度 ……………… (68)
 第五节 研究方法 ………………………………………… (69)
  一 文献法 ……………………………………………… (69)
  二 历史研究法 ………………………………………… (70)
  三 比较法 ……………………………………………… (70)
  四 调查研究法 ………………………………………… (71)
  五 实地研究法 ………………………………………… (73)
 第六节 结构安排 ………………………………………… (76)

第二章 我国义务教育学校教师绩效工资制度改革的理论依据 (79)

第一节 按劳分配理论 (79)
一 古典的按劳分配理论 (79)
二 经典的按劳分配理论 (84)
三 发展的按劳分配理论 (89)
四 按劳分配理论与义务教育学校教师绩效工资制度改革 (91)

第二节 效率工资理论 (96)
一 效率工资理论的基本内容 (96)
二 效率工资理论的影响及应用 (105)
三 效率工资理论与义务教育学校教师绩效工资制度改革 (107)

第三节 激励理论 (109)
一 内容型激励理论 (109)
二 过程型激励理论 (112)
三 结果反馈型激励理论 (117)
四 激励理论与义务教育学校教师绩效工资制度改革 (119)

第三章 我国义务教育学校教师绩效工资制度的形成及其改革背景 (124)

第一节 义务教育学校教师绩效工资制度的形成 (124)
一 工资实物折算制(1952—1954) (124)
二 等级工资制(1955—1984) (126)
三 结构工资制(1985—1993) (131)
四 专业技术职务等级工资制(1993—2005) (134)
五 岗位绩效工资制(2006年至今) (144)

第二节 义务教育学校教师绩效工资制度改革的背景 (150)
一 进一步完善我国教师工资制度的迫切需要 (150)

二　依法保证义务教育学校教师工资待遇的必然
　　　　要求 ………………………………………………… (153)
　　三　促进义务教育均衡发展的重要举措 …………… (159)
　第三节　义务教育学校教师绩效工资制度改革的基本
　　　　内容 ………………………………………………… (164)
　　一　绩效工资总量和水平核定 ……………………… (165)
　　二　绩效工资分配 …………………………………… (165)
　　三　经费保障与财务管理 …………………………… (168)
　第四节　义务教育学校教师绩效工资制度改革的原则 …… (169)
　　一　以德为先的原则 ………………………………… (169)
　　二　均衡发展的原则 ………………………………… (172)
　　三　公平与效率有机统一的原则 …………………… (173)

第四章　义务教育学校教师绩效工资制度改革的成效及
　　　　问题 ………………………………………………… (176)
　第一节　义务教育学校教师绩效工资制度改革的初步
　　　　成效 ………………………………………………… (176)
　　一　依法保障教师的工资待遇,稳定了义务教育
　　　　学校教师队伍 …………………………………… (176)
　　二　建立了和当地公务员工资联动机制,保证了教师
　　　　工资随公务员工资同步增长 …………………… (182)
　　三　保证了县域内教师工资水平大体平衡,促进了
　　　　区域义务教育均衡发展 ………………………… (187)
　　四　坚持多劳多得、优绩优酬的原则,调动了广大
　　　　教职工的积极性 ………………………………… (190)
　　五　设立农村教师津贴,保证了农村教师队伍的
　　　　稳定 ……………………………………………… (195)
　第二节　义务教育学校教师绩效工资制度改革存在的
　　　　问题 ………………………………………………… (200)
　　一　部分地区义务教育学校教师绩效工资难以得到
　　　　保障 ……………………………………………… (201)

二　城乡之间、地区之间义务教育学校教师绩效工资
　　　　差距拉大 ………………………………………………… (204)
　　三　同一县域及同一学校教职工绩效工资分配不均…… (209)
　　四　代课教师的绩效工资没有纳入保障范围…………… (220)

**第五章　义务教育学校教师绩效工资制度改革存在问题的原因
　　　　分析** …………………………………………………… (231)
　第一节　公共财政对义务教育投入仍然不足 ……………… (231)
　第二节　义务教育学校教师绩效工资发放仍沿袭"以县
　　　　　为主"的体制 ………………………………………… (240)
　第三节　绩效考核中教师评价方式不合理 ………………… (248)
　第四节　重视绩效考核却忽视了绩效管理 ………………… (258)
　第五节　绩效工资分配公平性缺失 ………………………… (262)
　第六节　绩效工资的监督机制不健全 ……………………… (268)

**第六章　进一步改革和完善我国义务教育学校教师绩效工资
　　　　制度的政策建议** …………………………………… (272)
　第一节　国外义务教育学校教师绩效工资制度改革的经验
　　　　　借鉴 …………………………………………………… (272)
　　一　必须以专门的教育法规和政策做保障……………… (282)
　　二　必须建立完善的教育经费投入机制和责任监督
　　　　机制 ……………………………………………………… (282)
　　三　必须建立公正有效的教师绩效考核机制…………… (283)
　　四　必须坚持教师绩效工资形式的多样化……………… (284)
　　五　必须与促进薄弱学校的改进结合起来……………… (285)
　第二节　我国义务教育学校教师绩效工资制度的完善……… (286)
　　一　加大公共财政的投入力度,确保义务教育学校
　　　　教师绩效工资制度改革的顺利进行 ………………… (286)
　　二　明确各级政府的责任,逐步建立省级统筹的教师
　　　　绩效工资保障机制 …………………………………… (289)

三 大力提高农村特别是边远贫困地区教师经济
待遇,稳定农村教师队伍 ……………………………(296)
四 完善教师绩效评价机制,建立公开透明的绩效
评价体系 ……………………………………………(300)
五 加强教师绩效管理,确保教师绩效工资改革和
学校发展同步推进 …………………………………(305)
六 坚持标准统一、程序公正和结果公平的原则,
确保义务教育学校教师绩效工资分配公平………(309)
七 创新绩效工资监管机制,促进义务教育健康
稳定发展 ……………………………………………(312)

结束语 …………………………………………………………(316)

附　录 …………………………………………………………(318)

参考文献 ………………………………………………………(330)

后　记 …………………………………………………………(353)

第一章 导论

第一节 问题提出

根据《中华人民共和国义务教育法》和事业单位收入分配制度改革的要求，2008年12月21日国务院常务会议决定，从2009年1月1日起，我国率先在义务教育学校实施绩效工资制度改革。这是党中央、国务院优先发展教育的重大决策，充分体现了党和政府对广大教师的亲切关怀，是教育改革和发展的重大基础性工程。义务教育学校教师绩效工资制度改革，为确保义务教育法所规定的教师平均工资水平不低于当地公务员的平均工资水平提供了重要的制度保障，这对于进一步提高教师的社会地位，充分调动广大教师的工作积极性，吸引和鼓励各类优秀人才到义务教育学校，特别是到农村义务教育学校长期从教、终身从教，促进义务教育均衡发展，都具有十分重要的意义。

但是，在义务教育学校教师绩效工资制度改革实施以来，这项改革在广大中小学教师和学者中也引发了不同的看法。有人认为，义务教育学校教师绩效工资制度改革成效很大：义务教育学校教师工资待遇得到了保障，基本上保证了同一县域内义务教育学校教师工资的大体平衡，"教师平均工资水平不低于当地公务员平均工资水平"这一政策已经基本上得到落实；改变了以往教师工作"干好，干坏，干多，干少一个样"的状况，增强了工资的激励作用，提高了义务教育学校教师工作的积极性，促进了义务教育质量的提高，等等。然而，也有些中小学教师和部分学者认为，义务教育学校绩效工资制度改革所存在的问题很多，主要体现在以下几个方面：第一，绩效工资成为"空头支票"。部分地区尤其是中西部贫困地区经济落后，财力困乏，加上中央和省级转移支付有限，这些地区根本无力承担巨额的绩效工资，因此，绩效工资根本无法按时足额兑现，结果绩效工资变成了"空头支票"，学校教职工对此意见很大。第二，绩效工资成为"讥笑工资"。在绩效工资实施后，东部地区义务教育学校教师绩效工资涨幅较大。中西部地区基础性绩效工资净增额较小，而物价上涨幅度较快，如考虑物价因素，教师工资实际上增幅较小，甚至没有增长，因此有人戏称之为"讥笑工资"。第三，绩效工资变成"官效工资"。一些基层学校绩效考核方案不合理，其方案明显地偏向于学校行政干部和管理人员，结果出现了"管理人员拿上限，后勤服务人员拿下限，普通教师拿平均数"的现象，因此有人称之为"官效工资"。第四，绩效工资被理解为"用我的钱奖励我自己"。有些教师认为，绩效工资实质上就是"二次分配"，只是在原有的工资上做加减法，工资总量没有发生任何变化。不少中小学教师表示，这种绩效工资其实是"用教师自己的钱奖励自己"，"就好比从自己身上割下一块肉，然后让自己赎回来"。

那么，这次义务教育学校教师绩效工资制度改革的情况到底如何呢？如何客观地看待义务教育学校教师绩效工资改革的成效与问题？为什么会存在这些问题？怎样进一步改革和完善义务教育学校教师绩效工资制度？这些问题在现实中迫切需要得到解答，自然引起了笔者的思考，于是，笔者在征得导师的同意后，以此作为自己的博士论文选题。

为了客观地了解义务教育学校教师绩效工资制度改革的真实情况，全面了解教师绩效工资改革所取得的初步成效和所存在的主要问题，深入剖析存在问题背后的深层次原因，结合我国的实际，提出切实可行的对策建议。本书在借鉴前人研究和利用参与教育部哲学社会科学研究重大课题攻关项目"我国义务教育均衡发展改革研究"调研的机会，对8个省40个县（市、区）80余所义务教育学校进行调查的基础上，从教育经济学、经济学、管理学和心理学等学科视角出发，以实证主义和人文主义相结合的方法论为指导，以调查研究和实地观察的有机结合为研究方式，以大量的问卷调查、结构性访谈和案例分析等研究方法为资料收集手段，通过定性和定量的资料分析，从理论和实践相结合的角度，对上述问题进行了全面、深入的分析，并提出了进一步改革和完善我国义务教育学校教师绩效工资制度的对策思路。

第二节 研究目的和意义

一 研究目的

众所周知,义务教育学校教师绩效工资制度改革是我国教师工资制度乃至整个事业单位工资制度改革的重要组成部分,不少学者从多学科角度对此进行了深入研究,取得了较为丰硕的成果,为完善教师绩效工资制度提供了比较全面的理论参考和实践指导。然而,研究也存在诸多的不足和缺陷,如研究视角不够全面,理论研究尚不够深入,实证研究不太具体等。本书的目的在于:在借鉴前人研究的基础上,以大量的问卷调查、结构性访谈和案例分析等为资料收集手段,通过定性和定量的资料分析,从理论和实践相结合的角度,对我国义务教育学校教师绩效工资改革的现实背景、初步成效、所存在的主要问题及其深层次原因进行全面、深入的分析,以期引起更多的政府部门、非政府组织、研究机构和社会其他相关部门对该问题的重视,并最终采取有效的措施解决绩效工资改革过程中所出现的问题,从而使我国义务教育学校教师绩效工资制度得到进一步的改革和完善。

二 研究意义

学术研究的意义一般体现在理论意义和实践意义两个方面。理论意义是学术研究的价值,即"应该在研究方向、研究方法、论证逻辑体系或研究基本结论上,对已有的学术研究活动进行补充或修正"。实践意义是指一项研究对于"现实社会问题本身"的价值,主要体现在"对现实社会问题的理性关怀"方面。[①] 同样,本书具有一定的理论价值和现实意义。

第一,有助于丰富义务教育学校教师绩效工资制度改革的理论。以往的研究很少对义务教育学校教师绩效工资制度进行全面系统的梳理。首先,从理论上讲,仅有少量的文章从管理学激励理论方面探讨教师绩

---

① 于建嵘:《岳村政治——转型期中国社会乡村政治体系的变迁》,商务印书馆2001年版,第12页。

效工资的理论基石，事实上，经济学中的按劳分配理论和效率工资理论也是教师绩效工资的理论渊源。按劳分配理论分为古典的按劳分配理论、经典的按劳分配理论和发展的按劳分配理论，其核心内容就是要求劳动者的劳动报酬同他对社会的劳动贡献相适应。而绩效工资的前身是计件工资，对企业员工工作业绩的衡量主要通过员工劳动成果来体现，教师劳动是一种专门劳动，是一种以脑力劳动为主的精神劳动，因此，教师绩效工资中按绩效分配实质上就是按劳分配，但是由于教师劳动具有迟效性和长效性相统一、个体性和协作性相统一、复杂性和创造性相统一的特点，这些特点决定了教师绩效工资制度不能完全照搬按劳分配制度。效率工资理论的核心观点是企业为了提高工人的生产率而支付高于均衡水平的工资。因此，在义务教育教师绩效工资制度的设计中，给予教师有竞争性的绩效工资总额可以提高教师工作的积极性，对偏远地区教师实施农村教师津贴制度可以让他们安心执教，这些制度的设计显然来自于经济学中效率工资理论的启示。因此，运用经济学中的按劳分配理论、效率工资理论以及管理学中的激励理论分析义务教育学校教师绩效工资的理论基石，同时比较企业绩效工资同教师绩效工资的异同，可以深化义务教育学校教师绩效工资制度的理论基础，避免就事论事。其次，从研究方法上讲，本书注重历史研究、比较研究、问卷调查和实地研究等，而以往的研究仅仅侧重于某一种研究方法，得出的结论难以令人信服。本书从历史的角度对义务教育教师工资制度改革进行回顾和反思，运用比较研究的方法对国外义务教育教师绩效工资制度改革进行分析，运用大规模问卷调查的方法分析我国义务教育教师绩效工资制度改革所取得的成效和存在的问题，运用实地研究的方法对绩效工资改革的个案进行剖析。这些研究方法的综合运用，可以深化对义务教育教师绩效工资制度的认识，避免敷衍塞责。

第二，有助于进一步完善我国义务教育学校教师绩效工资制度。首先，对完善义务教育学校教师绩效工资制度有很好的促进作用。教师绩效工资来源于企业绩效工资，而企业绩效工资是以利润最大化为根本目的的，教师绩效工资的最终目的是提高教师工作的积极性，进而促进教育质量的提高和学生的全面发展。因此，教师绩效工资同企业绩效工资有着明显的差别。在国外，义务教育学校教师绩效工资制度的实施也饱受争议，其改革进程也是起起伏伏、一波三折的。在实施义务教育学校教师绩效工资制度的英国、美国和澳大利亚等国家中，不少国家都进行过长达一个世纪甚至几个世纪的漫长探索，这才有了各国的制度框架和改革模式。在我国，义务教育学校教师绩效工资制度是一个新生事物，如同其他国家一样，在改革的过程中肯定会遇到这样或那样的问题，那么如何完善这项事关1200万义务教育教师切身利益的制度，是摆在教师理论工作者面前的一个刻不容缓的课题。对义务教育学校教师绩效工资制度进行全面系统的研究，分析义务教育学校教师绩效工资的理论基石，对比分析企业绩效工资和教师绩效工资的异同，可以了解教师绩效工资的性质和特点；对我国义务教育教师工资制度改革进行回顾和反思，可以了解教师绩效工资制度改革的背景；对义务教育学校教师绩效工资制度改革进行大规模的实证研究，可以了解改革所取得的初步成效和存在的主要问题，为进一步完善义务教育学校教师绩效工资制度提供科学的依据；对比国外义务教育教师绩效工资改革的得失，可以让我国正在进行的绩效工资改革扬长避短、轻装上阵。其次，对我国义务教育学校教师绩效工资制度改革进行较大规模的实证研究，具有十分重要的现实意义。本书选取了我国东中西部8个省（自治区）40个县（区）80余所中小学进行实证研究，这些地域既有东部经济发达地区，也有中西部贫困落后地区；既有大中城市，也有乡镇和偏远地区农村；既有市区重点学校，也有农村薄弱学校；既有城区学校，也有农村初小及教学点。访谈对象既涉及义务教育教职工，也涉及学校校长和教育行政人员。问卷形式既有教职工卷，也有校长卷和教育行政人员卷。在实地研究过程中，既有经济发达地区的个案研究，也有中西部贫困地区的个案调查。因此，本书调查的地域较广，访谈的对象较多，个案研究也比较有特色。从这些研究中可以比较全面地了解我国义务教育学校教师绩效工资制度改革的全貌，可以全面了解改革所取得的初步成效及存在的主要问题，为进一步推进我国义务教育学校教师绩效工资制度改革起到了促进作用。

第三，有助于我国事业单位收入分配制度改革的推进，对事业单位收入分配改革有着很好的启示。义务教育学校教师绩效工资改革是我国事业单位改革和收入分配改革的重要组成部分。我国的事业单位有120

多家，涉及3000多万人，这些单位多数从事为生产和生活服务以及提高人民科学文化水平和素质服务的工作，其功能是为社会生产和生活提供有效服务、创造经济价值和社会价值。事业单位是为社会、为人民群众提供公共服务的主要部门，大多数事业单位没有将单位成员的服务意识、服务水平、服务质量和服务效率等与他们的工资收入相挂钩。而公共部门的工作和服务效率也是体现一个国家综合实力的重要方面。事业单位收入分配改革，不仅是社会主义市场经济的客观要求，也是生产力高度发展的必然要求。事业单位实施绩效工资制度，必将有效地改善和提高事业单位的公共服务水平和效率。因此，对义务教育学校教师绩效工资制度进行深入研究，了解义务教育绩效工资制度改革的成效和问题，分析该制度所存在的不足背后的深层次原因，提出完善该制度的切实可行的建议，对于我国正在实施的事业单位收入分配改革有很好的启示作用，可以消除事业单位工资分配中的一些弊端，形成完善的工资分配激励机制，既可以解决事业单位之间所存在的收入差距过大和分配不公问题，激发事业单位成员的能动性和创造性，不断提高工作效能，大大提升工作质量，而且可以促进事业单位人力资源的合理配置，更好地为社会发展和经济建设服务。

第三节 研究现状

教师工资是教育经济学研究的重要内容之一，因为教师工资水平是教师社会地位的重要反映，教师工资直接影响着教师工作的积极性和教育教学工作的顺利开展。教师工资，作为一种利益杠杆，影响着教师队伍的素质，影响着国家整个教育大业的发展。同样，义务教育学校教师绩效工资作为教师工资的重要组成部分，也是近年来国内外学者的热点话题。教师工资和教师绩效工资在世界各地都强烈地触动着国内外学者的神经，极大地唤起了他们的研究热情。

一 对教师工资的研究

从所检索的文献上看，国内外学者对教师工资的研究主要集中于教师工资标准的确定、教师工资的影响因素、教师工资水平的比较、教师工资和教师供给、教师工资和教师质量、教师工资和教师积极性等方面。

(一) 教师工资标准的确定

国家教委教育经费研讨组研究指出，从中小学教师工资的确定上看，世界上大多数国家均依据三个基本要素：学历、教龄和职务。但各国也有所不同，有的依据两个因素，如日本、法国，看学历、看教龄；有的依据三个因素，如美国、苏联，看学历、教龄、职务和工作效率（或工作量）；有的依据五个因素，如英国，看学历、工作水平和工作态度、担负责任的大小、地区、性别（男女教师工资实际上略有区别）。[①] 同样，美国教育经济学专家 R. J. 莫内恩（R. J. Murnane）也认为，在大多数国家，教师的工资有统一的等级标准，这些标准是按教师所受正规的教育年限和教龄，而不是按专业领域确定的。美国学者罗纳德·W. 瑞布（R. W. Roub）则认为，影响教师工资的因素包括绩效、努力、资历、技能和工作要求。美国许多学区实行等级工作制，将学历和教育年限作为计算工作等级的重要依据，这充分说明资历对工资的重要性。而工作的复杂程度和职责的大小，也经常是确定教师工资的标准。对于一项因压力大、工作条件差或责任大而难以完成的工作，必须给予更多的报酬，这样才能吸引有能力的教师。他认为，良好的教师工资制度必须认可努力、资历、技能和工作要求等因素的综合作用。[②] 也有人在研究一些国家和地区公立中小学的工资后指出，决定教师薪酬有两个基本标准，即"内在"标准和"外部"标准。内在标准包括资历、经验、职责、年龄以及教育体系结构等，决定职业内部不同教师等级和类别的薪金关系及薪金差别，并且是以比较客观和可以测定的资料为根据的。外部标准指与同一社会内其他经济活动部门职工工资的比例关系。它所包括的不仅是对具体现象的考虑，还涉及对教师社会地位的看法，公众对教师的同情心，某一时间教师组织的谈判力量，政府或教育

---

① 国家教委教育经费研讨组：《教育经费与教师工资》，教育科学出版社 1988 年版，第 327 页。

② [美] 罗纳德·W. 瑞布：《教育人力资源管理——一种管理的趋向》，重庆大学出版社 2003 年版，第 125 页。

系统支付薪金的能力或愿望等因素。①

苏联著名教育经济学家斯·尔·科斯塔扬在《国民教育经济学》中认为，同其他部门的工人和职员的工资一样，应正确组织国民教育工作者的工资，这就要求规定教师劳动质和量的差别；完成该项工作的必要时间；完成各种教育活动的业务技能；教师的工资形式和水平。所有的一切都是根据业务技能、教龄和工作量来规定的，使国民教育工作者的劳动定额化，从而规定工资率和工资等级。教育工作者的工资标准取决于教师所教课程、班级、教龄和学历，也要考虑其工作条件，同时对城市和乡村实行不同的工资标准。②

台湾学者林文达指出，教师待遇包括基本薪级表（Basic Scale）所规定的薪俸、津贴（Allowance）及福利（Fringe Benefits）。薪俸是在一定的服务期间后，按期所获待遇。津贴是教师在本职正常工作范围以外，额外负担责任或因工作条件差别而获得的补偿待遇，如职务津贴和地区津贴。福利则为薪俸和津贴以外，各种嘉惠教师的待遇。薪级表是教师待遇中最主要的部分——薪俸支给的依据，其标准为：一是合格升等标准；二是获得学位或获取某种文凭或进修一定时间而获得薪阶或薪级的调整；三是年资或经验；四是表现与绩效。③ 国内学界对教师工资标准的确定深受苏联专家学者的影响。例如，王善迈认为，教师工资是教师劳动报酬的主要部分，在实行结构工资制的条件下，构成教师工资的基本部分是基本工资、学历工资、职称工资和教龄工资。因此，教师工资必须符合教师劳动的特点和按劳分配的原则，其标准的确定因素包括学历因素、职称因素和教龄因素等。④ 范先佐指出，教师是具有专门技术的劳动者，国家应为他们制定适合其劳动性质和特点的工资制度。他认为，确定教师劳动工资标准应包括：一是在科学的基础上，依据按劳分配原则建立体现教师劳动性质和特点的工资制度，与机关的工资制度脱钩；二是引入竞争、激励机制，加大教师工资活的部分，通过

---

① 国家教委教育经费研讨组：《教育经费与教师工资》，教育科学出版社1988年版，第327页。
② [苏]斯·尔·科斯塔扬：《国民教育经济学》，吉林人民出版社1981年版，第27页。
③ 林文达：《教育财政学》，三民书局1987年版。
④ 王善迈：《教育经济学概论》，北京师范大学出版社1989年版，第129页。

建立符合教师劳动特点的津贴、奖励制度，使教师的劳动报酬与其实际的贡献紧密结合起来，克服平均主义；三是建立正常的增长工资机制，使教师的工资水平随着国民经济的发展有计划的增长。① 靳希斌认为，确定教师劳动报酬标准的依据主要是：等量劳动领取等量产品，复杂劳动者所创造的价值等于多倍简单劳动者所创造的价值理论；根据市场经济等价交换原则和价值规律来确定。具体而言，一是确定教师工资必须贯彻按劳和绩效分配的原则；二是确定教师工资必须遵循市场经济规律。②

从既有的研究来看，世界上大部分国家中小学教师确定工资的标准为学历、教龄、职称和工作量等。与此同时，西方国家和我国台湾地区更注重于教师绩效和工作努力程度，而苏联和我国大陆地区则看重教师的学历、职称和教师工作量等。近年来，我国学界开始注重教师工资的绩效分配和遵循市场经济规律。

（二）教师工资的影响因素

西方教育经济学家指出，工资是劳动的报酬，因此，从理论上讲，教师工资是教师劳动的边际产品，也就是说，教师的工资收入是由其边际产品决定的，它与一般生产工人的收入决定并无多大差别，但是在现实生活中，确定教师工资待遇是一件十分复杂而又困难的事情，它既受经济因素的制约，又受到许多非经济因素如工会力量的强弱、性别和种族歧视等的影响。③ 美国教育经济学家埃尔查南·科恩和特雷·G. 盖斯克（Elchanan Cohn and Terry G. Geske）同样赞同这种观点，他们认为，尽管我们经常指出，教师工资会随着地区、性别、教育预备及其他许多因素的不同而有所变化，但我们无法提出一个精确模型，帮助解释工资在个体之间、教育组织之间或较大行政区域之间的差异。但总的来说，教职工工资的决定因素主要包括工会的影响、买方垄断的影响、性别歧

---

① 范先佐：《教育经济学》，人民教育出版社1998年版。
② 靳希斌：《教育经济学》，人民教育出版社2001年版。
③ 曲恒昌、曾晓东：《西方教育经济学研究》，北京师范大学出版社2000年版，第208页。

视等。①

西方较早研究工会对教师工资影响的是美国学者卡斯佩尔（Kasper），他运用1967—1968学年的数据建立了一个涉及美国50个州的跨地区模型。这个模型假设州教师工资是一个变量函数，这个变量函数包括州的人均收入（I），都市化程度（U），全部教育税收中地方（R1）、州（Rs）和联合政府（Rf）所提供资金的比例，生均经常性支出（E），中小学教师相对混合程度（P），西部州的离散（0—1）变量（W），教育组织化程度（O）。教育组织化程度这一变量，是由一个州内那些作为代表和学校协商的教师成员同任课教师的比率来衡量的，也就是教师工会对教师工资的影响。美国的森藤（Thornton）使用1969—1970学年美国10万以上人口城市的学区数据，研究调查四项工资变量：学士学位教师最低和最高工资、硕士学位最低和最高教师工资。统计显著性因素包括集体议价影响、学区大小和地区平均工资。其中集体议价影响对这四项工资的测量有很大的不同，对教师工资增量幅度的影响从2.3%到28.8%不等。② 美国学者鲍和斯通（Baugh and Stone）的研究同样揭示了教师工会对教师工资的影响。他们根据《当前人口调查》中的教师抽样数据，应用两种不同的研究设计，对1974年和1977年横截面的工资水平进行回归分析。他们估计20世纪70年代后期，教师工会对教师工资影响的范围大约在12%到21%之间。③ 同样，美国学者杜普兰特斯等人（Duplantis et al.）在经过调查后指出，在美国那些存在集体谈判的学区里，其教师平均薪水要高出9.5%，同盟也会使教授的薪水提高6%—13%，并且会增加资深教师的报酬。埃伯特和斯通（Eberts and Stone）认为，工会成员收入更高，应实施小班化教学，花更少的时间教导学生。在标准化的教育供给中，美国教师工会似乎提高了既定数量和质量的教育成本。④

---

① ［美］埃尔查南·科恩、特雷·G. 盖斯克：《教育经济学》，范元伟译，上海人民出版社2009年版，第216页。
② 同上书，第217页。
③ 同上书，第218页。
④ 转引自［英］克里夫·贝尔菲尔德《教育经济学——理论与实践》，曹淑江译，中国人民大学出版社2007年版，第97页。

有西方学者对不同性别的教师对教师工资收入变动的反应做了研究，结果发现，男教师对教师工资收入和职业前景变动的反应明显大于女教师。就是说，收入高低及其变动对男教师的影响远远超过女教师。① 也有研究表明，在一些国家里，教师职业在很长一段时期内吸引了比较多的女性和少数民族的毕业生，原因是这些人在其他收入水平更高的行业里找不到工作。随着社会的变化，这些人拥有了进入其他较高行业的机会。R. J. 莫内恩分析了美国女大学生的就业选择情况，他发现，20世纪60年代，在进入全日制劳动者行列的黑人女毕业生中，有7/10成为教师；至1980年，这一数字下降为1/4。尽管教师职业在20世纪70年代对其他毕业生的吸引力有所下降，但其他毕业生所发生的变化却不大。②

国内学者邱渊指出，教师工资影响因素包括所在国家全社会的生产水平，在当时经济组织（生产关系）规定下的工资水平上下限，以及包含市场动态与政府运作因素在内的制约各部门以至个人行动选择的复杂关系。同时，影响教师工资水平的社会因素还包括工作的艰苦、危险程度，接近营利较丰部门和政府重视的工作，环境福利条件等。③ 王善迈认为，教师作为一种职业，其劳动报酬是由多种因素的共同作用决定的，一般来讲，影响教师工资的因素，一是宏观经济发展水平决定了教师的工资水平。在任何一个国家里，教师工资都不会脱离经济发展水平而出现过高或过低的情况，教师工资在整个社会上的相对水平会随着教育在经济发展中作用的增强而不断提高。二是国家宏观政策对教师工资水平产生着较大影响。在经济发展水平大致相同的国家或地区，教师工资水平相差较大，这主要取决于政府政策的价值取向。如果政府对教育非常重视，教师工资就应处于较高水平。相反，如果政府采取较为功利的政策，教师工资就相对较低。三是教师供求关系。当教师供不应求时，教师工资自然会不断上升；当供过于求时，教师工资就会不断下

---

① 曲恒昌、曾晓东：《西方教育经济学研究》，北京师范大学出版社2000年版，第212页。

② R. J. Murnane, J. D. Singer, J. B. Willett, J. J. Kemple, R. J. Olsen, *Who Will Teach? : Policies That Matter*, Cambridge, Massachusetts: Harvard University Press, 1991.

③ 邱渊：《教育经济学导论》，人民教育出版社2001年版。

降。四是教师工资制度。教师工资由市场决定，有着较大的灵活性，但不稳定；教师工资由政府确定，工资相对较为稳定。五是教师工资受个人条件的影响，如学历、教学经验、职称等。六是教师工资受地区因素和学校条件的影响。[1]

由以上研究可以看出，西方国家教师工资影响因素和我国教师工资影响因素有着明显的差别。西方国家教师工资明显受教师工会的强烈影响，而我国教师工资不存在教师工会的干预。但同西方国家一样，我国教师工资同样受国家宏观经济发展水平、政府对教育的重视程度和教师供求等因素的影响。

（三）教师工资水平比较

在决定教师地位的诸要素中，经济地位是最主要的因素。通过对教师工资进行国际和国内比较，可以分析一个国家对教育和教师的重视程度，也可以反映一个国家和地区文明程度及教育本身的地位和影响。

1. 教师工资水平的国际比较

这主要是将本国的教师工资水平同世界上其他国家的相比较；教师工资水平可以直接反映各国教师的社会地位和对教师的重视程度。美国学者巴罗（Barro）比较了1982—1986年10个国家——美国、英国、加拿大、联邦德国、荷兰、瑞典、丹麦、日本、韩国和新西兰的教师工资，利用"购买力评价"的方法，将外国货币转换成同等的美元价值。其主要结论，一是美国教师工资的绝对值，通常高于其他国家，但不包括加拿大、荷兰和丹麦；二是除瑞典以外，美国公立中学教师的工资相对于人均国内生产总值来说，比其他国家低得多，这表明美国以外其他国家的教师获得了相对更高的工资报酬，并且教育在这些国家里占据着优先地位；三是对于小学教师也可以得出类似的结论。同时，他还指出，在不同的国家里，教师与其他行业人员的工资比例差别很大，这说明教师作为一种职业选择，其吸引力在各国之间也有差异。[2] 同样，1988年美国《教育周刊》关于一些国家国立教育中心的统计资料显示，

---

[1] 王善迈：《教育经济学简明教程》，高等教育出版社2000年版。
[2] 转引自［美］埃尔查南·科恩、特雷·G.盖斯克《教育经济学》，范元伟译，上海人民出版社2009年版，第208页。

以 1984 年为基准，各国人均 GNP 与教师平均工资之比分别是：日本为 2.03，美国为 1.66，瑞典为 1.37，韩国为 2.32。[①] 我国教委教育经费研讨组将 20 世纪 80 年代国外中小学教师工资与其他行业同等条件的工作人员工资进行了比较，将国外中小学教师工资待遇分为三种类型：一是高于型，就是说中小学教师的工资高于类似或同等资格的其他职业的工资。例如比利时、荷兰、法国、挪威、新西兰、联邦德国、丹麦、瑞士、瑞典等国。二是相等型，就是说中小学教师平均工资和其他行业同学历、同工龄人的平均工资基本相同。例如波兰、南斯拉夫等国。三是低于型，就是说中小学教师的平均工资低于其他行业同学历、同工龄人的平均工资。美国是其中的一个典型国家。[②] 经济合作与发展组织对 1997 年 OECD 成员国教师工资进行统计分析，得出以下结论：一是教师法定工资差异很大，初中教师的起点工资从 5400 美元至 37000 美元以上不等；二是一般来说具有 15 年教龄的中小学教师的工资都高于人均 GDP；三是在绝大多数国家内，同平均收入相比教师报酬尚属优厚；四是各国薪级标准有很大不同，但在许多国家中具有 15 年教龄教师的法定工资增长了 1/3 到 1/2；五是从获取最低工资到最高工资所经过的年限不同，为 8 年至 40 年以上。[③] 以上研究表明，世界上大部分国家中小学教师的报酬用该国平均收入来衡量尚属优厚，中小学教师的工资一般都高于人均 GNP。

就我国国内而言，中国科学院院士、北京大学科学与社会研究中心研究员何祚庥等人撰写的《我国教师收入合理水准研究》，提出了"教师收入指数"和"工人收入指数"这两项指标，其中，"教师收入指数"指一国教师年平均工资与该国人均国民生产总值的比值。通过对 1980—1986 年 82 个国家和地区教师收入指数的计算，以及 72 个国家和地区工人收入指数的计算，再把各国人均国民生产总值（GNP）水平分为七个档次，得出了人均 GNP 各档次教师、工人收入指数平均值。研究发现，教师收入指数明显高于工人收入指数。其中，人均 GNP 在 500

[①] 高如峰：《义务教育投资国家比较》，人民教育出版社 2003 年版，第 220 页。
[②] 国家教委教育经费研讨组：《教育经费与教师工资》，教育科学出版社 1988 年版。
[③] 经济合作与发展组织教育研究与革新中心：《经济合作与发展组织教育要览》，人民教育出版社 2000 年版，第 168 页。

美元以下的国家，教师收入的平均水平比工人高1倍左右，而人均 GNP 在 500 美元以上的国家，教师收入的平均水平比工人收入高 50%—60%。最后得出的结论是，我国教师的最低收入应高于工业部门平均收入 50%。① 北京师范大学曲恒昌分析了发达国家和发展中国家教师收入状况，通过对这些国家教师平均工资和人均 GNP 的比较，得出的重要结论是，在发达国家教师平均工资和人均 GNP 之比值在 1.8∶1—2∶1 较为合理；而在发展中国家，教师平均工资与人均 GNP 之比值应高些，大概在 2.5∶1—3.5∶1 比较合理，处于这一阈值的韩国和马来西亚等国家教师队伍比较稳定，素质较高。② 同样，中央教育科学研究所教师发展研究中心研究认为，38 个国家的小学教师在工作 15 年以后的法定工资平均每年为 29371 美元，其中卢森堡为 68720 美元，位居第一；孟加拉 334 美元，位居最后；中国为 1987 美元，排名第 33。38 个国家的小学教师在工作 15 年以后的工资与人均 GNP 的平均比率为 1.17，其中韩国最高，为 2.21；挪威最低，为 0.68；中国为 0.77，位居第 28。38 个国家的初中教师在工作 15 年以后的平均法定工资每年为 31703 美元，其中卢森堡最高，为 89864 美元；孟加拉最低，位居第 33。38 个国家的初中教师在工作 15 年以后的工资与人均 GNP 的平均比率为 1.23，其中韩国最高，为 2.20；挪威最低，为 0.68；中国为 0.88，位居第 28。根据计算，我国中小学教师工资水平低于发达国家中等偏上水平。③ 栾俪云研究发现，与世界上其他发展中国家相比，我国教师工资实际水平不容乐观。1993—2004 年，我国教师平均工资与人均 GNP 的比值在 1.09—1.59，远远低于发展中国家 2.5∶1—3.5∶1 的平均水平。④

以上研究表明，世界上大部分国家中小学教师收入同平均收入相比尚属优厚，中小学教师的工资一般都高于人均 GNP。我国过去教师收入

---

① 何祚庥：《我国教师收入合理水准研究》，《科技时报》1990 年第 6 期。
② 曲恒昌：《关于我国中小学教师收入的几个问题》，《高等师范教育研究》1995 年第 3 期。
③ 中央教育科学研究所教师发展研究中心：《中国中小学教师发展水平不断提升》，《中国教育报》2009 年 11 月 13 日。
④ 栾俪云：《现实和差距：和谐视野下的中国教师工资水平研究》，《现代教育管理》2009 年第 1 期。

指数低于工人指数,教师工资水平长期低于世界平均水平。近年来情况有所好转,但同西方发达国家相比,我国中小学教师工资水平仍低于西方发达国家中等偏上水平。

2. 教师工资水平的国内比较

这主要是将中小学教师的工资同其他行业同等条件下工作人员的工资进行比较,学校教师工资水平直接说明教师的地位和待遇的差异,也反映了一个国家和地区文明程度及教育本身的地位和影响。

美国国家教育协会(NEA)在其教师职业经济状况的年度报告中,提供了关于教师工资和其他各个领域报酬的全面数据。结论是,1929年至1940年,美国教师经济地位得到了改善,随后1940年至1950年出现急剧恶化,1950年至1960年再次得到改善。1970年的状况不如1960年,且此后教师似乎丧失了职业地位,20世纪80年代只有很小的改善。[①] 莫内恩等的研究同样表明,20世纪70年代,教师经济地位处于下降之中,1970年和1980年,密歇根州学区教师的实际起始工资下降了20%。[②] 英国教育经济学家约翰·希恩指出,在英国(并且在大多数发达国家)教师薪金水平高于大多数体力劳动者和非熟练劳动工作人员,但低于大多数职业性和管理工作人员。[③] 也有人研究指出,过去日本教师曾是低收入的代名词,1974年日本制定了《为提高教育水平确保义务教育学校教师人才的特别措施法》。该法规定,为确保教育水平的提高,防止优秀教师人才外流,有必要给予教师高于一般公务员的工资。1974—1977年日本高中以下各级学校的教师工资平均提高了2.4—2.6倍,高于私营企业平均工资的上升幅度。20世纪80年代,日本中小学教师的平均月工资为311207日元,在不同职业中其平均月工资处于高水平。[④]

就国内研究来讲,国家教委教育经费研讨组对我国1952—1984年几个主要年份的统计资料进行分析,全民所有制各部门职工平均工资,

---

① 转引自[美]埃尔查南·科恩、特雷·G. 盖斯克《教育经济学》,范元伟译,上海人民出版社2009年版,第206页。

② 同上书,第207页。

③ [美]约翰·希恩:《教育经济学》,教育科学出版社1981年版,第221页。

④ 高如峰:《义务教育投资国家比较》,人民教育出版社2003年版,第342页。

"科教文卫"四部门除1983年（1983年机关事业单位调整工资，没有计算）外，始终低于全国平均水平。指出教师工资收入与企业职工相比，主要在两个方面比较低。一是工资标准低，与企业职工差距小。二是奖金、津贴等收入低。据北京市的调查，1987年教育文化部门的人均奖金收入在全民所有制行业中居倒数第一。因此，从实际收入上看，教师收入大大低于企业职工。① 同样，孙喜亭认为，1978年教育文化系统职工平均工资在国民经济十二行业中居倒数第一位，以后各年始终在倒数第一位和第三位之间徘徊。② 张学敏指出，在中华人民共和国成立初期，国家强调解决脑力劳动者和体力劳动者收入差距较大的问题，1952年前后，教师与工人平均收入大体持平；1956年，教师与体力劳动者的收入差距有所扩大；从1957年到1975年，北京市科技部门与工业部门的平均工资差额，由5.2元缩小到0.88元，脑体收入几近持平。自1977年以后，我国分配领域出现教师及知识分子与体力劳动者收入倒挂的现象。进入80年代以后，这种倒挂的趋势进一步加剧。③ 国家教育发展研究中心研究发现，20世纪90年代以来，教师待遇有所提高，处于国民经济各行业平均收入中等以上水平。但在教育体系同其他行业竞争同层次人才时，学校仍处于不利境地，高等学校青年教师、中小学教师尤其是农村中小学教师待遇仍较低。④ 栾俪云对1993—2004年我国教师工资的实际水平进行了分析，发现1993年我国教师工资水平低于工人工资，从1994年开始改变"脑体倒挂"局面。1994年至2004年教师工资高于工人工资的比例在4.43%—19.03%，但远远低于国际上50%这一比例。⑤

从既有的研究来看，尽管教师工资水平高低起伏不定，但世界上大部分国家教师工资水平高于大多数体力劳动者和非熟练劳动工作人员，

---

① 国家教委教育经费研讨组：《教育经费与教师工资》，教育科学出版社1988年版。
② 孙喜亭：《教育学原理》，北京师范大学出版社1993年版。
③ 张学敏：《教育经济学》，西南师范大学出版社2001年版，第299页。
④ 国家教育发展研究中心：《2000年中国教育绿皮书》，教育科学出版社2000年版，第12页。
⑤ 栾俪云：《现实和差距：和谐视野下的中国教师工资水平研究》，《现代教育管理》2009年第1期。

教师经济地位有所改善。我国在20世纪70年代以后，教师及知识分子与体力劳动者出现收入倒挂的现象。进入20世纪80年代以后，这种倒挂趋势进一步加剧。近年来，这种脑体倒挂的现象有明显好转，教师待遇有所提高，中小学教师工资水平高于工人工资平均水平，但同世界上其他发展中国家相比，情况仍不容乐观。

（四）教师工资和教师供给

决定教师供给的关键因素是其工资、工作条件和同其他职业对比的个人在成长为教师的过程中所需费用的高低。许多国家的学者研究表明，与其他行业相比，教师供给与其相对工资水平的高低密切相关。

英国教育经济学家约翰·希恩指出，在发达国家中，在整个经济形势长期不振的时期，教师的就业选择余地较小，因而教师薪金收入变动对教师供给影响不大；在经济形势较好，就业前景光明的时期，教师就业选择余地较大，因而教师薪金高低及其变动，对教师供给则会产生较大的影响。在美国20世纪30年代大危机时期，尽管教师薪金不高，但因就业相对稳定，所以教师供给渠道畅通。进入20世纪80年代后，当美国出现一个持续时间较长的经济增长周期时，由于高学历人员的需求增加，教师的较低工资水平对教师供给产生了明显的消极影响。20世纪80年代以来，不仅许多出色的有才干的中学教师纷纷离开教师队伍另谋生计，而且报考师范学校的学生人数锐减。1968年，美国有25%的大学毕业生愿意当教师，80年代中期已降至5%，从而造成教师，特别是数学、自然科学等学科教师的严重短缺。专家和教师们一致认为，教师薪金较低是重要的因素之一。这说明教师薪金较低，不仅可能影响眼前，而且会影响未来的教师供给；不仅影响教师供给的数量，而且由于最有才干的青年不愿报考师范院校，出色教师率先大量脱离教学岗位，因而对教师供给的质量产生了十分明显的影响。相反，教师经济地位的相对提高和改善，不仅有助于从量上保证教师供给，而且有助于从质上保证教师供给。[1] 同时，他还指出，要保证教师供给总水平，就要正确地确定教师工资与其他行业雇员工资的合理比例，一般应使教师工

---

[1] 转引自曲恒昌、曾晓东《西方教育经济学研究》，北京师范大学出版社2000年版，第211—212页。

资水平略高于同等学历同样年龄的其他部门雇员的工资。[1] 英国教育经济学家安东尼·兹伯尔（Ziboer）等在其编著的《教师供给经济学》中指出，在高等教育产出量一定的前提下，一定时期内教师供给与教师相对工资是呈正相关的。所谓相对工资，就是教师工资和其他行业的比较。当教师工资高于其他行业的工资时，才能吸引大量有一定资历的人进入教育领域。[2] 美国的 R. J. 莫内恩认为，影响教师供给的决定性因素是，与其他行业相比教师工资水平的高低。教师供给不仅受到本行业工资水平和工作条件的影响，对那些可能成为教师的人而言，同样也受到在其他行业里可供选择的就业机会的影响。因此，其他行业里的就业机会对教师供给会产生重大影响。[3] 联合国教科文组织国际教育计划研究所原所长菲利普·库姆斯（Philip H. Coombs）指出，允许教师工资落后于其他行业人员的工资是自取失败的政策，因为这样做的结果是丢失很多最好的教师，然后补充的是才能较差者。[4]

教师工资对发达国家新入职教师供给的影响同样很大。美国学者曼斯基（Manski）利用 20 世纪 70 年代美国大学生的有关资料，对他们在选择教师职业时工资水平和考试成绩所起的作用进行了研究。他发现，教师工资水平对新进入教师行业的毕业生数量有明显影响：工资越高，愿意当教师的人就越多。因此，教师工资水平对教师供给尤其是新入职教师供给的影响非常大。同样，英国学者多尔敦（Dolton）的调查同样显示，英国大学毕业生的就业选择与工资水平高度相关。与其他行业相比，教师的工资越高，大学毕业生选择教师职业的可能性就越大。[5] 美国教育经济学家理查德·金等人（Richard A. King et al.）认为，随着教师工资的增加，会有更多的人准备从事教师职业，在后备教师人才库

---

[1] 转引自靳希斌《从滞后到超前——20 世纪人力资本学说·教育经济学》，山东教育出版社 1995 年版，第 290 页。

[2] 同上书，第 289 页。

[3] 转引自 [美] Marin Carnoy 等编著《教育经济学百科全书》，闵维方等译，高等教育出版社 1998 年版，第 410 页。

[4] [美] 菲利普·库姆斯：《世界教育危机》，赵宝恒等译，人民教育出版社 2001 年版，第 152 页。

[5] 转引自 [美] Marin Carnoy 等编著《教育经济学百科全书》，闵维方等译，高等教育出版社 1998 年版，第 411 页。

中，那些有资格的教师会再次回到教师队伍中。一旦供需均衡，工资就会稳定在新的均衡点上。当社会需要更多的教师为更多的学生服务，需要减少班级规模或提供更多的学习机会的时候，均衡价格就会上涨，直至这个价格足以吸引其他行业的人进入教育行业，或足以吸引其他学校的教师进入本学校。①

教师工资水平差异直接影响着发达国家落后地区的教师供给。美国学者冉伯格（Ramberger）认为，发达国家落后地区社区学校科学和数学关键领域的教师短缺，在一定程度上受到教师和相应的非教师大学毕业生之间工资差异的影响。② 美国研究者发现，乡村和小镇的学校很难招聘到教师并留住他们。职业的孤立以及长期的低工资和低津贴使它们难以接收到高质量的教师。③ 美国学者杰瑟夫·蒂斯凡罗和艾伦·弗雷（Joseph Destefano and Ellen Foley）认为，在美国部分城区，越来越多的教师因为工作待遇低而离开教师岗位。当然，教师自然是流向更好的、有更高水平的、收入比例更高的、少数民族更多的学校。④

发展中国家的有限资料同样表明，由于教师工资水平和工作条件的地域差异，教师过剩和教师短缺的现象在一国的范围内会同时存在。美国的克利特加德（Klitgaad）发现，巴基斯坦持有执照的教师的总流失率为50%，在农村地区出现了教师不足的现象。美国的安克哈拉·多夫（Ankhara Dove）指出，在发展中国家，农村地区很难吸引富有经验的教师，而且教师的流动比例极高。⑤ 他们还认为，即使城市教师过剩，农村地区艰苦的生活和工作条件也很难吸引教师到那些地区去工作。⑥ 国际教育规划研究所原所长雅克·哈拉克认为，在许多发展中国

---

① ［美］理查德·A. 金等：《教育财政——效率、公平和绩效》，北京师范大学出版社 2010 年版，第 407 页。

② 转引自［美］埃尔查南·科恩、特雷·G. 盖斯克《教育经济学》，范元伟译，上海人民出版社 2009 年版，第 207 页。

③ http://www.nea.org/rural/lacpaper-rural.html.

④ Joseph Destefano and Ellen Foley, "The Human Resource Factor: Getting-and Keeping-Good Teachers in Urban Districts," *Education Week*, April 16, 2003.

⑤ 转引自［美］Marin Carnoy 等编著《教育经济学百科全书》，闵维方等译，高等教育出版社 1998 年版，第 412 页。

⑥ 同上书，第 411 页。

家，教师工资制度使得教学职业没有吸引力，从而继续加重某些科目（如科学、数学、英语）教师的短缺。只有采取若干相互补充的行动，才能解决教师短缺问题。如通过给予研究资金和较早但有条件的聘用这些适当的激励措施来增加相应科目高校毕业生的录用，也可以通过给予愿意接受兼职教学或临时性教学任务的人员，如专家、干部、其他非教学人员金钱或精神性奖励来招聘教师。他同时指出，在许多发展中国家，在更难吸引和保留合格教师的农村，情况更为严重。教师工资政策要么是全国性的，要么是地方性的，它们可能与公共/私立学校的工资差别有关，通常受国家公务员制度的制约。教学质量的下降是因为教师地位的降低，旷工的增多，也可能由于越来越多的国家雇员包括教师为了生计而不得不依靠额外的工作来补偿收入。[1]

国内学界对教师工资与教育供给关系进行了研究，王善迈认为，影响教师供给的因素主要有资源因素、职业因素、传统意识因素和流动因素等。其中职业因素包括就业机会、工资待遇和非经济效益（如弹性工作制、晋升的前景等）。因此，工资待遇是影响教师供给的一个重要因素。[2] 张学敏指出，教师的供给受多种因素的影响，其中主要有工资水平及工作条件，就业机会和教师资源配置方式。从经济学的角度看，影响教师供给的决定性因素是，与其他行业相比教师工资水平的高低。当一个人面临职业选择时，必然会考虑教师职业的待遇问题。[3]

既有的研究表明，无论是发达国家还是发展中国家，教师工资水平会明显影响教师的供给。具体来讲，教师工资水平不仅影响教师供给的数量，而且影响教师供给的质量；不仅影响在职教师的供给，而且直接影响新入职教师的供给。因此，要保证教师供给的总水平，教师的工资待遇必须得到相应提高和改善。

（五）教师工资和教师质量

国外的研究表明，教师工资对教师质量存在着短期和长期影响。美国教育经济学专家艾力格利托（Allegretto）等人认为，现有关于教师工

---

[1] 雅克·哈拉克：《投资于未来——确定发展中国家教育重点》，教育科学出版社1993年版，第168页。

[2] 王善迈：《教育经济学概论》，北京师范大学出版社1989年版。

[3] 张学敏：《教育经济学》，西南师范大学出版社2001年版，第299页。

资水平和教师候选人质量之间关系的研究结论可以分为两类：短期影响和长期影响。从短期来看，教师工资增长对于教师候选人质量并无显而易见的影响；然而，从长期来看，教师相对工资水平与教师质量的变化趋势的确是一致的。[1] 从短期来看，提高教师工资水平在吸引优秀教师方面的作用是不明显的。美国学者菲戈里奥（Feglio）发现学区教师工资的增加在短时期内与该学区所招募新教师质量之间并没有明显的关系。[2] 从长期来看，教师工资和教师质量之间的关系是比较显著的，教师工资和教师质量两者的变化趋势是一致的。研究表明，美国教师工资相对水平在20世纪七八十年代下降了，在此期间，那些学业最优秀的大学毕业生很少选择教师职业；而在教师工资水平上升时期，则有更多的大学毕业生表示教学是他们的一个备选职业。[3] 美国学者詹姆斯（James H. Stronge）等认为，教师工资改革的目标是，给予有吸引力的工资鼓励优秀高校毕业生加入教师行业，通过教师职业进阶计划促进教师专业发展，发放竞争性的工资来保留高质量的教师。他们认为，吸引、发展和保留高质量的教师与给予教师有竞争力的工资是息息相关的。拜科罗德（Bacolod）发现，进入教师队伍的大学毕业生相对质量的下降与同一时期教师相对收入的降低是高度相关的。[4] 美国学者弗格森（Ferguson）对美国得克萨斯州的学区教师工资水平和成绩优秀的教师候选人的吸引力的研究，发现那些教师工资水平较高的学区对于标准化考试成绩较高的教师候选人的吸引力要大于相邻那些教师工资水平较低的学区。[5]

可见，已有的研究表明，教师工资和教师质量在短期内并无明显的

---

[1] S. A. Allegretto, S. P. Corcoran, L. Mishel, *How Does Teacher Pay Compare? Methodological Challenges and Answers*, Washington, D. C: Economic Policy Institute, 2004.

[2] D. Feglio, "Can Public Schools Buy Better-Qualified Teachers?" *Industrial and Labor Relations Review*, 2002, 55 (4): 686 – 699.

[3] R. J. Murnane, J. D. Singer, J. B. Willett, J. J. Kemple, *Who Will Teach? Policies That Matter*, Cambridge, Massachusetts: Harvard University Press, 1991.

[4] M. Bacolod, "Do Alternative Opportunities Matter? The Role of Female Labor Markets in the Decline of Teacher Quality," *Review of Economics and Statistics*, 2007, 89 (4): 737 – 751.

[5] R. F. Feguson, "Paying for Public Education: New Evidence on How and Why Money Matters," *Harvard Journal on Legislation*, 1991, 55: 267 – 271.

关系，但从长期影响看，教师工资和教师质量存在显著的正相关，教师工资水平和教师质量的变化趋势趋于一致，教师工资水平直接影响着教师的质量。因此，要吸引、发展和保留高质量的教师，就必须给予教师优厚的工资待遇。

（六）教师工资待遇存在问题研究

教师工资问题直接影响着教师工作的积极性和教育教学工作的顺利开展。国内学界对教师工资待遇问题的研究，主要集中在两个方面：一是教师收入偏低；二是拖欠教师工资问题十分严重。

针对中小学教师收入偏低的问题，早在1930年杨贤江就指出："现时小学教师所得的薪水，老实说有许多还不及熟练工人所得，甚至连汽车或包车夫还不如。"[①] 1931年，国联教育考察团来华实地考察中国教育现状后发现："按欧洲小学教师与大学教授薪水之差，未超过1：3或1：4者，而中国则较大若10倍且超过此数。此种薪水标准之差别应设法减少，并提高小学教师之薪水，因即在生活程度极低之中国，小学教师之薪水亦嫌过低也。"[②] 刘来泉等人研究指出，民国时期各地小学教师实领平均月薪，最高为42.0元（南京），最低为4.5元（云南），全国平均仅11.3元。除国立（66.4元）、教育以外机关立（42.0元）、省（市）立（38.3元）、私立（11.8元）略高于全国平均值外，全国54%的小学教师平均月薪仅为8—9元。当时，全国各地工厂工人月工资一般为12.7元，各大城市工人家庭人均月收入生活支出为7.7元。小学教员的收入水平显然低于工人。[③] 同样，郝锦花对民国时期乡村小学教师收入状况进行研究，发现民国时期乡村教员的平均工资不仅不及城市熟练工人之工资，而且低于城市工人之平均工资；与乡村塾师相比，小学教员实际收入低于乡间塾师。[④] 中华人民共和国成立以后中小学教师工资拖欠的现象主要发生在20世纪80年代中后期，20世纪90

---

① 杨贤江：《新教育大纲》，教育科学出版社1982年版，第558页。
② 国联教育考察团：《中国教育之改进》，国立编译馆译，1932年，第32页。
③ 刘来泉、管培俊、兰士斌：《我国教师工资待遇的历史考察》，《教育与经济》1993年第4期。
④ 郝锦花：《民国时期乡村小学教员收入状况考察——中国教育早期现代化问题研究之一》，《教育与经济》2007年第2期。

年代拖欠教师工资的现象更加普遍。有数据表明,截至 2000 年 4 月,全国共有 26 个省、自治区、直辖市累计拖欠教师工资达 135.65 亿元。[①] 不同的学者对我国中小学拖欠教师工资的危害做了分析。如朱俊杰、夏智伦指出,拖欠教师工资的后果十分严重,造成骨干教师大量流失,青年教师人心思走,师范院校生源不足等。[②] 宋利国认为,拖欠教师工资明显影响了教师教学的积极性,且成为我国西部地区教师流失的重要原因。一些有社会关系和教学能力强的教师涌向了城镇和经济发达地区,从事农村基础教育的教师出现了结构性短缺和人才管理失控。[③] 同样,周大平认为,拖欠工资伤害了教师们的感情,加剧了教师的流失,加速了学生辍学率的上升。[④]

对拖欠中小学教师工资的原因,国内学界认为,主要集中在以下几个方面:一是对教育的重要性认识不够。如张克雷认为,一些领导干部缺乏对教育在国民经济发展中重要作用的深刻认识,缺乏把教育放到优先发展战略地位的意识。受短期行为心理的支配,把教育看成发展的"软任务",热衷于筑路造桥等所谓"形象工程"[⑤]。陈瓒指出,虽然党和国家十分重视教育,把教育放在优先发展的位置上,但有部分领导忽视教育的重要性,把钱用于购买豪华汽车,建气派的办公大楼,造高档的酒店宾馆,不仅拖欠教师工资,还克扣教师的工资。[⑥] 二是教育投入不足。如陈瓒认为,一是因为国家处于社会主义初级阶段,需要用钱的地方太多。虽然经济增长,但仍然满足不了各方面的需求。因此,财政收支增加了不少,国家资金却主要用于基础设施建设,教育投入明显不足。[⑦] 三是体制不顺。杨力行认为,在"分灶吃饭"的财政体制下,教师工资均由地方财政承担,地方财政支持教育发展的压力越来越大,地

---

① 转引自张克雷《拖欠教师工资问题的成因及其法治研究》,《教育评论》2002 年第 4 期。
② 朱俊杰、夏智伦:《拖欠中小学教师工资现象透析》,《教育研究》1994 年第 4 期。
③ 宋利国:《拖欠教师对西部地区教育发展的影响》,《伊犁教育学院学报》2002 年第 1 期。
④ 周大平:《拖欠教师工资:一个必须抓紧解决的问题》,《瞭望周刊》2003 年第 1 期。
⑤ 张克雷:《拖欠教师工资问题的成因及法治研究》,《教育评论》2002 年第 4 期。
⑥ 陈瓒:《20 世纪 90 年代教师工资问题研究》,《清华大学教育研究》2003 年第 1 期。
⑦ 同上。

方经济增长的速度远远跟不上教育发展的速度。① 范先佐指出,"以县为主"的体制并不能切实保证农村中小学教师工资按时足额发放,究其原因,主要是"以县为主"的体制没有解决县级政府的财力结构与其所负担的义务教育责任不对称的问题。② 四是约束机制不力。③ 周大平、贺春兰认为,教师工资拖欠问题难以解决,主要问题在于缺乏强有力的监督约束机制。

对于如何彻底解决农村教师工资拖欠问题,国内学者提出了不少好的建议。靳希斌提出,要解决教师工资问题,必须坚持以下原则:教师工资必须由财政拨款来保证,确定教师工资必须符合市场规律,必须贯彻按劳和绩效分配的原则,必须保证教师实际工资不受通货膨胀的影响。④ 陈瓅建议,首先,要依法治教,要依法落实《中华人民共和国教师法》和《中华人民共和国教育法》等,充分保证教师工资水平不低于或高于国家公务员的平均工资水平;其次,要充分认识到教师劳动的重要性和教师劳动的艰巨性,为解决和提高教师工资而努力;再次,建立教师工资县级统筹、省级动态平衡的拨款机制,解决教师工资拖欠问题;最后,构建教师劳动力市场,让教师工资由市场调节。⑤ 范先佐认为,要彻底解决农村教师工资问题,必须构建起"国家办学、分类承担"的农村义务教育管理体制和财政体制。具体讲就是:对东部经济发达地区,要坚持"以县为主";对中西部欠发达地区,可以省、地、市为主,由中央财政承担农村中小学教师工资;对国家级贫困县,国家对这些地方应全部包下来,其经费由中央财政直接列入预算。⑥

---

① 杨力行:《我国农村中小学教师工资执行中的问题及其对策研究》,《经济问题》2003年第11期。
② 范先佐:《税费改革后农村义务教育面临的问题及对策》,《华中师范大学学报》2004年第6期。
③ 张克雷:《拖欠教师工资问题的成因及法治研究》,《教育评论》2002年第4期。
④ 靳希斌:《教育经济学》,人民教育出版社2001年版。
⑤ 陈瓅:《20世纪90年代教师工资问题研究》,《清华大学教育研究》2003年第1期。
⑥ 范先佐:《税费改革后农村义务教育面临的问题及对策》,《华中师范大学学报》2004年第6期。

二 对义务教育学校教师绩效工资的研究

绩效工资的前身是由"科学管理之父"雷德里克·泰勒（Frederick W. Taylor）创造的计件工资，但它不是简单意义上的工资与产品质量挂钩的工资形式，而是建立在科学的工资标准和管理程序基础上的工资体系。教师绩效工资则是把教师工资和绩效联系起来，政府对学校学生入学、升级、巩固率和毕业率等进行评估，根据评估的结果对学校进行奖励，发放奖金。学校可以将这些奖金作为绩效工资发放给教师，这样教师工资和教学绩效就紧密联系起来了。从检索的文献看，国内外学者对绩效工资的研究，主要集中在绩效工资改革的背景、教师绩效工资实施的先决条件、教师绩效工资制度的长处及弊端等上。

（一）国外学者关于义务教育学校教师绩效工资的研究

纵观国外学者关于义务教育学校教师绩效工资的研究，主要集中于绩效工资改革的背景、绩效工资实施的先决条件、绩效工资改革所引发的争议和绩效工资改革中所存在的问题等几个方面。

1. 教师绩效工资改革的背景

首先，教师绩效工资制度的实施与教师单一工资制的弊端有很大的关系。美国教育经济学家荷基（Warren A. Hodge）指出，在20世纪70年代，英国中小学教师工资水平的高低，主要是由学历、职称和教龄三个因素决定的，而且中小学教师之间等级森严，英国教师工资级别是严格按照教师职称来划定的。这种传统的单一工资制倾向于大锅饭，教好教坏一个样或差别很小，严重挫伤了教师的上进心，不利于教师的发展和学生素质的提高。[1] 美国学者弗兰克（Frank）认为，传统的基于年限和学历的单一工资制度是一种"鼓励平庸"的工资体系，教师缺乏动力追求更好的业绩，是基础教育质量低下的最重要原因。[2] 美国教育经济学家汉诺谢克（Hanushek）认为，传统的单一工资制度没有对教师的绩效给予金钱的认可，这种薪酬制度以教师的工作年限作为工资发放标

---

[1] Warren A. Hodge, *The Role of Performance Pay System in Compensation School Reform*, University Press of America, Inc., Lanham, New York, Oxford, 1984.

[2] Frank W. Shaw, "A Summary of Legal Implications of Teachers: Evaluations for Merit Pay and a Model Plan," *Educational Administration Quarterly*, 1985.

准，而不是奖励那些有技能、绩效高的教师。教师完成了规定的课程或教学，就会受到奖励，而不管这些课程或教学是否有用，是否和其所教授的科目有关。单一工资制度无法激发教师工作的主动性、热情、效率、创新、合作、能力和绩效改进。这些因素会影响教师和校长委员会的决定，教师会主动离开学校，学校委员会会解雇那些课堂教学不好的教师。然而，这些因素并不能直接决定支付教师的工资额度，也不能激励教师改进教学技能。[①] 美国教育经济学家奥登和凯利（Odden and Kelley）认为，单一工资制度在战略上没有和所需的知识技能保持一致，也没有和教育目标保持一致，更没有和提高学生学习成绩所需的技能保持一致。[②] 美国学者明尼（Miner）指出，如果经验、学历和教学技能或学生成绩相关，那么这两个确定教师工资的标准是可以使用的。然而，绝大多数学校的教师工资模型是无效率的主要来源。正是由于这个原因，政策的制定者们致力于改进教师的工资制度，将教师的工资同教师的技能、绩效、职责以及在学校发展中的合作程度相挂钩。他们认为，具有竞争力的薪酬结构必须将教师的工资和学生的成绩联系起来，并且只有在标准确定的情况下，才能对教师的专业发展有所承诺。[③] 美国的荷兰德（Robert Holland）认为，付给所有的教师同样的工资无异于给无知无能或平庸的人提供了奖金，应该始终给教师提供激励措施以使他们足够胜任其工作。[④]

其次，教师绩效工资制度的实施与教师工资待遇过低有关。美国学者约翰逊（Herry C. Johnson, Jr.）指出，在美国教师的工资是很低的，在美国历史上任何时候，大学毕业生进入公立中小学后的起薪比其他行业（包括机械、会计、企管、人文、经济、财务、电脑）要低，起薪低导致学校不容易吸引优秀人才担任教师。而在学校绩效改进中，主要

---

① 转引自［美］理查德·A. 金等《教育财政——效率、公平和绩效》，北京师范大学出版社2010年版，第394页。
② Allan Odden, Carlyn Kelley, *Paying Teachers for What They Know and Do: New and Smarter Compensation Strategeles to Improve Schools*, Corwin Press, Inc., A Sage Publication Oaks, California, 2001.
③ 转引自［美］理查德·A. 金等《教育财政——效率、公平和绩效》，北京师范大学出版社2010年版，第394页。
④ Roberd Holland, *Merit Pay for Teachers*, Roberd Holland, 2005, p.10.

的推动力量是教师,要调动教师的积极性,实施教师工资制度的配套改革是最优的途径之一。[1] 美国的纳尔森、德朗和古尔德(Nelson, Drown, Gould)认为,从教师平均工资的总体发展趋势来看,与其他行业相比,教师行业对大学毕业生而言,已经不具有经济上的吸引力。教师行业比其他白领行业的工资要低,包括会计、律师、计算机系统分析员、工程师和教授等白领行业。很多大学毕业生原本选择了教师行业,但有可能因工资低而转向其他行业。而教育财政政策有助于提高现有教师和未来教师的工作积极性,学校通过公平的薪酬体系对有绩效的教师进行奖励,也有助于吸引和留住更多的教师。[2] 以色列专家拉非(Victor Lavy)研究发现,以色列实施教师绩效工资改革与该国基础教育教师的收入水平长期偏低有关。在以色列,一位有经验的教师平均收入是1.5万美元,只相当于经济发展与合作组织教师平均水平的一半,且有经验教师的收入只比新入行教师高1000美元,导致许多教师中途转行。[3] 澳大利亚学者英格弗森等人(Lawrence Ingvarson, Elizabeth Kleinhenz, Jenny Wilkinson)认为,澳大利亚教师工资长期偏低,经合组织成员国教师平均工资的增量规模是1.7,但是在澳大利亚却只有1.47。许多有能力的大学毕业生没有选择教师职业,因为教师职业被视为社会地位低、没有吸引力的职业。因此,澳大利亚教师绩效工资改革的一个重要背景是该国教师工资长期处于低水平。

最后,教师绩效工资制度的实施与国家教育政策的价值取向息息相关。奥登和凯利认为,美国教师绩效工资制度的实施与该国基础教育改革政策的价值取向有着密切的关系。他们认为,绩效工资被引入美国基础教育并非偶然,主要源于该国民众对教师质量和学生学业成绩的期待越来越高,通过提供有效的激励来提高教师质量,吸引优秀人员从教并

---

[1] Herry C. Johnson, Jr., *Merit, Money and Teachers' Carrers: Studies on Merit Pay and Carrer Ladders for Teachers*, Commissioned by The College of Education, The Pennsylvania State University, 1985.

[2] 转引自[美]理查德·A. 金等《教育财政——效率、公平和绩效》,北京师范大学出版社2010年版,第394页。

[3] Victor Lavy, "The Effect of Teachers Performance Incentives on Pupils Achievements," *Journal of Political Economy* 110 (December 2002).

最终提高学生的成绩就是美国实施绩效工资的主要目的。1983年4月，美国"优质教育委员会"（National Commission on Educational Excellence）宣布了影响深远的《国家处于危机之中：教育改革势在必行》（A National at Risk: The Imperative for Educational Reform），由此揭开了美国近30年教育改革的序幕。这一时期，在基础教育领域进行教师绩效工资制度改革的呼声越来越高，一些州和学区迅速加入了教师绩效工资改革的行列。[①] 英国学者瓦格等人（E. C. Wragg, G. S. Haynes, C. M. Wragg, and R. P. Chamberlin）指出，20世纪80年代以后，英国公众对基础教育质量表现出强烈的关注，他们不断要求政府全面推行教师评价制度，以提高教师素质，改善基础教育质量。在这种背景下，英国教育与科学部在1983年和1985年分别发表了《教育质量》和《把学校办得更好》的白皮书，表达了政府希望通过教师评价制度来促进教学质量提高的愿望。20世纪90年代初，刚上台的工党政府就提出了绩效与薪金相结合的教师绩效工资制度改革。[②] 澳大利亚的英格弗森等指出，21世纪以来，澳大利亚政府开展了以提升教育质量为目标的教育改革，出台了一系列政策方案以保障教育质量的顺利推进。例如，注重教育产出，将教师工资与绩效紧密相连，促进教育优异，就成为澳大利亚教育改革的重要目标。

既有的研究表明，国外教师绩效工资改革均存在一定的现实背景。首先，以教师资历和教育背景为标准的单一工资制存在着严重的平均主义倾向，不能体现多劳多得、优绩优酬的原则，无法激励教师的工作热情，导致了教师人才的流失。其次，过低的教师工资待遇导致教师社会地位低，教师岗位缺乏吸引力，教师要求改革工资制度的呼声越来越高，因此教师绩效工资制度呼之欲出。最后，美、英、澳等国家进行教师绩效工资改革，目的是通过提供有效的激励以提高教师的积极性，提

---

① Allan Odden, Carlyn Kelley, *Paying Teachers for What They Know and Do: New and Smarter Compensation Strategies to Improve Schools*, Corwin Press, Inc., A Sage Publication Oaks, California, 2001.

② E. C. Wragg, G. S. Haynes, C. M. Wragg, and R. P. Chamberlin, *Performance Pay for Teachers: The Views and Experiences of Heads and Teachers*, Routledge Falmer Taylor and Francis Group, London and New York, 2003.

升教师质量水平和学生学业成就，并最终促进办学质量的提高。这种追求卓越、提升办学质量的教育政策价值取向为教师绩效工资制度改革提供了很好的舞台。

2. 教师绩效工资实施的先决条件

美国学者威利斯（Willis D. Hawley）认为，基于绩效的工资计划（PBP计划）须满足以下11个条件：1）对高绩效的经济奖励额度是非常重要的，因为小额的奖励对教师承担风险和促进其能力达到新水平的激励作用有限。2）绩效工资应要求持续的高绩效示范，因为持续的绩效激励可以不断提高教师工作的积极性。3）绩效奖励不应是竞争性的，因为竞争性奖励忽略了教师之间的合作和社会的支持。4）绩效工资不应局限于预先确定的额度，因为定额制度将绩效奖励固定在一定的数额和比例之内，迫使那些获得奖励的教师替代了原来的获胜者，这样会直接影响定额制度的正常进行，也不利于教师之间的团结。5）绩效是可以测量的且目标是明确的，因为学校之间、地区之间的目标并不一致，全学区性的、全州性的绩效评估标准不一定适合每个学区和学校，即使在同一学校内，不同的领导所追求的目标也不一致，这就要求绩效工资计划的设计者从绩效评估的产出性目标转向绩效评估的过程目标。6）绩效评估的过程和手段是公平的、可预见的，因为执行绩效工资计划的教师最关注的问题就是绩效评估过程的公平性，毫无疑问，原始的和主观性的教师绩效评估会使教师对绩效工资计划的认可度大大降低。7）评估、检测和反馈应是常见的过程，因为绩效评估和结果反馈是和教师对监督者进行绩效评估的信心、教师工作满意度和学生成绩紧密联系在一起的。8）形成性评价和终结性评价应安排在同一课程中同时进行，但应单独进行管理。因为使用不同形式的评价会使教师绩效评估更加客观和公平，对不同的评价方式进行单独管理也同样有利于绩效评估的客观性和公平性。9）教师的专业发展和培训项目是绩效工资计划中必不可少的部分，原因在于为教师提供他们所短缺的绩效目标信息，却不提供支持他们达到目标的手段，会使他们感到疏远或深感失败。10）角色和责任不同的教师绩效奖励也应不同，因为当有些教师比其他教师的绩效高时，他们会面临巨大的压力。当他们的绩效持续高于其他教师时，他们会被大家所排斥，因此绩效工资项目实行职业进阶计划规定不同序列的教师绩效奖励不一样。无论如何，职业进阶计划可以降低教师绩效工资的不满足感。11）教师在绩效工资计划的设计和评估中担任一定的角色，因为如果教师有机会参与和设计绩效工资计划，那么他们会理解该计划并且认为对他们有益，这样接受绩效工资计划的教师也会不断增多。①

美国专家特肯（Tecken）指出，绩效报酬将是无效的，除非它具有以下组成要件：1）有效的教师评价程序；2）对实施绩效报酬方案的管理人员进行培训；3）学区董事会和管理部门承诺对方案的制定和实施给予充分的时间；4）设计方案时吸收雇员的参与；5）充足的资金；6）对所有达到标准的人进行奖励；7）绩效标准合理、公正和公平；8）对工作绩效的评价测量是否有效是可证实的；9）促进学生学习。②同样，美国的丹纳德（Donald B. Gratz）研究了极富特色的丹佛市教师绩效工资改革，他总结认为教师绩效工资改革必须符合以下条件：1）绩效工资是一项系统的综合改革，资金只是一个驱动因素；2）工资改革必须同教师一起完成，而不是强加给教师；3）绩效工资改革必须持续推进；4）绩效工资必须得到稳定的财政资金支持；5）学区和社区必须提供积极的支持；6）绩效工资改革必须直接受益于教师与学生。③

美国的荷基认为，教师绩效工资计划的实施，必须满足以下先决条件：1）必须全面系统地进行综合改革，其内容主要包括：注重提高学生的成绩；以学校作为绩效考核单位；重视教师绩效工资计划持续实施的策略；实施问责机制；考核结果必须与教师绩效工资一致。2）积极鼓励和大力扶植团队协作精神，因为参与者越多，且被公平地对待，那么接受并支持教师绩效工资计划的教师也就越多。3）注意给予教师适当的激励，其中教师激励的分类包括：教师绩效激励可分为过程激励和

---

① 转引自 Henry C. Johnson, Jr., *Merit, Money and Teachers' Careers*, University Press of American, 1985, 12–18.

② Glen H. Tecken, *Merit Measurement and Money*, *Establishing Teacher Performance Evaluation and Incentive Programs*, Alexdria A: National School Boards Association, 1985, 14.

③ Donald B. Gratz, *The Peil and Promise of Performance Pay: Making Education Compensation Work*, Maryland: Rowman and Littlefield Education, 2009.

结果激励,过程激励注重进行激励的过程,结果激励主要奖励教师的行为;绩效奖励也可分为内在的激励和外在的激励,其中内在的激励包含当学生成绩提高时教师精神上内在的、触摸不到的自豪和满足,外在的激励包含良好的工作环境、教师专业发展机会和退休待遇等。4)学校领导将教师专业发展作为必不可少的项目,其中主要包括:使用成人发展计划和学习理论来指导设计和规划步骤;认真安排教师专业发展活动;提供充足和持续的资金支持;提供合适的教师专业发展模式和方法。5)学校安排可靠的教师和学生进行绩效评估,主要包括:课程标准必须鼓励培养学生的积极思考和解决问题的能力;教师必须有机会增进其专业知识,发展他们的技能,并运用新的知识和技能来提高学生的成绩;教师绩效主要来自两个方面的评估——一种是教师档案、教师考试和同行评估,另一种是学生成绩评估;教师奖励的依据是对前两种教师绩效评估的结果。6)绩效工资计划的设计、发展和执行是基于综合项目评估的可靠数据,其中综合项目评估包括质的评估和量的评估,质的评估包含案例学习和团队合作等,量的评估包含教育评估标准委员会评估模式。7)在相当长时间内提供足够的资金支持。[1]

国外既有的研究表明,教师绩效工资制度的有效实施,必须满足一定的先决条件。概括地讲,主要包括:一是从资金上看,要有稳定的资金来源和充足的资金支持,如果资金问题得不到保障,教师绩效工资制度将无法落实;二是从评估的手段和过程来看,要利用多种评价方式对教师进行公正客观的绩效评估;三是从考核的角度看,要注重教师的专业发展和团队协作精神;四是从教师的视角看,绩效工资计划的设计、发展和执行要重视教师的积极参与。

3. 教师绩效工资改革引发的争议

纵观国外学者的研究,教师绩效工资改革并非一帆风顺,在实施过程中引发了不少争议。概括起来讲,主要集中在绩效工资与教师奖励、绩效工资与教育质量、绩效工资与学校管理三个方面。

第一,绩效工资与教师奖励。教师绩效工资所隐含的基本假设是

---

[1] Henry C. Johnson, Jr., *Merit, Money and Teachers' Careers*, University Press of America, 1985.

"教师基本上是受金钱刺激驱动的经济人",因此,为教师提供绩效工资能有效地促进教师的更好表现。国外的研究表明,关于绩效工资制度是否对教师产生激励作用以及激励的大小程度存在着广泛的争议。

有些学者认为,绩效工资能从制度角度有效地激励教师。这主要表现在以下几个方面:首先,绩效工资有助于吸引和保留高质量的教师。奥登和凯利认为,绩效工资有助于吸引和保留优秀的教师,同时促使那些绩效不佳的教师离开教师的工作岗位。[①] 美国学者亨利(C. Henry)指出,以下几种情况会阻止更多有能力的人进入教师行业:1)教师教学能力和学生成绩有着紧密的联系;2)教师起始工资下降及同其他行业相比教师工资过低;3)这种相对工资的下降会导致有能力的教师候选人和进入教师行业的大学毕业生相对减少;4)那些没有选择教师行业的人认为,较少的工资和较低的社会地位是其中的主要原因。而以绩效为基础的工资计划(PBP)可以使接受该计划的教师的收入明显高于其工资,并最终能提高教师的社会地位。因此,以绩效为基础的工资计划可以吸引并保留高质量的教师。有人认为,美国实行的个人绩效工资可以起到很好的激励效果,有利于学校吸引和留住业绩优秀的教师,有助于聘请表现优秀的教师,有助于青年教师脱颖而出。[②] 也有人指出,绩效工资能够对美国高水平教师的工作予以认可并加以奖励,从而提高他们的工作满意度和积极性,因而是留住教师的最佳途径。[③] 其次,绩效工资有助于在师资紧缺的领域吸引教师。有研究指出,美国政界逐渐达成一个共识,即在贫困学生居多的学校里,或在师资紧缺的学科方面,给提高学生学习成绩的教师加薪或发奖金,能激发教师的活力,吸引有才华的年轻人从教。[④] 美国学者吉本斯(Gibbons)、斯特(Prendergast)和迪克西特(Dixit)等人通过教师雇佣合同与薪酬支付制度进行

[①] [美]理查德·A. 金等:《教育财政——效率、公平和绩效》,北京师范大学出版社2010年版,第395页。

[②] 陈时见、赫栋峰:《美国公立中小学教师绩效工资改革》,《比较教育研究》2009年第12期。

[③] 李智:《美国义务教育学校教师绩效工资的实践及争论》,《教学与管理》2010年第9期。

[④] 张扬:《美国:奥巴马力推教师绩效工资》,《教育旬刊》2009年第5期。

比较分析，认为在基本工资以外，绩效工资能够改变教师努力工作的程度，激励教师自觉减少偷懒和开小差行为，通过加倍努力以获得更多的报酬。美国联邦政府资助的国家绩效激励中心（NCPI）的研究表明，绩效工资的实施，调动了教师的教学热情，提高了教学成绩。实施绩效工资后的调查显示，有88%的教师认为，绩效工资使其教学比原来更有创新力，工作更加积极；有86%的教师认为其竞争力增强了。从统计的数据看，教师进步是非常明显的，绩效工资的作用不可忽视。[1] 最后，绩效工资可以促进教师专业发展。美国密苏里州教育署对该州开展的"基于表现的教师评价"所做的研究表明，将教师评价与教师专业发展紧密结合起来，在每一次评价之后，都为教师制定出非常具体、可行的计划，可帮助教师达到预定的发展目标，促进教师的成长。[2]

同时，也有学者指出，绩效工资对教师的激励作用微乎其微。有研究者在对美国丹佛教师进行调查和采访后认为，即使是教师绩效工资实验的有力支持者也不相信他们比以前工作更加努力了。教师不认为绩效工资有激励作用的原因有两个：首先，他们已经尽了最大努力，花费很长时间工作了。其次，即使不是那样，那么少量的钱也不足以起到多大的激励作用。[3] 美国教育经济学家科恩（Kohn）指出，人们重视经济奖励时，会变得不再关注任务完成的质量，绩效工资只能在短时间内产生改进的激励作用，绩效工资所提供的外在奖励会销蚀内在奖励的作用，而且这种奖励会破坏同事之间的关系，这种奖励只是强化科层体制的一个工具。由于教师无法看到其绩效和可能的奖励之间的必然联系，绩效工资并不是一种有效的激励因素。[4] 美国学者亚当（Adam Urbanski）认为，绩效工资并不起作用，它伤害了那些它声称要帮助的人。任何推崇绩效工资的人必定相信经济刺激能够最好地调动教师的积极性。他们假定教

---

[1] Us Fed News Services, President Obama Voices Support for Teacher Performance Pay, Spotlights South Carolina.

[2] Missouri State Department of Education, Professional Development Guidelines, http://www.cr6.net/Pdcl.Htm, 2006-09-18.

[3] Teacher Quote from Interview Conducted by CTAC in 2000.

[4] 转引自［美］理查德·A. 金等《教育财政——效率、公平和绩效》，北京师范大学出版社2010年版，第413页。

师可以做得更好，但由于没有足够的回报而会有所保留。这个假设是错误的。试图用教育上的表现来支付报酬，最糟糕的是导致了对那些它声称要帮助的学生的伤害。绩效工资可能会给需要合作和团队精神的职业带来不和谐的竞争。只有当教师们精诚合作而不是被迫竞争时，他们的学生才能学得更好。[①] 美国学者贝尔弗尔德（Belfield）指出，教师满意度直接关系到教师激励作用的大小，美国的绩效工资并没有在多大程度上改善教师的工作满意度，甚至有可能降低了教师工作的满意度。他认为，团队生产的确有力地预测了教师绩效工资，绩效工资也确实提高了教师的收入，但是接受绩效工资的教师，其工作满意度较低。[②]

第二，绩效工资与教育质量。教师绩效工资的基本原理是最大化地激励产出，实施教师绩效工资的根本目的是提高学生的成绩，提升教育质量。从国外既有的文献看，教师绩效工资是否能真正提高学生的成绩和提升教育质量仍存在很大的争议。

一些学者认为，教师态度、教师质量和学生成就水平存在着因果联系，绩效工资的实施可以提高学生的成绩，提升教育质量。耶路撒冷希伯米德教育经济学教授拉非（Victor Lavy）开展过这样一项研究，比较以色列教育局出台的两项激励措施——"教师绩效工资激励"和"学校资源配置激励"。研究表明，占教师工资1%到2.5%的绩效工资能够极大地提高学生的成绩并减少辍学率。学校资源分配（添置教学设备或改善学校环境等）虽能提高学生成绩却不能降低辍学率。他最终得出这一结论，绩效工资的奖励对学生学习成绩作用更大。[③] 美国学者弗格罗（Figlio）研究表明，根据美国民意测验的结果及一些统计资料得出的结论，教师绩效工资的实施比班级规模、基本工资、频繁的教师评估等因素更能使教师提高学生阅读、数学、科学等学科的成绩。同样，US Fed News Service 的研究显示，公立中小学教师绩效工资的实施对提高学生

[①] Adam Urbanski. "Merit Pay Won't Work in the Schools, It Hurts Those It Purports to Help," *Education Week*, January 15, 1997, p. 48.

[②] C. R. Belfield, J. S. Heyhood, "Performance Pay for Teachers: Determinants and Consequences," *Economics of Education Review*, 2008, (3).

[③] V. Lavy (2002), "Evaluating the Effect of Teachers? Group Performance Incentives on Pupil Achievement," *Journal of Political Economy*, Vol. 110, No. 6, pp. 1286–1317.

学业成绩有积极的作用。佛罗里达大学的研究人员对500多所学校进行的一项研究表明，教师绩效工资的实施直接促进了学生学业成绩的上升。佛罗里达大学的研究人员所获得的数据显示，给教师发放绩效工资，使学生的学业成绩上升了1到2个百分点。[①] 美国学者巴米特（Bamett）研究指出，在实行绩效工资制度后，2006年，美国阿肯色州小石城小学的学生成绩由44.16分上升至46.54分，而小石城其他未实行教师绩效工资的学校，学生成绩由43.48分下降至42.15分。[②] 英国阿德烈（Adele）最近的一项研究表明，在英国教师绩效工资改革中，被授予奖励性工资的教师与没有参加绩效工资计划的教师相比，在关键的考试中，同一年级每个学生的学业成绩都提高了40%。他同时指出，绩效工资改革不仅提高了学生学习的积极性，还提高了阅读、写作、语言和数学学科的标准化成绩，同时提升了部分学校的士气，并增加了家长的参与度。[③] 美国的法恩沃斯、德贝纳姆和史密斯（Farnsworth, Debenarn, and Smith）描述了一个学区成功的绩效工资计划，他们总结认为，当有合理的管理制度和财政制度与之配合的时候，绩效工资制度能够增加教学效果，最终导致学生成绩的上升。[④] 以色列教育经济学家拉利研究指出，以色列基础教育教师基于学校的绩效工资方案，使差生的成绩得到极大的提高，如增加了学生的升学率，提高了学生的平均分和合格率。其义务教育教师基于个人绩效工资方案，改善了学生入学考试参加率，以及考试的及格率和平均成绩。[⑤]

也有一些学者的研究却得出了不同的结论，学生成绩的提高与教师高绩效报酬没有直接的联系。美国学者默南（R. Murnane）对美国的研

[①] US Fed News Service, Teacher Merit, Including US State News, Washington D. C., 2007-01-17.

[②] 转引自钱磊《美国教师绩效工资制度的分析与反思》，《教师教育研究》2008年第7期。

[③] Adele Atkinson, Simon Burgess, Bronwyn Croxson, Paul Gregg, Carol Propper, Helen Slater, Deborah Wilson, "Evaluating the Impact of Performance-related Pay for Teachers in England," *Labour Economics*, Volume 16, Issue 3, June 2009: 251-261.

[④] 转引自［美］理查德·A. 金等《教育财政——效率、公平和绩效》，北京师范大学出版社2010年版，第398页。

[⑤] 转引自马文起《以色列基础教育教师绩效工资改革及其启示》，《教育评论》2010年第4期。

究表明，基于绩效评估的绩效工资几乎没有起任何作用，没有明显的证据能证明教师绩效工资制度成功地改善了学生的学业成绩。[①] 美国的丹纳德·B. 格瑞兹（Donald B. Gratz）的研究认为，学生的进步与高绩效报酬关系不大，但是与关注、支持、数据、有关学习的专门技能在课堂和学校的使用等有很大关系。[②] 理查德·A. 金等指出，没有证据证明，对教师个人的奖励有助于提高学生的成绩。学生的成绩不仅受单个教师的教学影响，还受到其他学校因素（如学生之前接受教育的学校）的影响，因此，很难分离出学生成绩中哪一部分是受单个教师影响的。[③]

总之，既有的研究表明，国外学界对绩效工资和教育质量之间的关系存在着明显的分歧。有些学者认为，绩效工资能增进教师专业技能，改善课堂教学行为和产生满意的教学效果。也有学者认为，学生成绩的提高与高绩效报酬并没有直接的联系，没有明确的证据能科学地证明教师绩效工资的实施和教育质量提高之间的因果关系。

第三，绩效工资和学校管理。有西方学者研究指出，教师绩效工资制度加强了学校管理人员和教师之间的沟通和交流。例如，美国学者阿托尼吉等（J. G. Altoniji, C. R. Pierret）认为，为了获得学校团体薪酬，教师个人努力目标和学校的目标通常是一致的。绩效工资制度所带来的信息流通性与透明度为学校做出雇佣决策提供了极大的方便，使得管理者不再依赖教师的工作年限、受教育程度及以往雇主所推荐的陈旧的指标。[④] 也有一些学者认为，绩效工资提升了学校管理水平，使得学校组织目标更明确，并通过资源的有效分配提升了学校的管理水平。[⑤] 例如，有学者指出，美国、英国、澳大利亚等国家实施的教师绩效工资制

---

① R. Murnane, "Merit Pay and the Evaluation Problem: Why Most Merit Plans Fail and a Few Survive," *Harvard Educational Review*, Vol. 56, No. 1, 1996: 1–17.

② Donald B. Gratz, "Lessons from Denver: The Pay for Performance Pilot," *Phi Delta kappan*, 2005 (8).

③ ［美］理查德·A. 金等：《教育财政——效率、公平和绩效》，北京师范大学出版社2010年版，第412页。

④ J. G. Altoniji, C. R. Pierret, *Employer Learning and the Signaling Value of Education*, Washington, DC: US Department of Labor, Bureau of Labor Statistics, 1996.

⑤ 李沿知：《美、英、澳三国基础教育教师绩效工资制度实施对办学质量的影响分析及启示》，《教师教育研究》2010年第4期。

度对学校管理水平起到了促进作用，主要表现在四个方面：一是使得学校组织目标更加明确，为了达到预先规定的行为或成果以获得工资或奖励，绩效工资制度中学校目标通常被清楚地阐释。二是促进了学校资源的优化配置。基于学校的奖励制度通过鼓励资源从上而下的分配和从下至上地建立组织目标，从而优化学校的资源配置。① 三是加强了学校管理人员和教师之间的沟通和交流。为了获得学校团体薪酬，教师个人努力目标和学校的目标通常是一致的。因此，学校管理人员和教师之间必须增强沟通交流。② 四是促进了教师之间和教师与学校管理人员之间的合作。因为通过基于班级、学科组和年级组的团队绩效工资制度以及基于学校的绩效工资制度，使教师之间或管理人员和教师之间形成了关系密切的利益共同体，从而有利于建立起一种广泛、和谐的合作关系。

但也有不少学者提出了反对意见，他们认为，绩效工资制度的实施给学校管理带来了不利的影响。首先，教师绩效工资制度使得学校行政变得等级化，学校官僚化，导致学校管理层和教职工的关系紧张，这显然不利于教学工作的正常开展；其次，教师绩效工资制度使得教师面临着校长任人唯亲和遭遇不公正评价的风险，并可能导致不道德或违反法律的行为发生。③ 罗伯特·W. 麦克米金（Albert W. Mcmeekin）指出，绩效奖励鼓励教师竞争而不是与同事保持好的合作关系，将损害学校内部的运行机制。学校领导无法避免使许多没有得到奖励的人失望，从而降低了领导的作用，也损害了道德和内部关系。④

4. 教师绩效工资实施中的问题

20世纪早期，美国做过实验，曾试图将绩效工资的经验介绍给发展中国家。在许多国家，教育改革项目之一就是对教学好的教师给予奖金奖励，就像给一个成功的推销员进行奖励一样。这个项目的历史演变

---

① Owen Harvey-Beavis, *Performance-Based Rewards for Teachers: A Literature Review*, OECD, 2003, pp. 2, 7.

② 牟威：《美国教师绩效薪酬述评》，硕士学位论文，福建师范大学，2009年。

③ "Debate: Merit Pay for Teachers? Is Merit Pay for Teachers a Good Idea?" http://debatedia.idebate.org/en/index.php/Debate:Merit-pay-for-teachers.

④ ［美］罗伯特·W. 麦克米金：《教育发展的激励理论》，北京师范大学出版社2008年版，第49页。

过程表明绩效工资的策略引起了很多问题。具体来讲，根据国外有关学者的研究，教师绩效工资实施中的问题主要有以下几点：

其一，教师绩效工资经费不到位。稳定充足的资金是实施教师绩效工资制度的必要条件。如果资金得不到保障，绩效工资制度将无法落实。因此，要保证教师绩效工资改革顺利进行，就必须有稳定、充足的财政支持。美国学者阿斯托（Astuto）研究认为，发起和维持绩效工资计划的经费是庞大的，需要大量的成本和时间，如果将资源用于这方面，就会削减学校在其他方面的投入，而其他方面的投入也许是更重要的。① 在他看来，实施绩效工资计划需要大量的资金，可能会出现资金短缺的问题。同样，莫内恩和科恩的一项教育研究表明，大多数绩效工资计划实施不会超过6年，致使其失败的原因主要来自管理和人力资源、集体谈判及预算的不足。其中，资金不足是教师绩效工资计划失败的最主要归因。② 同样，美国学者普罗斯克（Protsik）也赞成这个观点。她调查了美国弗吉尼亚学区的绩效工资计划，该计划主要奖励给学区内学校"技能型"或"示范性"教师，但是5年后该计划因为财政预算缩减而被迫中止。她认为，这是学校绩效工资计划极为普遍的现象。同时，她还认为，绩效工资计划不能持续几年，原因在于管理和个人，以及教师工会的影响，最关键的还是预算约束问题。③ 奥登和凯利指出，薪酬策略应该区别于单一工资制，我们必须克服过去绩效工资的致命缺陷。如果不能长时间提供资助，新的薪酬方式也不能给一个善于怀疑的教师群体提供激励，或者迫使他们采取新行为。④

其二，对教师行为会产生消极影响。国外研究发现，教师绩效工资本身是一个存在很大争议的问题。在学校实施绩效工资存在着诸多弊端，例如对教师的合作与团队工作可能会带来损失，对未获奖的教师会

---

① 转引自［美］理查德·A. 金等《教育财政——效率、公平和绩效》，北京师范大学出版社2010年版，第396页。

② R. J. Murnane and D. K. Cohen (1986), "Merit Pay and the Evaluation Problem: Why Most Merit Pay Fail and a Few Survive," *Harvard Education Review*, Vol. 56, No. 1, pp. 1–17.

③ 转引自 E. C. Wragg, G. S. Haynes, C. M. Wragg, and R. P. Chamberlin, *Performance Pay for Teachers*, Rouledge Falmer, Taylor and Francis Group, 2004, p. 28.

④ 转引自［美］罗伯特·W. 麦克米金《教育发展的激励理论》，北京师范大学出版社2008年版，第51页。

产生负面效应等。美国学者贝利和贝尔斯（Perry and Pearce）认为，尽管绩效工资计划的目的是激励教师，但事实上他们似乎没有得到多少激励。一个原因是大多数教师认为他们在平均数之上，但当大约50%的教师在绩效尺度的平均数之下时，这会导致未获奖教师产生一些负面的反应，因此也是负激励。[1] 美国的迪克西特（Dixit）强调，在教学这种多任务和多目标的专业中，一旦教师努力的结果不能被很好地测度，教师绩效工资可能会导致教师产生一些消极行为。[2] 罗伯特·W. 麦克米金认为，绩效工资实质上是一些教师拿到了奖金，而大部分教师没有得到奖励，结果会使一个群体所得到的激励效益被另一个群体的不满所抵消。没有得到奖励的教师会感到很苦恼，尤其是当他们没有公平地受到奖励时，他们会认为奖励并非基于成果的价值。[3] 英国的理查德森（Richardson）认为，获得绩效奖教师的流失率的下降会被未获得绩效奖教师的流失率的上升而抵消，部分教师的工资增长将会遭遇未获奖教师工资低增长的问题，因此存在着教师流失加剧的危险。[4] 还有研究表明，一些教师觉得他们已经尽最大努力来满足主观和客观标准，甚至他们已经取得了巨大进步或做出巨大的贡献。但如果他们在"标准线"以下，他们仍然得不到任何奖金。这对动机和努力程度均会带来负面效应。或者，教师可能会感到不公平，因为没有做出任何贡献的教师却能得到一份奖金。这种结果削减了整体执行机制的公正性和人们对它的信心，影响了整体制度环境的建设。[5]

其三，容易发生机会主义行为。国外相关研究认为，绩效工资的负面影响之一是教师为了获得奖励而发生了机会主义行为。这种机会主义

---

[1] 转引自 Henry C. Johnson, Jr., *Merit, Money and Teachers' Careers*, University Press of American, 1985, p. 126.

[2] A. Dixit, *Incentive and Organization in the Public Sector. An Interpretative Review*, Revised Version of A Paper Presented at the National Academy of Sciences Conference on Devising Incentive to Promote Human Management, 2007, (4).

[3] [美] 罗伯特·W. 麦克米金：《教育发展的激励理论》，北京师范大学出版社2008年版。

[4] 转引自许立新《英美中小学教师绩效工资研究》，《外国教育研究》2010年第4期。

[5] [美] 罗伯特·W. 麦克米金：《教育发展的激励理论》，北京师范大学出版社2008年版。

行为主要包括两类：一类是"免费搭车"，另一类是"为考试而教"。首先，绩效工资可能会使少数教师致力于搭便车行为，即免费搭车者单独行动，他们付出最小的努力，但是在获胜的学校里与所有教师一样得到一份奖励。莫内恩和科恩认为，绩效工资可能会引起一种对立的气氛，使教师隐瞒问题。他们同时指出，在绩效工资受益者当中，存在着他们称之为机会主义的行为。如教师只关注学生的考试分数，他们可能会忽视学生的情感或更加广泛的课程目标。不仅如此，为了使学校绩效指标最大化，在学校领导的率领下，整个学校可能同样会采取机会主义行为。在一个学校社区内，单个教师不可能让同事改变行为。他们可能会致力于免费搭车，希望尽最小的努力从学校得到奖励，获得最大的收益。然而，他们实际上可能与在学校没有得到奖励时所表现的行为一样。[1] 美国学者米切尔（Michael）研究认为，团队的激励同样会产生"搭便车"现象，比如某教师在一个人数为 N 的团队中非常努力，将团队绩效提高了 X，那么他得到的回报却只有 X/N，而其余没有做出平均贡献的人也得到了相同的回报。很明显，当 N 增加时，所产生的激励则会迅速缩减。[2]

其次，绩效工资可能会使教师为了得到奖励而产生机会主义行为，即教师为了获得奖励，将大部分精力投入最可能获得进步的学生身上，同时给予其他学生较少的精力。他们将精力集中在最有可能考试的课程上，为了考试而教学。科伯特和威尔森（Corbett and Wilson）认为，绩效工资的最终结果是，学校主要的目标是提高考试分数而不是学生学业成绩。[3] 美国的诺顿、斯格特（Norton and Scott）和波尔（Boe）研究发现，绩效工资计划在实施后，教师将大部分时间安排在应付学校绩效考核的课程，包括阅读、写作和数学上。自从教师将主要的精力集中于需要考试的课程上后，那些涉及高层次思维和解决问题的课程往往被搁置一旁，其中社会学和科学等课程很少有教师理会了。同时，他们调查发现，

---

[1] 转引自 E. C. Wragg, G. S. Haynes, C. M Wragg, and R. P. Chamberlin, *Performance Pay for Teacher*, RouledgeFalmer, Taylor and Francis Group, 2004, p. 12.

[2] Michael J. Podgursky and Matthew G. Springer (2007). Journal of Economic Literature. Vol. 37, No. 1. p7 – 63.

[3] 转引自 E. C. Wragg, G. S. Haynes, *Performance Pay for Teachers: The Views and Experiences of Heads and Teachers*, Routledge Falmer, 2004.

80%的教师承认学生需花费超过20%的教学时间去准备期末考试,超过28%的教师认为,学生利用60%的教学时间准备各类考试,67%的教师将学校需考核的课程作为主要的教学任务。奥登和凯莱同样赞同这个观点。他们认为,教师为了获得奖励会发生机会主义行为,将大部分精力投入最可能获得进步的学生身上,同时给予其他学生较少的精力;将精力集中在最有可能考试的课程上,为考试而教。同时,免费搭便车者会单独行动,他们只需付出最小的努力,但是在获胜的学校会与所有教师一样得到一份奖励。奥登和凯莱还用"博弈"这个术语来描述机会主义行为,如学校为了获得高的绩效工资而在第一年工作特别努力,在以后的时间里则偷懒,为了在第三年突出其成就,这样可能会保障学校在再次竞争中获得一份绩效奖励。① 美国的普劳斯克(Plasik)认为,教师绩效工资有助于将教师的精力集中于共同合作,提升学生学习的质量上,然而,它也存在着潜在的缺陷,如学科教师会集中关注某一学科而忽视其他学科。同样,也有研究认为,美国的绩效工资计划把奖金和学生考试分数拴在一起,这种制度将迫使教师把精力集中在提高学生考试分数而不是满足个别学生需要的教学上。当考试增加时,教师会强烈刺激、忽视那些不能通过考试的学生,也会忽视可能通过考试的学生,这种状态不可避免地扭曲了教学。② 凯莉在分析了美国肯塔基州获奖学校的相似之处后发现,"为考试而教"的状况已积重难返。她非常忧虑地认为,教师专业自主权将会丧失,特定的目标将被强加给学校。当所有的讨论都在关注绩效工资的益处时,人们却很少讨论教育的终极目的。③

其四,竞争替代合作。从工作性质来看,教师工作具有团队合作的性质,引入绩效工资制度会削减教师之间及教师和学校管理者之间的团队凝聚力,导致教师之间、教师和学校管理者之间合作的减少。里森赫

---

① 转引自[美]罗伯特·W. 麦克米金《教育发展的激励理论》,北京师范大学出版社2008年版。

② 胡四能:《美国绩效工资改革述评——以20世纪80年代以来的改革为对象》,《现代教育论丛》2004年第6期。

③ 转引自 Rosemary Chamberlin, Ted Wragg, Gill Haynes, Caroline Wragg, "Performance-related Pay and the Teaching Profession: A Review of the Literature," http://eric.exeter.ac.uk/Exeter/bitstream/10036/47116/1/Performance-Related% 20pay% 20andthe% teaching% 20profession.pdf, 2009-12-25。

兹和斯列（Resenholtz and Smylie）认为，绩效奖励使在一起工作的教师间交流和分享的功能丧失，并且破坏了教师团队成员间的信任，降低了团队成员解决问题的有效性，甚至会导致个别教师故意破坏竞争对手的努力和成功。[1] 汉诺谢克指出，绩效奖励鼓励教师竞争而不是和同事保持良好的合作关系，将损害学校内部的运行机制。同样，也有一些学者研究后认为，绩效工资削减了教师之间及教师和学校管理者之间的团队合作凝聚力，当委派学校管理者来实施评估时间时则尤为严重。[2] 同样，科恩（Cohen）认为，人们在重视经济奖励的同时，会变得不再关注任务完成的质量，绩效工资只能在短时间内产生激励作用，绩效工资所提供的外在奖励会销蚀内在奖励的作用，而且这种奖励会破坏同事之间的关系，这种奖励只是强化科层体制的一个工具。由于教师无法看到其绩效和可能的奖励之间的关系，绩效工资并不是一个有效的激励因素。[3] 美国学者亚当·厄本斯克（Adam Urbanski）同样赞成这个观点，他认为，绩效工资可能会给需要合作和团队精神的职业带来不和谐的竞争。只有当教师们精诚合作而不是被迫竞争时，他们的学生才能学得更好。[4] 英国专家玛斯登（Marsdon）和理查德森发现，在英国税务局接受调查的员工中，26%的员工表示绩效工资已让他们不太愿意帮助同伴。以后的研究发现，尽管绩效工资项目管理者试图解决这一项目早期的缺陷，但此类员工的比例已跃升至63%。研究还发现，67%的员工感觉到绩效工资阻碍了团队工作，认为绩效工资导致嫉妒的员工比例从62%上升至86%。[5] 奥登和凯利认为，绩效工资计划所提供的奖励是有

---

[1] 转引自 Henry C. Johnson, Jr., *Merit Money and Teachers' Careers*, University Press of American, 1985, p.14.

[2] 转引自 N. Adnett, "Reforming Teacher Pay: Incentive Payments. Collegiate Ethos and UK Policy," *Cambridge Journal of Economics*, Vol. 27, No. 1, pp. 145 – 157.

[3] 转引自［美］理查德·A. 金等《教育财政——效率、公平和绩效》，北京师范大学出版社2010年版，第398页。

[4] Adam Urbanski, "Merit Pay won't Work in the School, It Hurts Those It Purposes to Help," *Education Week*, January 15, 1997, p. 48.

[5] 转引自 Rosemary Chamberlin, Ted Wragg, Caroline Wragg, Performance-related Pay and the Teaching Profession: A Review of the literature, http://eric.exeter.ac.uk/exeter/bitstream/10036/47116/1/Performance-related% 20pay% 20and% 20the% 20teaching% 20profession.pdf, 2009 – 12 – 25.

限的,这样会使教师之间经常为了得到有限的奖励而相互竞争。①

其五,教师绩效评估问题突出。教师绩效评估是教师绩效工资发放的前提,教师工作过程的独立性、自主性、复杂性和创造性以及教师工作结果的长效性和迟效性对教师绩效评估带来了很大的困难。纵观国外的研究,教师绩效评估主要存在以下几个问题:首先,教师绩效评估标准难以确定。美国学者约翰逊(Johnson)认为,绩效工资在工业领域很容易实施,但在教育领域不适合,原因是教师绩效很难评估。荷蒙德(Daeling-Hammond)则认为,教师绩效评估会"使教学被视作一种将学生特征或学习任务的实质看作不变的教条化练习的趋势更加恶化"②。美国的兰希和诺顿(Nancy and Lawton)指出,绩效奖励模式是一种根据教师提高学习成绩和一些公认标准的能力来支付教师报酬的方法,通常的测量标准包括家长的满意度、教师发展和教师评估。这个方法所关注的焦点是偏袒和私情可能会影响测量标准的客观性。不同孩子的个体差异,不同文化标准和学生所取得成果的比例也成为影响因素。③ 同样,科斯(Koretz)指出,教师与律师、修理工或销售人员不同,很难作为一个独立的变量来控制工作结果,除教师以外还有各种力量来影响学生的成绩,如学校设施、家长、社区、学生本身的素质等。有不少研究在探索将教师对学生成绩的作用从其他重要因素如家长或同伴的影响中分离开来。然而,这些研究所得出的结论或者说教训是,所谓可以马上精确地测量教师对学生成绩的作用的说法只不过是大话而已。④ 其次,教师的工作绩效很难得到精确评估。美国学者亨利(Henry)认为,装卸工人的薪酬依据监督者通过对他们工作中的表现进行评估。这种形式是有效的,因为监督者可以用极低的费用同时监督一大群工人,且监督者和工人共同关注的工作效率可以获得一致的认可。例如,人们都会

---

① 转引自[美]理查德·A. 金等《教育财政——效率、公平和绩效》,北京师范大学出版社 2010 年版,第 398 页。

② 转引自 E. C. Wragg, G. S. Haynes, *Performance Pay for Teachers*: *The Views and Experiences of Heads and Teachers*, Routledge Falmer, 2004.

③ Nancy and Lawton, "Performance-Based Pay: A Key-stone for Improving Teachers' Salaries," *School Business Affairs*, November 2002, pp. 9 – 12.

④ D. M. Koretz (2002), "Limitations in the Use of Achievements Tests as Measures of Educators Productivity," *The Journal of Human Resources*, Vol. 37, No. 4, pp. 752 – 777.

同意在同样的时间里卸载两吨的工人比卸载一吨的工人的工作效率高。如同其他行业一样，一些教师在帮助学生获得认知技能方面比其他教师更有效率，这里也有证据表明监督者（学校领导）对教师的评估是基于学生的考试分数，尽管学生考试分数和教师绩效的相关性仅在0.3，而不是1.0的范围内。但教育生产过程的实质是不一样的，一个重要的观点是，教学不同于卸载汽车——监督者（学校领导）对教师绩效的评估不是基于人们都认可的同绩效有关的行为。事实上，大部分证据表明，教学不能被看作一种限定的行为必然会导致高绩效的活动。[①] 同样，美国的缪雷和科恩（Murnane and Cohen）指出，教学不会满足计件工资发生作用的条件，他们不可能清楚地衡量每一个教师工作绩效的数量和质量，如果这样做，就必须付出理性成本。而且，这样的计划也不能认定教学是学校所有教师都参与的合作性活动。他们认为，两个教师的工作效率可能很高，然而他们运用了完全不同的技术，因此不可能确认或衡量哪种教学行为是成功的。在不精确的假设条件下，大部分教学是关着门进行的，学校领导难以对教师的教学行为进行精确的评估。[②] 美国专家雷弗（Victor Lavy）认为，要准确地区分具体是哪一位教师对学生成绩的进步做出贡献，而不是其他的教师、学校或家庭尤为困难。如何判断先前的教师（优等的或劣等的）是否为学生成绩的增长做出了贡献，也被认为是不可能的。美国的格瑞兹（Donald Gratz）指出，教育部门不能测量教师个人或教师团体的服务，因为学生学业成就受到很多因素的影响而非教师单独能控制的，并且教师对学生成长的贡献是多方面的，一个学校价值的体现是学生广泛的教育和成长。需要做出复杂的努力去理解学生和人的发展，了解儿童和家庭文化，与父母交流、交互培育并对学生做出要求，设计关注重要的课程，调适指导学习的内容和对学习者进行适当的归因。教师是一个专业，而不是交易，很难获

[①] Henry C. Johnson, Jr., *Merit, Money and Teachers' Careers*, University Press of American, 1985, p. 64.

[②] 转引自［美］罗伯特·W. 麦克米金《教育发展的激励理论》，北京师范大学出版社2008页。

得客观精确的测量结果。① 再次，部分教师对政府所推行的绩效评价制度持反对意见。美国的斯特朗和塔克（Stronge and Tucker）发现，在课程和教学方式驱动评估系统中，如果评估系统是既定不变的，而且这个评估具有重大的利益关系，如涉及教师评估，那么评估系统将会反过来主导课程和教学方式……谁都不希望发生这样的事情，有证据显示，这种情况日益严重，也成为教师反对绩效评估计划的一个重要原因。② 也有研究表明，1997 年，美国民意测验调研会调查显示，72% 的教师对政府所推行的绩效评价制度持反对意见，78% 的教师反对把学生的表现与教师的薪酬相挂钩。大部分教师认为，教师绩效评价制度有碍教师在课堂改革中发挥作用，使很多教师因疲于应付各种绩效指标而无法致力于课堂教学的改善，而且这种制度会挫伤教师的创造力和教师间的平等关系，甚至会威胁到学术自由。③

（二）对国外基础教育学校教师绩效工资研究的评述

纵观对国外基础教育教师绩效工资的研究，主要集中于教师绩效工资改革背景、教师绩效工资制度实施的先决条件、教师绩效工资改革的主要争议和教师绩效工资实施中的问题等方面。国外教师绩效工资制度尤其是基于实际业绩进行的绩效工资改革的建立和改革起步较早，在理论和实践方面均积累了较为丰富的经验，同时也有着不少失败的教训。他山之石，可以攻玉。国外教师绩效工资改革的基本经验和教训，可以为我国更好地实施义务教育学校教师绩效工资制度提供很好的借鉴。这些研究成果是非常难得的。但是，由于我国的经济条件、文化背景和社会环境同西方发达国家存在着明显的差别，我国义务教育学校教师绩效工资制度同西方教师工资绩效制度很不相同，如教师绩效工资的内容和形式不一样，教师绩效工资的数额、占工资总额的比例和资金来源及绩效考核的方式等大不相同，我国义务教育学校教师绩效工资制度改革的

---

① Donald B. Gratz, "Lessons from Denver: The Pay for Performance Pay," *Phi Delta Kappan*, 2005, (8).

② 转引自［美］理查德·A. 金等《教育财政——效率、公平和绩效》，北京师范大学出版社 2010 年版，第 398 页。

③ *Post-Tenure Review*, An AAUP Response ［2003-04-12］, http//www.aaup.gov, September-October.

背景和目标显然也不一样。我国义务教育学校教师工资待遇长期偏低，且工资城乡差异、地区差异和校际差异较大，义务教育学校教师工作积极性不高。为了依法保障义务教育学校教师待遇，提高教师工作积极性，促进义务教育的均衡发展，我国决定实施义务教育学校教师绩效工资制度改革。而西方国家义务教育学校教师待遇本来就很高，且工资的城乡差异、地区差异和校际差异很小，其改革的主要目的是提高教育教学质量和义务教育学校教师工作的积极性。这显然和我国义务教育学校教师绩效工资制度改革的目标存在着较大的差异。如果我们在学习和借鉴的过程中，盲目地吸收国外的相关研究成果，可能会出现"比附"和"移植"的现象，最终导致事与愿违的结果。因此，我们对国外的相关成果必须批判性地吸收，不能盲目地照搬国外的模式。

（三）国内学者关于义务教育学校教师绩效工资的研究

国内学者关于义务教育学校教师绩效工资的研究，主要集中于绩效工资改革的背景、取得的初步成效、存在的主要问题、原因分析以及对策建议等几个方面。

1. 义务教育学校教师绩效工资改革的背景

首先，教师工资待遇低导致教师工作积极性不高。子君认为，我国曾在20世纪90年代出现过教师工资拖欠的现象。近年来，中央政府从完善教师工资保障机制入手，实行教师工资县级统筹，并加大转移支付力度，从根本上解决了拖欠教师工资的问题。但是，义务教育学校教师的平均工资水平普遍偏低的境况并没有得到明显的改善。因此，教师工作积极性受到很大影响。[①] 王晓松同样认为，教师工资待遇低，直接影响着他们劳动消耗的补偿，义务教育学校教师的境况尤为窘迫，负担重，超负荷运转，健康状况堪忧。教师工资待遇与其他行业的反差，直接影响着教师工作的积极性，义务教育学校教师职业没有吸引力，许多优秀人才不愿从事教师工作，骨干教师大量外流。[②] 其次，教师绩效工资不到位导致教师负面情绪增加。梁秀清认为，在现实中教师一直处于

[①] 子君：《义务教育学校绩效工资改革一年回眸》，《河南教育》2010年第4期。
[②] 王晓松：《我国义务教育学校教师绩效工资政策研究》，硕士学位论文，西南大学，2010年。

非常尴尬的境地，2007年全国大部分公务员大幅度提高了工资水平，实行"阳光工资"。而作为教师法中规定的不低于公务员工资水平的教师群体，却依然享受着原来的待遇不变，远远低于当地公务员的工资水平，教师工作积极性和教师情绪均受到很大影响。因此，绩效工资政策的目标是通过大幅度提高义务教育学校教师的待遇，优化教师结构，提高教师队伍素质，落实国家对教师社会地位的承诺。[①] 刘昕指出，近两年来，各地公务员地区附加津贴分批到位，公务员工资有了适度的增长，而教师绩效工资则一直没有得到兑现，这在客观上导致义务教育学校教师收入低于当地公务员的工资收入。而2007—2008年国内物价上涨，导致义务教育学校教师工作积极性显著下降，教师负面情绪不断增加。[②] 王晓松认为，部分地区学校教师负面情绪增加，原因是国家政策不配套，公务员津贴、补贴在先，教师绩效工资政策滞后，收入出现差距。[③] 从既有的研究中可以看出，义务教育学校教师绩效工资的出台，同长期以来义务教育学校教师收入偏低和教师绩效工资改革严重滞后有关。但是，教师绩效工资政策的出台，还同我国正在实施的教育均衡发展政策息息相关。显然，对义务教育教师绩效工资政策改革的背景还有待进一步探讨。

2. 义务教育学校教师绩效工资改革的成效

义务教育学校教师绩效工资制度改革是我国自2009年1月实施的一项新的教师收入分配改革政策，是贯彻义务教育法，深化事业单位收入分配制度改革，依法保证和改善教师特别是中西部地区农村教师待遇的重要举措。综合国内学者的研究，教师绩效工资改革取得了以下成效：

第一，提高了教师的工作积极性。吴青云、马佳宏认为，义务教育学校教师绩效工资的实施，调动和激发了教师教育教学工作的积极性，

[①] 梁秀清：《义务教育学校教师绩效工资的政策学探析》，《西南教育论丛》2009年第2期。

[②] 刘昕：《义务教育学校实施绩效工资政策背景及实施建议》，《北京行政学院学报》2010年第1期。

[③] 王晓松：《我国义务教育学校教师绩效工资政策研究》，硕士学位论文，西南大学，2010年。

使教师自觉地提高了教学工作能力，提高了组织绩效。① 刘昕指出，在实施绩效工资之后，广大教师的工资待遇在一定程度上得到提高，并与当地公务员的平均工资水平保持可比性，这当然会起到稳定教师队伍以及提高广大教师工作满意度和敬业度，增强他们的荣誉感的作用。② 张崴指出，在一些经济、社会条件好的地区，义务教育学校教师工资提高幅度很大，学校教师皆大欢喜，激励作用初步显现。③ 赵宏斌等对25个省77个县279所学校的校长进行调查发现，愿意实施教师绩效工资制度的占93%，他们认为，绩效工资制度提高了"教师工资待遇"，调动了"教师工作积极性"，提高了"教学质量"④。

第二，促进了教师的专业发展。刘霞等认为，义务教育阶段教师绩效工资实施中的绩效评价将教育教学研究工作、教师专业发展列入绩效考核内容，除了要评价教师的师德、知识和技能外，还强调要评价教师参与教学研究的情况及教师提升教育素质，拓展专业知识的情况，可以帮助和指导教师不断改善自身，促进了教师的专业发展。⑤ 何嘉指出，绩效工资构成中对教师有较大激励作用的是奖励性绩效工资，它能真正调动教师的积极性，促进教师专业的发展。⑥

第三，促进了义务教育均衡发展。王晓松认为，义务教育学校教师绩效工资政策的实施，有力地保障了义务教育学校教师的工资水平，建立了鼓励广大教师更加潜心教书育人的激励机制，统筹区域内学校之间教师收入分配关系，必将为义务教育在更高水平上实现均衡发展提供重

---

① 吴青云、马佳宏：《义务教育阶段教师绩效工资问题的探讨》，《教育学术月刊》2010年第7期。

② 刘昕：《义务教育学校实施绩效工资的政策背景及实施建议》，《北京行政学院学报》2010年第1期。

③ 张崴：《绩效工资改革好事还需办好》，《中小学管理》2010年第1期。

④ 赵宏斌等：《我国义务教育教师绩效工资实施现状研究》，《教育理论与实践》2011年第10期。

⑤ 刘霞等：《教师绩效工资实施中的绩效评价价值取向研究》，《文教资料》2010年第1期。

⑥ 何嘉：《义务教育绩效工资与考核对教师专业发展的影响——以江苏省为例》，《教育科学论坛》2010年第9期。

要的制度保障，发挥强大的推动作用。①

第四，加强了义务教育教师队伍建设。王晓松指出，绩效工资强化了向农村教师倾斜的政策导向，明确了在绩效工资总量核定上对农村学校特别是条件艰苦的学校适当倾斜，设立农村学校教师津贴，显著提高了农村教师收入水平，稳定了农村教师队伍，有利于吸引优秀人才到农村任教，有利于促进城镇教师向农村学校流动。②吴青云、马佳宏认为，教师实行绩效工资，除基本工资外，每年还将有一笔人均固定数额的绩效工资直接拨付到学校，由学校自由支配使用，这样可以留住教师队伍中的优秀人才。③

3. 义务教育教师绩效工资改革存在的问题

义务教育学校教师绩效工资制度改革在我国是一个新生事物，在实行的过程中难免会出现这样或那样的问题。综合国内学界的研究，义务教育学校教师绩效工资改革中主要存在以下几个方面的问题：

第一，绩效工资经费保障不力。刘昕认为，义务教育学校教师绩效工资实施的前提是有足够的资金支持，如果仅有政策而没有相应的资金保障，那么这项政策就根本发挥不了作用。我国义务教育学校教师工资主要来源于地方财政，而各地的财政收入又明显贫富不均。因此，义务教育学校实施绩效工资所需资金能否落到实处，是中小学教师们担心的主要问题。④苏君阳指出，教师最担心的问题是绩效工资的发放是否能够得到足够的经费保障，各省的财政状况不尽相同，财政状况好的地方容易解决，穷的地方则有难度。中央应加大转移支付的力度，向中西部地区及东部部分财力薄弱地区农村义务教育学校倾斜。⑤王晓松指出，由于缺乏经费省级统筹与直接拨付给学校的机制，地方政府层层截留、

---

① 王晓松：《我国义务教育学校教师绩效工资政策研究》，硕士学位论文，西南大学，2010年。

② 同上。

③ 吴青云、马佳宏：《义务教育阶段教师绩效工资问题探讨》，《教育学术月刊》2010年第7期。

④ 刘昕：《义务教育学校实施绩效工资的政策背景及实施建议》，《北京行政学院学报》2010年第1期。

⑤ 苏君阳：《义务教育学校实施绩效工资面临的问题》，《中国教育学刊》2010年第2期。

挤占义务教育学校教师绩效工资经费，最终的结果是保障不力。[1] 庞丽娟等人2009—2010年调研了12个省市区，发现到2010年2月，仅海南和甘肃两个省已经全部兑现教师绩效工资；四川、广西、安徽、贵州和湖南五省区已全面兑现了教师绩效工资，但许多县市尚未兑现奖励性绩效工资；而北京、河南、福建、广东和山东五省市仅有部分县市兑现了绩效工资，且河南、福建、广东三省已经兑现的县市也仅落实了基础性绩效工资，奖励性绩效工资仍处于准备阶段。[2] 王晓松指出，绩效工资政策实施后，教师绩效工资未能按时足额发放，引起广大教育工作者的强烈不满，个别地区或部分学校甚至出现了教师和政府、教育部门，教师和校长、教师之间不和谐的现象，影响了社会的安定团结。[3]

第二，教师工资收入差距拉大。胡耀宗认为，我国义务教育发展极不平衡，存在着明显的地域差距、城乡差距、校际差距，这给绩效工资的落实带来了极大的困难。由于教师工资以本区域公务员工资为参考标准，而同一省域内不同地区公务员工资差距很大，绩效工资实施后有可能拉大省域内部教师的收入差距，违背了绩效工资促进义务教育均衡发展的初衷。[4] 问秋指出，农村教师的工资不到城市教师工资的70%，这成为影响我国800万农村教师稳定，制约农村教育发展的核心要素之一。如果不改变现状的话，那么绩效工资政策可能会进一步扩大城乡教师收入差距，偏离了既定的政策目标。[5] 庞丽娟等认为，各地根据当地财政实力来决定教师绩效工资的发放标准，造成了各地绩效工资项目数量和标准差异很大，在一定程度上会导致教师收入区域性差距进一步拉

---

[1] 王晓松：《我国义务教育学校教师绩效工资政策研究》，硕士学位论文，西南大学，2010年。
[2] 庞丽娟等：《完善机制 落实义务教育教师绩效工资政策》，《教育研究》2010年第4期。
[3] 王晓松：《我国义务教育学校教师绩效工资政策研究》，硕士学位论文，西南大学，2010年。
[4] 胡耀宗：《义务教育学校绩效工资制路在何方——义务教育学校教师绩效工资财政保障机制探讨》，《中国教师》2009年第12期。
[5] 问秋：《落实教师绩效工资政策应该解决的几对矛盾》，《中小学管理》2009年第5期。

大。① 王晓松指出，义务教育学校教师绩效工资政策依法保障了义务教育学校教师平均工资水平不低于同一县级行政区域内公务员的平均工资水平，但是不同县区之间、区县学校与市直学校教师工资水平的差距拉大。② 崔莹晶认为，我国义务教育阶段教师绩效工资实行后，不同地区教师的工资差异很大，如广东东莞、江苏的苏南和苏北的教师工资差距非常明显。③

第三，绩效工资分配不均。周宏伟指出，绩效工资分配过程中存在着以下问题：奖励性绩效工资分配项目不合理，不能体现教师工作的实际数量和质量；把校长绩效工资纳入学校奖励性绩效工资中的做法不符合绩效工资实施原则；班主任津贴固化；奖励性绩效工资统筹额度不明。④ 梁延秋认为，奖励性绩效工资比例和调动教师积极性之间不协调，奖励性绩效工资的激励作用并不明显。⑤

4. 义务教育学校教师绩效工资改革存在问题的原因

在研究义务教育学校教师绩效工资制度所存在的问题的基础上，国内不少学者都力图揭示造成这一问题的原因。概括起来，学者们主要从教师绩效工资财政责任、绩效考核方式、绩效工资分配方式和绩效工资监督机制几个方面进行了分析。

第一，政府间财政责任分担不明确。胡耀宗等认为，义务教育学校教师绩效工资资金保障存在着政府之间财政责任分担不明确的问题，政策没有具体规定中央、省、市、县四级政府各自承担的比例，这为其执行落实造成了很大的困难。⑥ 他们还指出，由于政策没有规定中央、

---

① 庞丽娟等：《完善机制 落实义务教育教师绩效工资政策》，《教育研究》2010年第4期。

② 王晓松：《我国义务教育学校教师绩效工资政策研究》，硕士学位论文，西南大学，2010年。

③ 崔莹晶：《我国义务教育教师绩效工资改革过程中的问题及对策研究》，硕士学位论文，西南大学，2010年。

④ 周宏伟：《教师绩效工资改革的问题与对策研究》，硕士学位论文，华东师范大学，2011年。

⑤ 梁延秋：《美国公立中小学教师绩效工资制度及其实施研究》，硕士学位论文，华中师范大学，2010年。

⑥ 胡耀宗：《义务教育学校绩效工资制路在何方——义务教育学校教师绩效工资财政保障机制探讨》，《中国教师》2009年第12期。

省、地、县各自在义务教育学校教师绩效工资中的负担比例及机制,在具体执行过程中存在着政府层次之间的博弈和讨价还价,增加了政策的信息成本。① 庞丽娟等同样认为,绩效工资还没有建立起一个科学合理的中央与地方分担机制,中央财政尽管做了较大的努力,但投入数额有限,教师绩效工资改革的主要财政投入责任落到地方财政身上,由于此项政策所需要的地方配套资金数额过大,地方财政难以承担,尤其是财政实力薄弱,长期依靠中央转移支付的中西部地区的问题尤为突出。此外,省级统筹机制与基线要求不明,责任不清,各省财政保障力度差距大。② 苏君阳认为,从原则规定意义上分析,绩效工资政策对于绩效工资资金保障具有非常重要的指导意义,但问题在于,"管理以县为主",要不要县级财政承担相应的财政责任?在"省级统筹"中,省级政府承担的是管理责任还是财政责任?"中央适当支持",其支持的比例应该有多大?因此,义务教育学校教师绩效工资政策存在着财政责任分担不明确的问题。③

第二,教师绩效考核不合理。首先,教师绩效考核标准难确定。帅玉生、安桂花认为,义务教育的教育性和长期性的特点使教师工作不能全部得到量化和质化,特别是学生潜在能力的变化。义务教育学生年龄偏小,缺乏必要的生活能力,教师工作事无巨细,绩效考核的标准难以囊括教师的所有工作。④ 梁延秋认为,教师工作过程的独立性、自主性、复杂性和创造性以及教师结果的长效性和迟效性为教师的评价带来很大的困难。她同时指出,在我国教师绩效评估实践中,评估内容存在着两种方式:一种是把"工作绩效"视为"工作结果";另一种是把"工作绩效"视为"工作行为",但这两种模式均不能完整、有效地反

---

① 胡耀宗等:《义务教育教师绩效工资政策执行中的问题及解决策略》,《教师教育研究》2010年第4期。

② 庞丽娟等:《完善机制 落实义务教育教师绩效工资政策》,《教育研究》2010年第4期。

③ 苏君阳:《义务教育学校实施绩效工资面临的问题》,《中国教育学刊》2010年第2期。

④ 帅玉生等:《义务教育学校实施教师绩效工资制的学校管理学思考》,《内蒙古师范大学学报》2009年第10期。

映教师的工作业绩。① 问秋指出,尽管绩效工资政策要求学校的内部考核根据不同岗位的特点实行分类考核,从表面上看,向一线教师倾斜是没有问题的。但是,如何在绩效考核中平衡一线教师和行政管理者的利益,是一个长期以来都未能解决好的难题。实施新的绩效工资政策后,这一矛盾将更加凸显。对管理者的哪些工作可以明确纳入绩效考核的范围,管理者的工作如何和管理绩效结合起来,以体现透明、公正的原则,这些都需要认真考虑。② 孙振建指出,绩效工资实施以来,各学校都制定了一套绩效考核标准。但由于绩效工资改革是针对考核机制不当或存在缺陷而采取的临时性调整,因此缺乏统一的标准和规范。③ 其次,教师工作绩效很难得到精确评估。柴纯青、从春侠认为,教师工资不是流水作业,教师的育人工作很难完全用数据来衡量。④ 刘昕指出,对教师的绩效考核不能等同于一般生产人员常用的那种计件制考核,教师所从事的工作内涵非常丰富,为了培养对社会有用的人才,教师需要做很多深入细致的工作,而这些工作并不是通过升学率和学生分数等这样一些简单的指标能够体现出来的。⑤ 刘文章指出,绩效工资考核指标很难量化,例如,行政人员和其他工作人员的工作绩效很难加以评估,对教辅人员也很难衡量他们的工作量,还有对教师的隐性工作量也很难做出精确评估。⑥ 吴全华认为,在教师工作的结果性绩效和过程性绩效中都存在着可直接量化和不可直接量化的因素。在结果性绩效中,教学成绩是可量化的,而教学效果和教研成果是不可直接量化的;在过程性绩效中,教师在教学工作常规上的劳动投入是不可直接量化的,教学工作时间、教科研时间、教学工作量或课时数是可量化的,但一定课时数

---

① 梁延秋:《美国公立中小学教师绩效工资制度及其实施研究》,硕士学位论文,华中师范大学,2010 年。
② 问秋:《落实教师绩效工资政策应该解决的几对矛盾》,《中小学管理》2009 年第 5 期。
③ 孙振建:《绩效工资改革关键在于考核绩效》,《中小学校长》2010 年第 7 期。
④ 柴纯青、从春侠:《教师绩效工资政策访谈》,《中小学教育》2009 年第 5 期。
⑤ 刘昕:《义务教育学校实施绩效工资的政策背景及实施建议》,《北京行政学院学报》2010 年第 1 期。
⑥ 刘文章:《以学校为主体的绩效工资发放机制探索》,《教学与管理》2010 年第 7 期。

的绩效成果又是不可量化的。① 最后,教师绩效考核中会出现机会主义行为。鲜红、陈恩伦认为,绩效工资政策规定,地方政府根据本地的实际制定教师绩效考核指标,但真正考核的权力在学校领导手中。在政策刚性较弱的现实背景下,有些教师可能会以巴结讨好学校领导的方式隐藏其真实绩效,致使在绩效工资政策实施阶段出现由信息不对称而引发的"道德风险"。为了降低"道德风险",政府就需要投入更多的信息搜集成本、政策监督成本等交易成本。② 王光东指出,大量的实例说明,学校对教师工作的评价如果长期过分地依赖量化的方法,就可能使教学管理陷入两难的境地,在教育教学活动中出现"上有政策,下有对策"的被动应付、出工不出力的情况。③

第三,教师绩效评估权力配置不合理。杨凤英、袁刚认为,学校领导人作为学校的管理者和责任人,有权对教师的工作进行监督和管理,但领导对教师评价的有效性受限。一是领导受自身专业、时间和精力等的局限,难以对教师教学状况进行真实、全面的了解;二是领导自身的认知内隐因素会影响领导的评价。同时,学生作为教师教育教学的直接对象,对教师工作绩效应该最有发言权,但学生评价的信度和效度却有限。④ 梁秀清指出,教师绩效考核政策强化了学校行政化倾向,县级教育行政部门对教师人事和工资待遇进行双重控制,教师对于行政部门的任何要求都不再有反抗的力量,义务教育彻底失去了相应的独立性,沦为行政的附庸。⑤

第四,教师绩效工资分配的公平性缺失。刘俊仁等认为,义务教育学校制定绩效工资分配办法存在着两个问题:一是实体上决定绩效工资分配方法的主体错位,绩效工资分配办法的内容由义务教育学校领导班子决定,而不是由教职工、家长代表和社会人士决定等;二是程序上必

---

① 吴全华:《教师绩效工资制的潜在影响》,《教育发展研究》2010年第12期。
② 鲜红、陈恩伦:《中小学教师绩效工资政策实施中的交易费用研究》,《教育与经济》2010年第1期。
③ 王光东:《警惕教师绩效工资考核中的"过度理由效应"》,《基础教育研究》2010年第7A期。
④ 杨凤英、袁刚:《教师绩效评估中的问题探究》,《教学与管理》2010年第1期。
⑤ 梁秀清:《义务教育学校教师绩效工资的政策学探析》,《西南教育论丛》2009年第2期。

要步骤缺失和公开程度低。① 苏君阳认为，绩效工资虽然是以效率为标准来对工资进行分配，但是，它同时也会涉及工资分配的正当性与合理性问题，即绩效工资分配的公平问题。中小学教师关于绩效工资的分配最为关心的是程序公平，而不是实体公平。实体公平对绩效工资分配公平性的影响是系统性的，而程序性公平则带有很强的随机性，因此，就可能产生操作与控制的成分。②

5. 完善义务教育学校教师绩效工资制度的对策

义务教育学校教师绩效工资制度在我国是一个新生事物，肯定会存在这样或那样的问题。几乎所有研究者都试图对该问题提出对策建议，以有利于该问题的解决。纵观国内学界对该问题的研究，解决的思路不外乎以下几种：

第一，建立稳定的教师绩效工资财政保障机制。首先，明确各级政府绩效工资投入职责。王振中提出，中西部省份应实行"省级统筹，中央支持为主"的政策，东部沿海省份应实行"省级统筹为主，县级财力保持原有水准（额度）"③的政策。胡耀宗认为，落实绩效工资政策的最大困难之一就是地方绩效经费的来源，中央财政转移支付比较明晰，省级财政责任却不明确，容易形成县级财政责任过重的状况。因此，现阶段可行的策略是提高省级政府义务教育财政责任。④ 鲜红、陈恩伦同样认为，如果将绩效工资政策的财政责任下放至县级政府，可能会造成部分学校无法顺利推行该政策的局面。因此，政策决策部门应考虑政策推行过程中可能遇到的阻力，在财力支撑方面应考虑上移至省级政府。⑤ 庞丽娟等进一步指出，要充分认识到义务教育的公共性，明确落实义务教育学校教师绩效工资是政府必须予以保障的重要职责。因

---

① 刘俊仁等：《义务教育制定绩效工资分配办法的法理分析》，《中国教师》2009年第12期。

② 苏君阳：《义务教育学校实施绩效工资面临的问题》，《中国教育学刊》2010年第2期。

③ 转引自柴纯青、从春侠《教师绩效工资政策访谈》，《中小学管理》2009年第5期。

④ 胡耀宗：《义务教育学校绩效工资制路在何方——义务教育学校教师绩效工资财政保障机制探讨》，《中国教师》2009年第12期。

⑤ 鲜红、陈恩伦：《中小学教师绩效工资政策实施中的交易费用研究》，《教育与经济》2010年第1期。

此，要强化省级政府的投入职责，建议对绩效工资省级统筹的内涵和投入基线进行必要的底线规定。① 该思路的着眼点在于通过明确各级政府负担义务教育学校教师绩效工资经费的责任，强化省级政府的统筹重任，防止绩效工资经费负担责任不清的问题出现。其次，明确各级政府负担教师绩效工资经费的比例。劳凯声认为，对于绩效工资的款项，中央、省、县应该分别承担一定的比例，责任不明确的话就会出现问题，地方政府就会哭穷，说它们没钱。要落实好，就必须在责任分担上有明确的形式，比如责任公示。② 庞丽娟等认为，鉴于我国区域间社会经济发展水平与地方财政实力均存在显著差距的基本国情，为减轻欠发达地区特别是中西部地区省级统筹教师绩效工资的难度，建议借鉴义务教育经费保障新机制的经验，建立中央与地方政府分地区、分项目的财政保障机制，切实加大中央投入和支持力度。③ 可以看出，该思路的主要意图在于明确各级政府教师绩效工资经费负担比例，防止各级政府随意推卸义务教育学校教师绩效工资经费责任。从既有的研究来看，国内学界认为，要完善义务教育学校绩效工资制度，就必须建立稳定的教师绩效工资保障机制，其一，要明确各级政府投入职责，同时强化省级政府的统筹重任；其二，要明确各级政府负担教师绩效工资经费的比例。但是，对于各级政府负担绩效工资经费的具体比例和落实的可行性、省级政府投入的基线等措施均没有进行深入研究，这给绩效工资经费的落实带来了很大的难度。因此，义务教育学校教师绩效工资制度经费落实的思路还需进一步探讨。

　　第二，完善教师绩效考核机制。首先，要确定科学合理的绩效考核标准。李沿知建议，要注意评价体系指标的全面性，可以引入多种考察指标对目标群体进行全面评估。如将学生成绩、同事和校长的评价、课

---

① 庞丽娟等：《完善机制 落实义务教育教师绩效工资政策》，《教育研究》2010 年第 4 期。
② 毕婷：《教师应纳入公务员体系——劳凯声谈义务教育学校落实绩效工资》，《教育旬刊》2009 年第 5 期。
③ 庞丽娟等：《完善机制 落实义务教育教师绩效工资政策》，《教育研究》2010 年第 4 期。

堂表现及与家长的沟通情况等作为量化教师绩效的指标。① 陈克现提出，要加强对绩效工资的县级管理，县级教育行政主管部门应该分阶段对所辖学校定期组织系统、科学、严格的教育教学测评活动，制定科学的考试评价体系，执行可操作的考评细则，对所辖学校进行多维度的定性和定量的综合评价。② 在考核内容上，鲜红、陈恩伦指出，应具有全面性，即综合考核教师的德、能、勤、绩四方面；谭学科等提出，在绩效考核方面将学生综合素质提升作为重点指标；张锐则提出依据学生进步幅度来衡量教师绩效；贾建国建议引入美国的"增值评价"方法来考核教师绩效；刘霞等认为，绩效评价内容不应局限于教师过去的工作表现，教师专业发展也应成为教师绩效评价的主要内容。③ 其次，要建立公正合理的绩效考核方式。李沿知建议，绩效考核可以采取学校绩效考评小组、年级组和学科组、家长和学生评价相结合的办法，根据教师平时的表现及学期末考核情况加以评分。④ 鲜红、陈恩伦指出，在考核方式上，要做到教师自评、互评和领导评价相结合。教育部门要制定绩效考核办法，加强对学校内部考核的指导，学校要完善内部考核制度，根据教师、管理、工勤技能等岗位的不同特点，对学校、校长、班主任、教师及其他管理人员进行分类考核，并将考核结果作为绩效工资分配的主要依据。⑤ 刘霞等提出，要实行评价方法多元化，强调收集评价信息多元化，可以采用课堂观察法、调查法、业务知识测试法、查阅工作记录或

---

① 李沿知：《美、英、澳三国基础教育教师绩效工资制度实施对办学质量的影响分析及启示》，《教师教育研究》2010 年第 4 期。

② 陈克现：《我国农村教师薪酬体系激励的功能缺失与对策》，《现代教育论丛》2009 年第 6 期。

③ 鲜红、陈恩伦：《中小学教师绩效工资政策实施中的交易费用研究》，《教育与经济》2010 年第 1 期；谭学科等：《绩效管理在学校管理中的应用》，《教育规划与管理》2009 年第 11 期；张锐：《浅谈教师绩效工资的实施与绩效评价标准的构建》；贾建国：《美国中小学绩效工资改革及其对我国的启示》，《比较教育研究》2009 年第 9 期；刘霞：《教师绩效工资实施中的绩效评价价值取向研究》，《文教资料》2010 年第 1 期。

④ 李沿知：《美、英、澳三国教师绩效工资制度实施对办学质量的影响分析及启示》，《教师教育研究》2010 年第 4 期。

⑤ 鲜红、陈恩伦：《中小学教师绩效工资政策实施中的交易费用研究》，《教育与经济》2010 年第 1 期。

档案等；处理评价信息多元化，将定性方法和定量方法相结合。① 胡耀宗等建议，教师绩效考核应依托合适的载体，如教师成长档案、优秀教师评比、教师自我发展规划等，注重教师履行岗位职责的实际表现和贡献，坚持定量考核和定性评价相结合、形成性评价和阶段性评价相结合，通过简单易行的方式把教师工作数量和质量体现出来。② 最后，健全绩效考核的反馈机制。李桂茹提出，绩效考核中要健全反馈机制，使教师及时了解其长处和不足，调整专业知识结构，提高专业技能，获得专业的长足发展。③ 总之，国内学界对完善教师绩效考核机制的建议主要集中在绩效考核标准、绩效考核方式和绩效考核反馈机制等方面，这些建议有一定的参考价值，但其适用性和可行性有待进一步探讨。

第三，保证绩效工资分配的公平。赵德成提出，中小学在客观评价每个教师的工作绩效和贡献、追求分配公平的同时，要特别关注程序公平，要加强师生沟通，增进决策的民主化，提供畅通的申诉渠道，使有关制度能赢得教师的理解、信赖和拥护。④ 刘俊仁等认为，完善义务教育学校绩效工资分配办法的制度设计，一是建立校务委员会决策模式，以保障教职工参与决策权的需要，同时弥补教师代表大会的功能虚化；二是增加必要步骤和提高公开程度，保证绩效工资分配的程序公平。⑤ 吴强指出，要保证教师绩效工资分配公平，必须坚持"三个原则"和"三个平衡"，"三个原则"即坚持按劳分配、优绩优酬的原则；坚持"精神奖励"和"物质奖励"相结合的原则；坚持民主决策、公正公平的原则。"三个平衡"为中层干部和教师的平衡，班主任和非班主任的平衡，本校和周边学校的平衡。⑥ 孙占林指出，教师绩效工资分配公平

---

① 刘霞：《教师绩效工资实施中的绩效评价价值取向研究》，《文教资料》2010年第1期。

② 胡耀宗等：《义务教育教师绩效工资政策执行中的问题及解决策略》，《教师教育研究》2010年第4期。

③ 李桂茹：《绩效工资改革给中小学校长带来的挑战》，《现代教育科学》2010年第4期。

④ 赵德成：《设计奖励性教师绩效工资计划的基本原则》，《中小学管理》2009年第5期。

⑤ 刘俊仁等：《义务教育学校制定绩效工资分配办法的法理分析》，《中国教师》2009年第12期。

⑥ 吴强：《如何做好教师奖励性绩效工资分配方案》，《中小学校长》2010年第4期。

不仅仅着眼于分配方案本身，还要着力于寻找传统公平与现代公平的平衡点，通过持之以恒的建设，营造科学公平的评价氛围，这样才能构建心平气和、相对和谐的校园环境。① 叶忠提出，扩大"得到"的范畴，增加公平比值；拓展公平渠道，增加公平清晰度；引入群众公平系数，提高凝聚力；完善岗位设置和岗位分析，建立科学绩效评估体系，体现公平本质。②

第四，建立绩效工资监督问责制度。吴德贵建议，为确保义务教育教师绩效工资的财政保障机制与各级政府职责落实到位，中央政府和有关部门应抓紧建立一套强有力的督导评估与问责制度。③ 苏君阳认为，应尽快建立相应的监督保障机制，加大人大对各级政府财政责任承担监督的力度，强化各级政府部门或教育行政机关对学校绩效工资的分配是否公平合理的监督职责。④ 庞丽娟等也建议，首先，要将各级财政是否落实绩效工资财政保障职责，各级财政投入是否按时足额到位、专款专用等作为督导问责的基本内容。特别是要加强对中央财政拨付经费和地方配套经费中省级财政承担经费的总额、比例与统筹的履行情况等的督查；其次，要将绩效工资的落实时间、标准，以及与公务员持平和增长作为监督问责的主要内容；最后，要将绩效工资落实情况作为义务教育教师队伍建设和教师福利待遇的重要内容，建立对地方政府、人事、财政、教育等部门及其领导的监督问责制。⑤ 王振中认为，上一级财政、审计、监察等部门必须加强监督，督促县级财政对于原来用于教师工资待遇的资金，不减少，不"挤出"，还要严防省级财政转移财力被占用、移用、截留。⑥ 徐永太提出，国家要出台一些相关政策，强化责任，把绩效工资落实情况纳入各级政府的考核中去。⑦ 李沿知建议，在

---

① 孙占林：《绩效工资分配要找准两种公平的平衡点》，《江苏教育》2010年第6期。
② 叶忠：《实施绩效工资应维持内部公平》，《江苏教育》2010年第6期。
③ 吴德贵：《实施绩效工资需要理顺十大关系》，《人力资源》2009年第5期。
④ 苏君阳：《义务教育学校实施绩效工资面临的问题》，《中国教育学刊》2010年第2期。
⑤ 庞丽娟等：《完善机制 落实义务教育教师绩效工资政策》，《教育研究》2010年第4期。
⑥ 柴纯青、从春侠：《教师绩效工资政策访谈》，《中小学管理》2009年第5期。
⑦ 同上。

学校绩效工资的实施过程中,应构建有效的监督机制,使其作为完善考核机制必要的配套性制度予以安排,以保证绩效考核评价的公平性和公正性。例如,严格执行义务教育学校教师绩效工资的审批制度和公示制度,采取有效措施杜绝校长任人唯亲的现象发生,以增强绩效考核工作的透明度和考核结果的公信力,充分发挥教代会、工会在绩效工资实施过程中的监督作用。[①] 劳凯声提出,在实施绩效工资政策中,要有严格的程序,财政部门管拨款,地级政府管监督,教育主管部门管学校和款项的发放,这些部门要相互协调、相互制约。

从既有的研究里可以看出,学者们对绩效工资经费监督与问责从不同的角度提出了许多建议,如有的学者从监督的对象出发,有的侧重于监督的内容,也有的侧重于监督与问责的方式,这些建议有一定的合理性,但其适用性还有待进一步研究。

(四) 对国内义务教育学校教师绩效工资制度研究的评述

学者们对国内义务教育学校教师绩效工资制度的研究,不仅有助于更为全面地了解现行的义务教育学校教师绩效工资制度,而且为完善该制度提供了比较全面的理论参考和实践指导。然而,学者的研究在取得重大进展和成果的同时,也存在诸多的不足和缺陷,主要表现在以下几个方面:

第一,研究视角不全面。对义务教育学校教师绩效工资制度的研究主要集中在两个领域:一是介绍国外教师绩效工资改革的基本经验,其中绝大部分文献主要介绍美国一些州和学区学校的做法,对世界上其他一些国家的教师绩效工资制度则很少涉及。事实上,英国、澳大利亚和以色列等国家的教师绩效工资改革也如火如荼地进行着,它们的基本经验同样会给我国义务教育学校教师绩效工资改革带来很好的启示。另外,对国外教师绩效工资改革的成功经验介绍多,失败教训介绍少;对国外教师绩效工资改革的现状介绍多,背景分析少。这样,我们对国外义务教育学校教师绩效工资改革的全貌就了解不够,会直接影响我国义务教育学校教师绩效工资制度的完善。二是既有的文献着重分析我国义

---

① 李沿知:《美、英、澳三国基础教育教师绩效工资制度实施对办学质量的影响分析及启示》,《教师教育研究》2010年第4期。

务教育学校教师绩效工资改革的现状，主要介绍教师绩效工资改革的背景、取得的初步成效和存在的主要问题，剖析这些问题所产生的原因并提出相应的对策思路。但是，研究没有对我国义务教育教师工资制度变迁进行深入分析，因此，对义务教育学校教师绩效工资改革的必要性和紧迫性认识不够。此外，义务教育学校教师绩效工资制度正处于摸索阶段，相关研究较少，权威研究不多，可供参考的成功实例也较少。还有，研究大多集中在所出现的问题及困难上，关于相应的对策和解决办法则缺乏足够的探讨。

第二，研究方法欠科学。从既有的研究上看，对义务教育学校教师绩效工资制度的研究主要采用了文献法、比较法、问卷调查法、实地研究法等，很少涉及结构性访谈、小组访谈、主要知情人访谈和研讨会等经典的社会学调查方法，研究方法有待进一步拓展。同时，研究者在运用文献法时，所收集的文献绝大部分是关于美国教师绩效工资的基本情况，对于世界上其他国家教师绩效工资的情况则涉足很少；在运用比较法时，也没有深入比较企业绩效工资和教师绩效工资的异同；在进行问卷调查时，大部分学者根本没有深入基层学校进行开放式访谈，对义务教育学校教师绩效工资制度所存在的问题把握不准，调查问卷的信度和效度大打折扣；问卷调查的区域过于狭窄，其研究结论难以令人信服；在进行实地调查时，很少有学者深入实际并扎根基层，很少采用定性的方法收集资料，如运用观察法、访谈法和案例分析法等，对义务教育教师绩效工资制度进行深入研究。由于研究方法欠科学，对义务教育学校教师绩效工资制度的研究还有待进一步探讨。

第三，理论研究不深入。从检索的文献来看，国内学界对义务教育学校教师绩效工资制度的理论依据研究主要移植西方发达国家的企业绩效工资理论，该理论主要借鉴管理学中的激励—期望理论、目标设置理论、强化理论和公平理论等。这种理论将员工绩效和薪酬联系起来，以提高员工为实现公司战略目标而努力工作的积极性，为企业实行绩效工资制度提供了坚实的理论基础，也为学校实行教师绩效工资制度提供了很好的启示。然而，企业绩效工资和教师绩效工资有很大的不同，同企业员工相比，义务教育的教育性和长效性特点使教师工作不能全部加以量化和质化，特别是学生潜在能力的变化；同企业相比，义务教育的非营利性和非产业化特点使学校绩效工资的来源和支配有限。因此，如果将企业绩效工资理论简单移植到教师绩效工资中，没有深入探讨教育的相对独立性和教师劳动的独特特点，就会让读者有一种削足适履的感觉。国内的文献对教师绩效工资理论缺乏进一步研究，没有详细分析企业绩效工资和教师绩效工资的异同，也没有深入探讨教师绩效工资的特点。其实，按劳分配理论和效率工资理论也是义务教育学校教师绩效工资的理论基石之一，绩效工资中的按绩效分配实质上就是按劳分配，但由于教师劳动具有迟效性和长效性相统一、个体性和协作性相统一、复杂性和创造性相统一的特点，因此不能照搬按劳分配理论，效率工资中给予员工有竞争性的工资对实施教师绩效工资也有很好的启示。如果我们仅仅从管理学中的激励理论来阐释教师绩效工资的理论基础，就会产生理论研究不深入的弊端。因此，对义务教育学校教师绩效工资政策实施过程中所出现的一些问题，就无法从理论上进行深入阐释，由于缺乏坚实的理论支撑，一些研究则会就事论事，其结论无法令人信服。

第四，实证研究不具体。首先，研究设计不合理，就事论事的居多，往往局限于一所学校或一个地区，较少根据研究的实际需要，认真做好关于研究假设、研究内容、抽样设计、研究过程等的方案设计，也很少深入研究国内外关于教师绩效工资的重要文献和著作，分析和总结以往研究的优缺点，避免以往研究所出现的问题。其次，研究地域较狭窄。对义务教育教师绩效工资的实证研究大都是个案研究，局限于一个县、一个市或最多在一个省的范围之内，样本量比较小，对不同省份和地区教师绩效工资的实证研究并不多见。事实上，各个省和地区既有其独特的社会经济背景，也有着相同的影响因素。因此，以往的研究者由于研究地域的限制，所得出的一些结论的普适性有待进一步探讨。最后，实地调查不深入。以往的研究要么泛泛而谈，要么只是简单地采用问卷调查来收集资料，很少采用量化研究和质化研究相结合的方法。由于问卷调查方法只能得到一些反映普遍状况的表象信息，对那些潜藏在问题背后的深层次原因信息却鞭长莫及。事实上，运用质化研究方法如访谈法、观察法、案例分析法等，可以弥补量化研究的缺憾和不足，但从文献来看，极少有研究者运用量化研究和质化研究相结合的方法对义务教育学校教师绩效工资制度进行系统研究。不仅如此，问卷调查的数据资料大多适合做定量的数据分析，其研究结论的效度也难以得到保证。

总的来说，国内尽管有相当的机构和学者就义务教育学校教师绩效工资制度进行了大量的研究，但往往研究视角不全面，研究方法欠科学，理论研究不深入，实证研究不具体，其研究结论的信度很难得到保证。因此，对义务教育学校教师绩效工资制度还需做进一步深入研究和探讨。

第四节 相关概念的界定

一 绩效

在汉语中，绩，指把麻纤维劈开，再搓成线，后来引申出"绩绍（继承业绩）"等义，并进一步指"成就、功业"（achievement）。效，其本义为"献出、尽力、效劳、效忠"，引申出"功效、效果"义。在《牛津现代高级汉语词典》中，绩效（Performance），通常翻译为"执行、履行、表现和成绩"。美国学者贝茨（Bates）和霍尔顿（Holton）指出："绩效是一个多维构建，观察和测量的角度不同，其结果也会不同。"从管理学的视角分析，绩效是组织期望的结果，是组织为实现其目标而在不同层面展开的有效输出；从经济学的视角分析，绩效是员工和组织之间的对等承诺；从社会学的视角分析，绩效是社会分工所带来的角色承担。[①] 随着实践的拓展和理论的发展，绩效的概念和内涵发生着不断深化，正如管理学大师德鲁克所认为的："所有的组织都必须思考'绩效'为何物？这在以前简单明了，现在却不复如此，策略的拟定越来越需要对绩效做出新的定义。"目前对绩效有四种观点：

第一种观点认为绩效是结果，把绩效看作工作结果或产出。持这种观点的主要代表人物包括凯恩（Kane）和伯纳丁（Bernardin）。凯恩认为，绩效是个人留下的、与目的相对独立存在的东西。绩效是工作所达到的结果，是个人工作业绩的记录。伯纳丁认为，绩效是在特定的时间

---

① 付亚和、许玉林：《绩效管理》，复旦大学出版社2008年版，第4—5页。

里，由特定的工作职能或活动所产生的产出记录。[1]

第二种观点认为绩效是行为，其主要代表人物包括墨菲（Murphy）和坎贝尔（Campbell）。墨菲认为，绩效是一个人在其工作的组织或组织单元中有关的一组行为。坎贝尔指出："绩效是行为，应该与结果区分开，因为结果受系统因素的影响。"[2] 他给绩效下的定义是："绩效是行为的同义词，它是人们实际的行为表现并能被观察到。就定义而言，它只包括与组织目标有关的行动或行为……"[3]

第三种观点认为绩效是能力，其主要代表人物包括麦克柯兰德（McClelland）和伍德鲁夫（Woodruff）。麦克柯兰德认为，能力是与工作或工作绩效或生活中其他重要成果直接相似或相联系的知识、技能、能力、特质或动机，是一个人所拥有的导致其在一个工作岗位上取得出色业绩的潜在特征。[4] 伍德鲁夫认为，能力是一种明显的、能使个体胜任完成某项工作的行为。[5]

第四种观点认为绩效是行为和结果，其主要代表人物包括阿吉斯（Herman Aguinis）、罗宾斯（Stenphen P. Robbins）和布鲁姆巴（Brumbrach）。阿吉斯倾向于从行为和结果两方面综合衡量绩效[6]，罗宾斯等人认为结果、行为和特质是考量绩效的重要内容。[7] 布鲁姆巴认为："绩效指行为和结果。行为由从事工作的人表现出来，将工作任务付诸实施。行为不仅仅是结果的工具，行为本身也是结果，并且能与结果分

---

[1] H. J. Bernardin and J. S. Kane, *Performance Appraisal: A Contingency Approach to System Development and Evaluation*, 2nd, Boston, MA, PWS-Kent, 1993.

[2] J. P. Campbell, "Modeling the Performance Prediction Problem in Industrial and Organizational Psychology," *Handbook of Industrial and Organizational Psychology*, 2nd ed., Palo Alto, CA: Consulting Psychologists Press, 1990, pp. 687–732.

[3] Ibid., p. 732.

[4] McClelland (1973), "Testing for Competence Rather for Intelligence," *American Psychologist*, 28, pp. 1–14.

[5] C. Woodruff (1992), "What is Meant by a Competency?" In R. Boam and P. Sparrow (eds.), *Designing and Achieving Competency*, Maidenhead: McGraw-Hill, p. 18.

[6] 转引自［美］赫尔曼·阿吉斯《绩效管理》，刘昕译，中国人民大学出版社2008年版，第78—79页。

[7] ［美］罗宾斯、贾奇：《组织行为学》，李原等译，中国人民大学出版社2008年版，第529页。

开进行判断。"①

上述关于绩效的四种观点都具有合理性，从不同的角度揭示了绩效的内涵。但笔者更倾向于综合他们的观点，即"绩效是行为、能力和结果"。本书将绩效定义为"与工作密切相关的行为、能力及其结果"。这是一个较为宽泛的绩效概念，即行为、结果和能力三个方面。

二 工资

关于工资的定义，国际上和国内有细微的区别。《国家劳动统计年鉴》（1998）规定，工资（wage rates）包括基础工资、生活补贴和其他有保证的津贴和经常性补助，但不包括加班费、奖金和赏金、家庭补助和其他由雇主支付的社会保障费用。优惠性实物报酬、正常工资以外的补充报酬也不包括在内。而1995年我国劳动部印发的《关于贯彻〈中华人民共和国劳动法〉若干问题意见的通知》规定，工资是指用人单位依据国家有关规定或劳动合同的规定，以货币的形式支付给本单位劳动者的劳动报酬，一般包括计时工资、计件工资、奖金、津补贴、加班加点工资和特殊情况下支付的工资。1990年国家统计局发布的《关于工资总额组成的规定》指出，工资总额是指各单位在一定时期内直接支付给本单位全部职工的劳动报酬总额，其计算应以直接支付给职工全部劳动报酬为依据，工资总额由以下几个部分组成：1）计时工资；2）计件工资；3）奖金；4）津贴和补贴；5）加班加点工资；6）特殊情况下支付的工资。其中，计时工资和计件工资是工资支付的基本形式，奖金、津贴、补贴、加班加点工资、特殊情况下支付的工资以及劳动分红和提成是工资的辅助形式。奖金是对劳动者在创造超过日常劳动定额以外的社会需要的劳动成果时所给予的补偿和奖励。津贴是为补偿劳动者在特殊条件下和艰苦环境下付出额外的和特殊的劳动消耗，或为了保障劳动者的工资水平不受特殊条件影响而支付给劳动者的报酬。补贴是为保证职工实际生活水平不下降而由国家或单

---

① Brumbrach, *Performance Management*, London: The Cronwell Press, 1988, p. 15.

位根据一定的标准发给职工的补助性收入。① 津贴和补贴没有本质的区别，所不同的是补贴是对日常生活费用的开支，侧重于生活性，而津贴是对额外的特殊劳动消耗的补偿，侧重于生产性。《关于工资总额组成的规定》还指出，全民所有制单位和集体所有制单位、事业单位、各种合营单位、各级国家机关、政党机关和社会团体在计划、统计、会计上有关工资总额的计算，均应遵守本规定。可以看出，我国工资总额包括奖金、津贴和补贴等其他形式工资的总和，而国际上通行的标准将奖金等不包括在工资总额之内。本书以国内关于工资的有关规定为准。

三 绩效工资

绩效工资，也叫绩效薪酬，最早起源于商业领域或工业领域。国内外学者对绩效工资的定义各不相同。例如，阿吉斯认为，绩效工资也叫绩效薪资，或叫绩效付薪（pay for performance），员工工作完成情况的好坏决定了他们的报酬。因此，员工所获得的加薪完全或部分取决于他们工作的绩效，这部分薪资增长既有可能增加到员工的基本薪资中，也有可能以一次性奖金的形式发放。② 显然，他是从工作结果的角度出发来定义绩效工资的。而米尔科维奇（Gerge T. Milkovich）认为，绩效加薪（merit increase）是为了奖励员工过去的工作行为而增加其基本工资。他们通过一种正式的或非正式的绩效评估计划，对员工过去的绩效进行评价，根据评价的结果确定加薪的规模。③ 可以看出，他是从工作行为的角度定义绩效工资的。国内学者李宝元认为，绩效薪酬（pay for performance）是与员工工作绩效挂钩以激励其提供工作绩效水平的薪酬项目。它广义地包括职位薪酬、能力薪酬及年资和津贴等基本薪酬之外所有与工作绩效有关的薪酬项目。绩效薪酬可以分为四种类型：增益分享、成就加薪、业绩奖金和可变薪资。④ 马新建认

---

① 张仲华等：《劳动报酬速查手册》，中国工人出版社2011年版，第5页。
② ［美］赫尔曼·阿吉斯：《绩效管理》，刘昕译，中国人民大学出版社2008年版，第235页。
③ ［美］乔治·T. 米尔科维奇：《薪酬管理》，中国人民大学出版社2008年版，第9页。
④ 李宝元：《薪酬管理——原理、方法、实践》，清华大学出版社2009年版，第150页。

为，绩效工资（performance related pay）也被称为与绩效评估挂钩的工资，它的前身是计件工资，基本特征是将员工的工资收入与个人绩效挂钩。其类型包括业绩工资和激励工资。① 李沿知认为，绩效工资是将工资支付金额与某些预先规定的行为或成果挂钩，是为鼓励、引导或控制员工行为而设计的工资。② 刘美玲认为，绩效工资（也称绩效薪酬）是指在对员工的工作业绩、工作态度、工作技能等方面进行评估基础上发放工资的一种制度。③ 显然，国内学者对绩效工资的定义比较宽泛，但国内外学者都遵循着一个根本的原则，就是绩效工资是以工作绩效为依据的。综合国内外学者的看法，笔者认为，绩效工资是与员工的绩效挂钩的工资，是根据员工的工作行为、工作结果的好坏及工作能力来发放的工资。

四 教师绩效工资

关于教师绩效工资，国内外学者对它的定义不一样。就国外学者而言，赫尔曼（Herrbert G. Henerman）认为，教师绩效工资是一个评估教师行为或结果的系统过程，并将此评估与工资变化紧密联系起来。④ 奥登（Allen Odden）认为，Performance Pay 是新工资制度改革的一种，它依据行为或结果奖励个体、团体或组织。在个体层面上，又称作"Merit Pay"⑤。理查德·A. 金认为，如果教师在绩效考核中显示出自己特殊的效用，教师就会得到经济奖励或绩效工资。⑥ 可以看出，在国外学者中有人从教师的行为或结果出发，有人从个人、团体或组织的角度

---

① 马新建：《薪酬管理与公平分配》，北京师范大学出版社2008年版，第262页。

② 李沿知：《国外基础教育教师绩效改革中的主要争议》，《外国中小学教育》2010年第7期。

③ 刘美玲：《美国基础教育阶段教师绩效工资实施方案及成效分析》，《教育发展研究》2010年第5期。

④ Herrbert G. Henerman, Anthony Milanowski, Steven Kimball (2007), "Teacher Performance Pay: Synthesis of Plans, Research, and Guide for Practice," *CPRE Policy Briefs*, February 2007 RB – 46.

⑤ A. Odden and C. Kelley (1997), *Paying Teachers for What They Know and Do: New and Smarter Compensation Strategies to Improve Schools*, Thousand Oaks, CA: Corwin Press, Inc., 52.

⑥ ［美］理查德·A. 金等：《教育财政——效率、公平与绩效》，中国人民大学出版社2010年版。

出发，但一个根本的原则是根据绩效考核中的绩效来确定教师的绩效工资。国内学者对教师绩效工资的定义也是一致的。张圆圆认为，教师绩效工资（Performance Related Pay）是依据个人或组织的工作表现和成效而发放的报酬。[①] 张锐认为，教师绩效工资就是按照业绩、效益计算工资，给予不同报酬，即坚持多劳多得、优绩优酬，重点向一线教师、骨干教师和做出突出贡献的其他工作人员倾斜。[②] 陈时见等认为，教师绩效工资（Performance Pay）是基于对教师工作业绩、工作态度、工作能力等方面进行综合评估而发放工资的一种工资制度，也就是通过对教师实际工作业绩进行考评，并以此作为计算教师工资水平的基础。[③] 李星云认为，教师绩效工资就是根据教师的工作表现和实际业绩来发放工资的一种薪酬制度。[④] 国内学者大多从工作态度、工作表现及工作业绩的角度定义教师绩效工资。综合对比国内外学者的观点，笔者认为，教师绩效工资是指对教师的工作态度、工作表现及工作业绩进行综合考核评估而发放的工资。

五 义务教育学校教师绩效工资制度

制度是约束人的行为的一系列规则，是要求成员共同遵守的、按统一程序办事的规则，义务教育学校教师绩效工资制度就是对义务教育教职工在所处岗位上所表现出来的工作态度、工作表现及工作实绩进行客观公正的评估，并把评估结果与其工资报酬挂钩的一种工资制度，它同时是对义务教育学校教师的绩效工资总量和水平、绩效工资分配以及经费保障和财务管理做出相应规定的一系列规则。义务教育学校教师绩效工资制度的具体内容包括绩效考核内容、考核指标、工资分配、考核操作、经费保障和财务管理等。

---

① 张圆圆：《英国义务教育学校教师绩效工资制度研究》，辽宁师范大学出版社 2010 年版。

② 张锐：《浅谈教师绩效工资的实施与绩效评价标准的构建》，http://www.doc88.com/p-qq2593429083.html。

③ 陈时见等：《美国公立中小学教师绩效工资改革》，《比较教育研究》2009 年第 12 期。

④ 李星云：《义务教育教师绩效工资改革初探》，《南京理工大学学报》（社会科学版）2010 年第 3 期。

第五节 研究方法

研究方法是指一项研究的具体研究过程（研究设计、研究对象的选取、数据采集、调查方式等）以及在研究过程中所采用的研究分析工具。[①] 任何一项研究必须借助于研究方法来达到目的。关于义务教育学校教师绩效工资的研究是一项复杂的工作，研究内容涉及很多方面，包括教师绩效工资的理论基础，教师绩效改革的背景、内容、成效、问题及国际比较等。因此，针对义务教育教师绩效工资制度的研究，是多种研究方法综合运用的过程。正如马歇尔（C. Marshall）和罗斯曼（G. B. Rossman）所认为的那样："应根据过程中问题的特点和资料的需要，灵活采用不同的研究方法或同时采用多种方法进行研究，从而使它们取长补短，较好地达到研究的目的。"[②]

一 文献法

文献是记录知识的一切载体，即以载体形式传递知识。口耳相传、实物传递则是非载体的形式。文献是记载人类知识的最重要手段，是传递、交流研究成果的重要渠道和形式。[③] 文献研究最大的特征是不接触研究对象，它主要利用第二手资料进行研究，因而具有十分明显的间接性、无干扰性和无反应性。文献研究在教育研究中的作用，一是全面正确地掌握所要研究问题的情况，帮助研究人员确定研究方向。文献资料提供科研选题的依据，通过查阅有关文献，搜集现有的，与这一特定研究领域有关的信息，对所要研究的问题做系统的评判性分析。二是为教育研究提供科学的论证依据和研究方法。三是避免重复劳动，提高科学研究的效益。[④] 根据文献的具体形式和来源不同，可以将其分为个人文献、官方文献以及大众传播媒介；根据研究的具体方法和所用文献类型

[①] ［美］艾尔·芭比：《社会研究方法》，华夏大学出版社2000年版，第116页。
[②] 王宝玺：《复杂科学视角下的教育科学研究方法》，《外国中小学教育》2002年第2期。
[③] 裴娣娜：《教育研究方法导论》，安徽教育出版社2006年版，第88页。
[④] 同上书，第89—90页。

的不同，可以将其分为内容分析、二次分析和现存统计资料分析等。本书主要采用的是官方文献和大众传媒中现存统计资料分析，查阅近年来国内外义务教育学校教师绩效工资制度改革的研究成果，可以全面了解改革的基本情况。

二 历史研究法

历史研究涉及对过去所发生事件的了解和解释。历史研究的目的在于对以往事件的原因、结果或趋向加以把握，有助于解释事件和预测未来的事件。对历史资料的掌握，有助于全面了解事件的真相和预测事件未来的发展趋势。历史研究方法正是借助于对相关社会历史过程的史料进行分析、破译和整理，以认识研究对象的过去、研究现在和预测未来的一种研究方法。[1] 历史研究方法是社会科学研究的重要方法，尤其是在对宏大社会现象进行研究或者对社会现象进行历史性考察时，历史研究方法都是不可缺少的。因此，恩格斯指出："即使只是在一个单独的历史惯例上发展唯物主义的观点，也是一项要求多年冷静钻研的科学工作，因为很明确，在这里说空话是无济于事的，只有靠大量的、批判地审查过的、充分地掌握的历史资料，才能解决这样的任务。"[2] 教育科学中的历史研究法，顾名思义，是以历史研究法来研究教育科学，是通过搜集某种教育现象发生、发展和演变的历史事实，加以系统客观的分析研究，从而揭示其发展规律的一种研究方法。本书运用历史研究法，对我国义务教育学校教师工资制度改革的整个过程进行回顾，可以全面了解我国教师工资制度改革的历史脉络，也可以全面了解义务教育学校教师绩效工资制度改革的历史背景，还可以预测义务教育学校教师绩效工资制度改革的发展趋势。

三 比较法

比较（Comparative）是根据一定的标准，把彼此有某些联系的事物放在一起考察，寻找异同，以把握研究对象所持有的质的规定性。比较

---

[1] 裴娣娜：《教育研究方法导论》，安徽教育出版社2006年版，第136页。
[2] 《马克思恩格斯选集》，人民出版社1956年版，第118页。

研究是确定对象间异同的一种逻辑思维方法，也是一种具体的研究方法。①比较研究的本质在于从事物的相互联系和差异的比较中观察事物，认识事物，从而探索规律。比较，也是一种认识。正如爱因斯坦所指出的："知识不能单从经验中得出，而只能从理智发明同观察的事实两者比较中得出。"②本书运用比较法，一方面通过分析国外义务教育学校教师绩效工资制度改革的异同，可以了解不同国家教师绩效工资制度改革的经验和教训，对我国正在进行的义务教育学校教师绩效工资制度改革也有很好的启示作用；另一方面通过分析我国东中西部地区义务教育学校教师绩效工资制度改革的异同，可以全面了解我国不同地区改革的初步成效及存在的主要问题，为完善义务教育学校教师绩效工资制度提供科学的依据。

四 调查研究法

调查研究法也叫"现代社会调查方法""社会调查""问卷调查"或"统计调查"。这种方法最大的特点是运用概率抽样方法抽取样本或者针对所有个体，采取问卷调查或登记表的方法收集资料，并在对资料进行统计分析的基础上把调查结果推论到样本所在的总体。③它的作用在于能够在对大量样本调查或通体调查的基础上，反映社会一般情况；能客观地、精确地分析社会现象；资料精确、可靠，调查结论的概括度相对较高。

本书在问卷调查的过程中，运用了概率抽样方法。抽样是按照一定方式选择或抽取样本的过程。④抽样可以分为概率抽样和非概率抽样。概率抽样的原则是：如果总体样本中的每一个体被抽取为样本的概率相同，那么从总体中抽取的样本对总体具有代表性。它主要包括简单随机抽样、系统抽样、分层抽样和多级整群抽样。本书涉及的省份较多，因此主要采用分层抽样和多级整群抽样。同时，多级整群抽样运用了随机抽样和系统抽样方法。分层抽样是在抽样之前将总体按照其属性如地理

---

① 裴娣娜：《教育研究方法导论》，安徽教育出版社2006年版，第223页。
② ［德］爱因斯坦：《爱因斯坦文集》，许良英等译，商务印书馆1976年版，第278页。
③ 仇立平：《社会研究方法》，重庆大学出版社2008年版，第178页。
④ 风笑天：《社会研究方法》，中国人民大学出版社2001年版，第116页。

位置、经济发展状况、学校类型等进行划分。多级整群抽样的步骤是在分层的基础上，将总体分为不同的群集，然后在每一个群集中按照随机或系统抽样的方法选择个体。这两种方法比较适合大规模跨省区的调查研究，能够在较大程度上保证样本的代表性。本书具体的抽样过程是：首先选定湖北、湖南、江西、河南、广西、四川、广东、江苏 8 省（区），其中，湖南、河南、江西、河南四个省为中部地区，广西、四川两个省（区）是西部地区，广东、山东两个省是东部地区。其次每个省（区）按照经济发展程度（经济发达地区、中等发达地区和欠发达地区）选取 1—2 个县（市、区）。在确定县样本（市、区）以后，再在每个样本县（市、区）的县城中小学和农村中小学中分别随机抽取 1 所学校。在确定样本学校后，同样采取随机抽样或系统抽样方法选取教职工样本 50 份。通过抽样，本书选取了我国东、中、西部 8 个省（区）40 个县 80 余所学校。

2009 年下半年至 2010 年底，华中师范大学"我国义务教育均衡发展改革研究"课题组对上述 80 余所中小学进行了问卷调查，调查的地域既涉及大中城市，也涉及县城、乡镇和农村；既涉及东部经济发达地区，也涉及中西部贫困落后地区；既涉及城市中小学，也涉及农村初小及教学点。我们共发放调查问卷 4320 份（其中教育行政人员卷 40 份，校长卷 80 份，教职工卷 4200 份）；收回调查问卷 4208 份（其中教育行政人员卷 40 份，校长卷 80 份，教职工卷 4088 份），回收率为 97.4％；有效问卷 4148 份（其中教育行政人员卷 40 份，校长卷 80 份，教职工卷 4028 份），有效率为 96％。

在调查问卷数据采集结束后，我们运用 SPSS 数据处理工具对数据进行处理。首先，课题组成员依据地区（省、市、县、乡镇）、学校类型、调查对象等将问卷进行编码，然后统一录入 SPSS 数据处理平台。在完成调查数据录入后，我们根据研究假设和目的导出相关数据结果，包括描述性统计图表等，这些统计结果为研究结论提供了有力的支撑，也为对策建议提供了科学的依据。

表1-1　　8省（区）样本县（市、区）的分布及经济状况

	调查县（市、区）	经济状况	学校数
湖北	武汉市洪山区、汉阳区	经济发达地区	4
	浠水县、黄石市、黄州区、新洲区、赤壁市	中等发达地区	10
	红安县、恩施市、通山县	欠发达地区	6
湖南	长沙市	经济发达地区	2
	平江县、沅陵县	欠发达地区	4
江西	南昌市	经济发达地区	2
	分宜县、九江市	中等发达地区	4
	铜鼓县、泰和县	欠发达地区	4
河南	郑州市、禹州市	经济发达地区	4
	驻马店市、许昌市、周口市	中等发达地区	6
	遂平县、商水县、鄢陵县	欠发达地区	6
四川	成都市	经济发达地区	2
	安溪县、纳溪县	欠发达地区	4
广西	南宁市	经济发达地区	2
	武鸣县、凤山县、凌云县	欠发达地区	6
广东	中山市、深圳市福田区、广州市白云区	经济发达地区	4
	新丰县、连南县	欠发达地区	4
山东	济南市	经济发达地区	2
	烟台市	中等发达地区	2

表1-2　　义务教育学校教师绩效工资改革基本情况调查问卷统计　　（份）

问卷类别	发放问卷（份）	回收问卷（份）	回收率（%）	有效问卷（份）	有效率（%）
行政人员卷	40	40	100	40	100
校长卷	80	80	100	80	100
教职工卷	4200	4088	97.3	4028	95.9
合计	4320	4208	97.4	4148	96.0

五　实地研究法

实地研究也叫"实地调查""田野调查"，与"调查研究"相对应。

实地研究是一种质性研究方式,在人类文化学研究中得到了广泛应用。[1] 美国教育社会学者埃弗哈特(Everhart, R. B.)认为:"实地研究作为一种研究方法,非常重视作为手段的研究者在研究的形成、资料的收集及其结果的解释方面的重要性。"[2] 我国著名社会学家费孝通先生也认为:"实地调查、现场观察、用研究者本人的感受,去体会研究对象的行为和思想在其生活上的意义,则是和前一代表依靠书本记载、别人的书信以及通过翻译间接取得的资料,来引申理论的研究方法在科学上有质的差别。"[3] 作为一种具体的研究方式,实地研究的基本特征是研究者作为真实的社会成员和行为者参与被研究对象的实际社会生活。通过尽可能全面的、直接的观察和访谈,收集具体、详细的资料,依靠研究者的主观感受和体验来理解其所得到的各种印象、感觉以及其他资料,并在归纳、概括的基础上建立起对这些现象的理论解释。[4] 本书研究的目的,不仅仅是通过较大规模的实证研究得出"普适性"或"共性"的结论,而且是通过实地研究,表达我们对于义务教育学校教师绩效工资制度改革的理性思考。

(一)访谈

访谈是社会科学研究中最常用的原始资料收集方法,访谈是"研究者通过口头谈话的形式从研究者那里收集(或'建构')第一手资料的一种研究方法"[5]。关于访谈和调查问卷的优劣,在社会科学中一直存在着争论。我们认为,两者都有各自的优点,在社会科学研究中都有各自独特的优势。在实证研究中,这两种方法综合运用,可以相得益彰、起到相互补充的作用。访谈包括封闭型、开放型和半开放型三种类型。除了问卷调查以外,我们还深入8省40个县80余所中小学校、教育局和政府部门中,对40名教育行政部门负责人、80余名校长和100余名

---

[1] 仇立平:《社会研究方法》,重庆大学出版社2008年版,第221页。
[2] R. B. Everhart, "Fieldwork Methodology in Educational Administration," In Norman J. Boyan ed., *Handbook of Research on Educational Administration*, Longman Inc., 1988, pp. 703 – 704.
[3] 费孝通:《费孝通学术文集:学术自述与反思》,生活·读书·新知三联书店1996年版,第322页。
[4] 风笑天:《社会研究方法》,中国人民大学出版社2001年版,第259页。
[5] 陈向明:《质的研究方法与社会科学研究》,教育科学出版社2000年版,第165页。

教师进行了结构性访谈,获得了大量的一手资料。例如,我们对教职工、校长和教育行政部门负责人进行开放式访谈,了解到他们对义务教育学校教师绩效工资制度改革的真实想法。通过对主要知情人的访谈,可以收集到调查所在地、县、市的概况,乡镇的概况和学校的基本情况。这些资料为我们全面了解义务教育学校教师绩效工资制度实施情况奠定了良好的基础,并为案例分析和总结奠定了基石。

（二）个案分析

个案分析是对典型的案例进行客观收集、记载、整理和分析研究的方法。罗伯特认为,个案分析有五个主要作用:一是对一个被许多人认可的理论或观点进行批评或检验;二是对一个独特的或极端的个案进行研究;三是研究具有代表性的个案;四是研究具有启示性的个案;五是适用于纵向研究,能够对在不同时点上的同一个案进行追踪研究。① 好的个案调查能细致生动地描述调查对象,从而为解释现象的本质提供翔实的依据,正如巴泽尔（Yoram Barzel）所说的:"一个精心寻找的案例往往提供了比任何一种理论模型都丰富得多的内容。"② 同时,典型个案的运用和数据分析也是一个相互印证的过程。我们对所调查的县市中小学具有代表性的个案进行深入的了解和分析,目的是通过对典型个案进行深度挖掘、分析和归纳,并在此基础上深化对义务教育学校教师绩效工资制度改革中所存在问题的认识,同时对问卷调查的结果起到印证和补充说明的作用。

（三）观察

观察（Observation）指的是带着明确的目的,用自己的感官和辅助工具去直接地、有针对性地了解正在发生、发展和变化的现象。③ 观察可以分为参与式观察和非参与式观察,参与式观察就是研究者深入所研究对象的生活背景中,在实际参与研究对象日常社会生活的过程中所进行的观察。④ 与其他研究方法相比,参与式观察导致研究者把其自己的

---

① 仇立平:《社会研究方法》,重庆大学出版社2008年版,第178页。
② [美] Y. 巴泽尔:《产权的经济分析》,费方域、段毅才译,上海人民出版社2006年版,第2页。
③ 风笑天:《社会研究方法》,中国人民大学出版社2001年版,第248页。
④ 同上书,第249页。

看法和观点强加于他试图理解的那个社会世界的可能性最小,它常常是在"没有先入之见"的情况下进行这种探讨的。因此,它为获得社会现实的真实图像提供了最好的方法。① 非参与式观察是指研究者不一定要成为被研究群体中的一员进行的观察。在调研的过程中,我们将注意力放在普遍性的问题上,例如农村义务教育学校教师的生活状况、代课教师的生存状况、义务教育学校教师的工资待遇等。我们观察农村代课教育教师的生活起居和上课情况,了解他们的生活条件和工作状况;观察农村寄宿制学校教师晚上陪寝的情况,了解他们工作的艰辛程度以及所得到的实际报酬;观察班主任管理班级的情况,了解他们工作的辛苦程度和实际所得的班主任津贴。这些观察当然谈不上是完全的参与,但所了解和掌握的情况是真实可靠的。

第六节 结构安排

本书的逻辑思路是:我国正在实施的义务教育学校教师绩效工资制度改革,是关系到1200万义务教育学校教师切身利益的大事,也是我国整个事业单位收入分配改革的重要组成部分。那么,义务教育学校教师绩效工资制度改革的理论依据是什么?义务教育学校教师绩效工资制度是怎样形成的?我国为什么要进行义务教育学校教师绩效工资制度改革?改革取得了哪些初步成效?还存在哪些主要问题?存在这些问题的深层次原因是什么?如何进一步改革和完善我国义务教育学校教师绩效工资制度?这些都是迫切需要回答的问题。本书在借鉴前人研究和对8个省(自治区)40个县(市)80余所义务教育学校进行调查的基础上,从教育经济学、经济学、管理学和心理学等学科视角出发,以实证主义和人文主义相结合的方法论为指导,以调查研究和实地观察的有机结合为研究方式,以大量的问卷调查、结构性访谈和案例分析等研究方法为资料收集的手段,通过定性和定量的资料分析,从理论和实践相结合的角度,对上述问题进行全面、深入的分析,并结合对国外学校教师绩效工资改革基本经验的分析、总结和我国的现实国情,提出了进一步

---

① 风笑天:《社会研究方法》,中国人民大学出版社2001年版,第253页。

改革和完善我国义务教育学校教师绩效工资制度的政策建议。具体来讲，本书的结构安排为：

第一章为导论，主要是确定本书所要研究的问题，并深入分析国内外关于教师工资和义务教育学校教师绩效工资的研究现状，对相关概念进行界定，拟定了本书的基本研究思路与研究方法。

第二章主要阐述义务教育学校教师绩效工资改革的理论依据。义务教育学校教师绩效工资制度改革借鉴了企业员工绩效工资的做法，而员工绩效工资的理论依据主要来自于经济学中的按劳分配理论、效率工资理论以及管理学中的激励理论。

第三章主要介绍我国义务教育学校教师绩效工资制度的形成及其改革背景。教师劳动工资制度是一个国家工资制度的重要组成部分，因此，研究义务教育学校教师绩效工资制度改革不能脱离国家整个工资制度改革乃至整个社会经济体制改革来进行。我国义务教育学校教师绩效工资制度的形成，是我国教师劳动工资制度乃至整个国家工资制度不断改革的结果，每一次教师工资制度改革都是在特定的历史背景下进行的，义务教育学校教师绩效工资制度改革也不例外。

第四章主要分析我国义务教育学校教师绩效工资制度改革的成效与问题。义务教育学校教师绩效工资制度的实施，是我国教师收入分配制度的一次重大改革和调整。几年来，绩效工资改革已经在我国广大中小学深入进行，取得了初步的成效，解决了许多年得不到解决的问题，得到了广大教职工的衷心拥护和支持。但改革也存在这样或那样的问题，这些问题如果得不到妥善解决，必然会影响义务教育学校教师绩效工资的实施乃至整个义务教育的发展。

第五章分析了义务教育学校教师绩效工资改革存在问题的原因。教师绩效工资制度改革出现这样或那样的问题，其原因是相当复杂的，既有经济社会发展差距的影响，又有历史形成的体制、机制等方面的原因，必须进行系统的研究，方能得出正确的结论，并采取行之有效的应对策略。基于此，这部分主要从财政投入、教师工资制度、绩效考核方式和分配方式等角度剖析其背后的深层次原因。

第六章在对国外学校教师绩效工资改革的基本经验进行分析总结的基础上，结合我国的现实国情，提出了进一步改革和完善我国义务教育学校教师绩效工资制度的政策建议。这些建议具体包括：继续加大公共财政投入力度，确保义务教育学校教师绩效工资制度改革的顺利进行；明确各级政府的责任，逐步建立省级统筹的教师绩效工资保障机制；大力提高农村，特别是边远、贫困地区教师的经济待遇，稳定农村教师队伍；完善教师绩效评价机制，建立公开透明的绩效评价体系；加强教师绩效管理，确保教师绩效工资改革和学校发展同步推进；坚持标准统一、程序公正和结果公平的原则，确保义务教育学校教师绩效工资分配公平；创新绩效工资监管机制，促进义务教育健康稳定的发展。

第二章　我国义务教育学校教师绩效工资制度改革的理论依据

绩效工资制度（the System of Merit Pay）是指依据个人或组织的工作表现和工作成果而发放薪酬的一种收入分配制度。早在18世纪，美国农场中采摘橄榄的工人的收入就是根据其采摘橄榄的数量发放的。20世纪初，我国上海码头搬运工也是根据搬运的数量而领薪水的。如今，绩效工资广泛应用于企业管理中，尽管在企业管理实践中有一些负面影响，但终因其独特的优越性而被誉为激励员工努力工作的良策。从理论上讲，绩效工资本身有其坚实的科学依据。义务教育学校教师绩效工资制度改革是借鉴企业员工绩效工资的做法，而员工绩效工资的理论依据主要来自于经济学中的按劳分配理论、效率工资理论以及管理学中的激励理论。

第一节　按劳分配理论

科学的按劳分配理论是马克思和恩格斯创立的。然而，究其思想渊源，则可追溯到空想社会主义。1875年，马克思在他科学社会主义的纲领性文献《哥达纲领批判》中提出了科学、完整的按劳分配理论。随后，按劳分配理论又不断得到发展和丰富，因此，按劳分配理论是不断发展和丰富的，其发展过程主要经历了三个阶段：古典的按劳分配理论、经典的按劳分配理论和发展的按劳分配理论。

一　古典的按劳分配理论

16世纪到19世纪三四十年代，所有空想社会主义者在设计未来理想制度时，均把消费品分配作为一项重要内容。不同的历史时期出现的空想社会主义者，对分配方式的看法确有很大的差别：十六七世纪的托马斯·莫尔、托马斯·康柏内拉和温斯坦莱等早期空想社会主义者，主张各取所需或按需分配；18世纪的空想社会主义者摩莱里、马布利和巴贝夫则认为，平均分配是最合理的分配方式；19世纪初出现的近代三大空想社会主义者克服了早期空想社会主义者那种普遍的禁欲主义和粗陋的平均主义，创立了各自的按劳分配理论，圣西门主张按才分配和按贡献分配，傅立叶坚持劳动、才能和资本三种"生产资料"按比例分配，欧文则主张各取所需。

法国哲学家和社会改革家、空想社会主义者圣西门的主张既不同于早期空想社会主义者的按需分配，又反对18世纪空想社会主义者的平均主义分配。他对劳而无获充满怜悯同情，对不劳而获则深恶痛绝。他除了对现实进行辛辣尖锐的批评外，明确地提出了"一切特权都要废除"[①]"一切人都要劳动"[②]的主张，劳动者享有自己的劳动果实并且享有的方法是"按才能分配"，即按劳动者的才能来决定他们的经济收入和相应的社会地位。圣西门认为："有天才的人就可以得到他们应当享有和你们值得给予的报酬。"[③]"每个人的地位和收入应该与他的才能和投资成正比。"[④]他还认为，整个国家犹如一个大实业企业，"这个企业的目的，是使每个社会成员按其贡献的大小，各自得到最大的富裕和福利"[⑤]。这样，从事最有益劳动的阶级就会受到尊重，最贫苦的、人数最多的无产阶级的物质和精神状况就会得到完善。"社会的安宁就会完全有保证了，国家的繁荣昌盛将以最快的速度开始发展，社会将具备只有人的本性才敢想象的各种个人幸福和公共幸福。"[⑥]圣西门的分配思想既有其积极的一面，又有其局限性的一面。他将企业主、商人、银行

---

① ［法］圣西门：《圣西门选集》，何清新译，商务印书馆1962年版，第70页。
② 同上书，第86页。
③ 同上书，第63页。
④ ［法］圣西门：《组织者》（第九封信），沃尔金：《论空想社会主义者》，中国人民大学出版社1959年版，第267页。
⑤ ［法］圣西门：《圣西门选集》，何清新译，商务印书馆1962年版，第223页。
⑥ 同上书，第94页。

家同工人、农民都看作企业家,他们都按才能和贡献获得报酬,从表面上看,这是一种消灭特权的平等。可是,圣西门派的人又认为,这些人的才能是不一样的,前一部分人的才能高于体力劳动者,因此这部分人得到的收入要高于工人和农民,实际上肯定了这种剥削收入的合理性。后来,圣西门的门徒在其基础上进一步发展了这一思想,明确提出了"按能力计报酬,按功效定能力""按其所能,各按其劳"和"各尽所能,按劳分配"的口号。① 总之,圣西门派的"人人都要劳动""按能力定地位,按劳动计报酬"的思想,是空想社会主义学说的一个伟大进步。它不仅是科学社会主义按劳分配学说的来源,也是科学社会主义整个劳动学说的来源。

傅立叶提出,在理想的制度下社会产品将按资本、劳动、才能来分配。这种理想制度就是一种消除了生产无政府状态及不合理分配方式的制度。在这种制度下,社会的各个方面、各个阶级都处于协调状态,每个人都获得全面发展。他把这种制度叫作"和谐制度"。傅立叶很重视"和谐制度"下的产品分配问题,他认为:"整个协作结构就是建立在这个问题的解决上的。"如果不妥善分配产品,"那么很快就会看到整个建筑即将瓦解"②。在产品分配问题上,傅立叶反对平均主义的分配观点,他指出,"协作制度是绝不主张平均主义的","在和谐制度下,任何平均主义都是政治毒药"③。傅立叶认为,公正的、充分和谐的分配方式是"使每个人都能按照他的三种生产资料——劳动、资本和才能而获得满意的报酬"④。他还具体提出,这三种"生产资料"应该按下述比例分得"红利":劳动占 5/12,资本占 4/12,才能占 3/12。随着法朗吉的发展,资本所获得的收入比重将逐渐减小,劳动的比重则逐渐加大,他认为:"劳动的收入至少应占利润的 5/12,而且还可考虑把它的份额提高一些,即按这样的比例:劳动占 3/6,资本占 2/6,才能占

---

① [苏]沃尔金:《圣西门和圣西门主义》,曾定之译,商务印书馆1964年版,第34页。
② [法]傅立叶:《傅立叶选集》(第4卷),冀甫等译,商务印书馆1964年版,第11—13页。
③ 同上书,第343页。
④ 同上书,第216页。

1/6"①。傅立叶还不止一次地强调,"和谐制度"、协作机构的基础是"劳动引力,均衡分配,阶级融合,人口均衡"②。"阶级融合"是他的政治主张,保留私有制和按比例分配是基于这个基本观点提出的。因此,傅立叶尖锐地揭露和批判资本主义社会的种种矛盾和弊端,但他的思想仍然没有摆脱资产阶级思想的束缚。他提出"按比例分配"的主张,正是他这种矛盾状态在产品分配问题上的反映。傅立叶"按比例分配"的主张,在按劳分配学说史上具有积极的意义,他明确地把劳动和才能作为未来社会分配的依据,较之18世纪空想社会主义者所主张的平均分配,是一个伟大的飞跃。按比例分配,可以视为从按资本分配到按劳分配的过渡形态。

与同时代的两位法国空想社会主义者圣西门和傅立叶相比,欧文大大前进了一步,他明确地提出要消灭资本主义私有制,因为"私有财产是贫困的唯一的根源","私有财产过去和现在都是人们所犯无数罪行和所遭的无数灾祸的根源,所以人们应该欢迎新纪元的来临"③。他提出:"纯粹个人日常产品以外的一切东西都变成共有财产。"④ 欧文很重视产品分配问题,他认为:"任何社会的第二个重要而不变的生活要素,就是分配所生产的财富。"⑤ 不过,在他看来,"在理性的社会制度下,财富的分配是一切生活问题中的最简单的问题"⑥。这种理性的社会制度就是欧文为未来社会设计的蓝图,建立在生产资料公有制基础上的理想的未来社会——合作社,在这一根据"联合劳动、联合消费、联合拥有财产和特权均等的原则建立起来的"⑦,"共有共享"的未来社会里,实行的分配方式将遵循"对人人都有最大利益"的"正义原则",即按需分配,"可以让每个人都随便到公社的总仓库去领取他所要领的任何物品";"那时人人都会清楚地看出,他们唯一珍视的那种财富可以很

---

① [法]傅立叶:《傅立叶选集》(第4卷),冀甫等译,商务印书馆1964年版,第17页。
② 同上书,第23页。
③ [英]欧文:《欧文选集》(第2卷),柯象峰等译,商务印书馆1981年版,第13页。
④ 同上。
⑤ 同上书,第27页。
⑥ 同上书,第32页。
⑦ 同上书,第327页。

容易地生产出来,并超过他们的全部需求,以致任何个人积累的欲望都将完全消失。在他们看来,个人积累就像水这种非常宝贵的液体多得用不完时大家还要把它储藏起来一样毫无道理"①。同时,欧文在关于产品分配方式的描述中提出了实行按劳分配的条件:第一,青壮年成员都能够积极从事各行各业的劳动。他还明确地提出了各尽所能的思想,他认为:"公社形成搞一个统一的大家庭,每个成员各尽所能"②。第二,公社已经能够生产出满足每个社会成员需要的产品,这样,也就不会再有人去占有财产。"这如同住在源源不绝的溪水旁边的人,不会有任何念头和理由自找麻烦,把水一罐一罐或一桶一桶地收藏起来,以备不时之需;他们知道,保存这种多余无用的水,只是白白耗用罐、桶以及时间和空间而已。"③ 第三,负责分配产品的人都能尽职尽责,而这种工作也简便易行。不可否认,欧文在关于按劳分配理论上的许多猜想是十分独特的,但其产品分配思想仍是以李嘉图的货币价值理论为基础的,将所有的商品变为货币,以使每个劳动者得到全部劳动价值或劳动产品的设想,实质上就是马克思所批判的拉萨尔所鼓吹的"不折不扣的劳动所得"。

欧文的门徒布雷则较为明确地提出了对个人消费品实行按劳分配的口号,他的关于"各种等量的劳动,应当得到相等的报酬"的按劳分配的提法和列宁的"按等量报酬领取等量产品"的提法基本一致。但他所说的"按劳取酬"就是"按劳动时间计酬",也就是按自然时间计酬,不考虑简单劳动与复杂劳动的差别,也不考虑脑力劳动和体力劳动的差别。很清楚,布雷注重的仍然是平均主义分配,但他反对按人头平均分配,这使他区别于以往的绝对平均主义者。

总之,19世纪空想社会主义者各种不同的按劳分配思想,在理论上仍然坚持以古典政治经济学家的劳动价值理论为基础;圣西门和傅立叶所主张的按劳分配实际上是以私有制和阶级剥削为基础,而欧文及其追随者布雷所坚持的按劳分配则是建立在生产资料公有制的过渡形式

---

① [英]欧文:《欧文选集》(上卷),柯象峰等译,商务印书馆1965年版,第355页。
② [英]欧文:《欧文选集》(下卷),柯象峰等译,商务印书馆1965年版,第20页。
③ [英]欧文:《欧文选集》(第2卷),柯象峰等译,商务印书馆1981年版,第10—11页。

上；圣西门和傅立叶只是主张将以部分个人消费品按劳动分配给每个劳动者，而欧文和布雷则坚持将全部产品按劳动分配给每一个劳动者；圣西门主张按才能分配和按贡献分配，傅立叶坚持劳动、才能和资本三种"生产资料"按比例分配，欧文则主张以劳动时间、布雷注重以劳动的自然时间为计量尺度。圣西门、傅立叶和欧文等关于按劳分配思想的主张，表明他们"属于一切时代最伟大的智士"。由于他们缺乏科学的唯物史观和剩余价值学说，他们的按劳分配思想仍然显得十分幼稚，甚至存在不少谬误。但他们关于按劳分配的有益探索为马克思和恩格斯建立科学的按劳分配理论打下了坚实的基础。

二 经典的按劳分配理论

科学的按劳分配理论是由马克思和恩格斯创立的。在马克思和恩格斯以前，一切按劳分配学说都属于空想的按劳分配学说。把按劳分配学说变成科学的按劳分配学说，是马克思和恩格斯的功劳，他们完成了按劳分配学说从空想到科学的发展。

马克思的按劳分配思想最早出现在1857—1858年写的《政治经济学批判》手稿中，此后马克思在《资本论》中进一步发展了这一思想。直到1875年，马克思在他科学社会主义的纲领性文献《哥达纲领批判》中提出了他的科学的完整的按劳分配学说。他科学地预见了共产主义社会两个发展阶段消费品分配方式的基本性质和基本原则，解决了300多年来众多空想社会主义者试图解决而没有解决的问题。他断定，共产主义社会包括初级和高级两个阶段。在初级阶段，不可能按需分配，只能实行按劳分配，因为"权利永远不能超出社会的经济结构以及由经济结构所制约的社会的文化发展"[①]。只有到了高级阶段，才能在其旗帜上写上"各尽所能，各取所需"。

马克思在其早期的著作中对空想社会主义者圣西门关于按才能分配的思想持否定的态度。他在1867年《资本论》第一卷中开始提出"自由人联合体"实行按劳分配的设想。他预言：按劳分配是共产主义社会第一阶段的分配原则。他认为：

[①] 《马克思恩格斯选集》（第3卷），人民出版社1972年版，第12页。

设想有一个自由人联合体，他们用公共的生产资料进行劳动，并且自觉地把他们许多个人劳动力当作一个社会劳动力来使用……这个联合体的总产品是社会的产品。这些产品的一部分重新用作生产资料。这部分依旧是社会的。而另一部分则作为生活资料由联合成员消费。因此，这一部分要在他们之间进行分配。这种分配的方式随着社会生产机体本身的特殊方式和随着生产者的相应的历史发展程度而改变。仅仅为了同商品生产进行对比，我们假定，每个生产者在生活资料得到的份额是由他们的劳动时间决定的。这样劳动时间就会起双重作用。劳动时间的社会的有计划的分配，调节着各种劳动职能同各种需要的适当的比例。另一方面，劳动时间又是计量生产者个人在共同劳动中所占份额的尺度，因而也是计量生产者个人在共同产品的个人消费部分中所占份额的尺度。①

当时马克思还没有肯定未来社会要实行按劳分配。他提出劳动时间是分配消费品的尺度，还只是一个假定。马克思虽然谈到了在共产主义社会中生产机体和生产者自身都要经历一个发展过程，但他当时还没有明确划分共产主义社会的两个阶段，没有具体说明各个阶段的主要差别在哪里，表明当时的马克思按劳分配学说尚不成熟。在《资本论》第二卷中，马克思在谈到按劳分配时，还是使用假定的口气，他指出："在社会共有的生产中，货币资本不再存在了。社会把劳动力和生产资料分配给不同的生产部门。生产者也许得到纸的凭证，以此从社会的消费品储备中取走一个与他们劳动时间相当的量。这些货币不是纸币，它们是不流通的。"②

马克思在1875年的《哥达纲领批判》中认为，拉萨尔关于"不折不扣的劳动所得"是完全错误的，对社会总产品进行按劳分配之前必须进行六项扣除：③ 1）用来补偿消耗掉的生产资料部分；2）用来扩大生

---

① 马克思：《资本论》（第1卷），人民出版社1975年版，第95—96页。
② 马克思：《资本论》（第2卷），人民出版社1975年版，第397页。
③ 《马克思恩格斯选集》（第3卷），人民出版社1972年版，第9—10页。

产的追加部分；3）用来应付不幸事故、自然灾害等的后备基金或保险基金；4）和生产没有直接关系的一般管理费用；5）用来满足共同需要的部分，如学校、保健设施等；6）为丧失劳动能力的人设立的基金。前三项扣除一般称为社会生产基金，后三项扣除则称为社会保障基金。在做了上述六项扣除之后，剩下的才是"在集体中的个别生产者之间进行分配的那部分消费资料"，拉萨尔所说的"不折不扣的劳动所得"，在分配给社会成员之前已经不知不觉地变成了"有折有扣的"了。也就是说，在对社会总产品做了六项扣除之后，剩下的产品主要用于个人消费，采取的分配原则是按劳分配。可见，马克思设想的按劳分配仅限于个人消费品，不包括医疗、教育等劳动力再生产所需要的费用，这部分在马克思看来主要由社会来负担。马克思进一步指出：

> 每一个生产者，在作了各项扣除之后，从社会方面正好领回他所给予社会的，就是他个人的劳动量。……他从社会方面领得一张证书，证明他提供了多少劳动（扣除他为社会基金而进行的劳动），而他凭这张证书从社会储存中领得和他所提供的劳动量相当的一份消费资料。他以一种形式给予社会的劳动量，又以另一种形式全部领回来。①

显然，这里的劳动就是按劳分配的依据。这里的劳动包括三层含义：1）直接的社会劳动，这同资本主义社会正好相反，"个人劳动不再经过迂回曲折的道路"，无须以交换价值的形式表现出来，"而是直接作为劳动力构成部分存在"②；2）活劳动，包括劳动者脑力和体力的主观方面的支出，排除了诸如设备、土地等客观方面的影响；3）社会平均劳动，即不考虑生产条件的差别，在平均熟练程度和平均劳动强度下生产单位使用价值所耗费的劳动，而不是社会必要劳动或劳动者实际支出的个别劳动。同时，劳动也是按劳分配的唯一尺度，正如马克思所说："生产者的权利是和他们提供的劳动成比例的；平等就在于以同一

---

① 《马克思恩格斯选集》（第3卷），人民出版社1972年版，第10—11页。
② 同上。

的尺度——劳动——来计量",即等量劳动领取等量报酬（多劳多得、少劳少得、不劳动者不得食）。

实行按劳分配，把每个生产者提供的劳动作为分配消费品的依据，那么，如何计算劳动量呢？在共产主义第一阶段还存在脑力劳动和体力劳动的差别，简单劳动和复杂劳动、熟练劳动和非熟练劳动之间的差别。应该如何计算各种不同劳动的劳动量呢？空想社会主义者布雷等人主张一律按自然劳动时间计酬，马克思反对他们的观点。马克思认为，应当承认劳动者之间在智力和体力上的差别。如果"一个人在体力和智力上胜过另一个人，因此在同一时间内提供较多的劳动"，应该得到较多的消费品。要使劳动真正成为分配消费品的尺度，就必须按照它的时间或强度来确定，不然，它就不成其为尺度了"①。马克思明确地说明，计算劳动量应该包括两个方面："时间或强度"。基于此，马克思认为，这种分配方式"不承认任何阶级差别，因为每个人都象其他人一样是劳动者，但是它默认不同等的个人天赋，因而也就默认不同等的工作能力是天然特权"②。因此，马克思的观点既不同于按自然劳动时间计酬的平均主义，也不同于圣西门的"按才分配"。马克思所说的"默认不同等的个人天赋"，是指在计算劳动量时，应当承认不同劳动者的劳动在熟练程度和强度上所存在的差别。同时，马克思在提出未来社会主义社会实行按劳分配构想时，也指出了按劳分配的历史局限性。虽然对个人消费品的分配采取"同一的尺度——劳动——来计量"，也就是说不承认任何阶级差别，每个人都只能通过劳动来获得报酬，就这一点而言，按劳分配是平等的，由于每个劳动者的情况是不同的，每个人有不同的天赋，从而有不同的工作能力，对待不同的人采取同一尺度，这又是不平等的。

马克思主义的按劳分配学说，是在唯物史观、剩余价值理论和共产主义社会两个阶段的理论基础上提出的，它虽然源于空想社会主义的按劳分配，但它从根本上改造了空想社会主义的按劳分配。马克思主义的按劳分配只局限于社会总产品中消费品的分配，每个劳动者按照劳动所

---

① 《马克思恩格斯选集》（第19卷），人民出版社1972年版，第22页。

② 同上。

得到的只是他的劳动成果中由社会做了各项扣除以后的部分，并不是什么"劳动成果的全部"；它是按凝结形态的劳动时间分配的，是按包括劳动强度、劳动熟练程度、劳动复杂程度的劳动时间分配的；它揭示了分配和生产的关系，阐明了按劳分配的必然性，指出了实现分配方式的根本途径。这样，马克思就把按劳分配从空想变成了科学。但是，马克思分析按劳分配问题时把社会主义阶段设想为：第一，以生产资料公有制为前提条件，这是因为在生产资料公有制条件下，"除了自己的劳动，谁也不能提供其他任何东西，另一方面，除了个人消费资料，没有任何东西可以成为个人的财产"[1]。还应指出的是，马克思设想的公有制，是全社会范围的全民所有制。

第二，劳动者在全社会范围内直接进行劳动交换，不存在商品交换的关系。正如马克思所说的："在一个集体的，以共同占有生产资料为基础的社会里，生产者并不交换自己的产品；耗费在产品生产上的劳动，在这里也不表现为这些产品的价值……个人的劳动不再经过迂回曲折的道路，而是直接作为总劳动的构成部分存在着。"[2] 在这样的条件下，就可以在全社会范围内统一按照劳动的质量和数量来分配消费品。但是，后来的社会主义国家的实践证明，社会主义阶段生产资料公有制还存在集体所有制和全民所有制两种形式，商品生产仍然存在并将继续发展。在这样的情况下，就不可能在全社会范围内统一按劳动的质量和数量分配消费品。全民所有制和集体所有制企业之间，在实行按劳分配时，必然存在很大差别。究竟如何处理这些问题，马克思并没有涉及。另外，马克思设想通过"证书"作为分配消费品的手段，但当我们进入社会主义阶段，"证书"作为按劳分配的重要手段显然不能适应现实的需要。通过什么形式和手段来实现按劳分配是一个极为重要而又复杂的问题，这个问题马克思没有解决。正如恩格斯在回答法国《费加罗报》记者提问时所讲的那段含义深刻的话："我们是不断发展论者，我们不打算把人类什么最终规律强加给人类。关于未来社会组织方面的详

---

[1] 《马克思恩格斯选集》（第3卷），人民出版社1972年版，第11页。
[2] 《马克思恩格斯选集》（第19卷），人民出版社1972年版，第20页。

细情况的预定看法吗？您在我们这里连它们的影子都找不到。"① 因此，按劳分配学说还需在社会实践中进一步发展。

三　发展的按劳分配理论

马克思的按劳分配理论是纯粹建立在理论演绎基础上的，列宁及邓小平等当代理论家根据社会主义实践对经典的按劳分配理论进行了改造，使按劳分配理论得到了进一步发展。

将按劳分配理论付诸实践，并在实践中发展了按劳分配理论的，首先是列宁。列宁亲自领导了十月社会主义革命和社会主义建设。在社会主义建设中，他运用并创造性地发展了马克思主义的按劳分配理论。列宁在实践中明确提出"按劳分配"的概念，他认为："人类从资本主义只能直接过渡到共产主义，即过渡到生产资料公有制和按劳分配。"② 关于按劳分配的内涵，列宁除了坚持马克思所说的按劳动量或工作量计算报酬外，还明确提出了按劳分配包括两个社会主义原则，即"不劳动者不得食"或"等量劳动领取等量产品"③ 的原则。空想社会主义者和马克思、恩格斯虽然都认为按劳分配应当以"人人劳动"为前提，但首次提出"不劳动者不得食"原则的是列宁，这是对按劳分配学说的重大发展。他反复强调"不劳动者不得食"，认为这是无产阶级掌握政权后"能够实现而且一定要实现的最重要、最主要的根本原则"④，"是社会主义实现的训条"⑤，"这个简单的，十分简单和明显不过的真理，包含了社会主义的基础，社会主义力量的取之不尽的源泉，社会主义最终胜利的不可摧毁的保障"⑥。针对按劳分配的具体形式，列宁根据俄国当时的实际情况，采用工资（计件工资和计时工资）和奖金作为实行按劳分配的具体形式，并且制定了工资等级制、奖励制度等一系列具体政策，这为在工业部门和国家机关贯彻执行按劳分配原则找到了合适

---

① 《马克思恩格斯选集》（第 22 卷），人民出版社 1972 年版，第 628—629 页。
② 《列宁选集》（第 3 卷），人民出版社 1972 年版，第 662 页。
③ 同上书，第 250 页。
④ 《列宁全集》（第 26 卷），人民出版社 1960 年版，第 91 页。
⑤ 同上书，第 388 页。
⑥ 《列宁全集》（第 27 卷），人民出版社 1960 年版，第 365—366 页。

的途径和形式。此后，不管是苏联还是其他社会主义国家，都是沿着列宁指出的总的方向来处理消费品问题的。总之，列宁丰富和发展了按劳分配原则的具体形式和制度，大大丰富和发展了按劳分配学说。但列宁没来得及解决农业中的劳动报酬问题，因为当时苏联农村还是个体经济。斯大林继承、捍卫和发展了马克思主义，他第一次把"各尽所能"同"按劳取酬"联系在一起，明确指出："'各尽所能、按劳取酬'——这就是马克思主义的社会主义方式，也就是共产主义的第一阶段即共产主义社会的第一阶段的公式。"[①] 在实践中，斯大林同违反马克思主义按劳分配原则的平均主义进行了坚决的斗争，实现了列宁关于无产阶级国家"要保卫的劳动平等和产品分配平等"的任务，标志着社会主义按劳分配原则的初步确立。

邓小平根据当代中国社会主义实践，进一步丰富和发展了按劳分配理论。他认为："按劳分配的性质是社会主义的，不是资本主义的……我们一定要坚持按劳分配的社会主义原则"，"讲按劳分配，无非是多劳多得，少劳少得，不劳不得"[②]。1983年，邓小平针对农村出现的搞大户承包的现象说："农村、城市要允许一部分人先富起来，勤劳是正当的。"在实现共同富裕的问题上，邓小平多次强调必须始终坚持两条原则。1985年3月，邓小平说："一个公有制占主体，一个共同富裕，这是我们所必须坚持的社会主义的根本原则。"随着我国经济体制改革实践和改革认识的逐步深化，我国个人收入的分配结构和分配方式日臻完善。1987年党的十三届一中全会明确指出："社会主义初级阶段的分配方式不可能是单一的。我们必须坚持的原则是，以按劳分配为主，其他分配方式为补充。"随着实践的发展和认识的深化，1992年党的十四大报告明确指出："我们经济体制改革的目标是建立社会主义市场经济体制，以利于进一步解放和发展生产力。"报告重申了"在分配制度上，以按劳分配为主，其他分配方式为补充"的个人收入分配原则。党的十四届三中全会通过的《关于建立社会主义市场经济体制若干问题的决定》（以下简称"决定"），提出改革的目标是建立社会主义市场经

---

① 《斯大林全集》（第13卷），人民出版社1956年版，第104页。
② 《邓小平文选》（第3卷），人民出版社1993年版，第373页。

济体制。决定在继续坚持以按劳分配为主体、多种分配方式并存的基础上，提出在个人收入分配制度上要体现效率优先、兼顾公平的原则。这就意味着个人收入分配将主要遵循市场调节的原则，从而为个人收入分配市场化奠定了理论基础。同时决定还提出："国家依法保护法人和居民的一切合法收入和财产，鼓励城乡居民储蓄和投资，允许属于个人的资本等生产要素参与收益分配。"这是我国第一次使用"生产要素参与收益分配"的概念，从而使人们对社会主义市场经济体制下的分配理论有了新的认识。

1997年9月，党的十五大报告在提出"公有制占主体、多种所有制经济共同发展，是我国社会主义初级阶段的一项基本经济制度"的同时，相应地提出了完善分配结构和分配方式的任务，即"坚持按劳分配为主体、多种分配方式并存的制度，把按劳分配和与按生产要素分配结合起来，坚持效率优先、兼顾公平，有利于资源配置，促进经济发展，保持社会稳定"。2002年党的十六大进一步明确提出："确立劳动、资本、技术和管理等生产要素按贡献参与分配的原则，完善按劳分配为主体、多种分配方式并存的分配制度。"同时还明确指出："初次分配注重效率，发挥市场的作用，再分配注重公平，加强政府对收入分配的调节职能，调节差距过大的收入。"这是对社会主义市场经济体制下个人收入分配经验的总结。这就意味着在初次分配中，为所有拥有生产要素的人创造公平的竞争环境，实现机会均等，并按照要素贡献参与收入分配，鼓励一部分人通过诚实劳动和合法经营先富起来；在再分配中，要充分发挥政府对收入分配的调节职能，通过多方面、多环节的收入分配政策和措施，调节收入差距，在不影响创造社会财富积极性的前提下，兼顾社会各阶层利益，实现合理的公平分配。

四　按劳分配理论与义务教育学校教师绩效工资制度改革

教师是肩负着培养年轻一代神圣使命，承担人类科学文化知识传承的专业人员。教师职业是一种专门性职业，是由这样的专业人员在社会分工的条件下所从事的有助于文化培养人才并实现文化承续与发展的连续性活动。① 教师劳动是人类社会发展的重要实践活动之一。教师是培养社会劳动力的重要资源，他们既具备社会一般劳动力的特征，又具有自身职业的特点，因此，在确定教师的劳动报酬时，既要遵循一般社会的规律，又需遵循教师劳动的规律和特点。在我国，教师担负着极其重要的职责和繁重的工作，应该不断提高他们的劳动报酬，改善他们的生活待遇，进一步调动和发挥教师劳动的积极性。

1966年，国际劳工组织、联合国教科文组织在《关于教师地位的建议》中提出："教育工作应被视为专门职业（profession）。这种职业是一种要求教育具备经过严格而持续不断的研究才能获得专业知识及专门技能的公共业务；它要求对所辖学生的教育和福利具有个人的及共同的责任感。"②《世界教育年鉴》于1963年和1980年两度以教师和教师教育为主题声明对教师专业化支持的态度：1963年的主题是"教育与教师培养"（Education and Training of Teachers）；1980年的主题是"教师专业发展"（Professional Development of Teachers）。1975年联合国教科文组织提出第69号建议，进一步阐明了《教师作用的变化及其专业准备和在职培训的影响》。③ 1986年，美国卡内基教育和经济论坛"教育作为一个专业职业"工作组，提出了引起世界广泛关注的报告——《国家为培养21世纪的教师做准备》。该报告认为："美国的成功取决于更高的教育质量——取得成功的关键是建立一支与此任务相适应的专业队伍，即一支经过良好教育的师资队伍。要赋予他们新的权利委以新的责任，面向未来，重新设计学校。""为了建立这样一支专业队伍……工作组号召在教育政策上做出如下幅度较大的变革。建立一个全国教学标准委员会……它负责确定教师应达到的高的应知应会标准，并为达到标准的教师颁发证书。""使教师的薪金和职业前途堪与其他专

---

① 叶澜：《教师角色与教师发展新探》，教育科学出版社2001年版，第80页。
② 日本筑波大学教育学研究会编：《现代教育学基础》，钟启泉译，上海教育出版社1980年版，第443页。
③ 联合国教科文组织：《加强教师在多变世界中的作用之教育》；赵中建：《全球教育发展的历史轨迹——国际教育大会60年建议书》，教育科学出版社1999年版，第394—405页。

业职业人员的工资和职业前途相匹配。"① 从中可以看到，作为发达国家，为提高教育质量，促进经济发展，对提高教师职业专业化和提高教师专业水平上的强烈愿望，以及如何提高教育的专业化水准的积极建议。1996年，第45届国际教育大会以"加强变化世界中教师的作用"为主题，强调了"通过给予教师更多的自主权和责任提高教师的专业地位"②。在我国，1993年10月31日八届人大四次会议通过了《中华人民共和国教师法》，第一次以法律的形式规范了教师职业的性质、权利、义务、规格、作用、培养、培训、考核、待遇、奖励、法律责任等一系列方面。该法律明确"教师是履行教育教学职责的专业人员"。与此相对应，它首次提出了"国家实行教师资格制度"，并实行"教师职务制度"和逐步实行"教师聘任制度"，这从根本上肯定了教师劳动的专业性。之所以将教师劳动称为专业劳动，是因为教师劳动看似简单、平凡、琐碎，每天都是备课、上课、批改作业、课外辅导、组织课外活动等，天天如此，循环往复，没有变化。但是，教师劳动是最富有创造性的劳动。苏霍姆林斯基说过，教师劳动创造性的最重要的特征之一是他们的工作对象——儿童是经常变化的，永远是新的，今天同昨天就不一样，教师不可能采用循环往复的方法对待每届学生，不可能采用一成不变的方法对待每个学生而收到良好的教育教学效果。人是社会关系的总和，在每个学生身上都体现了他的复杂的社会关系。由于每个学生复杂的遗传素质、个性心理特征、社会环境、家庭教育及所受教育的差别，他们的发展有着不同的特点。对他们的教育与训练，既要按社会对各种专业劳动力的要求，还要从他们的实际情况出发，充分发挥每个人的体力和才智。人的体力变化是有限度的，但人的"智能"的发展却有极大的可塑性。教师必须把握学生"智能"变化的时机、方向、速度和特点，按照它的发展规律有计划、有目的地进行培养。教师劳动的创造性，同时还体现在教育教学过程中教师面对各种突发情况所做出的及时

---

① 国家教育发展与政策研究中心：《发达国家教育改革的动向和趋势》，人民教育出版社1987年版，第265—266页。

② International Bureau of Education (IBE), Strengthening the Role of Teachers in a Changing World: Issues, Prospects and Priorities, 1996, ED. 96/CONF, 206/LD. 4; ED/BIE/CONFINT-ED45/3.

反应、妥善处理的应变能力上，即教育机智。在课堂教学和师生交往中，教育情境往往是难以控制的，事先预料不到的情况随时可能发生。教师要善于捕捉教育情境中的细微变化，迅速机敏地采取恰当的措施，发挥自身的积极主动性和创造性，化不利因素为有利因素，使教育活动顺利进行。

根据按劳分配理论，按劳分配就是将劳动作为调节消费品分配的尺度，要求劳动者的劳动报酬同他对社会的劳动贡献相适应。按劳分配的"劳"作为调节劳动和报酬的同一尺度，就是抽象劳动或一般劳动。抽象劳动有简单劳动和复杂劳动之分。所谓简单劳动，是指"每个没有任何专长的普通人的机体平均具有的简单劳动力的耗费"[1]，作为衡量一切劳动的基本尺度的简单劳动力的耗费，只是平均简单劳动。而复杂劳动"是这样一种劳动力的表现，这种劳动力比普通劳动力需要较高的教育费用"[2]，它需要花费一定的时间、辛劳和金钱去培训，因而是具有一定技术和知识的劳动力的表现。在这里，复杂劳动和简单劳动都是指同一的人类的体力和脑力的耗费，可以在量上进行比较。复杂劳动能够用一定数量的简单劳动来评价，"比较复杂的劳动知识是自乘的或不如说是多倍的简单劳动"[3]。这样，不同质的具体劳动就可以转化为同质不同量的抽象劳动。而表现不同质的劳动的另一方面是劳动强度的高低，马克思把劳动强度的高低也视为劳动的质的区别。劳动的这种质的区别，同样可以转化为量的区别。马克思指出："劳动强度的提高是以同一时间内劳动消耗的增加为前提的。因此，一个强度较大的工作日比一个时数相同但强度较小的工作日体现为更多的产品。"[4] 生产同种产品的强度较高的熟练劳动可以转化为非熟练劳动，较少的熟练劳动可以相当于较多的非熟练劳动，它的衡量尺度是同一时间生产同种产品数量的多少。马克思说："一个人在体力或智力上胜过另一个人，因此在同一时间内提供较多的劳动，或者能够劳动较长的时间。"[5] 列宁在《国

---

[1] 马克思：《资本论》，人民出版社1975年版，第57—58页。
[2] 同上书，第223页。
[3] 同上书，第58页。
[4] 《马克思恩格斯选集》（第3卷），人民出版社1972年版，第23页。
[5] 同上书，第11页。

家和革命》中科学地提出了按劳分配的范畴,斯大林进一步指明了社会主义劳动者的劳动报酬是"以他们所投入的劳动的数量和质量为标准"①。绩效工资的前身是计件工资,是从企业脱胎而来的一种管理方式,其前提是通过计件或计时的方式来衡量员工的工作业绩,企业员工工作业绩的衡量主要通过员工劳动成果来体现。而教师劳动是一种专门劳动,教师劳动成果则主要通过教师课堂表现和学生成就体现出来。教师劳动具有迟效性和长效性的统一、个体性和协作性的统一、复杂性和创造性的统一。教师课堂表现出色、学生学业优秀表明教师劳动耗费了更多的脑力和体力,花费了更多的劳动时间。因此,教师工作绩效高表示教师付出了复杂的劳动、较高的劳动强度和较长的劳动时间。因此,根据按劳分配理论,教师绩效工资制度中按绩效分配的实质就是按劳分配。

但是,教师劳动的成果——学生的身心发展水平,是教师个人辛勤劳动和教师集体劳动的结晶,很难从量上进行准确区分。从教师劳动的特性而言,教师劳动的对象是活生生的人而不是物,这就决定了教师劳动的特殊性,它不像工厂计算工人劳动可以计件那样看得见、摸得着、简单易行、易操作,教师的劳动无论是从数量还是从质量上都具有模糊性、难操作性。从教师工作绩效视角看,教师工作绩效包括结果性绩效和过程性绩效,都存在可以直接量化和不可直接量化的因素。例如,在结果性绩效中,教学成绩是可量化的,而教学效果是不可直接量化的;在过程性绩效中,教师在教学工作常规上的劳动投入是不可直接量化的,教师工作时间、教科研时间、教学工作量或课时数是可量化的,但一定课时数的教学结果义是不可量化的。从教学过程的视角看,教学是培养人的活动,教学过程充满偶然性、可变性和情境性,无论是师生双方的智力因素还是主观的非智力因素,都存在不确定性,不能仅仅通过量化涵盖一切。从素质教育的要求来看,素质教育要求不以学生成绩来衡量一个教师的工作业绩,而绩效工资要求对每个教师的劳动成果进行量化,明晰其工作业绩并以此来决定教师的收入,这就必然存在着一定的矛盾冲突。因此,教师绩效工资制度不能完全照搬按劳分配理论,一

---

① 《斯大林文选》(上册),人民出版社1969年版,第77页。

定要注意教育的特质、教师工作的特点和教学过程的特殊性。

总之,根据按劳分配理论,教师绩效工资制度的设计应以按劳分配理论作为基础,实行多劳多得,少劳少得,不劳不得;同时根据教师劳动的性质和特点,不能完全照搬按劳分配理论。否则会削足适履,适得其反。因此,必须建立适合教师劳动性质和特点的义务教育学校教师绩效工资制度。

第二节　效率工资理论

效率工资理论是新凯恩斯主义经济学家为解释非自愿性失业现象而提出的一种理论模型。该理论对工资刚性、二元劳动力市场、工资差别和工资歧视等现象有其独到的见解。该理论模型提出后,在西方经济学界、管理学界引起了很大的反响,使经济学更多地与社会学、心理学等直接研究人的学科相结合,从而把行为科学纳入经济研究的范围。

一　效率工资理论的基本内容

效率工资理论自20世纪70年代后期诞生以来,受到了社会的广泛关注,无论是西方学术界,还是现代经济部门都对这种理论展开了讨论。所谓效率工资,就是企业为提高工人生产率而支付的高于均衡水平的工资。工资是企业成本的主要组成部分。在正常情况下,我们预期利润最大化,企业就要使成本——工资——尽可能地低。效率工资理论的观点是,企业降低实际工资对自身并不利,因为工人的生产力(努力程度或工作效率)并非独立于实际工资;相反,实际工资和工人的努力程度是相互依赖的。支付高工资可能是有利的,因为高工资可以提高企业的工作效率。它解释了实际工资刚性、二元劳动力市场、同质雇员的工资差别以及不同群体间歧视工资的存在。效率工资在西方经济学界、管理界引起了很大的反响,一方面它使经济学家认识到"经济人"假设的不足,从而将行为科学引入经济研究的范围,促使经济学和社会学、心理学等直接研究人的学科相结合;另一方面也让管理者意识到传统公司体制中搜索成本和监督成本过高的弊端,促使他们力图解决公司治理结构的问题。

效率工资理论的基本假设前提：一是由于企业内部（即内部劳动力市场上）存在着监督者和被监督者（职工）之间的信息不对称，因而职工都有偷懒的动机①；二是职工的努力程度（e）是其实际工资（w）的单调增函数，即 $e = e(w)$，在这一定义域内，$de/dw > 0$ 。② 最早将绩效工资提升到理论高度的是美国著名经济学家索洛。1979年，他发表了《工资黏性的另一可能原因》，首先提出了在成本最小化工资水平下，相对于工资的工人努力弹性（the elasticity of effort）是一种单位弹性，即工资变化（增或减）一个百分点，将导致同方向的工人的劳动程度变化一个百分点。这一命题被称为"索洛条件"（Solow condition）。在索洛模型中，工资刚性对雇主是有利的，因为削减工资将会降低生产率并提高生产成本。因为工资作为劳动投入的重要因素出现在企业短期生产函数中，所以追求成本最小化的厂商会偏爱实际工资刚性。假定所有企业都是相同的且是完全竞争的，每个企业都有相同的生产函数：

$$Q = AF[e(w)L], \quad e'(w) > 0$$

这里，Q 是企业的产出，A 代表生产率变换因子，e 是每个工人的努力程度，w 是实际工资，L 是劳动力投入。努力程度假定为实际工资的增函数，并且所有工人的努力程度假定是相同的，企业的目标是使其利润（π）最大化，如下式所示：

$$\pi = AF[e(w)L] - wL$$

因为努力程度 $e(w)$ 列入利润等式，削减实际工资会降低企业利润，只要实际工资尚未达到工人努力程度最大化水平。如果企业能以它所出的工资雇到所有它想要的劳动力，那么它会提供一个相应的效率工资 w^* 来使其利润最大化。这个 w^* 要同时满足两个条件：其一是工人努力程度的工资弹性为1，即相对于工资水平的努力弹性等于1，该弹性具有单位弹性性质。这意味着，当达到最佳工资水平时，工资变化的百分比将引起努力程度以相同的百分比变动，如果工资提高10%，工人的努力程度也可能将提高10%。换言之，这家企业应该这样设定工资，

---

① 阿尔钦和德姆塞茨指出："由于存在侦察、检测、监督、衡量的计量费用"，每个处于监督下的员工仍然被诱致在偷懒中获得满足。

② 袁志刚、陆铭：《效率工资理论述评》，《经济科学》1997年第6期。

使得单位有效劳动的成本最小化。如图2-1（a）所示，由 E 表示的努力曲线反映了工人努力和实际工资之间的关系。实际工资越高，工人就越努力。刚开始，出现了一段回报递增区域：当实际工资增加时，激发工人努力（生产率）超比例地增加。单位实际工资的努力用 e/w 来衡量，这个比率在点 M 处达到最大值，OX 与努力函数相切于 M。努力曲线的倾斜度（e/w）与每效率单位的工资成本（w/e）反向：当 E 的倾斜度增加时，单位有效劳动的工资成本减少，反之亦然。w/e 和 w 的关系如图2-1（b）所示，既然 e/w 在 M 点最大化，这时的效率工资是 w^*，单位有效劳动的工资成本也在实际工资取值为 w^* 时达到最小值。

其二是企业雇用的劳动力数量应该使其边际产出等于效率工资。如果在工资水平 w^* 下，劳动力总需求小于劳动力总供给，则非自愿性失业是市场均衡的要求。因为最佳工资率 w^* 不取决于就业水平或是生产率变动参数（A），某种改变劳动力总需求的冲击会导致就业的改变，但不会使刚性的实际（效率）工资发生变化。如图2-2所示，D_{L1} 表示在某一给定的努力水平（e^*）下的劳动力边际产出。如果效率工资高于市场出清工资（w），那么市场均衡与非自愿性失业（用 U 表示）在逻辑上是一致的。如果某一冲击将劳动力需求曲线推移至 D_{L2}，则非自愿性失业将增加，因为效率工资仍保持在 w 的水平。只有当市场出清工资高于效率工资时，非自愿性失业才会消失。在 $w > w^*$ 的情况下，企业被迫支付市场出清工资，但是 w 总有可能大于市场出清工资。如果说失业上升会影响在职工人的努力程度，那么努力曲线将呈上升趋势。如此一来，工资会降低到 e/w 的最大化水平。这种可能性从图2-1中可以看出，努力曲线从 E 移至 E_1。现在 e/w 比率在 M_1 点处达到最大值，新的效率工资 w_1 随之出现。

索洛模型表明了最佳工资水平仅仅取决于工资—努力程度的相互关系，而与价格无关，这为失业或非充分就业找到了新的依据。该理论认为，企业通常利用增加或减少工人的方式调整生产，以适应经济周期变化，而不用新古典经济学中的提高或降低工资的方式来调整。一般而言，企业不会降低工资水平。同时，只要不遇到特殊的劳动力供给困难，即很难招收到合适的工人，企业也不会提高工资水平。从这个意义上讲，工资是"黏性"的，不易变动。索洛模型解释了在经济周期波动条件下实际工资支出出现黏性的情形,表明非充分均衡就业存在的可能性。索洛模型的关键思想在于,由于降低工资会损害工人努力的积极性,即使效率工资高于市场均衡工资水平,社会上存在大量失业,企业也不会降低工资以利用过剩的劳动供给。

索洛模型考虑到劳动生产率与工资水平有关,但对效率工资制度的作用机理并没有给出详细的说明。自20世纪80年代以来,讨论效率工资作用机理的理论层出不穷,其中主要有怠工理论、工作转换理论、逆

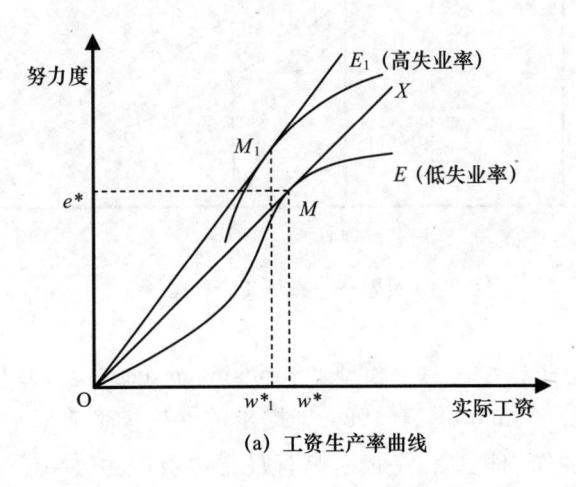

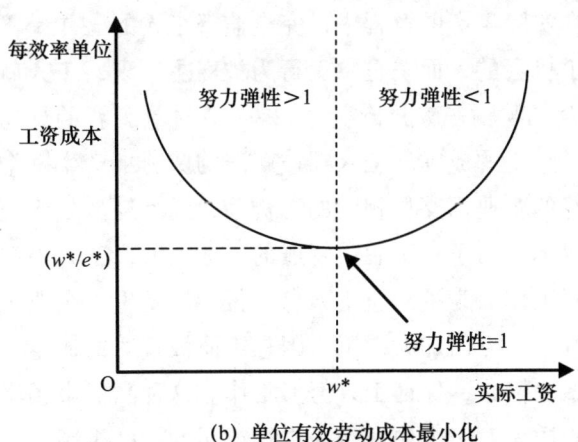

(a) 工资生产率曲线

(b) 单位有效劳动成本最小化

图 2-1 效率工资和索洛条件

向选择理论、社会学理论四种。

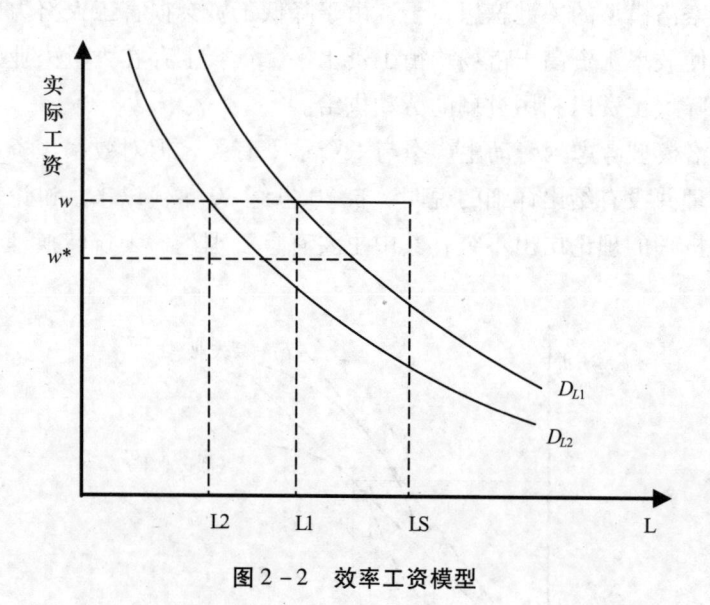

图 2-2 效率工资模型

第一，怠工模型。怠工模型（Shrinking model）是夏皮罗（Shapiro）和斯蒂格利茨（Stiglitz）于 1984 年提出的，该模型直观、透彻地揭示了效率工资的作用机理，是最著名且最常被引用的效率工资模型。[①] 该模型认为，在实际生产的过程中，完全监督工人的工作是不可能的，工人总是有怠工机会的，而一旦怠工行为被雇主发现，工人就会受罚，这种情况被称为"欺骗—威胁论"。如果企业对怠工者的惩罚是解雇，那么解雇就成了怠工的成本。工人在被解雇的威胁下产生一个不怠工的刺激。如果所有的企业都支付相同的工资率，而且经济处于充分就业的状态，怠工无成本。由于怠工后被解雇的成本太低，工人被解雇后很快就可以重新找到工作。为了防止工人怠工行为的发生，企业不得不支付工人较高的工资，一方面加大了工人因怠工而被解雇的成本，另一方面以此作为一种激励措施，保证工人努力工作。这种高于市场出清工资的效率工资，其实质是对工人偷懒行为进行惩罚的一种机制。

---

① Shapiro C. Stiglitz, "Equilibrium Unemployment as a Worker Discipline Device," *American Economics Review*, 1984 (1).

怠工模型首先假定同质的劳动供给量 E 固定，并以 u = w - e 来表示工人的效用函数，在这种效用函数中隐含着风险中立和工资与努力可分离的假设。假定工人的努力程度只有两种选择，e = 0 和 e > 0，工人获得工作后的工资水平为 w。那么，选择 e > 0 的工人在这种工资水平上总能找到工作，而那些选择倾向于怠工（即 e = 0）的工人，始终面临着被解雇的危险。在单位时间内该情况被发现的概率为 q，被解雇后的失业救济金为 b。在上述情形之下，选择努力工作的工人所获得的效用为 w - e，而选择怠工策略的工人则经常在失业和就业之间转换。假设工人前一段就业时间为 θ，而另外 1 - θ 则为失业时间，怠工者的效用函数可通过就业时的效用和失业时效用的加权平均数来表示。

那么努力工作的工人的效用函数为：$u^N = (w - e)$。

而怠工的工人的效用函数为：$u^S = \theta w + (1 - \theta) b$。

在同等条件下，雇用怠工者而不雇用努力工作者，怠工者将得到好处，即 e 表示的量。因此，为了更有利于努力工作者，w 和 e 之间的差异必须足够大以弥补以上的差距。从上面两式可以看出 w 与 e 的差异越大，1 - θ 的量就越小，表明努力工作者越多，因怠工而导致失业的时间越短。

如果用 q 表示单位时间内发现怠工的概率，那么 1/q 则是不怠工或未被发现怠工而就业的预期期限，如果用 p 表示失业工人能够找到工作的概率，则 1/p 就是他的预期期限。我们用 q 和 p 来表示怠工者原先的就业状况，在一般情形下，怠工者预期工作的一段时间为 1/q，因怠工被发现而失业的一段时间为 1/p。如果所有工作与失业的预期期限稳定不变，我们就可以用 q 和 p 来表示怠工者预期的工作时间长度：

θ = (1/q) / [(1/q) + (1 + p)]

由上式可以得到：1/(1 - θ) = 1 + p/q，这样非怠工条件就可以表示为：

$w > b + (1 + p/q) e = w_0$

上式可表示多种含义，如果雇主希望避免怠工，他们就必须支付能够满足非怠工条件的工资水平。也就是说，临界工资 w 必须较高：1) 高于失业补偿金 b；2) 高于能够找到工作的概率 p；3) 低于发现怠工的概率 q。企业为了强化工人因怠工被发现而遭受的损失，便应当提高实际支付工资与临界工资的差距，刺激工人努力工作。怠工模型表明，由于怠工行为在以团队合作作为特征的工作场所尤其难以发现并需加以监督，而搜集有关每个工人生产效率的信息和持续监督工人相当耗费企业的成本，所以支付一份高于市场出清均衡水平的效率工资可以成为避免工人怠工的激励因素。①

第二，工作转换理论。企业愿意支付高于市场出清工资的效率工资的第二个原因是减轻高昂的劳动力转换成本。这种思路来自于菲尔普斯及其后他和其他人为自然失业率和搜寻行为所做的创造性解释。该理论认为，如果企业支付一份高于现行水平的工资，那么工人辞职的愿望会大大降低。因为辞职率与实际工资成反比，企业就有动机支付一份效率工资以减少代价高昂的劳动力转换。工作转换理论考虑到劳动力训练成本对就业的影响，在高失业时期某些厂商仍然支付工人较高的相对工资，那么这些企业的工人更不愿意辞去工作；而其他低工资厂商的工人可能会"跳槽"到高工资厂商那里。其他厂商为了防止工人跳槽，只好采用高工资策略。那么，就会出现所有厂商支付的工资都高于市场出清的工资水平这一情况，在这种情况下劳动市场不能出清，就会出现非自愿性失业。这时，厂商支付给受过训练的工人和未受过训练的工人相同的工资，但新的工人高于他的劳动边际收益，工资与劳动边际收益差额是边际训练费用。劳动边际费用是对厂商利润的扣除，所以，劳动市场的新工人就不能全部就业，劳动市场是非出清的。在萨洛普的模型中，劳动力市场的均衡需要非自愿性失业，因为所有的企业都需要提高工资以阻止工人流失。在失业人数增加的情况下，阻止工作转换所必需的额外工资将会下降。总之，工作转换理论在许多方面同怠工理论类似，但它更强调劳动力的工作转换给企业造成的损失。工人辞职所留下的岗位空缺必须得到补充，这意味着企业不得不再次发生招聘费和培训费。因此，企业有强烈的动机采取各种措施将工人工作转换次数控制在一个合理的水平上。企业的措施之一就是确定一种工资水平以阻止工人转换工作。当工人获得的工资高于其他工作机会向他们提供的报酬时，他们将减少辞职行为。因此，在其他条件不变的情况下，企业支付较高

---

① 具体参见张德远《关于现代西方效率工资理论的评述》，《财经研究》2002年第5期。

的工资可以降低工人的工作转换率。

第三，逆向选择理论。效率工资中的逆向选择理论认为，支付高工资的企业将吸引更多有能力的求职者，这种选择工人的方法和一般企业以低工资雇用新工人的做法相反，因此，这种选择被称为逆向选择。斯蒂格利茨和魏兹对此有较多的论述。他们认为，每家企业支付一种效率工资，可以将提供较少努力者拒之门外。如果申请者在现行工资下愿意少工作一些，企业对其能力评价就低一些，认为他是低能力者的评估就会将这些求职者摒弃。一方面，逆向选择理论给生产率和工资之间的相关性提供了进一步的说明。因为生产过程中工人的能力是有差别的，工人的能力与他的最低期望工资呈正相关，企业会用较高的工资吸引能力较强的雇员。企业依据求职申请者所提出工资的高低来衡量他们的能力，企业认为，求职者本人提出低工资是无能的表现。所以，企业理性地将高工资支付给那些能力强的员工，并且摒弃那些低工资的求职者。另一方面，逆向选择理论解释了在劳动力市场信息不对称情况下企业通过支付高工资来吸引能力强的工人的现象。劳动力市场由不尽相同的个人组成，企业对每个求职者的生产率水平不可能完全了解。劳动力市场是由不对称信息占主导地位的市场，当不对称信息存在时，交易的一方总会比另一方掌握更多的信息。因此，在被雇佣之前求职者比雇佣者更了解自己的能力、诚实度以及奉献精神。他们会向潜在的雇主发送他们自身情况的信号，比如学历、工作经验以及他们期望的工资水平。因为雇佣和解雇工人的成本较高，所以企业不愿在招工之后发现他们有必要辞退那些生产率水平不高的员工。在发现有些员工不合格之前，企业可能还需投入不菲的经费培训新员工。企业避免此类问题的方法之一就是向劳动力市场发出支付高薪的信号。新雇员进入企业后，企业要设计自我选择机制来引导雇员显示其真实的能力，在了解新雇员能力的基础上做出解雇还是继续雇佣的决策，保证高工资高效率。

第四，社会学理论。引入社会学因素对效率工资进行解释的是新凯恩斯主义经济学代表人物之一——乔治·阿克洛夫。他力图修改经济学理论的传统假设，如理性预期、个人主义最大化行为，将社会学、人类学及心理学等其他学科的研究成果融入经济学，探求经济行为新的假设结果。① 传统经济学假设人的偏好是一个外生变量，并不需要进行经济学解释。阿克洛夫力求分析社会习俗对人的偏好的形成，以及对个人行为的影响。他认为，人的偏好总是一定社会习俗的产物，人在社会生活中就会不自觉地受到这种规范的影响和制约。"社会习俗是一种'行动'。一个遵守该社会习俗的个体，其效用在某种程度上取决于其他社会成员的信念或行动。"② 阿克洛夫认为，社会习俗规定了人的行为方式，但由于违反社会习俗会导致套利行为的出现，可获得一定的利润，因此人们在遵守社会习俗的效用和利润之间进行选择。同时，他还认为，工人和企业之间具有互惠性，即双方都向对方赠送了相应的礼物，而交换的程度部分取决于内生决定的行为规范，工人将其工作努力中的一部分作为礼物送给企业，从而使努力程度高于最低出清水平；而企业也送给工人一定的礼物，构成了工资的一部分，这样的工资水平即是公平工资。公平工资取决于工人的数量及其历史工资水平、当前及过去的失业人数、其超过工作规则的努力水平、工作规则本身等。③ 当企业给予工人的实际工资小于公平工资时，工人将会降低其努力程度，使企业得不偿失；当企业支付的工资高于公平工资时，工人会以最大的努力程度工作。之所以如此，是因为工人的边际产出与他的努力程度密切相关，当工人觉得他受到不公平的对待时，他会降低其工作的努力程度，从而使边际产出小于实际工资，这对于企业是十分不利的。为了鼓励工人努力工作，企业支付的工资必须至少不低于公平工资。因此，当工人感到他未受到公平对待时，企业人力资本的士气很容易被挫伤，那些看重雇主的声誉以及想提高劳动力士气和忠诚度的企业，一般都倾向于支付一份让人感到公平的效率工资。总之，阿克洛夫通过吸收社会学、人类学和心理学的研究成果，将人的劳动行为看成基于公平出发的社会习俗，根据这一习俗，企业支付不少于工人预期的公平工资，而工人根据企业支付的工资决定其努力程度，从而决定其边际产出。该理论解释了

---

① 阿克洛夫：《一位经济理论家讲述的故事》，首都经济贸易大学出版社2006年版。

② George A. Akerlof, L. Janet, "Theory of Social Custom, of Which Unemployment May Be One Consequence," *The Quarterly of Economics*, Volume 94, Issue 4, June 1980, pp. 749–775.

③ George A. Akerlof, "Labor Contracts as Partial Gift Exchange," *The Quarterly of Economics*, Vol. 97, 1982, pp. 543–569.

"不公平工资"和减薪对工人努力程度的负面效应,减薪使得企业劳动力的士气下降,从而影响到工人的工作效率。

二 效率工资理论的影响及应用

格里高利·曼昆认为,效率工资对企业工人的影响主要表现在四个方面:一是可以改善工人的营养。这主要适合发展中国家,效率工资理论认为,工资影响工人的营养,多给点工资,工人才能吃得起营养更丰富的食物,而健康工人的生产效率会更高。企业会决定支付高于均衡水平的工资,以保证有健康的劳动力。因此,工资变动的影响是深远的,由于工资的提高导致营养和医疗的改善,雇员也会以提高劳动绩效作为回报,事实上,膳食津贴、住房和医疗补贴在发展中国家日益流行,表明这种效应的重要程度。二是减少了工人的离职率。离职不仅受到雇员工资合同的影响,还受经济体系中其他厂商的工资水平、雇佣率以及失业规模的影响。因为失业率影响着不同工资水平空缺职位的申请率,并由此影响工人获得一个工资水平高于现在工资水平职位的概率。因此,当企业面对劳动力过度供给时,由于放弃某一个工人的成本太高,企业不愿意解雇工人,而降低他们的工资会增加厂商的更迭成本。企业向其工人支付的工资越高,工人留在企业的可能性就越大,企业就这样通过支付高工资以减少员工的离职率,从而减少了用于雇用和培训新工人的时间和金钱。三是提高工人的素质。企业劳动力的平均素质取决于它向工人所支付的工资。如果企业降低工资,最好的工人就会到其他企业,而留在企业的则是那些没有什么其他机会的低素质工人。经济学家把这种不利的筛选作为逆向选择(adverse selection)——有更多信息的人(在这种情况下是指了解其自身外面机会的工人)以一种不利于信息少的人(企业)的方式进行自我选择的倾向——的一个例子。企业通过支付高于均衡水平的工资可以减少逆向选择,改善劳动力的素质,从而提高生产率。四是提高了工人的努力程度。效率工资理论指出,企业不可能完全监督其工人的努力程度,而且,工人必须自己决定是否努力工作,工人可以选择努力工作,也可以选择偷懒并承担被抓住解雇的风险。经济学家把这种可能性作为道德风险(moral hazard)——当无法监督人们的行为时他们会有不适当的行为倾向——的例子。企业通过支付高工资来减少道德风险问题。工资越高，工人被解雇的代价就越大。通过支付高工资，企业会促使更多的雇员不偷懒，从而提高了生产率。[1]

效率工资理论对工资刚性、二元劳动力市场和工资差别及工资歧视等现象有其独到的见解。根据效率工资理论，实际工资刚性的主要原因是，经济中的实际冲击对企业的生产状态产生了较大的影响，从而使劳动的边际产品发生改变。企业为了保持较高的劳动生产率，要改变的是工人数量，而不是实际工资。冲击引起就业的改变而不是实际工资的变动，实际工资有刚性。同时，效率工资解释了二元劳动力市场仍存在着失业现象。该理论认为，二元劳动力市场是指两个部门——劳动市场非出清的部门和劳动市场出清的部门。在前一部门中，工资与劳动生产率的关系十分重要，企业理性地支付高于市场出清的工资；在后一部门中，工资与劳动生产率的相关性较弱或不相关，企业支付较低的工资，使劳动市场出清，但这并没有消除失业现象。因为这两个部门工资差别的存在会诱使某些工人不愿意接受较低的工资而宁愿留在劳动市场待业。针对工资差别现象，效率工资理论认为，各企业内工资和效率相关性不同，同等效率在不同企业之间对应着不同的工资水平。工资与效率相关性的差异会导致同样能力、同样特征的工人有不同的工资。效率工资理论还解释了工资歧视现象，工资歧视就是属于不同群体的工人做同样的工作却支付不同的工资的现象。当企业无成本地推行工资歧视策略时，它完全能根据其偏好来确定不同工人的工资。当企业有代价地实行工资歧视时，它主要是从效率工资的角度来考虑问题的。企业发现，工人的劳动生产率与工资的关系在不同的工人中往往是不同的。每个工人都有其效率工资及对应的"效率劳动成本"。尽管有些工人的工资高，但效率劳动成本低，而另外一些工人工资虽低，但效率劳动成本高。这样，企业会优先雇用最低成本群体的工人。因此，失业就被限制在单位效率成本最高的群体中，当需求发生波动时，这些群体的雇员的就业状况最容易恶化。总之，效率工资理论解释了为什么劳动生产率和工资之

---

[1] 具体参见格里高利·曼昆《宏观经济学》，中国人民大学出版社 2009 年版，第 170—171 页。

间有相关性，指出厂商付给工人较高的工资有利于减少工人偷懒，降低转换成本，刺激工人生产的积极性。

三 效率工资理论与义务教育学校教师绩效工资制度改革

效率工资理论的核心观点是工人工作的效率与工人的工资有很大的相关性。高工资可以相对地提高员工努力工作，对企业忠诚的个人效用，提高员工偷懒的成本，具有激励和约束的双重功效，从而使工人效率更高。义务教育学校教师绩效工资制度改革的根本目的，就是要通过提高教师的劳动报酬，改善他们的生活待遇，从而调动和发挥教师劳动的积极性。因此，义务教育学校教师绩效工资制度改革必须将效率工资理论作为重要的理论依据。

第一，在教师绩效工资设计中要考虑有竞争性的工资总额。效率工资理论认为，为了防止工人偷懒，减轻高昂的劳动力转换成本，吸引更多有能力的求职者，企业往往会支付一份高于现行工资水平的工资，来提高工人工作的积极性。同样，为了提高教师工作的积极性，减少一线教师的流失率，同时吸引更多有能力者加入教师行列，在教师绩效工资中设计有竞争性的工资总额，是解决上述问题的治本之策。长期以来，我国个人收入分配领域出现了教师及知识分子与体力劳动者收入倒挂的现象，进入20世纪80年代以后，这种倒挂的趋势进一步加剧。它加重了教师对自身报酬水平的不满，极大地挫伤了教师的工作热情。后来经过几次工资制度改革，虽然教师的经济待遇有了较大幅度的改善，但如果同其他行业人员相比较，我国教师的待遇仍然偏低，教师职业远未成为令人羡慕的职业，当然也就谈不上是"太阳底下最光辉的职业"。菲利普·库姆斯指出："允许教师工资落后于其他人员的工资是自取失败，因为这样做的结果是丢失很多最好的教师，然后补充以才能较差者。"[①]我国中小学教师待遇长期偏低导致优秀教师大量流失，在职教师工作积极性普遍不高，教师岗位缺乏足够的吸引力。因此根据效率工资的相关理论，在教师绩效工资中设计不低于或高于其他行业平均工资水平的工

[①] 菲利普·库姆斯：《世界教育危机》，赵宝恒等译，人民教育出版社2001年版，第152页。

资，可以减少教师流失，提高教师工作的积极性。

不仅如此，有竞争性的教师绩效工资总额还可以减少教师的"道德风险"[①]。效率工资理论认为，当企业难以观察和监督工人的工作绩效时，企业往往通过提供高于市场平均水平的薪酬来激励工人尽最大努力工作，因为当工人在所在企业中获得的薪酬高于他们在其他企业中可能获得的薪酬时，为了保住现有的工作，他们将不愿意消极怠工。同样，有竞争性的教师绩效工资总额可以防止教师消极怠工。因为教师绩效工资政策的制定者和执行者之间的契约关系，主要归因于教育政策的制定者和执行者之间的委托代理关系。信息经济学中将博弈中不拥有私人信息、主动缔约的参与人称为"委托人"，将拥有私人信息、受邀缔约的参与人称为"代理人"，委托人和代理人可以是个人、机构，也可以是组织、决策中心。委托人和代理人由于信息不对称，存在一定的交易关系。从本质上讲，学校和教师之间存在着委托代理关系，学校是委托方，教师是代理方，学校委托教师发挥教书育人的功能，培养社会所需的人才。在这种委托代理关系中，一般会存在比较严重的代理问题，即代理人在有限理性和机会主义倾向的影响下，会利用其信息优势，在损害委托人甚至其他代理人利益的基础上，谋取更多的个人利益，造成代理人的行为有悖于委托人的目标，出现了"道德风险"问题。如果给予努力工作的教师有竞争性的工资总额，将消极怠工、存在机会主义倾向的教师排除在外，就可以激励教师辛勤工作，还可以降低政府投入的信息搜集成本和政策监督成本，从而减少教师的"道德风险"。

第二，教师绩效工资的设计要考虑教师的福利。员工福利是总体薪酬组合的一部分，除了向员工的工作时间支付工资外，雇主还以承担全部或部分费用的方式向员工提供各种福利待遇，如人寿保险、养老金、工伤赔偿以及休假等。福利是一种很好地吸引和保留员工的工具，有吸引力的员工福利计划既能帮助企业招聘到高素质的员工，又能保证已经被雇用的高素质的员工能够继续留在企业里工作。效率工资理论认为，

---

① 道德风险（moral hazard）的最初含义指的是：一个人因为参加了保险而降低了他防止风险的努力程度。然而，在委托人—代理人的文献中，道德风险指的是：由于信息不对称和监督的不完全，代理人所付出的努力小于他得到的报酬。

员工的工资会影响员工的营养,而员工的营养直接影响着员工工作的积极性。因此,给予员工膳食津贴、住房和医疗补贴等福利待遇,可以激励企业员工努力工作,减少企业员工的离职率。著名的薪酬管理专家乔治·T. 米尔科维奇(Gerge T. Milkovich)认为:"关于薪酬水平存在的问题是,它只关注基本工资而忽视奖金、激励、期权、就业保障、福利或其他薪酬形式。基本工资仅仅代表薪酬的一部分,事实上,那些更能有效地影响员工行为的多样化薪酬形式更有价值。"[①] 同样,教师绩效工资设计中要考虑教师的福利,例如,给予偏远地区教师补贴,安排教师休假等。

第三节 激励理论

激励理论是基于心理学、行为科学、社会学等领域对人的需要、动机及行为展开研究所取得的成果,迄今已形成相对比较完整的理论体系。从研究的侧重点来看,根据坎贝尔和邓内特的观点,激励理论可以划分为三种不同的类型:内容型激励理论、过程型激励理论和结果反馈型激励理论。

一 内容型激励理论

内容型激励理论着重探讨决定激励结果的基本要素,研究人的需要的复杂性及其构成,包括需要层次理论、激励—保健双因素理论等。

第一,马斯洛的需要层次理论。美国心理学家马斯洛在1943年所著的《人的动机理论》中,提出了需要层次理论。该理论认为,人的行为是受到人的内在需要激励的。人的需要是由一个最基本的衣食住行到高等级的自我实现需要所构成的有序等级链。准确地说,马斯洛将人的需要分为五个层次:(1)生理的需要,包括人体生理上的需要,即衣食住行等生存方面的基本需要,这是最低层次的需要。(2)安全的需要,指对人身和财产安全、工作和生活环境等的追求以及规避各种社

[①] [美] 乔治·T. 米尔科维奇:《薪酬管理》,中国人民大学出版社2008年版,第178页。

会性、经济损害的倾向。(3) 归属的需要，包括对社会交往、友谊、情感以及归属感等方面的需要。人是社会人，人需要与社会交往，成为"社会中的一员"，希望获得友谊和爱情，得到关心和爱护。(4) 尊重的需要，包括两个方面：一是内在的尊重要求，如自尊、自律、自主等；二是外在的尊重要求，如社会地位、社会认可、受他人尊重等的需要。(5) 自我实现的需要，指努力促使自我成长，尽力发挥自己的潜能，做出力所能及的最大成就的需要，它会产生巨大的动力，使其努力实现目标。马斯洛需要层次理论认为，人的需要是呈阶梯式逐级上升的。生理需要和安全需要是低层次需要，而归属需要、尊重需要和自我实现需要是较高级的需要。高级需要通过内部使人得到满足，低级需要则主要通过外部使人得到满足。低层次需要得到满足以后，人才能产生更高一级的需要，即按上述五个层次由低到高追求需要的满足。人的最基本的需要是生理需要，低层次的需要满足的程度越高，对高层次需要的追求就越强烈。人在不同的发展阶段，其需要结构也是不同的。当人的某种需要得到满足以后，这种需要也就失去了对其行为的激励作用。当某一层次的需要得到满足以后，下一层次尚未得到满足的需要就会成为人们行动的动机，不仅内容比低层次需求广泛，实现的难度也大。当人的需要得不到满足时，就会产生挫折感。

马斯洛对人的需要进行了系统的研究，为以后各种激励理论的提出奠定了坚实的基础，需要层次理论自身也成为历史上最著名、最经典的激励理论。该理论得到普遍的认可，特别是在20世纪六七十年代十分受一线管理者的欢迎。但马斯洛本人并没有为他的理论提供实验证据，一些试图寻求有效性的研究也无功而返。[①]

第二，激励—保健双因素理论。20世纪50年代末，美国心理学家赫茨伯格（F. Herzberg）对9个企业中203名工程师和会计师进行了1844人次的调查，发现使受访人员不满意的因素多与他们的工作环境有关，而使他们感到满意的因素是由工作本身所产生的。那些与工作满意有关的因素是内部因素，如富有成就感，工作成绩得到认可，工作本身具有挑战性，

[①] M. Ambrose and C. Kulik, "Old Friends, New Faces: Motivation Research in the 1990s," *Journal of Management*, Vol. 25 (3), 1999, pp. 192–231.

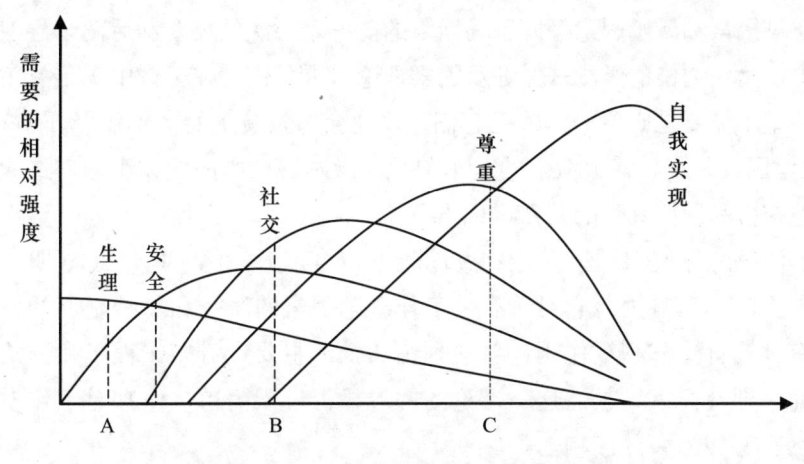

图 2-3 需要各层次间的相互关系

负有重大责任，充满晋升机会，具有成长发展前景等。当人们对工作感到满意时，他们倾向于归因这些特点；当他们对工作感到不满意时，则倾向于抱怨那些属于外在条件方面的因素，如公司政策不合理，监督管理不当，与主管关系不协调和工作条件有问题等。赫茨伯格把影响人的工作动机的种种因素分为两类：能够使员工感到满意的因素为激励因素，会使员工感到不满意的因素为保健因素。激励因素多是与工作本身的性质有关的因素，多与工作内容联系在一起，包括成就感，得到认可和赞赏，工作本身的挑战性和趣味性，个人的成长与发展、责任、晋升等。保健因素是指防止人们产生不满的因素，多与工作环境和工作条件有关，包括公司政策、上司监督、薪金、人际关系、工作条件等，这些因素若不改善，就会招致员工的不满。如果满足了员工这方面的需要，就会消除员工的不满。赫茨伯格的激励—保健双因素理论认为，员工的行为受到保健因素和激励因素这两种不同因素的影响，保健因素不足必然导致员工不满意，但保健因素过多也不会使员工满意，只有足够的激励因素才能使员工满意，从而真正激发人的积极性。激励因素是以对工作本身的要求为核心的，如果通过激励因素的改善使工作本身富有吸引力，那么往往就能给职工以很大程度的激励。因此，只有强化成就感、认可、敬业精神、责任心和晋升机会等激励因素（Motivation Factors），才能发挥有效的激励作用。可见，赫茨伯格的激励—保健双因素理论和马斯洛的需要层次理论是一脉相承的，他的保健因素和激励因素等同于马斯洛的前三个层次的需要和后两个层次的需要。赫茨伯格的激励—保健双因素理论告诉我们，在工作中满足员工的一些基本需要是必要的，缺乏它们，往往会招致员工的"不满"，但这些"保健因素"仅仅构成激励的基本前提，激励的核心问题在于如何最大限度地挖掘和发挥真正的"激励因素"。

激励—保健双因素理论在20世纪60年代中期至80年代早期一直有着广泛的影响力。它对于有关工作激励因素的研究和奖励制度的设计具有理论价值和积极作用，对该理论的批评主要针对操作程序和方法论方面。即使今天，虽然这一理论的内容显得过于简单，但它对工作设计依然有着相当大的影响。[①]

表2-1　　　　　　　　赫茨伯格保健—激励双因素统计分析

所有导致员工工作不满意因素中的 保健因素（占69%）	所有导致员工工作满意因素中的 激励因素（占81%）
政策与行政因素 监督 与主管的关系 工作条件 薪酬 同事间的人际关系 个人生活 与下属的关系 地位 安全保障	成就 获得认可 工作挑战性 责任 晋升机会 成长

资料来源：F. Herzberg, "One More Time, How Do You Motivate Employees," *Harvard Business Review*, September-October, 1987.

二　过程型激励理论

过程型激励理论侧重于研究激励实现的基本过程和机制，包括期望理论、公平理论等。

第一，期望理论。期望理论（Expectancy Theory）是著名心理学家和行为科学家弗洛姆（V. H. Vroom）1964年在《工作与激励》中提出

[①] [美] 斯蒂芬·P. 罗宾斯等：《管理学》，中国人民大学出版社2008年版，第440页。

来的。该理论认为，人是理性的，一个人决定采取何种行为与这种行为能够带来什么结果以及这种结果对他来说是否重要紧密相关。个人从事某项工作的动机强度是由其对完成该项工作的可能性（期望值）的估计和对这种报酬的重要程度（效价）来决定的，即人们的努力与其期望的最终奖酬有关。激励效应取决于个人通过努力达成组织期望的工作绩效（组织目标）与由此而得到的满足个人需要的奖酬（个人目标）相一致、相关联的程度，一致程度或关联性大，则激励效应就大，否则就小。弗洛姆指出，绩效是三大知觉的函数：期望、关联性以及效价。其中，期望是员工对其完成既定工作任务的能力所做出的自我判断，它所揭示的是个人努力和绩效之间的关系，即员工认为通过一定的努力会带来一定绩效的可能性。关联性是员工对于达到既定绩效水平之后能否得到组织报酬所具有的信心，它反映了员工相信一定的绩效水平会带来所希望的奖励结果的程度。效价是员工对组织因其实现令人满意的工作业绩而提供的报酬所具有的价值做出的判断，它反映了组织所提供的奖励满足个人目标或需要的程度以及这些潜在奖励对个人努力的作用。弗洛姆的期望理论模型可表示为：$M = V \cdot E = V \cdot (E_1 \cdot E_2)$。可以看出，只有当期望值和效价都比较高时，才会产生较高的工作绩效。也就是说，只有当事人认为其努力可以取得较好的业绩，好的业绩又会带来某种特定的奖励，且这种奖励对本人具有很大的吸引力时，激励的作用最大。因此，激励强度取决于个人努力行为与组织工作绩效及符合个人目标的奖励三者之间的关系。根据期望理论，我们必须处理好以下关系：（1）努力程度和工作业绩的关系。期望是一种主观估计与知觉，受到人们的认知、态度、价值取向等个体因素和任务特征、奖励结构及组织文化等因素的影响。作为管理者应当知道和帮助员工努力完成工作任务，增强达到目标的信心和任务。我们必须明确界定员工的工作任务、责任以及清晰的绩效标准，同时建立公平、完善的绩效评价体系，从而让员工相信他们自己对绩效目标的实现是有控制力的。（2）工作成绩和奖励的关系。工作成绩与奖励的关系是在实现预期工作绩效后能得到恰当、合理奖励的情况。奖励可以有多种形式，成绩和奖励之间应注意其总体性和多重性。奖励必须因个人的工作绩效而定，没有建立或建立不当都会降低积极性。（3）奖励和满足需要的关系。由于需要存在个体差异性，同样的奖励对于不同的人有不同的效价。奖酬设置应因人而异,不同的人的效价维度范围和权重取值是不同的,管理者应关注大多数成员认为效价最大的激励措施,设置激励目标应尽可能加大其效价的综合值。

期望理论是一种关于激励过程的具有较强综合性和应用价值的理论。它与绩效工资计划有着紧密的联系。多项研究所支持的绩效工资是建立在期望理论基础之上的。实验研究认为,努力与工资奖励之间的联系更接近感知链接,越有效的奖励就越能够激励个体。[①]

第二,公平理论。公平理论又称作"社会比较理论"。美国心理学家亚当斯(J. S. Adams)1963 年发表了他的论文《对公平的理解》,1965 年,亚当斯又发表了《在社会交换中的不公平》,从而提出了公平理论的观点。该理论认为,所谓"公平",就是员工把其工作业绩和所得报酬拿来与他人的工作绩效及所得报酬进行主观比较时所产生的一种积极的心理平衡状态;相反,"不公平"是指同他人比较时所产生的消极、不平衡的心理状态。因此,公平感实质上是一种主观价值判断,在不同的社会文化背景和意识形态下,其标准也会有很大的差别。从不同的视角看,我们可以将公平分为不同的类型:一是内部公平(组织内部不同职位之间的对比,员工感觉报酬是公平的)与外部公平(与其他组织中从事同样工作的员工相比,感到公平合理);二是投入公平(以员工在生产或工作方面投入的时间、体力、智力、努力程度等要素的多少来计发薪酬,而不论工作成果或产出情况)、产出公平(以员工的劳动产出和工作成果的多少与好坏为依据计发薪酬,而不管其他投入情况)和比率公平(员工把他们在工作中的劳动投入和所得薪酬之比与其他人这一比值进行比较后的比率是否公平);三是机会公平(为人们提供均等的参与和竞争的机会,信息和游戏规则透明统一)、起点公平(员工在开始工作或竞争时的起始条件)和过程公平(程序或规则公平)、结果公平(追求薪酬分配结果的平等)。公平理论的基本内容是:人是社会人,一个人的工作动机和劳动积极性不仅受其所得报酬的绝对

---

① D. J. Cherrington, J. H. Reitz, W. E. Scott, Jr. (1980), "Effects of Contingent and Non-contingent Reward on the Relationship between Satisfaction and Task Performance," In D. Kztz, R. L. Kahn, J. S. Adams (eds.), *The Study of Organizations: Finding from the Field and Laboratory* (pp. 257-264), San Franciso: Jossey-Rass.

值的影响，还受到相对报酬的影响。人们都有一种将其投入和所得与他人的投入和所得相比较的倾向。其中，投入主要包括薪酬水平、机会、奖励、表扬、提升、地位以及其他报酬。每个人都会把其所得的报酬与付出的劳动之间的比率同其他人进行比较，并且根据比较的结果决定今后的行为。[①] 员工认为其自身是否得到公正的评价，在一般情况下是以同事、同行、亲友或以前的情况为参考依据的。因此，根据公平理论，员工对报酬的满足程度实质上是一个社会的比较过程，当员工把其投入产出比与别人或其以前的投入产出比进行比较时，若发现比率大致相当，心理上就会感到比较平静，认为他得到了公平的待遇；当员工发现比率相差很大时，其内心就会感到焦虑不安，从而会被激励去采取行动以消除或减少引起心理焦虑不安的差异。若当事人 A 以 B 为参考进行比较，其过程如下：第一种情形：（O/I）A ＜（O/I）B→不公平感→行为的改变；第二种情形：（O/I）A ＝（O/I）B→公平感→不改变行为；第三种情形：（O/I）A ＞（O/I）B→不公平感→行为的改变 [其中，I 表示投入，指个体对组织的贡献，如教育程度、努力、用于工作的时间、精力和其他无形损耗；O（output）表示产出，指个体从组织中得到的回报，如薪金、工作安排以及获得赏识等]。

表 2 – 2　　　　　　　　　组织中的投入和产出

投入	产出
年龄	挑战性工作
出勤	奖金
人际沟通技巧	工作津贴
工作努力（长期）	工作保障
教育水平	工作单调乏味
工作经历	升职
工作业绩	认可
个人表现	责任
业务经验	工资
社会地位	资历
技能	地位的标志
培训	工作条件

---

① 芮明杰：《管理学》，上海财经大学出版社 2005 年版，第 388 页。

那么，员工感到不公平时会产生什么后果呢？亚当斯（J. S. Adams）认为，基于公平理论，当员工感到不公平时，可能会采取以下六种行动：（1）改变投入，如减少或增加劳动或时间的投入；（2）改变产出，如要求加薪、将办公用品拿回家；（3）努力劝说他人改变投入，如努力让同事更加勤奋工作或偷懒；（4）放弃现在的投入与回报比值，另行计算，如考虑不同的投入和产出比值；（5）说服自己认可投入和回报的区别，如开始相信他人的报酬高是合理的；（6）放弃，如辞职、要求调职或离开现在不平等的工作环境。① 可以看出，管理者必须对员工的贡献（投入）给予恰如其分的承认，否则员工就会产生不公平感，感受到"不公平感"的当事人就可能会产生逆向的或消极的行为。例如，员工可能会采取某种行动，改变所得报酬的预期或改变未来的投入，如要求增加薪酬、消极怠工或推卸责任等；当员工在无法改变不公平的现象时，他可能会发牢骚、制造人际关系矛盾等。公平理论表明，公平感是影响人们行为倾向和激励强度的一个极为重要的社会因素，在管理激励的过程中必须给予高度重视。

长期以来，公平理论一直着眼于分配公平（distributive justice），即人们感觉个体之间在报酬数量和报酬分配上的公平性。后来的研究主要着眼于考虑程序公平（procedural justice），即用来确定报酬分配的程序是否让人觉得公平。研究表明，分配公平对员工满意度的影响比程序公平的影响更大，但是，程序公平更容易影响员工对组织的承诺，对上司的信任和离职意向。② 也有研究显示，分配公平（薪酬水平）和程序公平（薪酬水平如何确定）是交互影响的，不论薪酬程序如何，人们总是把高的薪酬水平看成是公平的，只有运用了公平的程序才会使人把较低的薪酬水平也看成公平的，程序公平比分配公平更具有持续的效应。那么，如何实现程序公平呢？格林伯格（Greenberg）认为，可以通过以下四种途径增强程序公平：（1）让员工在决策中有发言权，尤其在诸如薪酬设计、绩效标准制定等重要管理措施的决策中有参与的机会；

---

① J. S. Adams, "Toward an Understanding of Inequality," *Journal of Abnormal and Social Psychology* 67 (1963), pp. 422–436.

② J. Brocker, "Why it's So Hard to Be Fair," *Harvard Business Review*, March 2006, pp. 122–129.

(2) 使员工有修订程序或改正差错的机会；(3) 使管理政策和规章制度保持一贯性，特别要使激励政策和薪酬制度保持稳定，并建立规范的政策修订制度；(4) 使组织决策减少偏差，公正地处理部门之间的利益冲突。①

总之，公平理论指出了与薪酬、激励有关的社会比较与公平的具体问题。它使我们看到了公平与激励之间关系的独特性与复杂性，但是该理论还有一些关键问题不够明了。例如，员工怎样界定其付出和所得？他们又是怎样把付出与所得的各个因素累加和分配权重的？这些因素是否会随时间变化而变化？个体如何选择参照对象？不过，尽管仍然存在诸多问题，公平理论仍不失为一个颇具影响力的且被众多研究证据支持的理论，它为我们了解员工的激励问题提供了很多真知灼见。②

三 结果反馈型激励理论

结果反馈型理论，主要研究一个人的行为评价所产生的激励作用，包括强化理论、归因理论等。

第一，强化理论。哈佛大学的心理学家斯金纳（B. F. Skiner）1938年提出了强化理论（reinforcement theory），它是以学习原则为基础，理解和修正人的行为的一种学说。所谓强化，从其基本的形式来讲，指的是对一种行为的肯定或否定的后果（奖励或惩罚），它至少在一定程度上会决定这种行为在今后是否会重复发生。强化理论认为，过去的经验对未来的行为具有重大影响，人们会通过对过去的行为和行为结果的学习来"趋利避害"，即当行为的结果对他有利时，他就会趋向于重复这种行为；当行为的结果对他不利时，这种行为就会趋向于减弱或消失。根据这一原则，就可以通过不同的强化途径，对人们的行为进行引导和激励。③ 也可以说，当人们由于采取某种理想行动而受到奖励时，他们最可能重复这种行为，即奖励跟在理想行为之后是最有效的。如果某种行为没有受到奖励或受到了惩罚，行为重复的可能性则非常小。④

---

① 俞文钊：《人力资源管理心理学》，上海教育出版社2005年版，第227页。
② [美] 斯蒂芬·P. 罗宾斯等：《管理学》，中国人民大学出版社2008年版，第449页。
③ 芮明杰：《管理学》，上海财经大学出版社2005年版，第391页。
④ B. F. Skinner, *Beyond Freedom and Dignity*, New York: Free Press, 1953.

根据强化的不同特征，可以将强化分为以下几种类型：（1）正强化。正强化是指对管理者所期望的、符合组织目标的行为及时加以肯定或奖励，从而导致行为的延续和加强。它的刺激物不仅仅是物质性的奖励，精神鼓励、表扬、充分的信任、安排挑战性的工作、提升或给予学习提高的机会等都可以成为正强化的有效激励载体。（2）负强化。负强化是指通过人们对不希望出现的结果的避免，而使其行为得以强化。例如，下级努力按时完成任务，就可以避免上级的批评，于是人们就一直努力按时完成任务；上课迟到的学生都受到了老师的批评，不想受到批评的学生就会努力做到不迟到。（3）不强化。不强化是指对某种行为不采取任何措施，即不奖励也不惩罚。这是一种消除不合理行为的策略，因为倘若一种行为得不到强化，那么这种行为的重复率就会下降。（4）惩罚。惩罚就是对不良行为给予批评或处分。惩罚可以减少这种不良行为的重复出现，弱化这种行为。但惩罚一方面可能会引起怨恨和敌意；另一方面随着时间的推移，惩罚的效果会减弱。因此在采用惩罚策略时，要因人而异，注意讲究方法。

总之，强化理论是影响和引导员工行为的一种重要的方法，它认为"行为决定它的结果"，通过表扬和奖励可以使动机得到加强，行为得到鼓励；通过批评、惩罚等可以否定某种行为，使不好的行为越来越少。因此，管理上可以通过操纵结果，从而控制至少影响员工的行为。如果要激励一些个体的行为（如高生产率、工作质量好）或要抑制一些个体的行为（如迟到、工作质量差），就必须建立强化机制。

第二，归因理论。归因理论最早由海德（F. Heider）从关于社会知觉的人际关系认知理论发展而来的，由美国斯坦福大学的罗斯（L. Ross）和澳大利亚心理学家安德鲁斯（Ardrews）等人进一步归纳所形成的一种理论。归因就是对某种行为的结果找出原因，因此，归因理论是说明和推理人的活动的因果关系的理论。人们可以用这种理论来解释、预测和控制他们的环境，及随这种环境而出现的行为。归因理论研究的基本问题是：（1）关于人的心理和行为活动的因果关系，包括内部和外部原因的分析；（2）社会推论问题研究，即根据人的行为及其结果，对行为者稳定的心理特性和素质、个性差异做出正确的推论；（3）期望和预测行为的研究，即对过去的行为及结果的预测在某种情况下将会产生什么行为。① 归因理论认为，人们的行为获得成功或遭到失败主要归因于四个方面的因素：努力、能力、任务难度和机遇。从内外原因方面来看，努力和能力是内部因素，而任务难度和机遇则属于外部因素；从稳定性来看，能力和任务难度属于稳定因素，努力和机遇属于不稳定因素；从可控性来看，努力是可控制性因素，任务难度和机遇则不以人的意志为转移。相关研究表明，人们把成功和失败归因于何种因素，对以后工作的积极性有很大的影响。如果将失败的原因归结为相对稳定的、可控的或内部的因素，就容易降低对成功的期望，失去信心，出现了泄气、不再努力的行为；如果将失败的原因归结为相对不稳定的、不可控的或外部的因素，就会增强人的自信心，继续保持努力的行为，积极争取成功的机会。

归因理论可以给我们很好的启示，即当员工在工作中遭到失败时，如何帮助他寻找正确的原因，引导他保持坚定的信心，继续努力，努力争取下一次行动的成功。

四　激励理论与义务教育学校教师绩效工资制度改革

激励理论是行为科学中用于处理需要、动机、目标和行为四者之间关系的核心理论。行为科学认为，人的动机来自需要，由需要确定人们的行为目标，激励则作用于人的内心活动，激发、驱动和强化人的行为。而义务教育学校教师绩效工资制度改革，就是要有效地激励教职工做好本职工作，提高工作绩效。因此，义务教育学校教师绩效工资制度改革也必须将激励理论作为改革的理论依据。

第一，教师绩效工资制度的设计要充分体现教职工的不同需要。马斯洛的需要层次理论认为，员工有五种不同层次的需要，依次由较低层次到较高层次。只有低层次的需要得到满足以后，高层次的需要才会变得有激励性。如果需要没有得到满足，员工就会感到十分沮丧，失去了工作的积极性。如果绩效工资不能满足员工日常的基本生活需要，它就不会产生激励作用。而赫茨伯格的激励—保健双因素理论指出，保健因素是环境赋予的，对个人来说是外部因素。相比之下，激励因素是与个

---

① 程正方：《现代管理心理学》，北京师范大学出版社2009年版，第192页。

人同在的，是内在的因素。良好的保健因素是必要的，但不是赢得个人积极工作态度的充分条件。保健因素的存在消除了员工对工作的不满，却不能造成员工对工作的满意。但无论如何，外部因素同样对员工的工作表现产生了影响。缺乏保健因素或维持因素将会阻碍行为，但具备保健因素或维持因素也不能奖励绩效，这些因素与基本生活需要、安全及公平待遇相关。所以，员工基本工资很重要——在绩效工资能够产生激励作用之前，必须满足最低的基本生活需要。相比较而言，激励因素能促成员工的满意，这些因素包括认同、晋升和成就感等。当绩效工资与满足员工对认同、愉悦感、成功感等的需要相关联时，就会产生激励作用。在设计教师绩效工资制度时，首先，教职工的基本工资必须定在足够高的水平上，为满足教职工的基本生活提供经济支持。马克思认为，劳动力潜藏在人的个体之中，"只是作为活的个体的能力而存在。因此，劳动力的生产要以活的个体存在为前提"[1]。要保持劳动力的存在，首先要保障劳动者个体的存在，然后，他才能把劳动能力发挥出来，在劳动过程中生产产品，创造价值。而要使劳动者个体继续生存下去，就需要不断补充生活资料，以便维持他的机体，恢复劳动能力，保证他能在同样精力和健康的条件下，继续从事劳动。可见，劳动力再生产，要有维持劳动者本身生存所需要的一定数量的生活资料。不仅如此，除了维持劳动者本身所需要的生活资料外，还要有一定数量的生活资料来养活其家属及子女，以及劳动者受教育和训练的费用。所以，教师绩效工资制度首先要考虑教职工衣食住行的基本保障，如果教师绩效工资侵害了教职工满足日常生活的能力，它就不会产生激励作用。其次，一定要考虑到学校教职工的不同特点。既要注意到不同岗位教职工的工作性质及特点，也要考虑到教职工的任职年限、工龄、学历和职务等；既要满足教职工的基本生活需要，也要体现他们多劳多得、优绩优酬的工作业绩。

第二，教师绩效工资制度要充分体现努力激励、工作绩效和奖酬之间的关系。努力激励是指个人所受到的奖励强度和由此产生的对工作付出的努力程度。期望理论认为，一个人的努力程度即激励所发挥的力

---

[1] 马克思：《资本论》，人民出版社1975年版，第58页。

量，取决于效价（对奖酬价值的认识）和期望值（对努力、绩效、奖酬之间关系的认识，即通过努力达到绩效和该绩效导致个人所需特定结果的可能性）。个人努力程度一方面取决于个人对报酬价值的主观评价，另一方面还取决于个人对所能获得报酬的期望概率。工作绩效是指工作表现和取得的实际成果。它不仅取决于个人的努力程度，还取决于其他因素和条件，如个人工作能力和素质、工作条件等。工作绩效取得与否会影响个人对该类工作期望值的认识。如果个人的努力取得了预期的工作成果，通过信息反馈，就会提高其对此目标的期望概率，进而提高该任务目标对个人的激励程度。因此，在设计教师绩效考核标准时，学校要使教职工相信他们的努力能产生绩效，学校管理者要在双向沟通的基础上为教职工设置合适的绩效目标。从期望理论来看，教职工会在他们相信其个人努力程度所导致的工作绩效的程度上受到激励。也就是说，只有教职工充分相信，如果他们努力工作就有能力达到绩效标准，他们才有可能为目标的达成而付出努力。相反，如果学校给教职工设置的目标过高，可能会导致他们自暴自弃，主动放弃达成目标的努力。根据期望理论，奖酬则主要来自工作成果和工作绩效。因此，在教师绩效工资制度设计中要加强绩效评估和绩效工资之间的联系，真正确立多劳多得、优绩优酬的绩效分配体制。如果教职工的工作绩效优异却没有得到相应的绩效工资，或者有些教职工没有任何工作绩效却得到了奖励，绩效工资制度就不会有效地激发教职工的工作热情。如果学校没有建立一套准确、有效评估教职工工作绩效的考核系统。绩效工资的发放还是依据教职工的岗位、职称、工作年限等，与教职工的实际工作表现缺乏直接联系，"干多干少一个样""干好干坏一个样"，那么教师绩效工资制度激励教职工的初衷就无法实现。另外，根据期望理论，奖励的效价是一个十分重要的变量，也就是说，奖励本身是否满足员工的需求，在员工看来是否很重要，会在很大程度上影响激励的力量。因此，教师绩效工资制度在设计时，确定奖励性绩效工资的比例尤为重要。如果奖励性绩效工资过低，绩效优异的教职工与绩效较差的教职工之间的工资差距不大，在一定程度上就会降低奖励性绩效工资的吸引力和效价，直接制约了教师绩效工资的实际效果。所以，要合理设计奖励性绩效工资的份额，适当拉开不同绩效水平教职工的收入差距，真正建立多劳多得、优绩优酬的绩效分配体制。

第三，教师绩效工资制度要体现公平的薪酬设计原则。根据公平理论，工作、工资、晋升等都是调动人的工作积极性的重要因素，组织内部员工薪酬水平公平感直接影响着他们的工作满意度和工作业绩，而公平感不仅受其所得的绝对报酬的影响，而且受其相对报酬的影响。这种相对报酬主要是指员工将个人付出的劳动与所得到的报酬进行比较所得出的结果，包括将其报酬与投入的比值和同岗位同级别、同资历员工的薪酬与投入的比值进行比较，与级别优于他或低于他的员工进行比较，以及与他心中的预期薪酬相比较。通过全方位的比较，员工对自我薪酬做出价值判断，从而产生薪酬公平感。同时，从公平理论的逻辑分析来看，员工的公平感还深受他所选择的参照物的影响。根据参照物的差异，分配公平又可进一步分为外部公平、内部公平和个人公平。这三种公平刚好与薪酬设计的外部竞争性、内部一致性和个人贡献原则相对应，科学的薪酬设计必须兼顾这三个基本原则。因此，教师绩效工资制度设计也要解决好上述三类公平问题。具体而言，教师绩效工资总额要不低于本地其他公职人员的工资总额，而且要保证同一区域内教师绩效工资水平大体平衡，确保教师工资有适度的外部竞争性。不仅如此，绩效工资制度要明确同一学校内不同利益主体的岗位职责与要求，科学评估每种工作岗位的价值，并据此确定每一种工作岗位的绩效工资，充分体现薪酬设计的内部一致性原则。还有强化理论也告诉我们，当一个人认为他的努力将会产生好的结果，他的业绩将得到回报，他的某种行为能得到相应的奖赏时，他就会重复这一行动；某一行动获得的奖赏愈多愈快，某种行为的后果对一个人愈有价值，重复该行动的可能性就越大。所以，绩效工资制度要设计出科学合理的教职工绩效考核方案，客观公正地考核教职工的工作表现，并根据考核结果合理确定奖励性工资的分配办法，在个人贡献与奖励性工资之间建立恰当的联系。通过对教职工的业绩进行精确的测量，在投入和产出之间建立正相关关系，倡导多投入多产出，充分体现优绩优酬的分配原则，让教职工产生"公平感"，而这种公平感就会激发教职工的工作潜能，使他们产生工作满足感。反之，少劳少得，不劳不得，这对低绩效的教职工是一种"负强化"，可以克服"干好干坏一个样"的现象，有效地激励教职工做好本职工作，提高工作绩效，消除一些"偷懒""搭便车"等行为。

同时，根据公平理论，程序性公平是公平的一个重要组成部分，它对于群体合作行为、员工工作满意度、组织承诺度以及工作倦怠等都有明显影响。[①] 而工资分配方面的程序公平，直接影响着员工对工资分配结果的看法。有研究者指出，计划和执行政策的过程才是感知公平的决定性因素，而非之后所得结果的多少。当程序被知觉为不公平时，员工会针对组织做出报复性反应。如果员工感到程序是公平的，那么即使结果不公平，他们也可能不会做出负面反应。[②] 需要指出的是，分配公平是相对而言的，绝对的公平很难实现，但程序性公平是比较容易控制的。从这一意义上说，程序公平比分配公平更重要。因此，在设计与实施义务教育教师绩效工资制度的过程中，要注意程序上的民主性和公平性，要加强与教职工的沟通，增进决策的民主性，提供畅通的申诉渠道，使教师绩效工资制度能赢得教职工的理解、信赖和拥护。

总之，经济学中的按劳分配理论、效率工资理论以及管理学中的激励理论为义务教育学校教师绩效工资制度改革提供了坚实的理论基础，但任何一种理论都有其局限性或不足之处，义务教育具有特殊性质，教师劳动也有其自身的特点，因此，在运用这些理论时，一定要注意结合义务教育的性质及教师劳动的特点，否则会削足适履，适得其反。

[①] 谢义忠等：《程序公平对工作满意度、组织承诺的影响：工作不安全感的中介作用》，《中国临床心理学杂志》2007 年第 2 期。

[②] J. Brocker, B. M. Wiesenfeild, T. Reed, S. Grover, C. Martin, "Interactive Effect of Job Content and on the Reactions of Layoff Survivors," *Journal of Personality and Social Psychology*, 1993, 64（2）.

第三章 我国义务教育学校教师绩效工资制度的形成及其改革背景

工资制度的形成是一个国家社会政治经济制度的重要组成部分，也是一个国家国民收入再分配政策的具体体现。不同的国家有不同的工资制度和政策。我国的工资制度是社会主义国家为实现按劳分配原则而制定的劳动分配制度，它包括各行各业、各种工作和职务的工资等级、工资标准、工资形式以及其他有关工资的规定。而教师劳动工资制度是一个国家工资制度的重要组成部分，因此，研究义务教育学校教师绩效工资制度改革不能脱离国家整个工资制度改革乃至整个社会经济体制改革来进行。

第一节 义务教育学校教师绩效工资制度的形成

义务教育学校教师绩效工资制度的形成，是我国教师劳动工资制度乃至整个国家工资制度不断改革的结果，经历了一个逐步演变和不断深化的历史发展过程。

一 工资实物折算制（1952—1954）

中华人民共和国成立之初，老解放区一般实行供给制，而新解放区一般实行以实物（小米）为工资的制度。例如，1949年5月颁布的《北京专科以上学校教职员工薪给标准》，规定大学校长月薪小米1300斤，教授、副教授月薪小米800斤至1300斤，讲师、教员、助教月薪400斤至850斤。在这个范围内，根据个人的学术贡献、技术能力、服务年资和服务成绩评定具体数额，并按当月小米价格发给货币工资，这种实物工资制对保障教职工的生活起了很大的作用。① 1952年7月，经政务院批准，教育部发布了《关于调整全国各级各类学校教职工工资的通知》，通知规定，从1952年7月起，全国高等、中等、初等学校教职工实行以工资分为单位（按粮、布、油、盐、煤5种实物综合折算货币工资额的一种单位）的工资标准，其中高等学校有33个工资等级，中等学校有23个等级，初等学校有18个等级（详见表3-1）。这次调资后，各级各类学校教职员工的平均工资标准与1951年相比，初等学校增加了37.4%，其中农村小学教师平均工资定为20万旧币。② 这次教师工资制度改革，初步统一了全国各级各类学校教职工的工资标准并提高了他们的工资待遇，有利于各级各类教育尤其是初等教育的良性发展。1954年11月，教育部发布《关于修订初等学校教职员工工资标准及有关事项的通知》，废除了1952年《全国各级各类学校教职员工工资标准表》，制定了初等学校教职工工资标准。这次调整工资标准的主要内容：一是废除了东北、内蒙古和上海市地区性的工资标准，除台湾和西藏自治区外，全国统一了各级各类学校教职工的工资标准；二是中、初等学校教职工工资标准取消了大城市、中等城市、小城市和乡村的分类，改为省辖市以上的城市和一般地区两类；三是在1952年工资等级不变的基础上，普遍增加了各级工资分；四是对工作中（特别是教学和科学研究）有显著成绩的、职务提升和工资级别不相称的、原工资级别较低的教职工，在总人数15%的范围内提升了工资级别。③ 这次调资对小学教师尤为关注，特别是工资水平较低的地区，尤其是农村，同时考虑了地方财力情况，有利于我国教育事业的健康稳定发展。

---

① 中国教育年鉴编辑部：《中国教育年鉴（1949—1981）》，中国大百科全书出版社1984年版，第106页。

② 廖其发等编：《当代中国重大教育改革事件专题研究》，重庆出版集团2007年版，第74页。

③ 中国教育年鉴编辑部：《中国教育年鉴（1949—1981）》，中国大百科全书出版社1984年版，第106页。

表 3-1　　　　　　　1952 年全国初等学校教职工工资表

等级	14	15	16	17	18	19	20	21	22	23	24	25	26	27	28	29	30	31	32	33	34	35
工资分	425	375	350	325	308	285	265	245	225	210	195	180	165	150	140	130	120	110	100	90	80	70

大城市：校长（14—24）；教导主任、教员、职员（17—28）；勤杂人员（23—31）

中城市：校长（17—26）；教导主任、教员、职员（19—29）；勤杂人员（25—32）

小城市：校长（19—27）；教导主任、教员、职员（20—30）；勤杂工（27—34）

农村：校长（21—29）；教导主任、教员、职员（22—31）；勤杂工（29—35）

资料来源：中国教育年鉴编辑部编《中国教育年鉴（1949—1981）》，中国大百科全书出版社 1984 年版，第 114 页。

二　等级工资制（1955—1984）

从 1953 年起，我国开始实行第一个五年计划。由于在国民经济恢复时期工资水平增长较快，1953 年农业生产遭受严重灾害，农民生活困难。为了救济灾民，支援农业生产，国家停止了全面调整工资的工作。从 1953 年到 1955 年，生产发展比较快，1954 年全国工业劳动生产率提高了 12.5%，1955 年提高了 10%。随着国民经济的快速发展和物价的逐步稳定，城乡人民群众生活水平逐步提高，以往以五种实物（粮、布、油、盐、煤）折算工资分的办法，已经不能适应实际生活的需要。在这两年中，工资没有全面调整，1954 年工资增长率为 3.0%，1955 年仅为 2.7%，一部分职工实际工资有所下降。针对这种情况，1954 年，周恩来总理在《政府工作报告》中提出"争取在几年内使全国工资制度和奖励制度达到基本统一合理的要求"。

1955年《国务院关于国家机关工作人员全部实行工资制和改行货币工资制的命令》指出:"国家机关工作人员供给(包干)待遇办法,在过去革命时期,曾经起过重大作用;但在今天社会主义建设时期,它已不符合'按劳取酬'和'同工同酬'的原则。因此,国务院决定自1955年11月起,将现有的一部分工作人员所实行的包干制待遇一律改为工资制待遇,以统一国家工作人员的待遇制度,而有利于社会主义建设。"这结束了中华人民共和国成立初期供给制和工资制两种分配制度并存的局面。该通知还指出:"由于全国物价已经稳定,国家机关工作人员的生活水平逐渐提高,工资分所含五种实物(粮、布、油、盐、煤)已不能完全包括国家机关工作人员生活的实际需要,同时工资分本身也还存在其他缺点,因此决定自1955年7月份起,在国家机关和所属事业单位先行废除工资分计算办法,改行货币工资制。"因而,在国家机关和所属事业单位最先废除以实物计量、货币支付的工资分配制度,改为直接用货币确定工资标准的制度。这次工资制度改革的特点是,事业单位的工资与政府机关的工资同步,实行"一职数级,上下交叉"的统一职务等级工资制度。此外,根据地区的不同将全国划分为11个工资区,各类地区之间的工资系数相差3%,个别边远艰苦地区还实行了地区生活补贴。这次改革实现了以货币规定的工资制度,加强了工资管理工作,强化了分配集中、统一的趋势,建立起与当时我国计划经济体制相适应的中央高度集中管理的工资分配模式。

1955年,教育部发出通知,废止了1954年的工资标准,将包括初等学校教职工在内的工资标准修订为货币工资标准,其中规定初等学校晋级人数一般不超过10%,同时还要求各地着重解决工资水平较低地区的教师,主要是小学教师的工资问题。1956年6月,国务院做了《关于工资改革的决定》,决定开始进行全面工资改革,其中规定"要适当提高工资水平,并且在这种条件下,根据按劳取酬的原则,对企业、事业和国家机关的工资制度,进行进一步改革"。同时明确规定:"在这次工资改革中,对于重工业部门、重点建设地区、高级技术工人和高级科学、技术人员的工资,应该有较多的提高;对于现行工资待遇比较低的小学教职员、供销社合作人员和乡干部的工资,也应该有较大的提高。"根据国务院的有关精神,教育部发出《关于1956年全国普通教育、师范教育事业工资改革的指示》,颁发了全国中学教员、行政人员、全国小学教员等工资标准表(详见表3-2和表3-3)。这次工资改革减少了工资等级,增大了级差,中小学教师工资水平有了较大提高,全国公立小学教师的月工资比调整前提高了32.88%,即由30.2元增加到40.13元。①

1956年教师工资制度改革,体现了国家依照按劳取酬的原则,尽可能体现知识分子价值的目的,在一定程度上提高了中小学教师工作的积极性。但由于缺乏经验,这次改革也存在一些问题,例如,教师工资标准过细,标准复杂,难以操作,且工资分配中平均主义比较严重,甚至出现职级不符、劳酬脱节等问题。这主要是因为当时高度集中的计划经济体制以及特殊的社会历史条件所造成的,在一定程度上导致了教育资源浪费,甚至影响了教育教学质量。在"公平优先"的平均主义分配原则的长期影响下所制定的激励机制,仍缺乏相应的弹性,容易挫伤中小学教师工作积极性和创造性。② 总的来看,尽管1956年义务教育学校教师工资制度改革并没有很好地解决工资收入分配中公平与效率之间的矛盾,但这次工资制度改革在特定的历史时期对发展义务教育,稳定中小学教师队伍起到了一定的积极作用,因而也成为以后很长一段时间内教师工资制度的基础。

为了进一步改善教师待遇,提高教师工作积极性,国务院不断调整中小学教师工资。1960年3月,国务院颁布了《关于评定和提升全日制中、小学教师工资级别的暂行规定》。该规定提出,评定和提升教师的工资级别,应以教师的思想政治条件和业务工作能力为主要依据,同时必须照顾其资历和教龄。但在实际操作中由于受到升级面的限制,往往无法按照劳动态度、贡献大小等条件进行调资。③ 例如,第一次教师工资升级是1959年10月开始的,升级面并不大,普通中学教师为5%,

---

① 刘英杰编:《中国教育大事典(1949—1990)》,浙江教育出版社1993年版,第125页。
② 田正平、杨云兰:《建国以来中学教师工资制度改革》,《教育评论》2008年第6期。
③ 陈少平:《国家机关和事业单位工资制度改革》,中国人事出版社1992年版,第112页。

普通小学教师为2%。1960年3月,教育部发出了《关于1960年高等学校和国家举办的全日制中、小学教师工资升级工作的几点意见》,该意见指出,关于全日制中小学教师工资升级政策中央已经批准,中小学教师工资升级面为25%,1960年中小学教师普遍提高了工资,比照中小学教师不同职级,教师工资升级面也大不相同,一般是40%。[①] 在"文化大革命"十年动乱期间,国家的政治、经济、文化教育事业都遭到了严重破坏,包括教师在内的职工工资基本上没有得到调整,只是在1971年根据《国务院关于调整部分工人和工作人员工资的通知》,对少数工龄长、工资低的教职工工资做了一些调整。

党的十一届三中全会以后,我国进入了一个新的历史发展时期。1976年,党和政府根据发展生产和改善人民生活相结合的方针,在1977—1981年四次调整教职工工资,并采取其他一些措施,提高教职工的生活待遇。1977年,对相当于国家机关18级以下的干部和教职工,按40%的升级面调整了工资级别;对1971年以前参加工作的一级教职工,1966年底以前参加工作的二级及类似职级的教职工,也提升了工资级别。1978年,对"工作成绩优异、贡献较大和提职后工作表现好而工资特别低的人员"按教职工人数的2%提升了工资级别。1979年国务院规定,调整40%职工的工资级别。同时,针对中小学教职工工资长期偏低的状况,教育部向各省(市、自治区)建议,适当照顾中小学。这次调资以劳动态度、技术高低、贡献大小作为考核标准,基本上做到择优升级。1981年,国务院批发了《关于调整中小学教职工工资的办法》。这次调整工资的主要内容:一是补齐了1977年升级人员因只增加5—7元的限制而未长满一个级差的工资;二是提高中等专业学校和普通中小学教员部分级别的工资标准;三是普遍提升了一级,对其中少数教学、工作成绩显著、贡献较大、教龄较长、与同类人员相比工资偏低的优秀骨干教师可以提升两级;四是在调整公办中小学教职工工资的同时,增加了民办教师补助费,平均每人每月增加50元。[②] 1982

[①] 陈少平:《国家机关和事业单位工资制度改革》,中国人事出版社1992年版,第114页。

[②] 中国教育年鉴编辑部:《中国教育年鉴(1949—1981)》,中国大百科全书出版社1984年版,第107页。

表 3-2　　　　　　　　全国小学教员工资标准　　　　　　　　（元）

级别	工资标准							
	四	五	六	七	八	九	十	十一
1	93.5	96.5	99.0	101.5	104.0	106.5	109.0	112.0
2	83.0	85.0	87.5	89.5	92.0	94.0	96.5	99.0
3	74.0	76.0	78.0	80.0	82.5	84.5	86.5	88.5
4	66.5	68.5	70.0	72.0	74.0	75.5	77.5	79.5
5	59.0	60.5	62.0	63.5	65.5	67.0	68.5	70.0
6	53.0	54.5	56.0	57.0	58.5	60.0	61.5	63.0
7	47.0	48.0	49.5	50.0	52.0	53.5	54.5	56.0
8	41.0	42.0	43.0	44.5	45.5	46.5	47.5	49.0
9	36.0	37.0	38.0	39.0	40.0	41.0	42.0	43.0
10	31.0	32.0	33.0	33.5	34.5	35.5	36.0	37.0

资料来源：中国教育年鉴编辑部编《中国教育年鉴（1949—1981）》，中国大百科全书出版社1984年版，第114页。

表 3-3　　　　　　　全国小学行政人员工资标准　　　　　　　（元）

级别	工资标准							
1	93.5	96.5	99.0	101.5	104.0	106.5	109.0	112.0
2	83.0	85.0	87.5	89.5	92.0	94.0	96.5	99.0
3	74.0	76.0	78.0	80.0	82.5	84.5	86.5	88.5
4	66.5	68.5	70.0	72.0	74.0	75.5	77.5	79.5
5	59.0	60.5	62.0	63.5	65.5	67.0	68.5	70.0
6	53.0	54.5	56.0	57.0	58.5	60.0	61.5	63.0
7	47.0	48.0	49.5	50.0	52.0	53.5	54.5	56.0
8	41.0	42.0	43.0	44.5	45.5	46.5	47.5	49.0
9	36.0	37.0	38.0	39.0	40.0	41.0	42.0	43.0
10	31.0	32.0	33.0	33.5	34.5	35.5	36.0	37.0
11	28.5	29.0	30.0	30.5	31.5	32.0	33.0	34.0
12	26.0	27.0	27.5	28.5	29.0	30.0	30.5	31.0
13	24.0	24.5	25.5	26.0	26.5	27.5	28.0	28.5

注：小学校长为工资标准的1—8级，一般职员为5—13级；小学校长包括正副校长和正副教务主任。

资料来源：中国教育年鉴编辑部编《中国教育年鉴（1949—1981）》，中国大百科全书出版社1984年版，第114页。

年，国家又开始给高等学校和中小学教师调资，其中1960年参加工作，工资级别在二十级以下者，1966年参加工作级别在二十一级以下者，均提升两级。中年知识分子是这次调资的重点。专门为中小学教师和高等学校教师调资，这是中华人民共和国成立以来的第一次，它表明党和国家极为重视教师在现代化建设中的重要作用。通过这几次教师工资调整，我国中小学教师工资待遇有了明显提高，教师工作积极性比以往增强了。总之，等级工资制改变了以往教师工资增长与劳动生产率不相适应的情况，在一定程度上体现了按劳分配的原则。中小学教师工资水平得到明显提高，生活水平也得到明显改善，其社会地位也相应得到提高。

三　结构工资制（1985—1993）

改革开放以后，我国的经济获得了迅猛发展。据统计，从1978年至1985年，我国国内生产总值年均增长13.7%，社会劳动生产率年均增长7.6%，通货膨胀率维持在3%左右，财政收支出现了历史上难得的盈余0.57亿元。到1986年，国内生产总值突破万亿元大关，财政收入也达到2000亿元以上。[①] 1985年，当改革的时机与条件基本成熟之际，我国政府根据中共中央《关于经济体制改革决定》的精神及按劳分配的原则，从国家财力的现实情况出发，对国家机关和包括各级各类学校在内的事业单位的工资制度进行了中华人民共和国成立以来的第二次改革。这次改革的指导思想是：建立新的工资制度，初步理顺工资关系，为今后逐步完善工资制度打下基础。要求在新的工资制度中贯彻按劳分配的原则，把工作人员的工资同他们的工作职务、肩负的责任和劳动成绩结合起来，使工作人员的工资普遍有所增加，使中小学教师和职级不符的中年骨干的工资适当增加多一些，通过工资改革建立了正常的晋级制度。这次工资制度改革最重要的是废除了以往的等级工资制，包括各级各类学校在内的事业单位工作人员逐步实行由基础工资、职务工资、工龄津贴和奖励工资组成的结构工资制（详见表3-4和表3-5）。所谓基础工资，是按大体维持工作人员基本生活所需的费用来计算的，

---

① 毛飞：《中国公务员工资制度改革研究》，中国社会科学出版社2008年版，第193页。

当时六类地区定为每月40元。所谓职务工资，是按职务确定的工资，担任什么职务就领取该职务的工资，而且随职务的变动而变动，这是结构工资制的主体，也是贯彻按劳分配原则的主要部分。所谓工龄工资，即工作人员每工作一年每月增加0.5元，工作年限的计算最多不超过40年，工龄工资最多不超过20元。所谓奖励工资，即用于奖励那些在工作中做出显著成绩的工作人员。

对于中小学教师而言，这次工资制度改革强调了职务工资，破除了以往工资制度中遗留下来的"论资排辈"的做法，初步解决了教师工资职级不符的问题，让教师的劳动报酬与其职务紧密联系，便于发挥教师工资各个组成部分不同的职能作用，体现了公平与效率兼顾的原则，克服了以往平均主义分配方式的某些弊端。但这次工资制度改革也存在不少弊端，首先，由于国家过分强调工资标准的统一性，学校各类人员的工资形式、工资水平，一律要求机械地比照国家机关工资制度模式制定。学校按大、中、小学被分别纳入司局级、正副处级、科股级等范围；学校工资标准是将管理人员、教学人员同行政机关人员的工资相挂钩。这种机械统一的弊端在于：第一，抹杀了教育的特殊性和教师劳动的特点；第二，不能正确反映教师的劳动价值，降低了教师工资标准水平。如"大学副教授起点工资与处长看齐，从1956年的149.50元降为122元；教授相当司局长，最高工资从1956年的345元降为255元，起点工资同为160元"。[①] 这样就形成了同行政级别挂钩，以"官本位"为基础的极不合理的工资关系，因此，这种工资关系不能适应国民经济发展和经济体制改革的需要。其次，教师工资等级偏少，难以反映相同等级的教师素质、能力、水平和贡献的差别，这就不利于提高中小学教师工作的积极性。最后，中小学教师工资增长很不平衡，与整个社会消费基金总量的增加和全国工资水平的提高幅度相比仍然偏低，反映出这次教师工资改革还没有与劳动生产率和国民收入提高有机结合起来。

为了进一步提高中小学教师待遇和工作的积极性，鼓励中小学和中等专业学校、技工学校的教师、幼儿教师长期从事本职业，1985年国

---

① 靳希斌：《从滞后到超前——20世纪人力资本学说：教育经济学》，山东教育出版社1995年版，第445页。

家教委根据党中央、国务院有关精神,规定对教师除发给工龄津贴外,另外加发教龄津贴。其中教龄津贴标准为:教龄满 5 年不满 10 年的,每月 3 元;满 10 年不满 15 年的,每月 5 元;满 15 年不满 20 年的,每月 7 元;满 20 年以上的,每月 20 元。① 1987 年 11 月,国务院发出《关于提高中小学教师工资待遇的通知》,决定从 1987 年 10 月起,将中小学教师和幼儿园教师现行工资标准提高 10%。各省自治区、直辖市也可以在不超过工资标准 10% 的增资总额范围内,根据本地区实际情

表 3-4　　1985 年中学教师基础工资、职务工资标准
（六类工资区）　　　　　　　　　　（元）

	基础	职务工资标准							基础工资、职务工资						
		一	二	三	四	五	六	七	八	一	二	三	四	五	六	七	八
高级教师	40	150	140	130	120	110	100	91	82	190	180	170	160	150	140	131	122
一级教师	40	110	100	91	82	73	65	57		150	140	131	122	113	105	97	
二级教师	40	82	73	65	57	49	42	36	30	122	113	105	97	89	82	76	70
三级教师	40	57	49	42	36	30	24			97	89	82	76	70	64		

资料来源:刘英杰主编《中国教育大事典（1949—1981）》,浙江教育出版社 1993 年版,第 130 页。

表 3-5　　1985 年小学教师基础工资、职务工资标准
（六类工资区）　　　　　　　　　　（元）

	基础	职务工资标准							基础工资、职务工资						
		一	二	三	四	五	六	七	八	一	二	三	四	五	六	七	八
高级教师	40	110	100	91	82	73	65	57		150	140	131	122	113	105	97	
一级教师	40	82	73	65	57	49	42	36	30	122	113	105	97	89	82	76	70
二级教师	40	57	49	42	36	30	24			97	89	82	76	70	64		
三级教师	40	42	36	30	24	18	12			82	76	70	64	58	52		

资料来源:刘英杰主编《中国教育大事典（1949—1981）》,浙江教育出版社 1993 年版,第 130 页。

---

① 刘英杰主编:《中国教育大事典（1949—1990）》,浙江教育出版社 1993 年版,第 131 页。

况，将增资总额的大部分用于提高工资标准，小部分用于调整中小学教师内部的工资关系。1989年12月，国务院决定，国家机关和"教育、科研、卫生、文化等事业单位的国家正式职工，均可在本人现行职务工资标准的基础上增加一级工资"。1990年2月，《人事部、国家教委关于1989年全国教育系统劳动模范奖励升级问题的通知》规定：1989年荣获全国教育系统劳动模范称号的教师和教育工作者，奖励晋升一级工资。以上措施有利于义务教育学校教师长期坚持教师岗位，努力做好本职工作。

四 专业技术职务等级工资制（1993—2005）

进入20世纪90年代以后，我国的经济增长继续保持良好的发展势头，改革开放也进一步走向深入。1992年初，邓小平在总结改革开放以来的经验教训后，发表了著名的"南方讲话"，提出中国也要搞市场经济。1992年10月，党的十四大正式确定我国经济体制改革的目标是建立社会主义市场经济体制。在此背景下，党的十四大和八届人大一次会议提出，要建立适应社会主义市场经济体制的工资制度，解决社会收入分配不公问题，加快机关和事业单位人员的工资制度改革。1993年11月，中共中央、国务院制定了《事业单位工作人员工资制度改革实施办法》和《机关、事业单位艰苦边远地区津贴实施办法》。这次事业单位工作人员工资制度改革方案规定：对教育、科研等事业单位的专业技术人员，根据工作性质接近，其水平、能力和贡献主要通过专业技术职务来体现的特点，实行专业技术职务等级工资制。专业技术职务等级工资制在工资构成上，主要分为专业技术职务工资和津贴两部分。

新的中小学工资制度被总称为中小学职务（技术）等级工资制。工作人员工资由职务（技术）等级工资和津贴两部分构成。专业技术职务工资，是教师工资构成中的固定部分和体现按劳分配原则的主要内容，主要体现工作能力、责任、贡献、劳动的繁重复杂程度。津贴主要体现各类人员岗位工作的特点、劳动的数量和质量。教师专业技术职务工资标准，是按照教师专业技术职务序列设置的，每一职务分别设立若干工资档次（见表3-6）。从表3-6可以看出，中小学教师专业技术职务等级工资标准分为中学高级教师、中学一级教师和小学高级教师、中学二级教师和小学一级教师、中学三级教师和小学二级教师、小学三级教师5个层次，每个层次又分若干档次。中学高级教师分为9个档次，最高档为555元，最低档为275元；中学一级教师和小学高级教师分为10个档次，最高档435元，最低档205元；中学二级教师和小学一级教师分为10个档次，最高档333元，最低档165元；中学三级教师和小学二级教师分为8个档次，最高档264元，最低档150元；小学三级教师分为7个档次，最高档231元，最低档145元。中小学行政人员实行国家统一规定的事业单位职员职务等级工资制度，执行职员职务等级工资标准。各级各类中小学校长等行政人员根据其学校的具体情况分别执行三至六级职员职务等级工资标准（见表3-7）。行政职务与职员职务等级工资的对应关系，由各省级教育行政部门和人事部门具体确定。

表3-6　　　　中小学教师专业技术职务等级工资标准表　　　　（元/月）

职务等级	职务工资标准									
	一	二	三	四	五	六	七	八	九	十
中学高级教师	275	305	335	365	395	435	475	515	555	
中学一级教师 小学高级教师	205	225	245	265	285	315	345	375	405	435
中学二级教师 小学一级教师	165	179	193	213	233	253	273	293	313	333
中学三级教师 小学二级教师	150	162	174	192	210	228	246	264		
小学三级教师	145	156	167	183	199	215	231			

资料来源：《国务院关于机关和事业单位工作人员工资制度改革问题的通知》（国发[1993]79号）。

津贴是教师工资构成中活的部分，与固定部分同时实施。津贴与教师的实际工作数量挂钩，多劳多得，少劳少得，不劳不得。教师津贴是根据不同类型学校教师劳动的特点，鼓励教师把主要精力用在完成本职工作任务上而设置的。如根据中小学校教育教学等工作的特点，主要设

表 3 – 7　　　　　中小学行政职务与职员职务等级对应关系参考表

三级职员	二档	重点高、完中、重点职业中学、18 班以上的高中、24 班以上的完中校长	一栏
	一档	其他高、完中、职业中学的校长；24 个班以上的初中、规模较大的实验小学的校长；第一栏所列学校的副校长	二栏
四级职员	二档	其他初中、实验小学校长；第二栏所列学校的副校长；第一栏所列学校的中层正职	三栏
	一档	县以上城市完全小学、乡中心小学校长；初中副校长、实验小学副校长；第二栏所列学校中层正职	四栏
五级职员		乡镇完全小学校长、县以上城市完全小学副校长，未进入三、四级职员的中小学中层干部	五栏
六级职员		未进入三、四、五级职员的中小学行政人员	六栏

资料来源：《国务院关于机关和事业单位工作人员工资制度改革问题的通知》（国发〔1993〕79 号）。

立课时津贴、领导职务津贴、职员岗位目标管理津贴和工人岗位津贴等。课时津贴是教学工作津贴，以教师实际授课时数和教学质量为依据计发。根据国家教育行政部门规定的教学计划，计算课时总量；根据当地和学校的具体情况，规定标准周课时，对不同学科的课程确定适当的折合系数。津贴标准可根据学校类别、层次和教师专业技术职务规定若干档次。同时，担任中小学校长、教导主任及相当职务的领导人员领取领导职务津贴。津贴标准可按学校的类别、层次分别确定。中小学校长的领导职务津贴由上一级教育行政部门确定（参见表 3 – 8）。兼任教学工作的，按照实际的工作量同时领取教学课时津贴。职员岗位目标管理津贴适用于学校行政人员，津贴标准根据学校行政人员的岗位责任、工作实绩确定。其中担任领导职务人员的津贴水平要与担任同级领导职务的专业技术人员的津贴水平大体平衡。工人岗位津贴分为技术工人岗位津贴和普通工人作业津贴。津贴标准根据技术等级、岗位差别、工作量和工作表现确定。国家对津贴按规定比例进行总额控制，并制定指导性意见。公办各级各类学校属全额拨款单位，执行国家统一的工资制度和工资标准。在工资构成中，专业技术职务工资，即固定部分为70%，津贴，即活的部分为30%。按此计算，中小学教师工资构成中津贴部分为62—228元不等。津贴的发放，要以对教师工作数量和质量的考核为依据，克服平均主义。对在高等学校、科研机构从事基础研究、尖端技术和高技术研究的专业技术人员，在国家规定的津贴比例之外，经国家人事部、财政部批准后，在工资构成之外，单独设置"特殊岗位津贴"。这是因为基础研究、尖端技术和高技术研究关系到国家整体科技水平的提高和国民经济的长远发展。从事这项工作的人员，由于其研究成果转化为商品的周期长，因而实际收入与其他开发应用技术的同类人员相比差距较大，单独设置特殊岗位津贴，体现了党和国家"尊重知识，尊重人才"的政策原则，对改善这部分教师、科技人员的工资待遇，稳定队伍亦将起到积极作用。

表3-8　　　　　　　　　中小学课时津贴参考标准　　　　　　　　（元）

职务等级	高中	初中	小学
高级	2.3—4.5	1.8—3.5	1.1—2.3
一级	1.7—3.6	1.4—2.8	0.9—1.8
二级	1.4—2.8	1.1—2.2	0.8—1.4
三级	1.2—2.2	1.0—1.7	0.8—1.2

注：高中教师按10—12课时/周计算，初中教师按14—16课时/周计算，高中教师按18—22课时/周计算。

资料来源：《中小学贯彻〈事业单位工作人员工资制度改革方案〉的实施意见》，1994年2月5日人事部、国家教委印发。

由此可见，1993年工资制度改革后，我国各级学校教师劳动报酬的主要构成是工资和津贴。此外，还建立了奖励制度和补助工资制度。奖励制度是根据包括教师在内的事业单位的实际情况，对做出突出贡献和取得成绩的人员分别给予不同的奖励。一是对教育战线有突出贡献的专家、学者和科技人员，继续实行政府特殊津贴制度。二是对做出重大贡献的专业技术人员，给予不同程度的一次性重奖。凡其成果用于生产活动带来重大经济效益的，奖励金额从所获利润中提取。其他人员，如从事教学、基础研究、尖端技术和高技术研究的人员等，奖励金额从国家专项基金中提取。三是对年度考核优秀、合格的教师在年终发给一次性奖金，奖金数额为其当年12月的工资（含30%的津贴部分）。补助工资是指教师在本职工作之外，额外负担责任或因工作条件有差别而获得的补偿待遇。这些待遇包括领导职务津贴、教龄津贴、班主任津贴、特殊教育学校教职工津贴、特级教师津贴、地区津贴和职务工资标准基础上的10%附加工资。① 领导职务津贴包括教师在内的各类专业技术人员中，担任党政领导职务的，领取领导职务津贴。津贴标准由单位按所担任领导职务的高低具体确定，并因地区或学校经费情况不同而有所差别。教龄津贴是为了鼓励中小学教师从事基础教育工作，是由国家特设的，其标准由各省、市、自治区根据各地的经济和社会发展情况而定。班主任津贴是为了鼓励教师做好班主任工作，提高教育质量，按照多劳多得的原则，经国务院批准于1979年11月开始试行的。班主任津贴标准因学校类别、类型和学生多少有所差别。中、小学原则上每班40—50人，设班主任一人，其津贴，中学每月6元，小学每月5元，学生人数低于这一标准的，班主任津贴酌情增加或减少。特殊教育学校教职工津贴，是为了鼓励教师在本岗位上更好地为残疾儿童和犯罪儿童服务，其标准为本人标准工资的15%。地区津贴，是对长期坚持在艰苦环境中工作的教师予以的物质鼓励，以稳定教师队伍，同时对有志于边远和艰苦地区工作的教师予以鼓舞和支持。1993年工资制度改革规定，国家根据不同地区的自然环境、物价水平及经济发展等因素，结合对现行地区津贴和地区工资补贴的调整，建立地区津贴制度。地区津贴分为艰苦边远地区津贴和地区附加津贴。前者是根据不同地区的地域、海拔高度、气候及当地物价等因素而确定的，后者是根据各地区经济发展水平和生活费用支出等因素，同时考虑到包括教师在内的事业单位工作人员工资水平与企业职工工资水平的差距而确定的。职务工资标准基础上的10%附加工资，是对中小学教师辛勤工作的充分肯定。1993年工资制度改革规定，中小学教师工资标准进行套改，不含原工资标准提高10%的部分。套改后，在新的专业技术工资标准的基础上提高10%。

---

① 范先佐：《教育经济学》，人民教育出版社2003年版，第340—342页。

如果中小学教师变更职业,那么这一部分附加工资即行取消。

这次工资制度改革,就是根据改革开放和建立社会主义市场经济体制的要求,进一步贯彻按劳分配的原则,克服平均主义,所建立的符合机关和事业单位特点的工资制度和正常的工资增长机制。对中小学教师而言,这次教师工资制度改革坚持办教育靠教师的根本指导思想,第一,在科学的基础上,依据按劳分配原则建立体现教师劳动性质和特点的工资制度,与机关的工资制度脱钩。因为教师尽管与国家公务员都属于脑力劳动者,但工作性质是有区别的,工资待遇也应有其特点,不可能完全一致。第二,引入竞争、激励机制,加大教师工资中活的部分,通过建立符合教师劳动特点的津贴、奖励制度,使教师的劳动报酬与其实际贡献紧密结合起来,克服平均主义。第三,建立正常增加工资的机制,使教师的工资水平随着国民经济的发展有计划地增长。据统计,在1984年至2004年的20年间,中小学教师的年平均工资增长了10.9倍。2003年,全国中小学教师平均工资为1.33万元,比2002年增加622元,比1985年增加约1.22万元。[1] 正常增资制度是保证整个工资制度体系正常有效运转的关键。[2] 在1956年和1985年工资制度改革时,都提出要努力实现工资增长的正常化,但未能付诸实施。1993年工资制度改革,在建立正常的工资增长机制方面迈出了一大步,明确规定了正常增加工资的办法;随着国民经济的发展,根据企业相当人员工资水平的增长情况和城镇居民生活费用的增长幅度,自1993年10月1日起,包括教育部门在内的机关、事业单位每满两年调整一次工资标准。教师在现职务任期内连续两年考核为优秀或称职的,可在本职务工资标准内提高一个工资档次,并从下一考核年度的第一个月起兑现工资;教师年度考核连续五年为称职或连续三年为优秀的,在本职务对应级别内晋升一级工资;对于包括教育部门在内的全额拨款和差额拨款事业单位,实行正常升级,凡连续两年考核为合格以上的人员,可晋升一个工资档次,考核升级增加的工资一般从下一年度的一月起发给。工资正常增长机制的建立,标志着我国工资制度正向标准化、制度化方面发展,逐步

---

[1] 丁伟:《我国教师工资明显提高》,《人民日报》2004年9月7日。
[2] 范先佐:《教育经济学新编》,人民教育出版社2010年版,第442页。

纳入既符合我国国情又与国际标准靠拢的正常运转轨道。

但这次教师工资制度改革也存在不少弊端：首先，地区间教师工资水平差异加大，而且脑体倒挂的现象仍普遍存在。就地区差异和城乡差异而言，例如2000年，山东省农村初中教师工资、西部最低的县教师月平均工资只有482元，而东部最高的县农村初中教师平均工资为1653元，高低相差1171元，达到3.43倍。① 另据统计，2006年，全国农村小学、初中教职工人均年收入相当于城市教职工的68.8%和69.2%。其中，广东小学、初中教职工人均年收入仅为城市教职工的48.2%和55.2%。② 就行业差异来说，2003年，全年城镇单位在岗职工平均工资为14040元，国有单位在岗职工平均工资为14577元，而中小学教师平均工资为13293元。③ 其次，教师工资评定标准"官本位"倾向仍然存在，考核制度尚不健全，往往流于形式。再次，正常增资机制往往会陷入平均主义的陷阱，显然不符合"多劳多得、少劳少得、不劳不得"的原则。最后，部分地区附加津贴和艰苦岗位津贴没有落实到位，例如，抽样调查显示，全国近50%的农村教师和县镇教师反映没有按时或足额领到津补贴，导致很多骨干教师和优秀教师纷纷外流。④ 骨干教师和优秀年轻教师的流失，导致教师队伍整体水平下降，教师的工作士气和热情低下，部分教师不安于本职工作，兼职、从事第二职业等损耗了大部分时间和精力。

根据我国经济社会发展的实际情况，1997年人事部、财政部又颁发了《关于调整机关、事业单位工作人员工资标准等问题的通知》，决定从1997年7月1日起包括教育部门在内的机关和事业单位调整职务工资标准和增设工资档次。调整后的高校教授（研究员）分为11个档次，增加了4个档次，起点职务工资为404元，最高档为884元；副教

---

① 郑燕峰：《山东省教育厅厅长齐涛：我真想掉眼泪》，《中国青年报》2005年7月14日。

② 国家教育督导团：《国家教育督导报告——关注义务教育教师》，《教育发展研究》2009年第1期。

③ 沈路涛、吕诺：《教师身边事，见证新变化》，《人民日报》（海外版）2004年9月10日。

④ 国家教育督导团：《国家教育督导报告——关注义务教育教师》，《教育发展研究》2009年第1期。

授（副研究员）分为 14 个档次，增加 5 个档次，起点职务工资为 289 元，最高档为 769 元；讲师（助理研究员）分为 16 个档次，增加 6 个档次，起点职务工资为 219 元，最高档为 629 元；助教（研究实习员）分为 12 个档次，增加 6 个档次，起点职务工资为 179 元，最高档为 387 元。中小学教师专业技术职务等级工资也进行了类似调整，并增设了工资档次（详见表 3-9）。与此同时，经国务院同意，从 1997 年 10 月 1 日起，包括教育部门在内的机关、事业单位工作人员继续在考核的基础上正常晋升工资档次，即对连续三年考核优秀的机关、事业单位工作人员中符合 1993 年《国务院关于机关和事业单位工作人员工资制度改革问题的通知》所规定的条件和范围的晋升一级级别工资。

表 3-9　　1997 年中小学教师专业技术职务等级工资标准　　（元/月）

职级	职务工资标准															
	一	二	三	四	五	六	七	八	九	十	十一	十二	十三	十四	十五	十六
中高	289	319	349	379	409	449	489	529	569	609	649	689	729	769		
中一 小高	219	239	259	279	299	329	359	389	419	449	479	509	539	569	599	629
中二 小一	179	193	207	227	247	267	287	307	327	347	367	387	407	427	447	467
中三 小二	164	176	188	206	224	242	260	278	296	314	332	350	368	386		
小三	159	170	181	197	213	229	245	261	277	293	309	325	341			

资料来源：人事部、财政部《关于 1997 年调整机关、事业单位工作人员工资标准等问题的通知》。

2001 年，人事部、财政部又一次发布了《关于从 2001 年 10 月 1 日起调整机关事业单位工作人员工资标准和增加离退休人员离退休费三个实施方案的通知》，按照通知精神，中学高级教师起点职务工资由 289 元提高到 576 元，最高档十四级为 1243 元；中学一级教师和小学高级教师起点职务工资由 219 元提高到 438 元，最高档十六级为 953 元；中学二级教师和小学一级教师起点职务工资由 179 元提高到 363 元，最高档十六级为 737 元；中学三级教师和小学二级教师起点职务工资由 164 元提高到 324 元，最高档十四级为 596 元；小学三级教师起点职务工资由 159 元提高到 313 元，最高档级为 541 元（见表 3-10）。

表 3-10　　2001 年中小学教师专业技术职务等级工资标准　　（元/月）

职务等级	职务工资标准														
	一	二	三	四	五	六	七	八	九	十	十一	十二	十三	十四	十五	十六
中学高级教师	576	619	662	705	748	803	858	913	968	1023	1078	1133	1188	1243		
中学一级教师 小学高级教师	438	465	492	519	546	583	620	657	694	731	768	805	842	879	916	953
中学二级教师 小学一级教师	363	381	399	425	451	477	503	529	555	581	607	633	659	685	711	737
中学三级教师 小学二级教师	324	339	354	376	398	420	442	464	486	508	530	552	574	596		
小学三级教师	313	327	341	361	381	401	421	441	461	481	501	521	541			

资料来源：人事部、财政部《关于 2001 年调整机关、事业单位工作人员工资标准等问题的通知》。

2003 年，人事部、财政部再次发布了《关于 2003 年 7 月 1 日调整机关事业单位工作人员工资标准和增加离退休人员离退休费三个实施方案的通知》，通知要求，从 2003 年 7 月 1 日起调整事业单位工作人员工资标准，调整后的职务等级不变，但增设了工资档次。中学高级教师起点职务工资和最高档工资分别由 576 元和 1243 元增加到 643 元和 1310 元，净增加 67 元；中学一级教师和小学高级教师起点职务工资和最高档工资分别由 438 元和 953 元增加到 481 元和 996 元，净增加 43 元；中学二级教师和小学一级教师起点职务工资和最高档工资分别由 363 元和 737 元增加到 392 和 766 元，净增加 29 元；中学三级教师和小学二级教师起点职务工资和最高档工资分别由 324 元和 596 元增加到 346 元和 618 元,净增加 22 元;小学三级教师起点职务工资和最高档工资分别由 313 元和 541 元增加到 334 元和 562 元,净增加 21 元(见表 3-11)。

表 3-11　　　　中小学教师专业技术职务等级工资标准　　　　(元/月)

职务等级	职务工资标准															
	一	二	三	四	五	六	七	八	九	十	十一	十二	十三	十四	十五	十六
中学高级教师	643	686	729	772	815	870	925	980	1035	1090	1145	1200	1255	1310		
中学一级教师 小学高级教师	481	508	535	562	589	626	663	700	737	774	811	848	885	922	959	996
中学二级教师 中学一级教师	392	410	428	454	480	506	532	558	584	610	636	662	688	714	740	766
中学三级教师 小学二级教师	346	361	398	420	442	464	486	508	530	552	574	596	618			
小学三级教师	334	348	362	382	402	422	462	482	502	522	541	562				

资料来源:人事部、财政部《关于 2003 年调整机关、事业单位工作人员工资标准等问题的通知》

调整机关、事业单位工作人员工资标准和增加离退休人员离退休费,是党中央、国务院根据各个时期经济形势和实施"人才战略",从建设高素质干部、教学、科研队伍的需要出发所做出的一项重要决策,体现了党中央、国务院对广大人民教师的关心和爱护,对提高教师队伍质量、优化教育教学质量起到了重要作用。总之,这些举措适应了建立社会主义市场经济体制的要求,贯彻了按劳分配的原则,初步建立了符合事业单位特点的工资制度与正常的工资增长机制,对调动包括中小学教师在内的事业单位人员的积极性,理顺工作关系,加快建立社会主义市场经济体制，促进社会主义现代化建设具有十分重要的意义。

五 岗位绩效工资制（2006年至今）

近些年来，随着市场经济的深入发展，我国在经济建设方面取得了许多的成绩。但是，一个越来越突出的问题是，在收入分配方面，城乡差距、区域差距、居民内部差距、劳动收入和非劳动收入差距，以及垄断行业与非垄断行业之间的差距不断扩大。① 在这种情况下，规范我国收入分配秩序，更加注重社会公平，合理调整国民收入分配格局，加快收入分配调节力度，提高低收入者的生活保障水平等各种相关政策建议相继提出，并且得到社会各界的认同，也引起了党中央、国务院的高度重视。"十一五"期间，我国工作重点之一就是着力解决收入分配领域所存在的突出问题，即完善按劳分配为主体、多种分配方式并存的分配制度，坚持各种要素按贡献参与分配，规范个人收入分配秩序，努力缓解地区之间和部门社会成员收入分配差距扩大的趋势；注重社会公平，加大调节收入分配力度，强化对分配结果的监管；逐步提高最低生活保障和最低工资标准；建立规范的公务员工资制度和工资管理体制；完善国有企事业单位收入分配规则和监管机制；加强个人收入信息体系建设等。从2006年7月1日开始，国家启动了新一轮事业单位工资制度改革。这次改革以"限高、稳中、托低"为原则，以促进社会公平、稳定为目标，以保障低收入群体和规范公职人员分配制度为突破口，调整收入分配关系，规范收入分配秩序，增加中低收入者的收入，建立国家统一的职务与级别相结合的工资制度和工资正常的增长机制，完善艰苦边远地区津贴制度。②

根据党中央、国务院批准的人事部、财政部《关于印发事业单位工作人员收入分配制度改革方案的通知》和《关于印发〈事业单位工作人员收入分配制度改革实施办法〉的通知》，2006年人事部、财政部和教育部根据高等学校、中小学、中等职业学校的特点和具体情况，印发

---

① 顾严、杨宜勇：《2005—2006年：中国收入分配问题及展望》，社会科学文献出版社2006年版，第276—284页。
② 赵珊：《新一轮工资改革以"限高、稳中、提低"为原则》，《人民日报》2007年1月11日。

了《高等学校、中小学、中等职业学校实施〈事业单位工作人员收入分配制度改革实施办法〉三个实施意见》，决定在高等学校、中等职业学校和中小学实行岗位绩效工资制度。

岗位设置 5 个等级，普通工岗位不分等级。不同等级的岗位对应不同的工资标准（见表 3-12），岗位绩效工资由岗位工资、薪级工资、绩效工资和津补贴四部分组成，其中岗位工资和薪级工资为基本工资，基本工资执行国家统一的政策和标准。中等职业学校教师、中小学教师的岗位工资和薪级工资标准，在新的专业技术人员基本工资标准的基础上分别提高 10%。

表 3-12　　　　事业单位专业技术人员基本工资标准　　　　（元/月）

岗位工资		薪级工资								
岗位	标准	薪级	标准	薪级	标准	薪级	标准	薪级	标准	薪级	标准
一级	2800	1	80	14	273	27	613	40	1064	53	1720
二级	1900	2	91	15	295	28	643	41	1109	54	1785
三级	1630	3	102	16	317	29	673	42	1154	55	1850
四级	1420	4	113	17	341	30	703	43	1199	56	1920
五级	1180	5	125	18	365	31	735	44	1244	57	1990
六级	1040	6	137	19	391	32	767	45	1289	58	2060
七级	930	7	151	20	417	33	799	46	1334	59	2130
八级	780	8	165	21	443	34	834	47	1384	60	2200
九级	730	9	181	22	471	35	869	48	1434	61	2280
十级	680	10	197	23	499	36	904	49	1484	62	2360
十一	620	11	215	24	527	37	944	50	1534	63	2440
十二	590	12	233	25	555	38	984	51	1590	64	2520
十三	550	13	253	26	583	39	1024	52	1655	65	2600

注：各专业技术岗位的起点薪级分别为：一级岗位 39 级，二至四级岗位 25 级，五至七级岗位 16 级，八至十级岗位 9 级，十一至十二级岗位 5 级，十三级岗位 1 级。

资料来源：范先佐《教育经济学新编》，人民教育出版社 2010 年版，第 456 页。

岗位工资主要体现在工作人员所聘岗位的职责和要求上，分为专业技术岗位、管理岗位和工勤技能岗位。专业技术人员设置 13 个等级；管

表 3-13　　　　　事业单位管理人员基本工资标准　　　　　（元/月）

岗位工资		薪级工资								
岗位	标准	薪级	标准	薪级	标准	薪级	标准	薪级	标准	薪级	标准
		1	80	14	273	27	613	40	1064	53	1720
		2	91	15	295	28	643	41	1109	54	1785
		3	102	16	317	29	673	42	1154	55	1850
一级	2750	4	113	17	341	30	703	43	1199	56	1920
二级	2130	5	125	18	365	31	735	44	1244	57	1990
三级	1640	6	137	19	391	32	767	45	1289	58	2060
四级	1305	7	151	20	417	33	799	46	1334	59	2130
五级	1045	8	165	21	443	34	834	47	1384	60	2200
六级	850	9	181	22	471	35	869	48	1434	61	2280
七级	720	10	197	23	499	36	904	49	1484	62	2360
八级	640	11	215	24	527	37	944	50	1534	63	2440
九级	590	12	233	25	555	38	984	51	1590	64	2520
十级	550	13	253	26	583	39	1024	52	1655	65	2600

注：各专业技术岗位的起点薪级分别为：一级岗位 46 级，二级岗位 39 级，三级岗位 31 级，四级岗位 26 级，五级岗位 21 级，六级岗位 17 级，七级岗位 12 级，八级岗位 12 级，九级岗位 4 级，十级岗位 1 级。

资料来源：范先佐《教育经济学新编》，人民教育出版社 2010 年版，第 457 页。

理岗位设置 10 个等级；工勤技能岗位分为技术岗位和普通工岗位。高等学校、中等职业学校和中小学工作人员按所聘岗位执行相应的岗位工资标准。

中小学教师按本人现聘用的专业技术岗位，执行相应的岗位工资标准。具体办法是：中小学根据现行教师职务制度和国家关于岗位设置的有关规定，实行统一的教师职务制度，分为高级、中级、初级职务。在实施统一的中小学教师职务制度并完成岗位设置和聘任后，中小学教师按明确的岗位等级执行相应的专业技术岗位工资标准。聘用在中学高级教师一级岗位的人员，执行五级岗位工资标准；聘用在中学高级教师二级岗位的人员，执行六级岗位工资标准；聘用在中学高级教师三级岗位的人员，执行七级岗位工资标准；聘用在中学一级教师一级岗位和小学

第三章 我国义务教育学校教师绩效工资制度的形成及其改革背景　147

表3-14　　　　　事业单位专业技术人员基本工资标准　　　　（元/月）

岗位工资		薪级工资							
岗位	标准	薪级	标准	薪级	标准	薪级	标准	薪级	标准
一级	830	1	70	11	188	21	363	31	614
二级	690	2	80	12	202	22	386	32	643
技工三级	615	3	90	13	217	23	409	33	675
		4	101	14	232	24	432	34	707
技工四级	575	5	112	15	248	25	455	35	739
		6	124	16	264	26	478	36	774
技工五级	545	7	136	17	282	27	504	37	809
		8	148	18	300	28	530	38	844
技工六级	540	9	161	19	320	29	556	39	879
		10	174	20	340	30	585	40	915

注：各专业技术岗位的起点薪级分别为：一级岗位26级，二级岗位20级，三级岗位14级，四级岗位8级，五级岗位2级，普通工岗起点薪级为1级。

资料来源：范先佐《教育经济学新编》，人民教育出版社2010年版，第457页。

高级教师一级岗位的人员，执行八级岗位工资标准；聘用在中学一级教师二级岗位和小学高级教师二级岗位的人员，执行九级岗位工资标准；聘用在中学一级教师三级岗位和小学高级教师三级岗位的人员，执行十级岗位工资标准；聘用在中学二级教师一级岗位和小学一级教师一级岗位的人员，执行十一级岗位工资标准；聘用在中学二级教师二级岗位和小学一级教师二级岗位的人员，执行十二级岗位工资标准；聘用在中学三级教师、小学二级教师、小学三级教师岗位的人员，执行十三级岗位工资标准。对承担教育教学工作任务较重、业务水平较高、表现突出的骨干教师和优秀班主任，优先聘任到较高等级岗位上，并执行相应的岗位工资标准。中小学其他专业技术人员按本人所聘岗位执行相应的岗位工资标准。

中小学管理人员按其所聘用的岗位（任命的职务）、中小学工人按其所聘用的岗位（技术等级或职务）分别执行相应的岗位工资标准。

薪级工资主要体现事业单位工作人员的工作表现和资历。对专业技术人员和管理人员设置65个薪级；对工人设置40个薪级，每个薪级对应一个工资标准。对不同岗位规定不同的起点薪级，根据工作人员的工作表现、资历和所聘岗位等因素确定薪级，执行相应的薪级工资标准。事业单位工作人员按照绩效评估的结果按年度增加绩效工资，原则上一年一级，但因表现不好或犯错误受党纪、政纪处分而年度考核不定等次或定为不合格的，以及请长事假等未参加年度考核的人员不得增加薪级工资。薪级工资的设置，有利于工作人员经评估随工作年限的延长而增加工资，鼓励职工做好本职工作。

绩效工资主要体现工作人员的实绩和贡献，是收入分配中活的部分。国家对绩效工资分配进行总量调控和政策指导，相关部门根据国家有关政策和规定，结合高等学校、中等职业学校和普通中小学的实际，制定绩效工资分配的实施意见。各级政府人事、财政部门及教育主管部门根据本地区各级各类学校的实际制定实施办法，调控本地区所属各级各类学校绩效工资总体水平。学校主管部门按照同级政府人事部门和财政部门核定的绩效工资总量，综合考虑所属学校的社会公益目标任务完成情况、绩效考核情况、事业发展、人员规模、岗位设置等因素，具体核定所属学校绩效工资总量。各个学校在核定的绩效工资总量范围内，按照规范的分配程序和要求，采取灵活多样的分配形式和分配办法，自主分配。绩效工资分配要充分体现学校工作的特点，以工作人员的实绩和贡献为依据，坚持多劳多得的原则，适当拉开分配差距，坚持向关键岗位、一线教师、骨干教师，特别是做出突出成绩的优秀教师倾斜，充分发挥绩效工资的激励导向作用。同时，要妥善处理学校内部各部门之间、各类人员之间的绩效工资分配关系，防止差距过大。

津贴补贴，分为艰苦边远地区津贴和特殊岗位津贴补贴。艰苦边远地区津贴主要是根据自然地理环境、社会发展等方面的差异，对在艰苦边远地区工作生活的工作人员给予适当补偿。对艰苦边远地区的事业单位人员，执行国家统一规定的艰苦边远地区津贴制度。执行艰苦边远地区津贴所需经费，属于财政支付的，由中央财政负担。特殊岗位津贴补贴主要体现对事业单位苦、脏、累、险及其他特殊岗位工作人员的政策倾斜。国家统一制定特殊岗位津贴补贴政策和规范管理办法，规定特殊岗位津贴补贴的项目、标准和实施范围，明确调整和新建特殊岗位津贴补贴的条件，建立动态管理机制。

此外，实施意见规定，从2006年7月1日起，年度考核结果为合格及以上等次的高等学校、中小学、中等职业学校工作人员，每年增加一级薪级工资，并从第二年1月起执行。国家根据经济发展、财政状况、企业相当人员工资水平和物价变动等因素，适时调整包括教师在内的事业单位工作人员的基本工资标准；根据经济发展和财力增长及调控地区工资差距的需要，适时调整艰苦边远地区津贴标准；根据财政状况和对特殊岗位的倾斜政策，适时调整特殊岗位津贴补贴标准。

总的来看，和以往历次工资制度改革"一步到位"的办法不同，这次教育事业单位工资制度改革按照"同步考虑，分步实施，制度入轨，逐步到位"的思路实施，先实现制度的初步入轨，再结合事业单位分类改革、岗位设置工作和人事制度改革等进程，逐步实施到位。具体来说，这次工资改革具有以下特点：一是与深化事业单位改革相适应，改革的实施在内容和方法、步骤上充分考虑相关配套改革的要求和进度；二是建立了符合教育事业单位特点的收入分配制度，突出体现了激励功能，将教师劳动与其岗位职责、工作业绩和实际贡献相联系；三是在运行机制上，强化教师岗位管理、岗位聘用、岗变薪变，保障与激励相结合；四是建立分级管理体制，逐步形成统分结合、权责清晰、运转协调、监督有力的教育事业单位收入分配宏观调控体系。

但是，一个不容忽视的问题是，近年来，义务教育学校教师的岗位工资、薪级工资都能及时发放到位，由于多方面的原因，绩效工资一直没有实施和兑现，特别是2006年农村义务教育经费保障机制和2008年秋季学期开始的城市免费义务教育实施后，国家明文规定，坚决禁止通过向学生收费、举债和挪用公用经费和"两免一补"专项资金发放教师地方津补贴，学校收费项目被取消，而近年来学校学杂费和收费项目是中小学教师津补贴的主要来源渠道，因此，部分地区义务教育学校教师地方津补贴不到位。与此同时，2006年机关和事业单位工资制度改革以后，公务员工资中的职务工资、级别工资、津补贴等开始逐步发放到位，这在客观上导致义务教育学校教师实际收入和当地公务员实际收入差距进一步拉大。教师法和义务教育法中关于教师的平均工资水平应不低于当地公务员平均工资水平这一规定得不到落实。由于教师和当地公务员实际收入差距的拉大，严重挫伤了义务教育学校教师工作的积极性。因此，为了进一步完善我国教师工资制度，充分调动义务教育学校教师工作的积极性，吸引和鼓励各类优秀人才到义务教育学校，特别是到农村义务教育学校长期从教、终身从教，根据义务教育法和事业单位收入分配制度改革的要求，2008年9月2日国务院常务会议决定，从2009年1月1日起，我国开始在义务教育学校率先实施绩效工资制度改革。至此，我国义务教育学校教师绩效工资制度正式确立。

第二节 义务教育学校教师绩效工资制度改革的背景

义务教育学校实施绩效工资，就是要充分体现学校工作的特点，以工作人员的实绩和贡献为依据，坚持多劳多得，优绩优酬，适当拉开分配差距，坚持向关键岗位、一线教师、骨干教师，特别是做出突出成绩的优秀教师倾斜，充分发挥绩效工资的激励导向作用。义务教育学校教师绩效工资的实施，是我国教师工资制度的又一次重大改革和调整，而每一次教师工资制度改革都是在特定的历史背景下进行的，义务教育学校教师绩效工资制度改革也不例外。

一 进一步完善我国教师工资制度的迫切需要

教师是教育过程的组织者、领导者和实现者。他们受党和政府的委托，对受教育者进行教育和训练，把受教育者培养成为我国社会主义现代化建设的有用人才。教师劳动的目的在于培养、训练劳动力和各种专门人才，没有教师的辛勤劳动，各种熟练劳动力和专门人才的培养就无法实现。因此，教师的劳动是促进经济、社会、科技发展的重要条件。他们理应受到社会的尊重，享有较高的工资待遇。

中华人民共和国成立后，为提高广大义务教育教师的工资待遇，党和政府做了大量的工作，经过多次工资制度改革和调整，我国教师的经济待遇有了较大幅度的改善。但如果进行横向比较，我国教师的待遇，尤其是偏远落后地区农村中小学教师工资仍然偏低。特别是2006年农村义务教育经费保障机制和2008年秋季城市免费义务教育政策实施后，国家明文规定，坚决禁止通过向学生收费、举债和挪用公用经费和"两免一补"专项资金发放教师地方津补贴,学校收费项目被取消,农村教师地方津补贴不到位。尽管 2007 年教育部发布的《教育部关于做好农村义务教育经费保障机制改革有关工作的通知》(以下简称《通知》),要求:"在国家事业单位和中小学绩效工资分配政策出台及实施前,各地按照'谁出台政策,谁负责'的原则,把当地出台的教职工应享受的地方津补贴项目纳入政府财政预算,纳入财政统一发放范围,保证教师合理收入。"但是,很多地方并没有将教师津补贴纳入地方财政预算范围。2008 年 2 月,国家人事部、教育部联合发出《关于进一步做好义务教育学校教师工资待遇保障工作的通知》,明确指出:"目前,国家有关部门正在抓紧研究制定事业单位绩效工资政策。在实施绩效工资前,各地规范公务员收入分配秩序时,要充分估计对义务教育学校教师可能产生的影响,统筹考虑解决义务教育学校教师特别是农村义务教育教师待遇保障问题,切实落实《义务教育法》的规定,确保义务教育教师的平均工资不低于当地公务员的平均水平。"但实际上,由于种种原因,义务教育学校教师津补贴还是无法到位。与此同时,2006 年工资制度改革以后,公务员工资中的职务工资、级别工资、津补贴等开始逐步到位,他们的工资水平大幅度提高,这在客观上导致义务教育学校教师实际收入和当地公务员实际收入差距的拉大。教师法和义务教育法关于教师的平均工资水平应不低于当地公务员平均工资水平的规定得不到落实。例如,笔者在 2008 年进行农村义务教育经费保障机制(以下称"新机制")问卷调查时,当问到"您目前收入和本地公务员相比属于哪一类"这一问题时,仅 0.9% 的教师和 0.5% 的校长认为是"上等",4.6% 的教师和 2% 的校长认为是"中上等",有 5.7% 的教师和 6.5% 的校长认为是"中等",认为是"中下等"教师和校长的比例分别占 18.6% 和 28.6%,认为是"下等"的教师和校长的比例竟分别达到 70.2% 和 62.3%。可见,在新机制实施后,和本地公务员相比,巨大的收入差距使大部分农村教师对自身的经济地位感到不满意。

事实上,农村教师工资水平和当地公务员实际收入差距拉大,已经带来了很大的负面影响。在新机制实施后,湖北省恩施市不少农村教师对教师地方津补贴和奖金不能到位的抵触情绪比较大,部分教师工作积极性下降。湖北省恩施市公务员一年下来,除工资以外大概能拿到

7100元的津贴奖金，而中小学教师只能拿到不足3000元的补助。在实施绩效工资前，河南省驻马店市义务教育学校教师与公务员津补贴的差距，市直为5880元，城区为3140元，县及以下为1911.6元。湖北省浠水县公务员除基本工资外最低可以拿到8600元的津补贴和奖金，而中小学教师只能拿不到3000元的补助。湖北省黄州区公务员除基本工资外最低可以拿到9500元的津补贴和奖金，而义务教育学校教师只能拿不到5000元的补助。湖北省咸宁市公务员除基本工资外最低可以拿到7100元的津补贴和奖金，而当地义务教育学校教师除了基本工资外只能拿不到2000元的补助，二者相差至少5000元。2008年四川省郫县公务员在工资制度改革后，义务教育学校教师发现，除了基本工资相同以外，教师津贴为1.4万元，仅为本地公务员津贴平均水平的一半。重庆市綦江县义务教育学校教师的总收入一直低于本地公务员工资平均水平，2007年綦江县的公务员在实行所谓的"阳光工资"（即绩效工资）后，绩效工资达到每年1.8万元，而义务教育学校的教师仅仅在年终发放一次性补贴3600元，而同等资历及同等级别的当地公务员工资总收入几乎达到了教师的3倍。在四川省成都市渝北区，2008年当地公务员年终奖金均超过万元，仅此一项，就远远超过本地义务教育学校教师。该区中小学教师年收入最高为1.5万元，最低只有6000多元，还达不到15821元的本地城镇职工平均收入水平，三五个中小学教师的收入比不上一个公务员的收入已是不争的事实。[①] 2007年杨建芳等对我国北京、湖北和江苏等28个省（直辖市、自治区）83个县（市、区）义务教育教师和公务员的收入展开调查。结果显示，就全国平均而言，公务员的津贴高于教师津补贴，除了科员公务员津补贴比初中高级教师低33元/月外，各职级公务员津补贴都高于教师津补贴。其中，正科级公务员与小学二级教师的津补贴差额最大，前者比后者高447元/月。公务员级别越高，其津补贴就越高，比教师津补贴高出得就越多。例如，与初中一级教师津补贴相比，正科级、副科级和科员公务员的津补贴分别高出了305元/月、174元/月和74元/月。就总收入而言，初中一级教师的总收入比正科级公务员低311元/月，初级教师的总收入比

---

① 尹鸿伟：《"秀才"造反：川渝教师停课要待遇》，《南风窗》2008年第24期。

所有级别公务员都要低。可见，由于公务员的津补贴高于义务教育教师，他们的总收入与公务员相比下降了一个层次。[①]《国家教育督导报告》（2008）提供的数据也印证了这一点，2006年全国普通小学、普通初中教职工年均工资收入为17729元和20979元，分别比国家机关职工收入低5198元和1948元。[②] 教师和当地公务员实际收入差距的拉大，严重挫伤了义务教育学校教师工作的积极性，一些地区中小学教师甚至采取变相罢教的方式来表达其不满情绪。[③] 因此，为了进一步完善我国教师工资制度，充分调动义务教育学校教师工作的积极性，吸引和鼓励各类优秀人才到义务教育学校教学，特别是到农村义务教育学校长期从教、终身从教，根据事业单位工作人员收入分配制度改革的要求，迫切需要在义务教育学校率先实施绩效工资制度改革。

二 依法保证义务教育学校教师工资待遇的必然要求

"百年大计，教育为本。"而教育的发展，教师又是根本。但在市场经济条件下，教师是否愿意从事教育事业，即教育劳动力是否供给，教师在教育岗位上实际劳动的供给，即付出多大的精力教学，取决于从事教育事业和付出劳动所能得到的报酬，也取决于其过去人力投资的现在收益。这与其所得的报酬水平有关。报酬和劳动在与其他行业劳动付出与所得之间进行横向比较，如果教师报酬与教育劳动付出之间相差较大，会发生以下4种情况：（1）人们不愿选择教育职业，也就是说劳动力有不愿向教育供给的行为；从事教育职业的教师也会努力从教育行业退出，停止对教育的智力和体力供给。这不仅在我国是这样，在一些发达国家教育发展的初始阶段，也出现过诸如由于教师地位和待遇偏低而致使教师队伍不稳的情况。（2）如果拟退出的教师，在退出教育行业时遇到行政和其他方面的阻碍，他将会在教育岗位上尽力减少教学过程中的实际劳动消耗，即出工不出力，使其与所得的报酬相符合。（3）拟退出者如果遇到阻碍，他或许会寻找第二职业，谋取薪金以外

---

① 杨建芳等：《义务教育教师与公务员收入比较》，《教育与经济》2008年第4期。
② 国家教育督导团：《国家教育督导报告（2008）——关注义务教育教师》，《教育发展研究》2009年第1期。
③ 尹鸿伟：《"秀才"造反：川渝教师停课要待遇》，《南风窗》2008年第24期。

的收入来补偿和平衡现在较低的收益。然而，这必然会将相当的精力付之于第二职业，而分配给第一职业——教学的精力将是有限的。（4）教师实际待遇低，从人才收入差别选择机制的角度来看，必然导致这样的结果：能力较强的教师将千方百计地调离，而教学质量不高，到其他岗位也未必会出色的员工，则会安于现状，不能被调出，长此以往，教师队伍的质量将会越来越差。①

要大力发展教育事业，提高国民素质，就一定要尊师重教、尊重知识、尊重人才，特别要注意提高义务教育阶段教师的社会地位和工资待遇，因为义务教育阶段是我国各级教育中年限最长、所有人必经的阶段，在这一阶段受到什么样的教育，对学生能力的提高具有决定性的意义，对他们的一生和国家的长远发展会产生基础性影响。正因为如此，我们党和政府历来重视义务教育阶段教师的工资问题。1994年1月1日开始实施的《中华人民共和国教师法》就明确要求，各级人民政府应当采取措施，"改善教师的工作条件和生活条件，保障教师的合法权益，提高教师的社会地位"，保证"教师的平均工资水平应当不低于或者高于国家公务员的平均工资水平，并逐步提高。"2006年新修订的《中华人民共和国义务教育法》又明确规定：各级人民政府要"保障教师工资福利和社会保险待遇，改善教师工作和生活条件；完善农村教师工资保障机制。教师的平均工资水平应当不低于当地公务员平均工资水平"。《国家中长期教育改革和发展规划纲要（2010—2020年)》（以下简称"规划纲要"）则再次重申，要"不断改善教师的工作、学习和生活条件，吸引优秀人才长期从教、终身从教。依法保证教师平均工资水平不低于或者高于国家公务员的平均工资水平，并逐步提高"。

但是，由于种种原因，长期以来，我国义务教育阶段教师工资水平偏低，教育系统的工资水平在国民经济各行业中排名一直靠后。1978年教育文化系统职工的平均工资在国民经济12大行业中居倒数第一位，之后多年都在倒数第一位和倒数第三位之间徘徊。② 另据津京陕皖等11

---

① 参见周天勇《劳动与经济增长》，上海三联书店、上海人民出版社1994年版，第252页。

② 孙喜亭：《教育原理》，北京师范大学出版社1993年版，第75页。

个省市的调研,1988年教育系统职工平均工资与全民所有制职工平均工资的差距大体在150元以上。1990—1999年,在15个社会行业系统中教育系统平均工资一直处于第十位至第十三位,并且大多数年份教育系统平均工资都达不到社会平均工资水平。[1] 2001—2006年教育系统平均工资尽管超过了社会平均工资水平,但在国民经济各行业排名中依然比较靠后,2001—2002年教育系统在15个行业中排名第九,2003—2006年在19个行业中排名第十一或第十二。2006年,全国有273个县(占区县总数的8.5%)的小学教职工和210个县(占6.5%)的初中教职工人均月工资收入低于1.2万元,人均月收入不足1000元。其中河南、陕西、山东尤为突出,小学教职工人均月工资收入低于1000元的县占本省县数的比例分别为34.1%、21.2%和18.2%,初中分别为25%、20.7%和18%。[2] 而教师工资水平又是教师与社会其他部门劳动者之间分配关系的反映。在市场经济条件下,教师工资是调节和配置教育领域人力资源的经济杠杆,也是影响教师队伍的数量、质量、结构以及稳定的重要因素。所以,义务教育学校率先实施绩效工资制度改革,是依法保证义务教育阶段教师工资待遇的必然要求,也是加强义务教育阶段教师队伍建设的必然要求。

不仅如此,多年来,我国农村教师工资长期被拖欠,极大地影响了农村教师工作的积极性和农村教师队伍的稳定。农村教师的工资待遇,是广大农村教师最关心也是地方政府必须着力解决的问题。我国农村教师工资拖欠问题始自20世纪80年代后期。1980年以来,国家财政体制实行"分灶吃饭"以调动地方政府的积极性,加剧了地区财政收入的差距。1985年《中共中央关于教育体制改革的规定》明确了"地方负责,分级管理"的基础教育管理体制。这样,财力较弱的地区出现了教师工资拖欠问题,而且有愈演愈烈之势。1994年实行分税制改革后,中央和省级政府向上集中资金的力度明显加大。2000年,中央财政资金集中度为52.2%,省级为28.8%,再剔除市级的财政资金集中度,

---

[1] 陈赟:《20世纪90年代教师工资问题研究》,《清华大学教育研究》2003年第1期。
[2] 国家教育督导团:《国家教育督导报告(2008)——关注义务教育教师》,《教育发展研究》2009年第1期。

留给县、乡的已不足20%，而县、乡两级政府却要用约20%的资金为8.5亿农村人口的义务教育提供经费。据国务院发展研究中心披露，中西部地区60%以上的县是赤字县，2000年1—10月，全国有1138个县（市）拖欠或发不出工资，占全国整个县（市）的55%。2000年全国共拖欠农村中小学教师工资180亿元。据统计，在全国2073个县（市）中，没有达到温饱线的占22.8%；在温饱线到小康之间的占63.2%，也就是说，86%的县（市）没有达到"三步走"战略所确定的小康目标。当时全国至少还有40%以上的县（市）正面临着严重的财政困难，县、乡、村负债，欠发工资，资金缺乏等难题使县、乡两级财政"焦头烂额"[1]。2000年开始试行农村税费改革，取消了约占农村中小学教育经费总投入30%的教育费附加和教育集资，农村义务教育举步维艰，农村中小学教师工资拖欠问题进一步加剧。2001年6月，国家出台了《国务院关于基础教育改革与发展的决定》，规定确保农村教师的工资发放是各级人民政府的责任。从2001年9月起，农村教师工资发放收归县管。到2002年底，全国30个省、自治区、直辖市（不含西藏）共计2569个县、市、区将农村教职工工资的发放收归县负责，由县级财政统一发放，占总数的97%，农村教师工资拖欠现象有所好转。虽然义务教育教师工资发放实行以县为主，管理重心上移，但是税费改革以及县域经济发展不平衡，造成县级财政资金紧张，教师工资仍不同程度地存在着拖欠的现象。县级政府只能保证"按时"发放工资，却不能保证"足额"发放农村教师的"标准工资"。很多地方农村教师的实际收入只相当于其"标准工资"的60%—70%，更不用说农村教师的地方津补贴了。据统计，2004年1—9月，全国新欠教师工资就有10多亿元，累计欠发工资163亿元。[2] 山东省自实行由县统一发放工资后，农村中小学教师工资拖欠特别是发放不及时问题得到明显缓解，但并未从根本上加以解决。据统计，2002年8月，按照"实际执行工资标准"，山东省仍有58个县（市、区）拖欠教师工资累计10.7亿元，其中当月

---

[1] 胡平平等：《农村义务教育投入保障机制及管理体制问题研究》，科学出版社2007年版，第8—9页。

[2] 国家教育发展研究中心：《2004年中国教育绿皮书》，教育科学出版社2003年版，第120页。

拖欠789万元。按照"国家统一工资标准",山东省有63个县(市、区)拖欠教师工资累计7.8亿元,其中当月拖欠387万元。在山东省139个县(市、区)中,做到全县(市、区)城乡教师标准统一的只有50个县,其余89个县或城乡标准不统一,或城区与乡镇、乡镇与乡镇之间标准各不相同。山东省德州市将各项转移支付都用上,仅解决了教师工资的按时发放,还达不到国家规定的标准。如果达到国家规定的标准,全市每年还缺资金1.4亿元,相当于德州市财政收入的1/3强。该市临邑县乡镇中小学教师人均月工资比国家标准少284元,全县工资经费差额达1815.7万元。[①] 2003年名列全国百强县的江苏省铜山县,在其所辖的20多个乡镇中,只有一个镇全部发放了教师工资(包括国家标准工资和地方补贴)。在当地政府眼中,只要发放了国家标准工资,就不算拖欠,至于地方补贴这一块,"没有条件的县,可以不发"。对于乡镇中小学教师来说,则由有财力的乡镇来发放。"实际上,乡镇没有这个财力,即使有,也可以不发。"[②] 陕西省有农村中小学教师27.69万人,截至2005年12月,陕西省累计拖欠教师工资9.2亿元,人均拖欠3300元,最多的欠发11个月,最少的欠发两个月。还有9.2亿元欠薪何时发放,成为陕西省农村教师最为关切的问题。该省扶风县往年共拖欠教师工资1700多万元,对这些拖欠工资县里认账,但实在无力解决,只有等到财力许可时再逐步向教师兑现。陕西省一些县大都采取"谁拖欠谁清偿"的方式,将责任推给乡镇政府。[③]

2005年12月,国务院在《关于深化农村义务教育经费保障机制改革的通知》中明确要求:"巩固和完善农村中小学教师工资保障机制。中央继续按照现行体制,对中西部及东部部分地区农村中小学教师工资经费给予支持。省级人民政府要加大对本地区区域内财力薄弱地区的转移支付力度,确保农村中小学教师工资按照国家标准按时足额发放。"

---

① 孟吉平、颜振等:《对山东省贯彻落实国务院〈决定〉和国办〈通知〉情况的督导检查报告》,http://www.edu.cn/20040910/3115474.shtml,2004-9-10。

② 李振英:《农村存在教师工资拖欠等三重危机》,http://www.zcjt.net/info_Print.asp?ArticleID=45592008-2-24。

③ 张军、陈钢等:《陕西农村教育调查:"穷财政"背不动"教育包袱"》,http://www.clfr.org.Cn/Get/ncjy/2255613.htm,2006-4-6。

然而，新机制实施后，农村中小学教师工资拖欠问题有所缓解，然而很多地方农村中小学教师的津补贴却无法到位，形成了新的工资拖欠。我国中西部地区主要依靠国家转移支付来保证农村教师基本工资不出现新的拖欠现象，但占30%—50%的各种地方津贴和补贴未能得到落实，这些地区农村教师工资待遇低的问题依然突出，严重影响了农村教师队伍的稳定和义务教育质量的提高。解决农村教师"地方津补贴"拖欠问题，被媒体称为"在彻底解决拖欠教师工资难题上'最后一公里'"[①]。例如，笔者2006年对湖北省一些县市进行问卷调查时，当问到"新机制实施后，您的基本工资有何变化"这一问题时，有61.4%的教师和64%的校长回答"增加"，有34.3%的教师和32.5%的校长回答"没什么变化"，仅4.3%的教师和3.5%的校长回答"减少"。在回答"新机制实施后您的津补贴和奖金有何变化"这一问题时，仅11.4%的教师和8.5%的校长回答"增加"，有20.3%的教师和25%的校长回答"没什么变化"，回答"减少"的教师和校长分别达68.3%和66.5%。在回答"新机制实施后您的总收入有何变化"这一问题时，分别有12.8%的教师和9.5%的校长回答"减少"。可见，在新机制实施后，地方性津补贴不到位，导致部分农村教师的实际收入下降，新机制并没有从根本上杜绝农村中小学教师工资拖欠问题。同样，就县（市、区）而言，四川省安岳县从1994年开始先后克扣农村教师"地方附加津补贴"两笔，每人每月168元，全县被克扣"地方津补贴"的教师人数达1.35万，以此计算，他们被克扣的津补贴高达2亿多元。新机制实施后，该县教师的基本工资能到位，但受财力的限制，该县教师的津补贴则无法兑现，中小学教师实际收入平均减少几十元到几百元不等，最多的在400元以上。由于教师工资不能完全兑现，一些地方出现了教师上访、罢课的现象，严重影响了学校正常的教学秩序。

由此可见，长期以来，我国义务教育学校教师工资不仅水平偏低，而且还存在拖欠的问题，这严重影响了我国义务教育学校教师工作的积极性。实施教师绩效工资制度改革，强化各级政府的责任，依法保障义务教育学校教师的工资待遇，对于吸引优秀人才从教，促进义务教育教

[①] 刘大江：《西部教师工资清欠还差"最后一公里"》，《人民日报》2006年9月4日。

师队伍的稳定,具有十分重要的作用。

三 促进义务教育均衡发展的重要举措

"义务教育"又称"免费教育""强迫教育"或普及教育,是指国家权力机关通过法律的形式,规定所有适龄儿童和青少年必须接受一定年限的学校教育,并要求国家、社会和家长必须予以保障。普及义务教育既是现代经济和民主政治发展的客观要求,也是现代文明的标志。20世纪末以来,伴随着我国经济社会的不断发展和人们教育观念的不断更新,特别是在我国义务教育阶段基本解决了"有学上",而人们要求"上好学"的大背景下,社会对于教育资源特别是优质教育资源的需求越来越迫切,对教育公平问题的关注也越来越强烈。与此相适应,一种新的教育理念——义务教育均衡发展的思想日益成为人们关注的焦点和关系国家战略的重大问题。2005年5月,教育部颁布了《关于进一步推进义务教育均衡发展的若干意见》,把推进义务教育均衡发展摆上了重要议事日程,明确要求各地把义务教育工作重心进一步落实到办好每一所学校和关注每一个孩子健康成长上来。2006年6月新修订的《中华人民共和国义务教育法》第六条规定:"国务院和县级以上地方人民政府应当合理配置教育资源,促进义务教育均衡发展,改善薄弱学校的办学条件,并采取措施,保障农村地区、民族地区实施义务教育,保障家庭经济困难的和残疾的适龄儿童、少年接受义务教育。"这是我国首次以法律的形式提出"促进义务教育均衡发展"的思想。2007年10月,党的十七大报告明确提出:"优化教育结构,促进义务教育均衡发展。"这是党的政治报告中第一次提出"义务教育均衡发展"的思想。规划纲要则将推进义务教育均衡发展提升到义务教育战略性任务的高度,要求建立健全义务教育均衡发展保障机制,均衡配置教师、设备、图书、校舍等各项资源,切实缩小校际差距,加快缩小城乡差距,努力缩小区域差距,到2020年基本实现区域内义务教育均衡发展。由此可见,促进义务教育均衡发展,已成为党和国家确立的我国在新的历史时期教育发展的战略方针,充分体现了党和国家对促进义务教育均衡发展的高度重视。

教育均衡发展最基本的要求是在教育机构和教育群体之间,公平地配置教育资源，达到教育供给和教育需求的相对均衡。义务教育均衡发展的关键是学校的均衡，学校均衡的关键在于教师的均衡。可以说，义务教育能否均衡发展关键看教师，教师队伍能否均衡则看流动，教师流动能否实现的关键在于教师收入分配制度的改革。① 如果说经济社会发展不平衡是义务教育和义务教育阶段师资发展不均衡的主要原因，那么，这种经济发展的不平衡所引起的教师收入的巨大差距，则是导致义务教育阶段师资无序流动的根本原因。因此，若想实现义务教育阶段师资的均衡配置，应该消除教师收入的过大差距，实现义务教育阶段教师收入的均衡。从教育均衡发展角度看，只有提高贫困地区、农村地区学校教师的待遇，才能吸引和留住优秀教师，并能为教师合理流动提供长效保证。但长期以来，我国义务教育学校教师收入差距过大已成为不争的事实，这种差距具体表现在不同区域以及同一区域的不同学校之间。

就地区差别而言，中央教育科学研究所2007年对全国中小学的抽样调查表明，2006年，我国义务教育阶段小学教职工人均年收入的县际差距平均为2.09∶1，东部地区小学教职工人均年收入的县际差距平均为2.29∶1。江苏、山东和广东3个东部经济较发达地区的省份这一指标的县际差距最大，超过2.5∶1，最高的广东为4.89∶1。与2002年比较，大部分地区的小学教职工人均年收入县际差距有所扩大。2002年，小学教职工人均年收入的县际差距为1.97∶1，2006年扩大到2.09∶1。全国有2/3省份小学的这一指标的县际差距有不同程度的扩大，广西、重庆、贵州、甘肃和新疆5个西部省（直辖市、自治区）这一指标的县际差距比2002年扩大了40个百分点以上。2006年，全国还有327个县小学教职工人均年收入低于12000元，占县总数的10.14%，其中河南省有36.2%的县低于这一水平，山西有24.6%的县低于这一水平。同时，初中教职工人均年收入的县际差距大于小学教职工的人均年收入。2006年，我国初中教职工人均年收入的县际差距平均为2.23∶1，东部地区平均最高，为2.37∶1。山东、广东这一指标县际差距最大，分别为3.17∶1和4.08∶1。与2002年相比较，大部分地区初中这一指标的县际差距有所扩大。2002年，初中教职工人均年收

---

① 王晋堂：《教育均衡发展重在规范教师工资待遇》，《人民教育》2008年第2期。

入的县际差距为2.03∶1，2006年扩大到2.23∶1。全国有21个省（直辖市、自治区）的初中这一指标的县际差距不同程度地扩大了，福建、广东、甘肃、青海和新疆5个省（自治区）的县际差距比2002年扩大了50个百分点，其中广东最明显，从2002年的3.5∶1扩大到4.8∶1。2002年，初中教职工人均年收入的县际差距大于2∶1的省份有15个，而2006年扩大到20个，初中教职工人均年收入的县际差距不断扩大。如果以2006年我国初中教职工人均年收入水平和省内县际差距的地区平均（全国初中教职工人均年收入为19497元，省内县际差距平均为2.23∶1）为基准，全国31个省（市、区）可划分四类地区。第一类地区为收入水平和县际差距双高型，包括广东、江苏等5个省份；第二类地区为低收入高差距类型，包括黑龙江、山东等8个省份；第三类地区为收入水平和县际差距双低型，包括安徽、内蒙古等8个省（自治区）；第四类地区为高收入低差距类型，包括上海、浙江等9个省（市）（如表3-15）。[1] 另据中央教育科学研究所教育督导评估研究中心2009年的抽样结果，我国东部地区教职工平均工资福利支出是中部的1.63倍，是西部的1.60倍。东部地区小学教职工平均工资福利支出是41700元/人，中部地区是25550元/人，西部地区是26071元/人。东部地区初中教职工平均工资福利支出是中部的1.47倍，是西部的1.50倍。东部地区初中教职工平均工资福利支出是40274元/人，中部是27325元/人，西部是26764元/人。[2] 可以看出，我国东中西部义务教育阶段中小学教职工工资福利支出地区差异显著。

就城乡差别来说，受城乡经济发展水平的限制，义务教育阶段教职工人均年收入存在明显的城乡差别。中央教育科学研究所2007年对全国中小学的抽样调查表明，2006年，我国农村小学教职工人均年收入为8197元，比2002年同期增长44.05%，而同期城镇增长53.35%。全国有14个地区农村小学教职工的人均年收入的增幅低于城镇小学教

---

[1] 张钰等：《中国义务教育公平推进实证研究》，教育科学出版社2011年版，第175—176页。

[2] 中央教育科学研究所教育督导评估研究中心：《义务教育均衡发展报告·2010》，教育科学出版社2010年版，第87页。

表 3-15　　2006 年初中教职工人均年收入平均水平县际差距概况

分档	低收入水平（小于 19497 元）	高收入水平（大于 19497 元）
高差距 （大于 2.23∶1）	黑龙江、山东、吉林、甘肃、广西、重庆、四川、河南	广东、江苏、青海、福建、辽宁
低差距 （小于 2.23∶1）	安徽、内蒙古、山西、河北、贵州、湖北、江西、湖南、陕西	上海、浙江、北京、西藏、天津、云南、海南、新疆、宁夏

资料来源：张钰等《中国义务教育公平推进实证研究》，教育科学出版社 2011 年版，第 176 页。

职工的人均年收入。天津、浙江、福建和江西 4 省（市）农村小学教职工人均年收入甚至比 2002 年有所减少。而且，小学教职工年收入的城乡差距依然在扩大，2002 年，城镇小学教职工平均收入是农村小学教职工平均收入的 2.83 倍，2006 年，城镇小学教职工平均收入是农村小学教职工平均收入的 2.88 倍。2006 年，我国初中教职工人均年收入为 13715 元，比 2002 年增长 33.75%，城镇初中教职工人均年收入达到 24704 元，同比增长 52.17%，农村初中教职工人均年收入的增幅比城镇低 20 个百分点。全国 18 个地区农村初中教职工的人均年收入增幅低于城镇初中教职工的人均年收入。天津、浙江、福建和江西四省（市）农村初中教职工人均年收入比 2002 年有所减少，其中浙江和福建 2006 年农村初中教职工人均年收入仅为 2002 年的 1/3 左右。而且，初中教职工人均年收入的城乡差距依然在扩大，2002 年，城镇初中教职工平均收入是农村小学教职工平均收入的 1.54 倍；2006 年，城镇小学教职工的平均收入是农村小学教职工平均收入的 1.74 倍。其中，中部地区城乡差距最大，城镇初中教职工平均收入是农村小学教职工平均收入的 2.13 倍，福建、山东、安徽和湖南 4 省这一指标的城乡差距超过 3∶1。与 2002 年比较，有 18 个省份的初中教职工人均年收入的城乡差距不同程度地扩大，其中福建从 2002 年的 0.85∶1 扩大到 3.99∶1。[1] 另据《国家教育督导报告 2008》（摘要）抽样调查结果，全国近 50% 的农村

---

[1] 张钰等：《中国义务教育公平推进实证研究》，教育科学出版社 2011 年版，第 173—174 页。

教师和县镇教师反映没有按时或足额领到津补贴。全国农村小学、初中教职工人均年工资收入分别仅相当于城市教职工的 68.8% 和 69.2%。其中广东省小学、初中农村教职工人均年工资收入仅为城市教职工的 48.2% 和 55.2%。2006 年与 2005 年相比，分别有 13 省、自治区、直辖市农村小学、初中城乡教职工工资收入差距有所拉大，不利于农村教师队伍的稳定。①

就校际差异而言，据中央教育科学研究所教育督导评估研究中心 2009 年的抽样结果，首先，中小学教职工平均工资福利支出校际差距大。小学教职工平均工资福利支出校际差距在 3 倍以内的区县占 71%，3—6 倍的区县占 27%，6 倍及以上的占 3%。初中教职工平均工资福利支出在 3 倍以内的区县占 64%，在 3—6 倍以内的占 26%，6 倍及以上的占 10%。东中西部区县初中教职工平均工资福利支出的均衡程度差异显著。中部初中学校间的均衡程度高于西部，中部有 66.7% 的区县初中的差异系数处于最低组。其次，中小学教职工社会保障费校际差异大。小学教职工社会保障缴费校际变异系数在 1 以上的区县占 55%，在 1 以下的占 45%。与生均公用经费相比，虽然小学生均公用经费的不均衡水平也较高，但是变异系数在 1 以上的区县仅占 24%。初中教职工社会保障缴费校际变异系数在 1 以上的区县占 34%，在 1 以下的占 66%。与生均公用经费相比，虽然初中生均公用经费的不均衡水平较高，但是变异系数在 1 以上的区县仅占 12%。再次，中小学专任教师平均工资福利支出的校际差距大于教职工工资福利支出。有 64% 的区县小学专任教师平均工资福利支出的校际差距高于教职工平均工资福利支出的校际差距。专任教师工资福利支出在 3 倍以内的区县占 55%，3—6 倍以内的区县占 21%，6 倍以上的占 24%。有 52% 的区县初中专任教师平均工资福利支出的校际差距高于教职工工资福利支出的校际差距。专任教师平均工资福利支出校际差距在 3 倍以内的区县占 50%，3—6 倍以内的占 20%，6 倍以上的占 30%。②

---

① 国家教育督导团：《国家教育督导报告——关注义务教育教师》，《教育发展研究》2009 年第 1 期。

② 中央教育科学研究所教育督导评估研究中心：《义务教育均衡发展报告·2010》，教育科学出版社 2010 年版，第 87 页。

由于我国农村，特别是中西部农村地区教师待遇普遍偏低，生活环境艰苦，个人发展机会少，有的地区连教师的基本工资都不能保障，致使农村中小学教师尤其是骨干教师和优秀年轻教师流失严重。近年来，农村义务教育阶段教师流动处于一种由边远、贫困的农村向乡镇，乡镇向县城，县城向城市，中西部向东部无序、单向流动的状态。农村地区教师人心思走、大量流失的现象已经成为一个普遍存在的严峻现实。山东省仅2001年就流出中小学专任教师6447人；江苏省苏北某县近三年先后流失500多名中小学教师。① 湖北省罗田县仅2002年一个暑假就流失教师100多名，致使学校无法正常开课，有些村小只剩下一个"留守"教师。我们对一些艰苦地区学校的抽样调查表明，37.8%的校长反映近三年有教师流失的情况，其中，74.6%的校长认为主要流失的是骨干教师，92.5%的校长反映主要流失的是35岁及以下的青年教师。② 可见，我国义务教育学校教师收入差距过大导致大量农村教师流失，而农村教师的大量流失加剧了农村地区中小学的师资短缺现象，尤其流失的大多是优秀年轻教师、骨干教师，造成了义务教育阶段师资配置严重不均衡，这无疑给农村地区义务教育的发展带来了十分不利的影响。实施绩效工资制度改革，通过政府有目的地调控和引导，可以在一个特定的行政区域内使义务教育学校教师工资水平达到基本均衡。因此，义务教育学校率先实施绩效工资制度改革，是促进义务教育均衡发展的必要举措。

第三节　义务教育学校教师绩效工资制度改革的基本内容

2008年12月30日，国务院转发了人力资源和社会保障部、财政部、教育部《义务教育学校实施绩效工资指导意见》（以下简称"指导意见"）规定义务教育学校正式工作人员，从2009年1月1日起实施绩

---

① 王有佳：《教育关注：苏北地区教师缘何孔雀东南飞》，《华东新闻》2004年11月12日。

② 国家教育督导团：《国家教育督导报告——关注义务教育教师》，《教育发展研究》2009年第1期。

效工资。此后，各省（自治区、直辖市）根据各地的实际情况，纷纷出台了符合本地特点的实施意见。

一 绩效工资总量和水平核定

根据"指导意见"的规定，绩效工资总量暂按学校工作人员上年度 12 月的基本工资总额和规范后的津补贴水平核定。其中，义务教育学校教师规范后的津补贴平均水平，由县级以上人民政府人事、财政部门按照教师平均工资不低于当地公务员平均工资水平确定。绩效工资总量随基本工资和学校所在县级行政区域公务员规范后的津补贴水平做出相应的调整。同时，义务教育学校实施绩效工资同清理规范义务教育学校津补贴结合进行，将规范后的津补贴和原国家规定的年终一次性奖金纳入绩效工资总量。在人事、财政部门核定学校的绩效工资总量内，学校主管部门在具体核定学校绩效工资总量时，要合理统筹，逐步实现同一县级行政区域内义务教育学校绩效工资水平大体平衡。对农村学校特别是条件艰苦的学校要给予适当倾斜。从我们调查的八个省（区）来看，各个省（区）绩效工资总量和水平的核定大致相同，其绩效工资总量均根据上年度 12 月的基本工资总额和规范后的津补贴水平核定，同时强调"两平衡一倾斜"，"两平衡"即"义务教育学校教师平均工资水平和当地公务员工资水平大致平衡"和"同一县级行政区域内义务教育学校教师绩效工资水平大体平衡"；"一倾斜"即"绩效工资总量向农村学校特别是条件艰苦的学校给予适当倾斜"。这表明各省教师绩效工资制度改革旨在缩小义务教育学校教师和当地公务员之间及同一县域内不同义务教育学校教师收入的差距，并强化向农村教师倾斜的政策导向。

二 绩效工资分配

绩效工资分为基础性绩效工资和奖励性绩效工资。基础性绩效工资主要体现地区经济发展水平、物价水平、岗位职责等因素，占绩效工资总量的 70%，具体项目和标准由县级以上人民政府人事、财政、教育部门确定，一般按月发放。奖励性绩效工资主要体现工作量和实际贡献等因素，由学校确定分配方式和办法。根据实际情况，在绩效工资中设立班主任津贴、岗位津贴、农村学校津贴、超课时津贴、教育教学成果奖励等项目。同时，充分发挥绩效工资分配的激励导向作用。教育部门要制定绩效考核办法，加强对学校内部考核的指导。学校要完善内部考核制度，根据教师、管理、工勤技能等岗位的不同特点，实行分类考核。根据考核结果，在分配中坚持多劳多得，优绩优酬，重点向一线教师、骨干教师和做出突出成绩的其他工作人员倾斜。学校制定绩效分配办法要充分发扬民主，广泛征求教职工的意见。分配办法由学校领导班子集体研究后，报学校主管部门批准，并在本校公开。校长绩效工资，在人事、财政部门核定的绩效工资总量范围内，由主管部门根据对校长的考核结果统筹考虑确定。

从我们调查的八个省（区）来看，各个省（区）绩效工资的分配办法和考核方式等大同小异，但义务教育学校教师和校长的绩效工资规定不太一样（见表3-16）。就中部地区调研的省份而言，湖北省将班主任津贴、超课时津贴、教育教学成果奖纳入奖励性绩效工资管理，设立农村学校教师津贴并纳入基础性绩效工资管理；江西省将班主任津贴和岗位津贴纳入基础性绩效工资，设立考勤津贴、超课时津贴、超工作津贴和教育教学成果奖纳入奖励性绩效工资管理，其农村学校教师补贴纳入绩效工资总量管理；河南省将岗位津贴和农村学校教师津贴纳入基础性绩效工资管理，设立班主任津贴、超课时津贴、教育教学成果奖、优质服务奖并纳入奖励性绩效工资管理；湖南省将农村学校教师津贴同样纳入基础性绩效工资管理，其奖励性绩效工资并没有明确规定具体的项目。就西部地区调研的省份来说，广西设立班主任津贴、农村学校教师津贴、超课时津贴、教育教学成果奖励等项目并纳入奖励性绩效工资管理，同时学校也可根据实际情况设立符合自身发展特点的其他项目；四川省将农村教师津贴和岗位津贴纳入基础性绩效工资管理，设立班主任津贴、超课时津贴和教育教学成果奖并纳入奖励性绩效工资管理。就东部地区调研的省份而言，广东省设立岗位津贴和农村教师津贴并纳入基础性绩效工资管理，设立班主任津贴、超课时津贴、教育教学成果奖励、年终一次性奖金并纳入奖励性绩效工资管理。山东省设立岗位津贴、生活补贴、农村教师津贴并纳入基础性绩效工资管理，设立班主任津贴、一线骨干教师津贴、超课时津贴、教育教学奖励并纳入奖励性绩效工资管理。

同时,我们调查的八个省(区)的义务教育学校校长绩效工资规定也大不一样。就中部地区调研的省份而言,江西省规定校长绩效工资纳入本校基础性绩效工资中发放,奖励性绩效工资在绩效工资总量内,由主管部门根据对校绩效考核结果发放;湖南省规定,校长的基础性绩效工资要考虑校长工作任务繁重、责任重大等因素,由学校主管部门根据学校规模、岗位职责确定具体标准,按月发放。校长的奖励性绩效工资,由学校主管部门在绩效考核的基础上,根据考核结果,原则上每学期发放一次。河南省将校长、书记的基础性绩效工资纳入本学校绩效工资中发放,奖励性绩效工资由学校主管部门按照考核结果发放。就西部地区调研省(区)来看,四川和广西均规定校长奖励性绩效工资在人事、财政部门核定的绩效工资范围内,由学校主管部门根据考核结果确

表 3-16　　**基础性绩效工资和奖励性绩效工资设定**

地区	省(区)	基础性绩效工资	奖励性绩效工资
	湖北	农村教师津贴、岗位津贴	班主任津贴、超课时津贴、教育教学成果奖励
	湖南	在基础绩效工作总量内,设立农村学校教师津贴	由学校根据本校的实际情况,制定具体分配方案
	江西	班主任津贴、岗位津贴	考勤津贴、超课时津贴、超时工作津贴、教育教学成果奖
	河南	农村教师津贴、岗位津贴	班主任津贴、超课时津贴、教育教学成果奖励、优质服务奖
	广西	岗位津贴	班主任津贴、农村教师补贴、超课时津贴、教学成果奖
	四川	岗位津贴、农村教师津贴	班主任津贴、超课时津贴、教育教学成果奖励
	广东	岗位津贴、农村教师津贴	班主任津贴、超课时津贴、教育教学成果奖励、年终一次性奖金
	山东	岗位津贴、生活津贴、农村教师津贴	班主任津贴、一线骨干教师津贴、超课时津贴、教学奖励

定。就东部地区调研的省份而言，广东省规定，校长绩效工资在政府人事、财政部门核定的绩效工资总量内，由教育、人事部门根据学校和对校长考核的结果统筹考虑确定；山东省规定，校长奖励性绩效工资的实际发放水平，由学校主管部门根据对校长年度考核结果，在人事、财政部门核定的总量范围内统筹考虑确定。

三 经费保障与财务管理

义务教育学校实施绩效工资所需经费，纳入财政预算，按照管理以县为主、经费省级统筹、中央适当支持的原则，确保义务教育学校实施绩效工资所需资金落实到位。县级财政要优先保障义务教育学校实施绩效工资所需经费，省级财政要强化责任，加强经费统筹力度，中央财政要进一步加大转移支付力度，对中西部及东部部分财力薄弱地区农村义务教育学校实施绩效工资给予适当支持。就财务管理而言，要规范学校财务管理，严格执行国务院关于义务教育阶段学生学杂费等费用的规定，严禁"一边免费，一边乱收费"。学校的国有资产实行统一管理，各类政府非税收一律按照国家规定上缴同级财政，严格实行"收支两条线"，严禁利用收费收入和公用经费自行发放津补贴。同时，学校绩效工资要专款专用，分账核算。基础性绩效工资按程序直接划入个人工资银行账户，奖励性绩效工资经学校主管部门审核后，由同级财政部门划入个人工资账户。在实施绩效工资前，有些义务教育学校存在"乱集资，乱收费"的现象，企图通过收费来提高教师收入，结果导致同一区域内不同学校的教师收入差距过大，在一定程度上助长了教育领域的不正之风，损害了学校和教师在社会上的形象。可见，这次改革旨在改变过去依靠学校收费来解决义务教育教师津贴、补贴的现象，逐步消除同一区域内不同学校教师收入差距过大的问题，建立义务教育学校教师工资长期稳定发放机制。这样可以遏制学校"乱集资，乱收费"的不正当行为，从而达到规范义务教育经费管理的目的。

第四节　义务教育学校教师绩效工资制度
改革的原则

任何一项教育政策都是一种教育领域的政治措施，任何政治措施本身都代表或蕴涵着政府对于教师事业和教育问题的一种价值选择——做什么或不做什么，鼓励什么或禁止什么的一种价值选择。正如托马斯·戴伊所说："凡是政府决定做或不做的事情就是公共政策。"[①] 同样，义务教育学校教师绩效工资制度作为一项公共政策，同样存在着政府做出什么样的价值选择的问题。具体而言，义务教育学校教师绩效工资制度改革必须遵循以下原则。

一　以德为先的原则

道德是指人们相互关系的行为准则和规范。简而言之，就是做人的标准。职业道德是指从事各种职业的人们在其特定的工作或劳动中，在思想和行为方面所遵循的行为准则和规范。而教师职业道德是教师这个行业的特殊要求，是指教师在从事教育活动过程中所形成的、比较稳定的道德观念和行为规范。[②] 它是在教师职业活动范围内，调节教师与学生、教师与教师集体、教师与学生家长、教师与社会关系的行为准则。它作为一种无形的精神力量，制约着教师知识才能的发挥，制约着教师实践活动的成败，是教师实施教育影响的前提，也是教师自我完善的动力。具体而言，教师道德素质的重要性在于：第一，教师道德素质是教师敬岗爱业的基础。教师的基本职责是教书育人，教师是否忠于职守，能否将其全部知识、智慧乃至整个身心奉献给教书育人的平凡事业，取决于教师本人的道德认识和道德素质，取决于教师本人所追求的人生价值。教师能否接受这项规范要求，社会舆论和他人对教师职业的评价固然很重要，但起决定作用的还是教师本人的道德素质。良好的道德素质

[①] Tomas R. Dye, *Understanding Public Policy*, England Cliffs, N.J.: Prentice-Hall Inc., 1987., 2.

[②] 张承芬编：《教师素质学》，济南出版社1990年版，第93页。

是教师"敬业"和"乐业"的基础，也是激励教师"敬业"和"乐业"的精神动力。第二，教师道德素质是实施教育影响的前提。教师劳动的对象是人，劳动工具也是人，劳动"产品"也是人。这个劳动的特点决定了教师道德有不同于其他职业道德的规范和内容。教师在教育劳动过程中抱怎样的态度，表现怎样的道德风貌，直接影响着学生道德品质的形成和发展，而这种影响常常是无形的、潜在的，又是长远的、深刻的，是任何奖惩制度都不能代替的。第三，教师道德素质是教师工作质量的保证。教师良好的道德素质，高度的职业责任感，是教师的职业良心，是做好教师工作的巨大动力，也是教师工作的质量保证。教师是具有文化知识技能和思想觉悟的人，对社会的各个方面能够产生直接作用和深远影响。这就要求教师在教师劳动过程中高度负责，严守"质量关"，因为教师的劳动产品既不能简单"淘汰"，又不能"回炉重造"，正如洛克所说："教育上的错误比别的错误更不可轻犯。教育上的错误正和配错了药一样，第一次弄错了，绝不能借第二次、第三次补救，它们的影响是始终洗刷不掉的。"[①] 第四，教师道德素质是教师自我完善的动力。具有良好道德素质的教师，能意识到教师作为人类灵魂的工程师，并不仅仅是一种赞誉，更重要的是对教师的肯定和鞭策。这就促使教师要勇于创新，在教学实践中增长其聪明才智；不断加强自身修养，提高自身品德和心理素质。总之，加强教师道德素质的修养，不仅是教师队伍建设不可缺少的重要内容，也事关教育事业的成败。

《教育部关于做好义务教育学校教师绩效考核意见》指出："尊重规律，以人为本，尊重教师的主体地位，充分体现教师教书育人工作的专业性、实践性和长期性。以德为先，注重实绩，完善绩效考核内容，把师德放在首位，注重教师履行岗位职责的实际表现和贡献。"绩效考核结果是教师绩效工资分配的主要依据，可以看出，义务教育学校教师绩效工资制度改革坚持以人为本的价值取向，尊重教师，维护教师的合法权利，既考虑到教育教学规律和教师职业特点，又充分调动教师的积极性和创造性。同时，坚持以德为先，在师德考核中，为人师表、爱岗敬业和关爱学生是义务教育学校教师绩效考核的主要内容之一，教师不

---

① 洛克：《教育漫话》，人民教育出版社1957年版，第2页。

得以任何理由、任何方式有碍完成教育教学任务，不得以非法方式表达诉求，干扰正常的教育教学秩序，损害学生利益。近年来，我国义务教育学校教师队伍在拜金主义、享乐主义、个人主义等社会不良风气的影响下，一些教师存在体罚、变相体罚学生和以罚代教、以教谋私的现象，还有不少教师下海经商、从事第二职业、办课外补习班和有偿家教等活动，严重影响了义务教育学校教师队伍的形象和义务教育质量。坚持以德为先，对义务教育学校教师队伍建设的作用不可低估。第一，坚持以德为先，可以激励教师不怕辛苦、不计得失。因为教师劳动的复杂性、长期性和重复性，决定了教师所从事的是一项非常辛苦的工作。教师经常加班加点，花费巨大的精力和心血。任何一名合格的教师，他的劳动和所获得的报酬是难以相等的。第二，坚持以德为先，可以激励教师敬业乐业、矢志不移的精神。热爱本职工作、忠于职守是教师应具备的最基本的道德素养，也是教师常年坚守教师岗位、默默无闻工作的精神动力。第三，坚持以德为先，可以激励教师严谨治学、精心育人。教书育人是教育工作的双重职责，教师既要教好书，又要育新人，两者不可偏废。常言道："经师易得，人师难求。"教师应既当经师，又当人师。坚持以德为先，可以鼓励教师在教育和教学活动中，既要孜孜以求、学而不厌，又要寓道于教、培育新人，将教书和育人有机地结合起来。第四，坚持以德为先，可以激励教师热爱学生、诲人不倦。苏霍姆林斯基说："要想成为孩子的真正教育者，就要把自己的心奉献给他们。"[1] 热爱学生、诲人不倦是所有优秀教师的共同品质，它集中体现了教师对职业劳动的态度，也是衡量教师道德水准的标尺。第五，坚持以德为先，可以激励教师以身作则、为人师表。孔子说："其身正，不令而行。其身不正，虽令不从。"社会赋予教师的职责是教书育人，教师不仅要用其学识教人，而且要用其品德育人。由此可见，义务教育学校教师绩效工资制度改革坚持以德为先的原则，对于提高教师的整体素质，加强教师队伍建设，具有极其重要的导向作用。

---

[1] ［苏］苏霍姆林斯基：《把整个心灵献给孩子》，天津人民出版社1981年版，第9页。

二 均衡发展的原则

规划纲要阐明了未来十年义务教育发展的目标，即"到 2020 年，全面提高普及教育水平，全面提高教育质量，基本实现区域内均衡，确保适龄儿童少年接受良好的义务教育"。区域内义务教育均衡发展，就是使区域内义务教育阶段的各级学校在办学经费、硬件设施、师资调配、办学水平和教育质量等方面大体上处于一个比较均衡的状态，其中师资均衡是区域内义务教育均衡发展的重要条件之一。

多年来，我国义务教育学校教师收入一直偏低，即使在同一县（区）域内教师的实际收入与相同级别的公务员收入相比相差很大。这就导致教师岗位缺乏吸引力，大量中小学教师纷纷转行，或从事第二职业，直接影响到义务教育的均衡发展。而且，义务教育学校教师收入地区差距、城乡差距非常大，即使在同一县（区）域内教师收入差距也相当大。在义务教育学校教师绩效工资制度改革前，中小学教师的实际收入中相当部分是地方津补贴，在一般情况下占教师总收入的 30% 左右。它主要包括：一是地方政府出台政策由财政统一发放的津补贴；二是地方政府出台政策由学校自筹资金发放的津补贴；三是学校自行确定和发放的津补贴。后两类主要从学校收取的杂费和其他服务性收费中开支。实施新机制改革和城市免费义务教育后，学校收费项目逐步被取消，这两类津补贴失去了资金来源。那些位于城区或镇区的中心学校或重点学校收入来源广，可以利用门面出租收入、食堂收入、拉赞助等方式筹集资金，教师收入相对就高；而那些位于农村偏远地区的学校或城区整体水平较差的薄弱学校收入非常有限，除了公用经费外再没有其他任何收入，教师收入相对就少了很多。因此，在农村偏远地区学校或城区薄弱学校工作的教师就会千方百计地调到城区或镇区收入较高的学校，长期下去，农村偏远地区学校和城区薄弱学校的骨干教师和优秀年轻教师纷纷流失，造成这些学校的师资整体水平下降，整个县（区）域内义务教育学校师资配置严重不均衡，位于城区或乡镇中心学校或重点学校的师资力量强，教学水平高；而位于农村偏远地区学校或城区薄弱学校的师资力量弱，教学水平低。这样就造成了同一县（区）域内义务教育发展严重不均衡，这显然有悖于我国近年来一直遵循的义务教育均衡发展的理念。可以说，同一县（区）域内义务教育教师同公务员工资差别大，同一县（区）域内义务教育教师工资水平不平衡，是制约区域内义务教育均衡发展的最大障碍之一。

这次绩效工资改革的核心理念之一，就是保证义务教育学校教师收入同当地公务员收入大致平衡，还要随着基本工资和公务员津补贴的水平而进行调整，这就有效地增强了义务教育教师岗位的吸引力，使他们安心从教，避免了教师转行或从事第二职业，从而达到稳定教师队伍的目的。同时，这次绩效工资改革还要求，学校主管部门在具体核定学校绩效工资总量时，要逐步实现同一县域内义务教育学校教师绩效工资水平的大致平衡，对农村学校特别是条件艰苦的学校要适当倾斜。可以看出，这次改革着重强调同一县（区）域范围内义务教育学校教师工资水平大致平衡，这是防止区域内，特别是农村偏远地区学校和城区薄弱学校教师无序流动的有效措施。此外，不少省（区、市）在制定义务教育阶段教师绩效工资具体实施意见时，均设立了农村地区教师津贴，并且不少地方还根据地理位置偏僻程度和学校条件的不同设立了不同级别的农村地区教师津贴，地理位置愈偏僻、条件愈差的学校，农村教师津贴愈多，目的是提高农村教师待遇，鼓励优秀教师到农村偏远地区任教，促进城乡义务教育均衡发展。由此可见，义务教育学校教师绩效工资制度改革所遵循的是均衡发展的原则。

三 公平与效率有机统一的原则

效率与公平是一个经典的公共政策目标的权衡问题。当然，严格地说，公平与效率并不是一对具有哲学意义的范畴，与公平相对的是非公平，与效率相对的是非效率，虽然公平与效率并不构成一对范畴，但是在经济学领域中两者之间存在着相互影响和相互制约的关系，有着较为密切的内在联系。一般认为，效率是指"资源的有效使用和有效配置"，"在经济领域内，任何资源总是有限的，不同的资源只是有限供给的程度不一而已。如何使用和配置各种有限的资源，使用得当、配置得当，有限的资源可以发挥更大的作用；反之，使用不得当，有限的资源只能发挥较小的作用，甚至可能产生副作用。这就是高效率与低效率的区别"①。而公平"主要是指如何处理经济活动中的各种经济利益关系,其实质是合理的分配原则"②。经济领域内公平与效率的矛盾主要表现在制定经济政策时把何者放在更优先的位置上,即公平优先还是效率优先。

同理,义务教育学校教师绩效工资制度改革同样面临着公平与效率的问题。长期以来,我国义务教育学校教师工资水平同当地公务员工资差别很大,同一县域内教师工资校际差距悬殊,这就导致义务教育教师收入分配的公平性缺失。同以往教师工资制度改革相比,这次改革明确规定教师工资水平和当地公务员工资水平应大致平衡,同一县域内教师绩效工资水平应大致平衡。与此同时,还规定义务教育学校教师绩效工资要向农村学校特别是条件艰苦的学校倾斜。可见,这次改革坚持公平优先和弱势补偿的原则,将收入分配公平性问题放在优先考虑的位置。根据规定,各级政府应积极建立义务教育学校绩效工资总量与当地公务员津补贴同步同幅度调整的长效联动机制,确保教师工资不低于当地公务员工资的平均水平;保证同一县域内义务教育学校教师工资水平大致相当,并向农村偏远地区和薄弱学校倾斜。这样可以依法保障义务教育学校教师的工资待遇,吸引各类优秀人才长期从教、终身从教,并积极鼓励优秀教师长期扎根农村基层学校。在教师工资经费保障方面,这次改革明文规定:"中央财政要进一步加大转移支付力度,对中西部及东部部分财力薄弱地区农村义务教育学校实施绩效工资给予适当支持。"这些规定反映了公共财政配置的普惠性以及教育公平的弱势补偿原则。同时,这次绩效工资改革还明确要求,坚持多劳多得、优绩优酬,重点向一线教师、骨干教师和有突出贡献的工作人员倾斜。可以看出,绩效工资分配中同时包含着效率至上的原则,在教学、管理和后勤服务工作中,谁的劳动量大,服务质量高,实际贡献大,谁就能在绩效工资分配中享有优先权。还有各地根据实际情况,在绩效工资中设立了班主任津贴、岗位津贴、农村教师津贴、超课时津贴、教学成果奖励等项目,这

---

① 厉以宁:《经济学的伦理问题》,生活·读书·新知三联书店1995年版,第2页。
② 余源培、荆忠:《寻找新的学苑——经济哲学成为新的学科生长点》,上海社会科学院出版社2001年版,第151页。

反映了教育财政的效率原则，对于加强义务教育教师队伍建设，充分调动广大教师的积极性、主动性和创造性，具有极为重要的激励导向作用。总的来看，这次改革追求公平与效率的有机统一，既能依法保证义务教育学校教师工资待遇，又能提高他们工作的积极性。一般来说，如果只注重公平会降低教师工作的积极性，使之安于现状；如果只强调效率，教师在恶性竞争环境中就不能共同学习和进步。所以，这次改革将公平理念融入各个环节，同时注重公平与效率相统一，找到两者最佳的结合点。

第四章　义务教育学校教师绩效工资制度改革的成效及问题

义务教育学校教师绩效工资改革正在我国广大中小学校深入进行，取得了初步的成效，得到了广大教职工的衷心拥护和支持。但改革也存在着这样或那样的问题，这些问题如果得不到妥善解决，必然会影响义务教育学校教师绩效工资的实施乃至整个义务教育的发展。

第一节　义务教育学校教师绩效工资制度改革的初步成效

义务教育学校教师绩效工资制度的实施，是我国教师收入分配制度的一次重大改革和调整。几年来，义务教育学校教师绩效工资改革已经在我国广大中小学校深入进行，取得了初步的成效，解决了许多年得不到解决的问题。

一　依法保障教师的工资待遇，稳定了义务教育学校教师队伍

"百年大计，教育为本。"而教育的发展，教师又是根本。因此，要大力发展教育事业，提高国民素质，一定要尊师重教、尊重知识、尊重人才，特别要注意提高中小学教师的社会地位和生活待遇。联合国教科文组织在国家公共教育大会上就教师工资水平提出以下建议："在考虑国家财政状况的情况下，各类教师应获得同其任务的重要性相适应的工资，工资水平应足够使其避免处于低于相应社会地位的各类雇员或体

力劳动者的位置。"① 同样，1966年10月，联合国教科文组织在法国巴黎召开的关于教师地位的各国政府间特别会议通过的题为《关于教师地位的建议》强调：1) 应对教师职责的重要性及其完成职责的能力给予高度评价；2) 与从事其他职业的人相比较，给予教师的工作条件、报酬和其他物质利益应有差别；3) 公众应尊重教学职业。联合国教科文组织国际计划研究所原所长菲利普·库姆斯更是认为："允许教师工资落后于其他人员的工资是自取失败，因为这样的结果是丢失很多最好的教师，然后补充以才能较差者。"② 可见，国际上普遍认为，教师作为国家、社会和家长的委托人是负责培养年轻一代成长的，并且作为专职人员，在培养年轻一代如何健康成长方面具有权威性，他们不仅自身对年轻一代的全面发展具有全方位的作用，同时还对协调环境因素对年轻一代健康成长的影响作用负有责任。在担任如此重大的社会责任的基础上，教师以其富有高度责任感和奉献精神的工作而树立的社会典范形象，使教师应该具有较高的社会威望和社会地位。所以，教师的工资待遇对于教育发展而言至关重要。

但是，长期以来，我国义务教育学校教师工资水平较低。这一方面导致义务教育学校教师社会地位不高，社会对中小学教师缺乏尊重，致使很多中小学教师缺少尊严感和职业自豪感，工作积极性普遍不高；另一方面也导致一部分教师不务正业，通过兼职等形式来弥补收入的不足，有些教师通过下海经商、考研和考公务员等形式离开教师队伍，不利于义务教育学校教师队伍的稳定。教师收入水平低，是造成义务教育学校教师队伍不稳定，难以吸引优秀人才从教的主要原因。

根据《关于义务教育学校实施教师绩效工资的指导意见》的有关精神，义务教育学校教师绩效工资总量和水平的核定，要按照教师平均工资水平不低于当地公务员平均水平的原则确定，绩效工资总量随基本工资和学校所在县级行政区域公务员规范后的津补贴水平而调整。这是依法落实义务教育学校教师工资待遇的重要举措，也是稳定我国中小学教

---

① 赵中建：《全球教育发展的历史轨迹——联合国教科文组织国家大会建议书专集》，教育科学出版社2005年版，第33页。

② [美] 菲利普·库姆斯：《世界教育危机》，人民教育出版社2001年版，第152页。

师队伍的重要行动。事实上，早在1994年，教师法就做出规定："教师的平均工资水平不低于或高于国家公务员平均水平，并逐步提高。"2006年新修订的《中华人民共和国义务教育法》第31条明确规定："各级人民政府保障教师工资福利和社会保险待遇，改善教师工作和生活条件；完善农村教师工资保障机制。教师的平均工资水平应当不低于当地公务员平均工资水平。"可见，义务教育学校教师绩效工资制度改革直接体现了国家对义务教育的高度重视，并使法律的严肃性得到进一步确认。义务教育学校教师绩效工资制度改革，一方面，普遍提高了义务教育学校教师的待遇，改变了中小学教师收入过低的状况，落实了国家对中小学教师社会地位的承诺；另一方面，依法保障中小学教师收入，保证义务教育学校教师工资不低于当地公务员的平均水平，稳定了我国中小学教师队伍，提高了广大义务教育学校教师的工作满意度，增强了他们的荣誉感和自豪感，激发了广大教师的工作积极性。

从问卷调查结果来看，当问到绩效工资实施前后教职工收入情况时，东、中、西部各不相同。在绩效工资实施前，中部地区义务教育学校教职工年收入在15000—20000元和20001—25000元的分别占59.5%和14.9%，在25001—30000元和30001—35000元的分别占24.2%和1.4%，在35001—40000元和40001—45000元的分别占0.5%和0.4%，在45001—50000元的占0.1%。在绩效工资实施后，年收入在15000—20000元和20001—25000元的分别占32.1%和36.7%，在25001—30000元和30001—35000元的分别占11.7%和3.9%，在35001—40000元和40001—45000元的分别占4.5%和1%，在50000元以上的占0.3%。就西部地区而言，在绩效工资实施前，义务教育学校教职工年收入在15000—20000元和20001—25000元的分别占62.3%和23.7%，在25001—30000元和30001—35000元的分别占12.4%和1.0%，在35001—40000元和40001—45000元的分别占0.4%和0.2%；在绩效工资实施后，年收入在15000—20000元和20001—25000元的分别占50.2%和25.4%，在25001—30000元和30001—35000元的分别占15.7%和6.6%，在35001—40000元和40001—45000元的分别占1.2%和0.7%，在45001—50000元的占0.2%。从东部地区看，在绩效工资实施前，义务教育学校教职工收入在15000—

20000 元和 20001—25000 元的分别占 15.2% 和 17.8%，在 25001—30000 元和 30001—35000 元的分别占 23.9% 和 24.3%，在 35001—40000 元和 40001—45000 元的分别占 14.2% 和 3.5%，在 45001—50000 元和 50000 元以上的分别占 0.7% 和 0.4%。在绩效工资实施后，年收入在 15000—20000 元和 20001—25000 元的分别占 10.7% 和 15.2%，在 25001—30000 元和 30001—35000 元的分别占 25.4% 和 26.2%，在 35001—40000 元和 40001—45000 元的分别占 15.7% 和 4.8%，在 45001—50000 元的占 1.3%（见表 4-1）。可以看出，在绩效工资制度改革后，无论是东部、中部还是西部地区，义务教育教职工的收入均有不同程度的增长。此外，《教育蓝皮书：中国教育发展报告（2010）》对我国东、中、西部的调查也可以证实这一点。调查结果显示，在绩效工资实施前，月工资水平在 2000 元以下的教师占调查人数的 59.16%，其中 1500 元至 2000 元的教师占调查总数的 28.85%，3000 元以上的仅占 7.07%。发放 70% 的绩效工资后，以各地平均计算，每月工资 2000 元以下的降至 26.39%；2000 元至 3000 元的上升到 43.76%；3000 元以上的，则增加到 24.90%。东部地区变化更加明显，2000—2500 元的人数下降，但 2500—3000 元、3000—3500 元、3500 元以上的人数显著增多。西部地区 2500—3000 元的教师也比绩效工资实施前增加了 8.70%，而 1000—2000 元的人数下降了 26.09%。[①] 可见，在绩效工资实施后，东部地区义务教育学校教职工的收入均明显高于中部地区和西部地区教职工的收入。总的来看，教师绩效工资改革后，义务教育教职工的收入明显增加了。

事实上，2010—2011 年我们在中部四省中小学进行实地调研时，与中小学校长及教师的访谈也证实了这一点。例如，河南省孟津县一中学的王校长说："过去实行的结构工资有国家拨付和自筹两部分，自筹部分需要我们校长想办法，这给我们带来了很大的压力。现在实施绩效工资后，教师工资全部由国家拨付和地方财政支持，我们校长的压力大大减轻了，现在再也不用整天为教师工资发愁了，现在我们有更多的时

---

① 杨东平编：《教育蓝皮书：中国教育发展报告（2010）》，社会科学文献出版社 2010 年版，第 214 页。

表4-1　绩效工资实施前后义务教育学校教职工收入对比（教师卷）　　（%）

绩效工资实施前				绩效工资实施后			
教师年工资（元）	东部	中部	西部	教师年工资（元）	东部	中部	西部
15000—20000	15.2	59.5	62.3	15000—20000	10.7	32.1	50.2
20001—25000	17.8	14.9	23.7	20001—25000	15.2	36.7	25.4
25001—30000	23.9	24.2	12.4	25001—30000	25.4	11.7	15.7
30001—35000	24.3	1.4	1.0	30001—35000	26.2	3.9	6.6
35001—40000	14.2	0.5	0.4	35001—40000	15.7	4.5	1.2
40001—45000	3.5	0.4	0.2	40001—45000	4.8	1	0.7
45001—50000	0.7	0.1	0	45001—50000	1.3	0	0.2
50000元以上	0.4	0	0	50000元以上	0.7	0.3	0

间和精力投入学校的管理和发展中去。"2011年5月，我们在江西省泰和县调研时，该县一中心小学刘校长说，以往他把绝大部分的精力用在如何筹措教师工资上，现在再也不用为教师工资担心了，教师的积极性也提高了，他可以把全部的精力放在学校管理上。同样，在谈到义务教育学校教师绩效工资改革时，湖南省沅陵县荔溪乡一小学李校长动情地说："以往我主要精力不是应付各方讨债者，就是奔波在机关、企业和政府之间四处'化缘'，解决学校教师工资问题，为了一个'钱'字，跑细了腿，磨破了嘴。绩效工资实施后，广大农村中小学校长从经费短缺的困扰中解脱出来了，再也不必担心教师的工资发放了，可以用更多的时间和精力去抓教育教学工作。"武汉市洪山区一个位置十分偏僻的农村学校的彭校长说，2009年绩效工资实施后，学校教职工收入平均上涨约1800元/月，年收入增收了近20000元。和洪山区、周边的青山区和武昌区一些城区学校相比，该校教师平均绩效工资相差不过几十元，城乡中小学教师的收入已经非常接近了。教师收入普遍提高了，想要调动的自然也就很少了。同样，2010年我们在武汉市江岸区育才小学调研时，该校一位中年教师拿着工资条对我们说："2009年10月，我的工资共3547.5元，主要由三个部分组成：基本工资1422元，国家规定的补贴52.5元，基础性绩效工资2073元。虽然现在30%的奖励性工资还没兑现，但从已经兑现的基础性绩效工资来看，工资增幅明显。"

他还说:"绩效工资实施前,我每月的收入为 2409 元,现在能拿到 3000 多元(还不含奖励性绩效工资),月收入增加 1100 多元。工资增加了,自然就不想再调动了,现在就想安心工作。"

与此同时,西部欠发达地区义务教育学校教师绩效工资改革同样引人注目。2011 年 6 月,我们在广西壮族自治区武鸣县调研时,该县教育局负责人告诉我们,该县义务教育阶段学校共有 190 所,纳入义务教育学校实施绩效工资的在职人员 5101 人,2009 年按每人每月 347 元、502 元、1502 元给义务教育阶段学校教职工预发了基础性绩效工资,2010 年 6 月,我们县全部兑现了 2009 年的奖励性绩效工资,总额为 3255 万元,人均 6322 元,其中校长年人均 8894 元,最高 10699 元,最低 8096 元。2010 年 9 月,兑现了 2010 年上半年义务教育阶段学校奖励性绩效工资,总额为 1935 万元,上半年人均 3794 元,其中校长人均 5110 元,最高 6296 元,最低 4714 元。2011 年 2 月,兑现了 2010 年下半年义务教育阶段奖励性绩效工资,总额为 1722 万元,半年人均为 3456 元,其中校长人均 4710 元,最高 5817 元,最低 4361 元。该负责人同时表示,武鸣县位于我国西部欠发达地区,经济条件落后,以往该县义务教育学校教师工资待遇根本无法按时到位,尤其属于县级政府和学校自筹的那部分津补贴根本无法兑现。现在国家加大对西部教育的投入力度,该县政府也千方百计地筹集了资金,全县所有义务教育学校教师的绩效工资基本能得到保证,再也没有发生新的拖欠现象。教师工资待遇有保证了,工作积极性明显提高了,教师队伍也就稳定了,现在教师流失的现象越来越少见了。四川省迁安市共有义务教育学校 216 所,教职工 6180 人。在绩效工资实施前,该市义务教育阶段教职工人均年收入水平比当地公务员低 6463 元。绩效工资实施后,在全面摸清底数的基础上,迁安市专门制定了《义务教育学校绩效工资实施办法》,建立了科学的考核机制,按照绩效工资向关键岗位和有突出贡献人员及农村条件艰苦学校的教师倾斜,兼顾义务教育阶段学校退休人员待遇的原则,以 2009 年 12 月基本工资额度和规范津贴、本地公务员的收入水平为基础,确定标准,人均月增资 690 元。该市财政投入 6321 万元,确保了绩效工资按时足额发放,依法保障了义务教育学校教职工的工资待遇。同样,西部地区关于绩效工资的报道也证实了这一点。例如,到

2009年5月，陕西省西安市市属和13个区县属2014所义务教育学校56829名教职工的经费全部拨付到位，各学校根据考核结果确定教师奖励性绩效工资部分，全市义务教育学校教师已经全部足额领到绩效工资，所属各县人均月增资708元，西安市义务教育学校绩效工资已经全部兑现发放。① 另据报道，在绩效工资实施后，陕西省农村教师收入水平有了较大幅度的提高，全省农村教师月工资水平达到2500—3000元。教师敬业乐教的积极性明显增强，"跳槽"及"弃教"的现象基本消失。② 在2010年2月2日教育部新闻通气会上，重庆市教委主任说："绩效工资政策的推行。使重庆义务教育学校教师工资水平提高了，农村教师队伍稳定了，教师交流变得更容易；校长们再也不必担心东拼西凑为学校找钱，能专心抓学校管理了，办学行为更加规范，管理水平正在进一步提高。"③

总之，无论是问卷调查的结果，还是实地调研了解的情况或各地的报道，都可以证实教师绩效工资改革，依法保障了义务教育学校教师的收入，使广大中小学教师能安心从教，从而稳定了我国义务教育学校教师队伍，保证了义务教育的健康发展。

二 建立了和当地公务员工资联动机制，保证了教师工资随公务员工资同步增长

教师待遇的高低，是教师职业能否吸引优秀人才的重要条件之一，同时也是教师能否解除后顾之忧，全心全意投入教育教学工作的物质基础。联合国教科文组织国际教育规划研究所的雅克·哈拉克认为："教师的报酬应是以使有才干的青年教师选择这个职业，并应具有与公务员制度其他工作人员的薪金水平相似的合理数额。"④ 菲利普·库姆斯指出："所有教师从工资结构的底层踏入定期自然调整工资的阶梯，然后

---

① 柯昌万：《如何推动管理模式改革》，《云南教育》2010年第2期。
② 司晓宏等：《当前我国西部地区农村义务教育形势分析》，《教育研究》2010年第8期。
③ 刘华蓉、高伟山：《财政确保绩效工资兑现》，《中国教育报》2010年2月3日。
④ 雅克·哈拉克：《投资于未来——确定发展中国家教育重点》，尤莉莉、徐贵平译，教育科学出版社1993年版，第197页。

随着教龄的增长而共同升级。对于有才能的教师来说，跳出这种自然调整工资的阶梯，踏入较高阶梯的途径是停止教课而去做行政管理人员，这种情况意味着失掉优秀的教师，但不一定获得优秀的行政管理人员。"[1] 在他看来，教师工资低于行政官员的工资会导致教师大量流失。同样，联合国教科文组织在国际公共教育大会第7届会议上就教师工资水平和政府官员工资比较时提出以下建议："在考虑国家财政状况的情况下，教师应获得与其作用的重要性相适应的工资，工资水平应足够使他们同相应的官员或雇员持平。"[2] 可见，国际上普遍认为，教师工资水平应该同公务员系统中的行政官员工资水平大致持平，这样才有利于义务教育教师队伍的稳定，避免优秀教师的大量流失。

义务教育学校教师的工资水平之所以应按照当地公务员平均工资水平来确定，是因为：第一，国家公务员从长远来看，将具有较高的工资水平和较优厚的物质待遇，对义务教育学校教师比较有利。第二，国家公务员工资水平比较稳定，而且还有稳定的财政保障机制，与之相联动，有利于义务教育学校教师工资水平的稳步增长。第三，根据世界各国的经验，教师工资如果低于公务员的工资会导致教师大量流失。所以，联合国教科文组织在《关于教师地位建议书》中就教师工资问题提出以下建议："与其他要求相似或相同资格的职业工资比较起来，应待遇从优。"此外，义务教育教师的绩效工资总量随基本工资和学校所在县级行政区域公务员规范后的津补贴调整而调整，这样就建立了和当地公务员工资联动机制，可以依法保证义务教育教师的工资待遇。例如2010年4月，我们课题组在湖北省浠水县巴河镇中心小学进行实地调研时，该校教务主任王老师非常高兴地对我们说："2009年我们这里中小学教师津补贴已经完全到位，现在津补贴部分和公务员基本一致，整个收入比本地公务员还略高一些，现在教师的积极性普遍提高了。"在实施绩效工资制度改革前，河南省驻马店市义务教育学校教师与公务员津补贴存在较大的差距，在2009年绩效工资实施后，扣除不可比因素，

---

[1] [美] 菲利普·库姆斯：《世界教育危机》，人民教育出版社2001年版，第153页。
[2] 赵中建：《全球教育发展的历史轨迹——联合国教科文组织国家大会建议书》，教育科学出版社2005年版，第53页。

该市义务教育学校教师工资收入要高于本地公务员收入。市直义务教育学校教师绩效工资按 15600 元核算，在职教师月工资收入为 2612 元，人均月增 592 元，月人均收入较公务员高 94 元；该市开发区义务教育学校教师绩效工资和市直机关同比发放，月人均较公务员高 135.6 元；驿城区绩效工资按年人均 10000 元发放，人均收入较公务员高 86 元；各县绩效工资年人均发放 4800 元，月人均收入较公务员高 94.4 元。[①] 同样，2011 年 6 月，我们在广西壮族自治区武鸣县调研时发现，义务教育学校教师绩效工资制度改革前，该县中小学教师年工资要比当地公务员少 3000—5000 元，原因是该县教师有一部分津补贴需要学校自筹，但学校根本无力解决这个难题。2006 年公务员工资制度改革后，公务员工资普遍上涨了，而该县中小学教师工资却"按兵不动"，公务员和教师的年工资差距扩大到 5000—8000 元。绩效工资制度改革后，建立了和当地公务员工资联动机制，广大义务教育学校教师的工资同公务员的工资一起增长，现在该县的中小学教师和公务员的工资基本持平，甚至还略高于公务员的工资。

问卷调查结果也表明，在教师绩效工资制度改革后，义务教育学校教师的工资水平和当地公务员的工资水平已经大致持平，甚至还略高于当地公务员的收入。当问到"绩效工资实施后，您的工资是否不低于当地公务员平均工资水平"这一问题时，在中部地区，教师卷中回答"是"的占 80.2%，回答"不是"的占 5.4%，回答"不清楚"的占 14.4%；校长卷中回答"是"的占 80.5%，回答"不是"的占 5.8%，回答"不清楚"的占 13.7%；教育行政人员卷中，回答"是"的占 94.8%，回答"不清楚"的占 5.2%。在西部地区，教师卷中回答"是"的占 74.3%，回答"不是"的占 10.5%，回答"不清楚"的占 15.2%；校长卷中，回答"是"的占 79.6%，回答"不是"的占 7.5%，回答"不清楚"的占 12.9%；教育行政人员卷中，回答"是"的占 92.7%，回答"不清楚"的占 7.3%。在东部地区，教师卷中回答"是"的占 80.5%，回答"不是"的占 6.7%，回答"不清楚"的占

---

① 冯广明等：《做好绩效工资发放，确保教师收入稳步提高》，《河南教育》2010 年第 4 期。

12.8%；校长卷中，回答"是"的占87.2%，回答"不是"的占2.7%，回答"不清楚"的占10.1%；教育行政人员卷中，回答"是"的占97%，回答"不清楚"的占3%（详见表4-2）。可以看出，在我国东部、中部和西部地区，无论是教师、校长还是教育行政人员，大部分人对"绩效工资实施后，教师工资不低于当地公务员平均工资水平"均持肯定态度。因此，可以肯定的是，绩效工资实施后，义务教育学校教师工资水平已经和当地公务员工资水平大致持平。

表4-2　　绩效工资实施后，您的工资是否不低于当地公务员平均工资水平　　　　　　　　　　（%）

教师卷	东部	中部	西部	校长卷	东部	中部	西部	教育行政人员卷	东部	中部	西部
是	80.5	80.2	74.3	是	87.2	80.5	79.6	是	97	94.8	92.7
不是	6.7	5.4	10.5	不是	2.7	5.8	7.5	不是	0	0	0
不清楚	12.8	14.4	15.2	不清楚	10.1	13.7	12.9	不清楚	3	5.2	7.3

同样，关于义务教育学校教师绩效工资改革的报道也证实了这一点。在实施绩效工资的过程中，四川省委、省政府要求省级有关部门和各地方政府狠抓资金筹措工作，限时全面兑现，建立了部门协作配合机制。在中央财政补助7.88亿元的基础上，四川省财政调剂出26.74亿元专项补助资金，对市（州）、扩权实现县（市）分类分档给予补助，确保全额兑现，确保义务教育学校教师平均工资不低于当地公务员平均水平。在绩效工资改革后，四川省落实了义务教育学校教师平均工资水平应当不低于当地公务员平均工资水平的要求，惠及全省义务教育学校在职教职工59.7万人，离退休教职工25.5万人。其中在职教职员工人均年工资净增13598元，增幅达87.1%；退休人员年人均退休费净增9095元，增幅达47.7%，得到广大教职工的拥护。[①] 四川省成都市2010年1月兑现了全区2470名教师的奖励性绩效工资。该区教育局局长介绍，全区义

---

　　① 高伟山、刘华蓉：《四川教师职业吸引力明显增强》，《中国教育报》2010年2月4日。

务教育学校教师的绩效工资是实施前的 2.5 倍,其中向农村教师、骨干教师、班主任的倾斜幅度为每月 100—1500 元,年收入超过了公务员。①

在实施教师绩效工资改革前,广东省中小学教师工资待遇长期偏低,全省公办中小学教师和公务员月平均工资水平分别为 2608 元和 3772 元,二者相差 1164 元,在全省 122 个县(市、区)中,教师平均工资水平比公务员低的县(市、区)有 86 个,占 70.5%,月平均工资水平差距在 500 元以上的县(市、区)有 49 个,占 40.2%。同时,还有不少地区没有依法落实教师的医疗和住房保障,其中欠发达地区为教师购买医疗保险的县仅占总数的 60%,为教师办理住房公积金的县(市、区)不到 50%。② 2009 年初,广东省利用义务教育学校教师绩效工资制度改革的契机,在全省正式启动了中小学教师工资福利待遇"两相当"政策,即"县域内中小学教师平均工资水平与当地公务员平均工资水平大体相当,农村中小学教师工资平均水平与城镇中小学教师平均工资水平大体相当"。对于实施中小学教师工资福利待遇"两相当"的经费,按两类地区分别对待,经济发达地区自行解决,经济欠发达地区由省财政根据当地人均财力状况、教师人数等因素给予补助。这样,广东省正式建立了义务教育教师工资同当地公务员工资联动机制,并明确了义务教育教师工资的经费来源,有利于保证中小学教师工资按时足额发放,也有利于保证同当地公务员工资水平大致平衡。在教师绩效工资实施后,海南省义务教育学校教师工资已与地方公务员持平,全省 8 万多名教师尤其是农村教师的工资待遇得到较大幅度的提高。近年来,海南省政府坚持教育优先发展政策,不断加大教育投入,中小学教师待遇稳步提高。2005 年,海南统一全省城乡教师工资发放标准,2007 年,《海南省提高义务教育阶段中小学教师绩效工资实施办法》出台,此后海南省义务教育阶段中小学教师绩效工资逐年提高,2009 年海南省又新增投入 5.75 亿元,实现了全省义务教育阶段教师平均工资不低于当地公务员平均工资的目标。③

---

① 子君:《义务教育学校绩效工资改革一年回眸》,《河南教育》2010 年第 4 期。
② 《我省全面部署解决代课教师和教师待遇问题工作》,《广东教育》2008 年第 1 期。
③ 陈颖等:《海南省教师工资与公务员"持平" 待遇大幅提高》,《工人日报》2010 年 2 月 4 日。

可见，实施义务教育学校教师绩效工资制度改革后，各地都建立了义务教育教师工资同当地公务员工资联动机制，教师的绩效工资总量随基本工资和学校所在县级行政区域公务员规范后的津补贴调整而调整，这就依法保证了义务教育学校教师的工资待遇。

三 保证了县域内教师工资水平大体平衡，促进了区域义务教育均衡发展

义务教育均衡发展的关键是要实现学校师资的均衡配置。若要实现义务教育学校师资的均衡配置，就要消除教师收入的过大差距，实现义务教育学校教师收入的均衡。但长期以来，我国不同区域，甚至同一区域内不同学校之间教师收入差距过大已是不争的事实。例如在一些大中城市，教师职业的收入水平很多已经超过一般白领，成为高收入者，城市教师已成为具有吸引力的职业；而贫困落后地区由于受到当地财政实力的制约，教师的工资待遇很低，甚至难以维持其温饱生活；就是在同一地区，教师收入也差距悬殊，相同级别不同学校的教师收入差别多则达到数倍。义务教育学校教师付出相同的智慧和劳动，待遇却差别悬殊，导致薄弱学校和贫困地区教师流失严重，造成了义务教育学校师资配置严重不均衡。

义务教育学校教师绩效工资制度改革的主要目标之一，是致力于同一区域内义务教育学校教师工资水平达到基本均衡。例如，无论是中部地区的湖北、河南、湖南和江西，还是西部地区的广西、四川或是东部地区的广东、山东等省（区）均强调，学校主管部门在核定绩效工资总量时，要合理统筹，逐步实现同一县级行政区域内义务教育学校教师绩效工资水平的大致平衡，并向农村学校，特别是条件艰苦的学校给予适当倾斜。可见，这些省（区）都将缩小同一县域内义务教育教师收入差别作为教师绩效工资制度改革的主要目标之一，试图通过平衡义务教育阶段教师工资水平来促进县域内义务教育的均衡发展。

众所周知，同一县（区）域内不同学校之间教师收入上的差距是制约教师合理流动，影响义务教育均衡发展的主要障碍之一。实施绩效工资制度改革则为缩小不同学校之间的收入差距创造了有利条件。义务教育学校教师绩效工资制度改革要求将各种津补贴在统一规范的基础上纳

入绩效工资,将所需经费全额纳入财政保障。学校各种非税收入一律按照国家有关规定上缴同级财政,严格实行"收支两条线"管理。这既有效解决了过去学校依靠自筹经费发放津补贴所造成的学校之间收入差距问题,也有利于促进学校规范办学行为,集中力量做好教书育人工作。同时,绩效工资制度改革强化了向农村教师倾斜的导向,明确在绩效工资核定上对农村学校特别是条件艰苦的学校做适当倾斜,设立农村学校教师津贴。这既有利于稳定农村教师队伍,又有利于吸引优秀人才到农村任教,有利于促进城镇教师向农村流动。这样,义务教育学校绩效工资制度改革从根本上消除了同一县(市、区)域内教师收入差距,也从根本上解决了以往教师调动所谓"人往高处走,水往低处流"的状况,保证了农村偏远地区拥有优质的教师资源,从而促进了同一县(区)域内义务教育的均衡发展。

问卷调查结果显示,当问到您对"绩效工资改革是否促进了县域内义务教育均衡发展"这一问题的看法时,就中部地区而言,教师卷中回答"同意"和"非常同意"的分别占25.4%和37.5%,回答"一般"的占19.2%,回答"不同意"和"非常不同意"的仅占14.3%和3.6%。校长卷中分别有34.6%和40.4%的人回答"同意"和"非常同意",教育行政人员卷中有36.2%和45.3%的人回答"同意"或"非常同意"。从西部地区来看,教师卷中回答"同意"和"非常同意"的分别占32.1%和35.5%,回答"一般"的占17.6%,回答"不同意"和"非常不同意"的仅占8.5%和6.3%。校长卷中分别有32.5%和40.3%的人回答"同意"和"非常同意",教育行政人员卷中有35.4%和42.7%的人回答"同意"或"非常同意"。就东部地区而言,教师卷中回答"同意"和"非常同意"的分别占22.7%和28.7%,回答"一般"的占30.4%,回答"不同意"和"非常不同意"的仅占12.5%和5.7%。校长卷中分别有28.7%和43.2%的人回答"非常同意"和"同意",教育行政人员卷中有30.4%和55.1%的人回答"非常同意"和"同意"(见表4-3)。可以看出,义务教育学校在实施教师绩效工资制度改革后,无论是在东部、中部还是西部地区,无论是教师、校长和教育行政人员,对"绩效工资改革促进了同一县域内义务教育均衡发展"的认可度均较高。

表4-3 您对"绩效工资改革是否促进了县域内义务教育均衡发展"的看法 （%）

教师卷				校长卷				教育行政人员卷		
	东部	中部	西部		东部	中部	西部		东部	中部	西部
同　意	22.7	25.4	32.1	同　意	43.2	34.6	32.5	同　意	55.1	36.2	35.4
非常同意	28.7	37.5	35.5	非常同意	28.7	40.4	40.3	非常同意	30.4	45.3	42.7
一　般	30.4	19.2	17.6	一　般	20.4	19.8	19.9	一　般	14.5	18.5	21.9
不同意	12.5	14.3	8.5	不同意	7.7	5.2	7.3	不同意	0		
非常不同意	5.7	3.6	6.3	非常不同意	0	0	0	非常不同意	0		

我们在中西部地区中小学的调研也证实了这一点。2010年4月，我们在湖北省恩施市红土乡一中学进行调研时，该校校长说："绩效工资的实施，对于我们这些仅仅依靠财政投入解决教师待遇的边远农村中小学而言，如同久旱逢甘霖。在绩效工资实施前，我们学校基础设施落后，教师待遇差，教师流失尤为严重，仅2007年就有12名年轻优秀教师调离我们学校。在实施绩效工资制度改革后，我们农村边远地区还享有农村教师补贴，收入还略高于城区教师，现在绝大部分教师都安心工作了。绩效工资的实施，必将促进学校的快速发展，为实现区域内义务教育均衡发展提供了有力的保障。"2010年6月，我们在湖北省浠水县进行调研时，该县汪岗镇中心学校干事说："前几年，农村义务教育发展极不平衡，校际间办学条件和教师收入差距越来越大，导致大量农村教师往城里涌。我们镇位于我县北部山区，自然条件差，教师待遇赶不上城里学校，每年要求工作调动得非常多，每天要应付那些托关系、走后门的人，弄得我很头疼。绩效工资实施后，城乡教师工资水平大致平衡了，每名农村教师还可以享受绩效工资总量10%的农村教师津贴，收入比城里教师还高。现在要求工作调动的教师越来越少了。可以说，绩效工资的实施，是实现区域内教育均衡发展的重要措施。"同样，调动进城、待遇有保障一直是农村教师的梦想。仅2007年、2008年两年间，江西省分宜县杨桥镇中心学校就有14名骨干教师调入城区学校或改行，造成学校师资匮乏，严重影响了学校教育质量。现在城乡教师同

工同酬，愿意扎根农村的教师越来越多。正如该校一青年教师所言："现在城乡学校教师收入差距日趋缩小，抚慰了农村教师的心灵。扎根农村，投身农村教育也成为众多年轻教师的人生理想。"

经济发达地区义务教育学校教师绩效工资制度改革同样证实了这一点。例如，2008—2010年广东省惠州市提出了教师工资福利待遇"两持平"（即县域内教师工资福利待遇与公务员基本持平，城市教师工资福利待遇与农村教师基本持平）原则，该市用于"两持平"的资金达3.2亿元，市政府每年还拿出1600万元给惠东、龙门和博罗三县用于发放教师专项津贴。广东省韶关市和河源市在财力有限的情况下，千方百计地解决教师工资福利待遇问题，基本实现了同一县域内城乡教师工资福利待遇水平基本持平。据统计，广东省121个县（市、区）中实现城乡教师工资福利待遇大体相当的有106个县（市、区），约占88%；其中，经济欠发达地区89个县（市、区）中实现城乡教师工资福利待遇大体相当的有80个县（市、区），约占90%；经济发达地区32个县（市区）中实现城乡教师工资福利待遇大体相当的有26个县（市、区），约占81%。[①]

四 坚持多劳多得、优绩优酬的原则，调动了广大教职工的积极性

"虽然人们认为现代文明使越来越多的人注重报酬以外的需要，但报酬仍是最有效的激励手段，是人们进行工作的主要原因。综合研究证明，在80项激励措施中，报酬的激励对生产效率的提高最有效，它能使生产率提高30%。"[②] 薪酬管理理论认为，人作为一种资本投资，一个人薪酬的多寡应取决于对组织的贡献程度。正如"激励是管理的核心"一样，薪酬制度则是激励的核心。美国哈佛大学教授詹姆斯曾做了一个经典研究，他对按时计酬工资进行的调查研究发现，在缺乏激励的环境里，工作人员只能发挥出其潜在工作能力的20%—30%；在良好

---

① 《广东省财政积极推动解决中小学教师及教师工作福利待遇问题》，http://www.mof.gov.cn/pub/caizhengbuzhuzhan/xinwenlianbo/guangdongcaizhengxinxilianbo/200812/t20081222_101638.html。

② Stephen P. Robbins：《管理学》，黄卫伟译，中国人民大学出版社1997年版，第404页。

的激励环境中,其他条件不变,同样的人员却可以发挥其潜力的80%—90%。[1] 激励是一个杠杆,有助于引导工作人员不断提高自身素养和工作能力,朝着更加符合组织目标的方向发展。对组织成员来说,薪酬不仅意味着其经济生活的改善,而且是评判个人价值的一个相对客观的经济尺度。要想吸引和留住拥有宝贵知识、技术、能力与个性的成员,使组织变革取得满意的成效,组织必须提供足够的工作报酬,要想有效地激励组织成员,就必须建立合理的、具有竞争性、公平性,并易于管理和实施的薪酬制度。众所周知,教师劳动是一种复杂性劳动,因为教师"这种劳动力比普通劳动力需要较高的教育费用,它的生产要花费较多的劳动时间,因此具有较高的价值"[2]。教师劳动补偿的根本途径是按劳分配,即按照教师劳动的数量和质量给予相应的报酬。而绩效又称工作行为或工作表现,是指个人或团体在一个既定时间内的努力程度或对组织的贡献,也就是劳动效率或工作实绩。因此,教师绩效工资与教师个人的劳动效率或工作实绩紧密相连,劳动效率高,教学质量好,贡献的价值大,劳动报酬就高,否则相反。绩效工资最能体现教育工作者的劳动效率,正确反映劳动投入、劳动技术之间的关系,是对付出劳动优与劣的充分肯定。绩效工资可以刺激义务教育教师的劳动热情,提高他们的能力,克服干好干坏一个样,干多干少一个样的弊端,坚持多劳多得、优绩优酬的原则,激励广大教师积极向上、努力奉献、刻苦钻研和不断进取的精神,推动义务教育事业的健康发展。

义务教育学校教师绩效工资制度改革,就是要充分发挥绩效工资分配的激励导向作用,坚持多劳多得,优绩优酬,重点向一线教师、骨干教师和做出突出成绩的其他工作人员倾斜。所以,在绩效工资实施后,很多中小学教师固守的职称晋升模式被打破,长期以来存在的功利竞争被重新定位为业绩竞争。在教师绩效工资实施后,职称的高低将不再是教师工资差别的决定性因素。任何一名教师,只要勤勤恳恳地工作,不断提升其业务能力,都可以获得不菲的绩效工资。绩效工资制度改革使

---

[1] 叶映华:《归因与教师绩效评估——基于内隐的视角》,浙江大学出版社2008年版,第137页。

[2] 马克思:《资本论》,人民教育出版社1975年版,第223页。

多劳多得、优绩优酬真正画上了等号，彻底改变了教师收入分配中"吃大锅饭"的尴尬局面。在绩效工资制度改革后，各地以绩效工资实施为契机，充分发挥绩效工资分配的激励导向作用，建立科学规范的中小学收入分配机制，真正做到干与不干不一样，干多干少不一样，干好干坏不一样，激励广大教师爱岗敬业、扎实工作，积极完成各项工作，充分调动了义务教育学校广大教师工作的积极性，进而大大提高了学校的教育教学质量。

问卷调查结果显示，当问到"绩效工资制度改革是否调动了教师工作的积极性"这一问题时，就中部地区而言，教师卷中回答"非常同意"和"同意"的分别占40.7%和20.4%，回答"不确定"的占28.1%，回答"不同意"和"很不同意"的仅占6.5%和4.3%；校长卷中分别有52%和36%的人回答"同意"和"非常同意"，回答"不确定"的只占9%，回答"不同意"的仅占3%；教育行政人员卷中有75%和25%的人回答"同意"和"非常同意"，没有不同意的。从西部地区来看，教师卷中回答"同意"和"非常同意"的分别占23.5%和37.5%，回答"不确定"的占25.6%，回答"不同意"和"很不同意"的仅占8.7%和4.7%；校长卷中分别有47%和39%的人回答"同意"和"非常同意"，回答"不确定"的为12%，回答"不同意"的只有2%；教育行政人员卷中有82%和18%的人回答"同意"和"非常同意"，没有不同意的。就东部地区而言，教师卷中回答"同意"和"非常同意"的分别占18.5%和40.3%，回答"不确定"的占30.5%，回答"不同意"和"很不同意"的仅占6.5%和4.2%；校长卷中分别有39%和48%的人回答"非常同意"和"同意"，回答"不确定"的为12%，回答"不同意"的只有1%，教育行政人员卷中有45%和52%的人回答"同意"和"非常同意"，回答"不确定"的为3%，没有不同意的（见表4-4）。可以看出，绩效工资制度改革显著地提高了义务教育学校教师工作的积极性，这是不容置疑的。

我们从中、西部一些县市进行实地调研所了解的情况也证明了这一点。在绩效工资实施后，湖北省恩施市所辖的恩施市、利川市、鹤峰县等市县义务教育阶段教师队伍中出现了"三多三少"现象：主动学习进修的多了，争当班主任的多了，要求任课、挑重担的多了；无事闲聊

表4-4 您对"绩效工资制度改革是否调动了教师工作的积极性"的看法 (%)

教师卷	东部	中部	西部	校长卷	东部	中部	西部	教育行政人员卷	东部	中部	西部
同意	18.5	20.4	23.5	同意	48	52	47	同意	45	75	82
非常同意	40.3	40.7	37.5	非常同意	39	36	39	非常同意	52	25	18
不确定	30.5	28.1	25.6	不确定	12	9	12	不确定	3	0	0
不同意	6.5	6.5	8.7	不同意	1	3	2	不同意	0	0	0
很不同意	4.2	4.3	4.7	很不同意	0	0	0	很不同意	0	0	0

的少了，小病大养的少了，要求离开一线的少了。绩效工资的实施有效地调动了教师的工作积极性、主动性。[①] 湖北省五峰县仁和坪乡仁和坪中学是湖北最偏远、最贫穷地区的学校之一。在实施绩效工资制度改革后，学校有28名教师主动申请班主任岗位，32名教师申请兼任各类管理工作（包括保育员、生活教师等）。该校校长动情地说："我校以前教师待遇很低，每月只有1000元左右，绩效工资实施后，坚持多劳多得、优绩优酬原则，教师工作积极性普遍提高了，工作更认真负责了。"同样，该县渔洋关镇中学一名普通教师，教龄近20年，工资算是比较高的。在2007年"新机制"实施后，教师课时补贴和班主任补贴都被取消了，每月收入平均少了100多元。对于上养4位老人，下供女儿上初中，爱人在家务农的这位老师来说，这100多元可不是小数目。他无可奈何地说："上课少的老师收入高，因为他们教龄长，基本工资高。现在上课多少，教学好坏，在收入上完全体现不出来。因为缺少激励机制，教师地方津补贴不到位，教师实际收入下降，教师工作积极性也下降了。"在绩效工资实施后，实行了多劳多得、优绩优酬的原则，这位老师既是班主任，又是学校骨干教师，2009年，年收入一下子就涨了5000余元，这对于一个国家级贫困地区的教师来说，可不是一个小数目。他乐滋滋地说："现在的绩效工资政策好，教师干劲也大了。"广

---

① 柴纯青：《教师绩效工资政策访谈——来自地方教育局长的声音》，《中小学管理》2009年第5期。

西壮族自治区武鸣县教育局基教科负责人也认为,绩效工资实施后,学校出现了"四多四少"的可喜现象:安心工作的人多了,争当班主任的人多了,要求多任课挑重任的人多了,工作精益求精的人多了;无事闲聊的人少了,要求离开一线的人少了,认为教好教坏一个样的人少了。

湖北省武汉市汉阳区一所学校负责人说,绩效工资改革最大的亮点是,在绩效工资实施过程中,坚持多劳多得、优绩优酬的原则,重点向一线教师、骨干教师和有突出贡献的工作人员倾斜。例如,在绩效工资实施后,武汉市汉阳区高级教师比调整前每月增加 1600 元,中级教师每月增加 1300 元,初级教师每月增加 1000 元。现在最明显的变化是,教师工作积极性普遍提高了。武汉市洪山区光谷三小的情况也是如此。该校是 2007 年 9 月由原武汉市东湖高新开发区福群小学、红旗小学、前锋小学、沧海小学和武汉市示范学校光谷三小合并而成的,实行人、财、物统一管理。原先几所学校由于教师工资待遇差、纪律松散,教学质量下滑。在实施绩效工资制度改革后,大家都认为工资涨了,班主任的待遇也提高了,也就不再安于现状了,在学校组织教师聘任过程中,大家踊跃竞聘班主任,并且都乐意多带课,还积极竞聘功能室兼职管理员。俗话说:"人心齐,泰山移。"在绩效工资实施后,该校教师上班更早了,工作更积极了,相互切磋的人多了。许多教师将办公桌搬进了教室,他们觉得更应把学生教好、培养好,不应辜负家长和社会的期望。另外,根据 2010 年四川省成都教育工作会议通报,2009 年,该省 899 所义务教育学校近 7 万名在职教师平均每人每年增加了 1.9 万元,新增财政支出 20.35 亿元,4 万多名退休教师每人每年增加 1.6 万元,特别是绩效工资向一线教师、农村教师倾斜,改变了过去"干多干少一个样"的局面,使得这部分教师工资待遇明显改善,教师工作积极性明显提高。[①] 同样,2009 年绩效工资实施后,陕西省西安市碑林区雁塔路小学有着 17 年教龄的一位老师欣喜地说:"绩效工资重点向一线教师、骨干教师和做出突出成绩的人倾斜,使我和同事们的工作状态和精神面

[①] 张丽秀:《我国义务教育学校绩效工资改革若干问题探析》,硕士学位论文,吉林大学,2011 年。

貌发生了很大变化，主动参加学习进修的人多了，个个都干劲十足。"①

总之，无论是对调查问卷的统计分析，还是实地调研了解的情况都可以证明，义务教育学校绩效工资制度改革，坚持了多劳多得、优绩优酬的原则，提高了教师工作的积极性，激发了他们努力工作、爱岗敬业的责任感，对于促进义务教育质量的提高起到了十分重要的作用。

五 设立农村教师津贴，保证了农村教师队伍的稳定

教师的津补贴是对教师在特殊劳动条件下所付出的劳动消耗和生活费支出所给予的适当补偿，是工资的一种补充形式。例如教龄津贴、班主任津贴、特殊教育教师津贴等，都是对教师多付出劳动的一种报酬补偿。教师的地区性补贴是鼓励教师到边远地区、经济文化落后地区工作的合理报酬，目的是对长期坚持在艰苦环境中工作的教师予以物质奖励，以稳定教师队伍，同时对有志于在边远和艰苦地区工作的教师予以鼓励和支持。

在我国广大农村地区特别是偏远地区，其学校基础设施差，学校债务负担重，学生数量相对较少，上级划拨的经费有限，学校资金缺口大；其教学点大多位于我国中西部偏远地区，环境艰苦，交通不便，工作条件差，生活水平低下，所以优秀教师不愿到农村偏远学校和教学点任教是情有可原的。正因为如此，雅克·哈拉克认为："有必要改善教师的工资和收入状况，使教学成为更具有吸引力的职业。即使经济状况适宜，也应该由政策在预算上增加教师工资制度以避免使教学这项职业官僚主义化。当经济状况不适宜时，应采取平衡的方法，使工资增加和人员录用需求相一致，根据公共部门的总变化来处理教师工资问题，并且改变预算管理，刺激和奖励作用是不能忽视的。"② 联合国教科文组织在国际公共教育大会第七届会议上就农村教师津贴问题也提出了建议："在确定城市教师和农村教师工资时，一方面应考虑城市的特殊情况（如高租金和生活费），另一方面也应考虑农村教师物质上的困难和

---

① 柯昌万：《如何推动管理模式改革》，《云南教育》2009 年第 2 期。
② 雅克·哈拉克：《投资于未来——确定发展中国家教育重点》，尤莉莉、徐贵平译，教育科学出版社 1993 年版，第 167 页。

其可能的花费（如用于子女教育的费用和医疗费用等），这些费用由特殊津贴来补偿（如房屋津贴或必要的住宿津贴、生活费津贴、子女学习费用津贴）。"[1] 因此，实行农村教师津贴制度，依据地理环境和条件恶劣程度对农村教师津贴进行适当分类，对不同类型地区的农村教师给予高低不等的偏僻地区教师津贴，有利于鼓励优秀教师扎根农村偏僻地区，献身农村义务教育，从而促进城乡义务教育的均衡发展。

《关于义务教育学校实施绩效工资的指导意见》规定，义务教育学校教师绩效工资要对农村学校，特别是条件艰苦的学校给予倾斜。在教师绩效工资政策的指引下，我们所调查的8个省（区）均在义务教育学校设立了农村教师津贴，鼓励优秀年轻教师到农村偏远地区任教，优化农村教师资源配置，促进农村义务教育均衡发展。

湖北省将农村学校教师津贴列入基础性绩效工资，工作人员在调离后这项津贴即取消。2011年4月，我们在恩施、利川等地调研时发现，这几个县（市）均设立了农村学校教师津贴。事实证明，农村教师津贴制度调动了农村中小学教师工作的积极性，确保了农村教师队伍的稳定，促进了城乡义务教育的均衡发展。例如，湖北省利川市将教师绩效工资总量的10%提作"农村教师津贴"，在农村偏远地区任教的义务教育教师都能享受到农村教师津贴，调动了农村义务教育教师工作的积极性，以往农村中小学师资流失的现象大大减少了，农村中小学教师队伍的稳定充分保证了利川市城乡义务教育的均衡发展。湖北省恩施市所辖的8个县市普遍存在着城市学校教师严重超编，而偏远地区农村学校师资极其短缺的现象。从学科分布上看，语文、数学等"大学科"超员，生物、历史、地理、信息技术、艺术、科学等"小学科"人员短缺。在农村中小学，外语、信息技术和音体美教师也极其短缺。据统计，全市88个乡镇，有47个乡镇没有专职的信息技术教师，有32个乡镇没有专职艺术教师，有16个乡镇没有科班英语教师。[2] 恩施市按照"绩效工资向农村适当倾斜"的原则，通过绩效工资这一杠杆，有效地解决

---

[1] 赵中建：《全球教育发展的历史轨迹——联合国教科文组织国际教育大会建议书专集》，教育科学出版社2005年版，第46页。

[2] 柴纯青：《教师绩效工资政策访谈——来自地方教育局长的声音》，《中小学管理》2009年第5期。

了城镇教师超编与农村学校师资短缺的矛盾。其主要做法为：一是制定农村教师绩效工资高于城镇教师的标准。设立农村偏远地区教师津贴，鼓励和引导优秀教师到农村偏远地区任教。二是积极组织城镇教师定期到农村支教，城镇教师到农村偏远地区任教可以享受义务教育阶段农村教师津贴。湖北省崇阳县教育局规定，平畈学校教师绩效工资高于城区学校同类人员6%，山区学校教师绩效工资高于城区学校同类人员10%，同时教学点每人每月有100元额外补助。从我们调查的崇阳县几所学校来看，该县农村义务教育学校教师均领到数额不等的农村教师津贴，农村教学点教师所领到的农村教师津贴比城镇教师和其他农村学校教师多了不少，农村教学点教师工作的积极性得到了显著提高，农村教师流失情况大大减少。

江西省规定，绩效工资对农村条件艰苦的义务教育学校给予适当倾斜，给山区、库区、湖区等相对艰苦、边远地区的农村中小学在编在岗的教职工发放特殊津贴。按学校所在地艰苦程度的不同分为边远、最边远地区两个地域层次，特殊津贴标准相应分为每月70元、120元两档。具体地域层次和学校类别的划分及相应津贴标准档次，由县人民政府根据当地实际情况确定并报设区市人民政府核准后执行。教师特殊津贴按月发放，发放对象离开岗位后不再享受特殊津贴。2011年，我们在江西省分宜县、泰和县等地调研时，发现这两个县均设立了农村教师津贴，在农村中小学任教的教师均可享受这一优惠待遇。例如，我们在分宜县调查发现，早在2007年，该县就在全省范围内率先发放了农村教师津贴，根据农村学校地理位置偏僻程度设立了三种不同类别的农村教师补贴，最低为170元/月，平均为248元/月，最高达350元/月。绩效工资制度改革后，这项津贴制度继续得到保留。据该县基教科负责人介绍，在实施农村教师津贴制度之前，该县农村偏远地区学校教师流失现象非常严重，其中不少农村初小及教学点仅仅只有一名即将退休的"民转公"教师。实施农村教师津贴制度后，不少年富力强、经验丰富的教师纷纷主动要求去农村偏远地区学校任教，城乡师资配置不均衡的现象得到了明显缓解。农村教师津贴制度的实施，调动了农村教师工作的积极性，也为分宜县成为江西省义务教育均衡发展先进示范县起到了关键性作用。不仅如此，我们在该县杨桥镇等地调研时发现，这些地方将农村教师津贴根据学校的偏僻程度重新进行了划分：镇上的教师每月230元/人，教学点的教师每月260元/人，最偏远地区学校的教师每月350元/人。由于教学点及偏远学校农村教师津贴高，愿意去那里任教的教师很多。杨桥镇苑坑小学一位教师说："每月新增260元农村教师岗位津贴，加上基本工资和原有补贴，我的收入比那些在城里小学当教师的同学还多，我很知足。没有了后顾之忧，我们可以专心教书了。"同样，江西省赣县是有名的老少边穷地区，地理环境十分恶劣，中小学教师待遇差，教师流失十分严重。在实施绩效工资制度改革后，该县根据江西省有关文件精神，发放了艰苦边远地区农村中小学教师特殊津贴。根据划分的范围分为两个档次：边远地区每月补助70元，最边远地区每月补助120元。边远地区共70所学校616人，最边远地区共126所学校560人，全县有1176名中小学教师已经享受到此项津贴。农村教师特殊津贴由省级财政专项提供，不增加县级财政任何负担。实施教师绩效工资制度改革后，赣县农村偏远地区学校教师流失现象大大减少了，也大大促进了城乡义务教育的均衡发展。另据报道，在绩效工资实施后，江西省把推进义务教育均衡发展作为基础教育工作的重心来抓，把加强农村教师队伍建设作为教师队伍建设的重点来抓，省财政新增3亿元补助作为中小学教师津补贴，新增1亿元作为对山区、库区、湖区等边远地区教师的特殊津贴，确保把对教师的各项优惠政策落到实处。①

西部地区义务教育学校教师绩效工资制度改革后，同样设立了农村教师津贴。例如，广西壮族自治区将农村教师津贴纳入奖励性绩效工资中加以管理，鼓励优秀教师到农村偏远地区学校任教，并以此稳定农村中小学教师队伍。2011年6月，我们在广西壮族自治区武鸣县调研时了解到，该县设立了边远农村学校教师津贴。根据学校边远、艰苦程度的不同，将全县13个乡镇分为A、B、C三类，其中两江、灵马、马头镇、原上江乡、原玉泉乡5个乡镇：距离乡镇中心学校5—8千米的定位为A类，每人每月50元；8—15千米的定位为B类，每人每月80元；超过15千米的定位为C类，每人每月100元。太平、甘圩、宁武、锣

---

① 徐光明：《教师津补贴享受公务员待遇，江西新增3亿元补助中小学教师》，《中国教育报》2009年1月18日。

圩、仙湖、府城、罗波7个乡镇：距离乡镇中心学校5—8千米的定位为A类，每人每月30元；8—15千米的定位为B类，每人每月50元；超过15千米的定位为C类，每人每月80元。原城东镇、双桥镇两镇：距离镇中心学校超过15千米的，每人每月30元。我们在该县宁武中心学校、马头镇中心小学调查时，宁武中心学校校长告诉我们，农村教师津贴实施前，很多中小学教师都拼命往中心学校调，农村偏远学校根本留不住老师，即使留下来的工作积极性也不高，做一天和尚撞一天钟。实施农村教师津贴后，在农村偏远地区学校任教的教师比中心学校教师每年收入要高1000多元，他们现在基本上都能安心在那里工作了。马头镇中心小学校长也有同样的感受，他认为，农村教师津贴数额尽管不高，但它给边远学校教师起到了补偿性作用，可以在一定程度上提高农村教师工作的积极性。同样，为了鼓励优秀教师到农村偏远地区学校任教，四川省广元市人民政府决定，自2009年起设立农村教师津贴，根据学校的艰苦程度分为三类：城郊乡镇中心学校每人每月50元，城郊村小、乡镇中心小学及初中每人每月150元，乡镇初小及教学点每人每月250元。实施绩效工资制度改革后，由于处于初小及教学点的教师每年的收入比城区教师实际收入高3000元，该市大部分教师都表示愿意到条件艰苦的初小及教学点任教，困扰多年的师资配置和条件艰苦学校教师工作积极性不高等难题迎刃而解。其实，这两个省（区）的做法基本相似，就是根据学校艰苦程度分为不同的类别，条件越艰苦的学校，其农村教师津贴越高。在绩效工资实施后，重庆市万州区开始实行义务教育学校农村教师津贴。义务教育学校农村教师津贴发放按照农村学校生活和工作条件的艰苦程度分为三种类别，实施不同标准的农村教师津贴。即一类标准及范围为距离万州主城区80千米及以上边远高寒农村学校教职工及全区所有完小、村小教职工、民族乡所属学校教职工，从2011年1月起每人50元/月，2012年1月起每人90元/月；二类标准及范围为距离万州主城区50—80千米学校教职工，从2011年1月起每人30元/月，2012年1月起每人70元/月；三类标准及范围为距离万州主城区50千米（不含）以下学校教职工，从2011年1月起每人20元/月，2012年1月起每人50元/月。农村教师津贴制度实施后，想调回城区的农村教师越来越少了，扎根在农村基层学校安心从教的教师越来越多了。

在经济发达的东部地区以及中西部大中城市，实施绩效工资制度改革后，也同样对农村教师给予专项补助。例如，广东省惠州市对惠东、博罗、龙门3县的农村教师发放专项补助，大亚湾区对边远农村和海岛学校教师发放特殊津贴，惠东县对农村教师发放交通补贴。广东省梅州市规定，市县两级财政每年安排7000多万元对教师发放岗位津贴，其中农村学校教师津贴标准是市直学校教师补贴标准的3倍，这些措施缩小了城乡义务教育学校教师待遇上的差距，调动了农村教师工作的积极性，稳定了农村中小学教师队伍。同样，也有部分大中城市创新农村教师津贴方式，以促进城乡义务教育的均衡发展。如2009年教师绩效工资制度改革后，四川省成都市武侯区拿出部分资金进行区域统筹，创立"城乡教育均衡化补贴"项目，对城区学校和城郊学校实行捆绑发展、区域学校集团化发展、与新津县成立互动发展联盟学校、与崇州市学校结对帮扶，对教师到甘孜州和城郊学校支教以及名师支教帮扶都给予津贴。规定对在本区流动支教的教师每月补贴400元，对赴成都市郊县支教的教师每月补贴600元，对在甘孜藏族自治州白玉县支教的教师所支付的津贴更是高达1200元。目前武侯区城郊学校教师的收入高于城区学校，城区教师主动流动到城郊学校的愿望日益强烈。[1]

可见，无论是西部贫困地区，还是经济欠发达的中部地区，或是经济发达的东部地区，在实施绩效工资制度改革后，均设立了农村教师津贴，以鼓励优秀教师到条件艰苦的农村学校任教。事实证明，农村教师津贴的设立，调动了广大农村教师工作的积极性，激励他们长期扎根基层，献身于农村义务教育事业，促进了城乡义务教育的均衡发展。

第二节 义务教育学校教师绩效工资制度改革存在的问题

义务教育学校教师绩效工资制度改革已取得了初步成效，这是毫无

---

[1] 李益众：《到农村支教教师拿丰厚补贴，部分城郊教师收入高于城区》，《中国教师报》2010年3月28日。

疑义的。但由于多方面的原因，改革也存在着这样或那样的问题。而这些问题如果得不到妥善解决，就必然会影响义务教育学校教师绩效工资的实施乃至整个义务教育的发展，必须会引起整个社会的广泛关注和重视。

一 部分地区义务教育学校教师绩效工资难以得到保障

义务教育学校实施绩效工资的前提是要有充足的资金支持，如果仅有政策而没有相应的资金保障，那么这项政策根本发挥不了作用。有学者认为："在达到政策目标的过程中，（政策）方案确定的功能只占10%，而其余90%则取决于有效的实施。"[①] 在绩效工资制度改革过程中，尽管各级政府尽了最大的努力，但部分县（市、区）因财政困难，义务教育学校教师绩效工资仍难以得到保障。

调查结果显示，当问到"您的绩效工资能否完全得到保障"这一问题时，在中部地区，教师卷中回答"完全能"和"基本能"的分别占69.1%和21.7%，回答"不能"的占9.2%；校长卷中回答"完全能"和"基本能"的分别占73.2%和22.5%，回答"不能"的占4.3%；教育行政人员卷中回答"完全能"和"基本能"的分别占78%和22%。在西部地区，教师卷中回答"完全能"和"基本能"的分别占61.3%和27.2%，回答"不能"的占11.5%；校长卷中回答"完全能"和"基本能"的分别占65.4%和25.2%，回答"不能"的占9.4%；教育行政人员卷中回答"完全能"和"基本能"的分别占74%和26%。在东部地区，教师卷中回答"完全能"和"基本能"的分别占75.5%和21.3%，回答"不能"的只占3.2%；校长卷中回答"完全能"和"基本能"的分别占78.5%和20.2%，回答"不能"的仅占1.3%；教育行政人员卷中回答"完全能"和"基本能"的分别占82%和18%（见表4-5）。可以看出，无论是中部、东部还是西部地区，尽管教育行政人员都矢口否认绩效工资没有到位，但仍有部分教师和校长认为绩效工资没有完全到位，这应当是较为客观的。

[①] 陈振明：《政策科学——公共政策分析导论》，中国人民大学出版社2003年版，第260页。

表 4-5　　　　　　　　您的绩效工资能否完全得到保障　　　　　　　　（%）

教师卷	东部	中部	西部	校长卷	东部	中部	西部	教育行政人员卷	东部	中部	西部
完全能	75.5	69.1	61.3	完全能	78.5	73.2	65.4	完全能	82	78	74
基本能	21.3	21.7	27.2	基本能	20.2	22.5	25.2	基本能	18	22	26
不能	3.2	9.2	11.5	不能	1.3	4.3	9.4	不能	0	0	0

我们在中部地区中小学进行的实地调研也证明了这一点。例如，湖南省平江县政府规定，义务教育学校实施绩效工资标准平均为每人每年12000元，所需资金来源渠道分为两部分：一是中央、省、市、县四级财政专项补助，标准为每人每年8500元；二是各学校应纳入财政统筹的合法性收入。根据各学校应纳入财政统筹的合法性收入的不同，财政补助标准分为四类：一类学校为启明中学、城北中学、汉昌中学、新城中学，财政补助标准为每人每年6000元；二类学校除一类学校的所有初中外，财政补助标准为每人每年7800元；三类学校是安定镇官塘小学，长寿镇中心小学、太平小学，南江镇中心小学、桥头小学，伍市镇中心小学，财政补助标准为每人每年8000元；四类学校为三类学校外的所有小学（村小和教学点并入其所属的完小中统计发放），补助标准为每人每年9100元。可以看出，该县义务教育学校教师绩效工资并没有完全纳入财政预算，仍有一部分资金需各学校自筹。笔者调查的平江县几所农村中小学和教学点，因为创收能力有限，加上外援极少，仍有部分绩效工资不能到位，严重影响了这些学校教师工作的积极性。我们调查的湖北省黄冈市下属的浠水县和黄州区几所中小学，也存在着同样的问题。如浠水县巴河镇某中学是一所九年一贯制学校，该校校长说："我们学校教师绩效工资包括生活补贴、第13个月的基本工资和绩效补贴共9800元/人，其中县级财政拨款8800元/人，还有约1000元/人由学校自筹。我们学校不是镇中心学校，学生数量少，地处偏僻，几乎没有什么外来收入，学校债务负担重。所以，绩效工资制度改革后，我们仍有部分绩效工资无法到位，教职工意见比较大。"据了解，浠水县有相当一部分中小学教师绩效工资没有完全到位，特别是那些地理位置偏僻、学校债务负担重的学校。我们调查

的浠水县汪岗镇初级中学和杨祠小学，以及绿杨乡初级中学和读书小学等中小学教师绩效工资均没有完全到位，县政府规定属于学校自筹部分（约占绩效工资的10%）基本上没有发。汪岗镇初级中学原来的"普九"债务161万元已经基本还清，但是该校还有152万元"非普九"债务。除此以外，该校还有13名代课教师，他们的工资由学校自行解决，每名教师的月工资为630元，每年仅代课教师工资就需近10万元，校长的压力非常大。黄州区某中学位于黄冈市闹市区，教师绩效工资包括生活补贴、第13个月的基本工资和绩效补贴，也是9800元/人，区财政只拨7000元/人的基础性绩效工资，其余30%左右的奖励性绩效工资由学校自行解决。原因一是该区尽管位于黄冈市中心位置，但由于该区工业基础薄弱，财政收入少，区财政根本无力解决中小学教师的绩效工资；二是该校位于黄州区闹市区，地理位置好，有不少门面出租收入。学校只好通过卖早餐，出去拉赞助，出租门面，招商引资，周末办补习班甚至挪用公用经费等办法来解决奖励性绩效工资的发放问题，这势必会加重学生家长的负担，甚至会引发新一轮教育乱收费。尽管如此，该校仍有一部分绩效工资无法解决，教师工作积极性大受影响，学校正常工作受到了很大的干扰。据了解，黄州区其他几所中小学同样存在奖励性绩效工资自筹的问题，学校如果有门面出租等收入的话，教师绩效工资还能勉强到位，位置偏僻的学校根本无法解决属于自筹部分的奖励性绩效工资。

  据我们对西部一些地区的实地调研，情况似乎也不容乐观。如四川省泸州市纳溪区义务教育学校有近6000名中小学教师，在实施教师绩效工资制度改革后，每位教师的绩效工资最低额度是20000元，其经费总额至少要1.2亿元，而中央和省级政府下拨的绩效工资补助经费约3000万元，其余的9000万元完全要该区自筹，而2008年纳溪区财政收入仅为1.4亿元。如果用这笔钱来支付教师绩效工资，那么该区其他的事就都干不了了。据该区教育局负责人介绍，该区实施教师绩效工资改革困难重重，基础性绩效工资通过"拆东墙，补西墙"的方式勉强发出，奖励性绩效工资完全无着落，不少学校教师意见很大。同样，来自广西贫困县的一位不愿透露姓名的校长告诉我们，由于该县财政困难，绩效工资至今无法落实，而该县已经讨论的方案是：将教师本来工资的30%拿来作为绩效工资进行重新分配，其结果是教师工资总量不会增加，一部分教师的工资比原来高，而另一部分教师的工资则比原来低。来自广西另一个贫困县的校长也反映了相同的情况，该校绩效工资仍未得到落实，因为县财政拿不出这笔钱，若将教师原来的工资砍掉作为绩效工资，又怕会引起教师的不满。

总之，无论是对调查数据的分析，还是从实地调研情况来看，义务教育学校教师绩效工资制度改革后，由于各地经济社会发展严重不平衡，部分中西部贫困地区财政十分困难，加上中央和省级政府对义务教育学校教师绩效工资经费的投入有限，这些贫困地区难以负担绩效工资经费，导致部分地区义务教育学校教师绩效工资得不到保障。

二 城乡之间、地区之间义务教育学校教师绩效工资差距拉大

义务教育学校教师绩效工资由县级以上人民政府人事、财政部门按照教师平均工资水平不低于当地公务员平均工资水平的原则确定，其总量随基本工资和学校所在县级行政区域规范后的公务员津补贴的标准而调整。可见，义务教育教师绩效工资水平是随着本地经济发展水平的变化而发生相应变化的。从义务教育学校教师收入构成来看，岗位工资和薪级工资标准全国基本上是固定和统一的，但绩效工资并没有形成统一的标准，因此造成不同经济发展区域，义务教育教师绩效工资差距拉大。特别是欠发达地区，由于经济落后、地方财政困难，义务教育学校教师绩效工资普遍偏低。

例如，从我们调查的中部地区的一些县（市、区）来看，湖北省宜昌市下属的长阳县义务教育学校教师绩效工资每人年均6711元，而宜昌市市属学校为每年15600元/人，相差近1.5倍。该省咸宁市下辖的崇阳县教师绩效工资每人年均6500元，而该市下属的赤壁市为12000元/人，相差近1倍。该省黄冈市浠水县和黄州区义务教育学校教师绩效工资平均为9800元/人，而市属学校则为15600元/人，相差近6000元/人；武汉市洪山区、青山区等大部分城区绩效工资平均每年在28000元/人左右，几乎是湖北省一些经济落后地区的3—4倍。江西省

南昌市在职在编教职工的福利补贴按平均每年2.1万元/人的标准执行,[①] 加上平时补贴,该市教师平均绩效工资约为每年23000元/人,而该省九江市按平均12000元/人发放,分宜县平均为15000元/人,泰和县为9000元/人,铜鼓县为8500元/人,南昌市是铜鼓县的2.7倍。河南省周口市川汇区义务教育学校教师绩效工资平均为每月416元/人,年均约为5000元/人,而周口市属学校年均为14000元/人;该省驻马店市辖九县两区,各县义务教育学校教师绩效工资执行平均4800元/人的标准,驿城区执行年人均10000元的标准,而市直和经济开发区执行年人均15600元的标准[②],该市义务教育学校教师绩效工资最低和最高相差超过10000元。

同样,庞丽娟等人2009年对上海、江苏、湖北、贵州等22个省市义务教育学校教师绩效工资实施情况的追踪调查也证实了这一点。他们发现,在绩效工资制度改革后,义务教育阶段的教师收入差距进一步拉大。由于国家对绩效工资总体水平、主要项目及其基准没有做出明确规定,各地往往根据当地财政实力来决定发放标准,造成各地绩效工资数量和标准差距较大,并在一定程度上导致教师收入区域性差距拉大。东、中、西部之间,东部地区教师月基础绩效工资最低标准在1300元/人以上,而中西部最低,仅为400元/人左右;各省之间,年人均绩效工资,贵州省约为1.64万元,湖南省约为1.36万元,仅为上海和北京的1/5和1/3左右;同一省内、同一市内各区县之间的差距也较大,以四川省成都市为例,年均绩效工资标准最高的区县与最低的区县差距多达2万/人元;贵州省内人均年绩效工资水平最低的区县仅为1.2万元,

---

① 江西省南昌市教育局文件《关于进一步规范市属中小学教职工津贴、补贴(含奖金、福利)发放的通知(试行)》规定,从2008年开始,该市中小学教职工的津贴、补贴纳入市级财政预算,其中在职在编教职工按平均2.1万元/人标准执行,退休教职工按平均1.68万元/人的标准执行。控制各学校的津补贴总量,学校临时聘用人员可以根据学校承受能力,参照在职教职工的标准在学校自有资金中发放,但任何学校不得突破上述标准,也不得增加总量。

② 冯广明、史发泉等:《做好绩效工资发放,确保教师收入稳步提高》,《河南教育》2010年第4期。

最高的区县为 2.72 万元，相差 1.3 倍。① 柴江 2011 年对苏北某地级市的两个区、两个县级市、五个县的 1930 名初中教师以及 42 名校长所进行的调查也得出了同样的结论，在同一地区的不同区县之间、同一城市市直与区属学校之间均存在着绩效工资差距较大的问题。如在苏北 A 市，B 是 A 市的一个区，义务教育学校教师绩效工资与该市的七个县市相比，每月高出 400—500 元不等。②

值得注意的是，不仅城乡、地区之间义务教育学校教师绩效工资差距较大，而且农村教师津贴标准偏低。调查发现，尽管各个省都要求建立农村学校教师津贴，鼓励优秀教师到农村偏远地区任教，但从实际情况看，各地区农村教师津贴标准都很低，在东部地区，农村教师津贴最高为每月 400 元/人，最低为每月 30 元/人，平均为 145 元/人，约占平均工资总额的 4.35%；中部地区，农村教师津贴最高为每月 210 元/人，最低为每月 10 元/人，平均为 72 元/人，约占平均工资总额的 3.20%；西部地区，农村教师津贴最高为每月 130 元/人，最低为每月 10 元/人，平均为 56 元/人，约占平均工资总额的 2.90%（见表 4 - 6）。从我们所调查的中部 4 个省来看，除了江西省规定，在绩效工资总量范围内，全省统一标准，按学校所在地艰苦程度的不同分为边远地区、最边远地区，农村教师津贴标准相应分为每月 70 元、120 元两个档次，平均每月为 81 元，约占其工资总额的 4%。其余 3 个省大部分县规定，在绩效工资总量范围内，根据学校所在地自然环境和经济社会发展情况，建立农村学校教师津贴，具体的标准大都是不超过基础性绩效工资的 10%，按照农村学校地理环境、艰苦程度等因素分为若干档次，农村教师调离该地区后立即取消该项津贴。如湖北省农村教师津贴最低为每月 10 元，最高为每月 97 元，平均为 65 元，约占其工资总额的 3.3%；湖南省最低为每月为 20 元，最高为每月 210 元，平均为 69 元，约占其工资总额的 3.5%；河南省最低为每月 10 元，最高为每月 95 元，平均为 62 元，约占其工资总额的 3.1%；中部 4 省样本县农村教师津贴

---

① 庞丽娟等：《完善机制 落实义务教育教师绩效工资政策》，《教育研究》2010 年第 4 期。

② 柴江：《苏北地区初中教师绩效工资收入的调查研究》，《教育测量与评价》2011 年第 4 期。

平均每月最低为27元，最高为130元，平均为69元，农村教师津贴约占其工资总额的3.5%。可以看出，大部分县市农村教师津补贴不足1000元，农村教师津补贴标准偏低（见表4-7）。同样，庞丽娟等人的实地调查也证实农村教师津补贴水平整体偏低，普遍为100—200元/月，不少地区甚至低于100元/月，如贵州省桐梓县仅为20—30元/月，湖北郧西县仅为32—64元，重庆武隆县为30—120元/月。[①]

表4-6　　　　义务教育学校农村教师津贴标准比较　　（单位：元/人）

地区	最高	最低	平均	标准差	农村教师津贴占其工资总额（%）
东部地区	400	30	145	181.12	4.35
中部地区	210	10	72	147.23	3.20
西部地区	130	10	56	218.81	2.90

表4-7　　　中部四省义务教育学校农村教师津贴标准比较　（单位：元/人）

省份	最低	最高	平均	标准差	农村教师津贴平均约占其工资总额比例（%）
湖北省	10	97	65	181.2	3.3
江西省	70	120	81	195.3	4.0
湖南省	20	210	69	157.2	3.5
河南省	10	95	62	211.2	3.1

我们的实地调研也证实了这一点。就中部地区而言，湖北省霍峰县政府规定，根据学校艰苦程度将农村教师津贴分为两类：一类农村教师津贴为每月20元/人，二类农村教师津贴为每月40元/人。五峰县政府规定，在绩效工资总量内，农村学校津贴将按高于城区教师绩效工资2.5%的水平核定；长阳县根据学校所在地自然环境和经济社会发展情况，将农村教师津贴分为三类，按类别月增加30—50元/人，列入基础

[①] 庞丽娟等：《完善机制　落实义务教育教师绩效工资政策》，《教育研究》2010年第4期。

性绩效工资，教师调动后即取消；郧县在平均高于城区教师基础性绩效工资7.82%的基础上设立农村教师津贴，并根据绩效工资水平调整，农村教师津贴里列入基础性绩效工资，具体标准为：一类学校每月人均10元，二类学校人均25元，三类学校人均40元，四类学校人均60元；利川市将教师绩效工资总量的10%提作"农村教师津贴"，在农村偏远地区任教的义务教育阶段教师都能享受到农村教师津贴；南漳县除城区8所学校外，农村学校教师绩效工资标准高于城区10%；大冶市根据学校所在地自然环境和经济社会发展情况，将农村教师津贴分为两类，分别是按月人均40元和97元标准执行。河南省商水县政府规定，向农村学校特别是条件艰苦的学校倾斜，根据农村地理环境和距离远近，将农村教师津贴分为两个档次，分别为每月30元/人和75元/人；内乡县政府规定，设立农村教师津贴，将全县15个乡镇319所中小学分为四个类别，其中全县农村教师津贴最低类别每月10元/人，最高类别每月100元/人，但每个乡镇最低类别和最高类别的差额在10—50元/人。从西部地区来看，广西壮族自治区武鸣县根据学校边远、艰苦程度将农村教师津贴分为三类：一类平均为每月100元/人，二类平均为每月80元/人，三类平均为每月50元/人；四川省蓬安县政府规定，根据农村学校偏僻程度将学校分为三类：一类平均为每月40元/人，二类平均为每月60元/人，三类平均为每月80元/人。

  根据各地政府的文件和实地调研资料，大部分地区农村教师津贴均不高，对缩小义务教育学校教师绩效工资地区差距的作用极为有限。因此，在教师绩效工资实施后，城乡之间、地区之间的教师收入差距进一步拉大。美国心理学家亚当斯的社会公平理论指出："组织中的员工都有估价自己的工作投入和获得报酬的绝对值，也关心自己报酬的相对值。"[1]他们会把自己的报酬与别人或自己以前的报酬进行横向或纵向比较，以判断所获得报酬的公平性，从而做出相应的行为反应。如果觉得报酬是公平的，他们就会保持工作的积极性和努力程度。当他们发现自己的公平指数小于平均公平指数时，就会产生吃亏、委屈等消极情绪而采取减少投入或离职行为。同时，薪酬激励理论认为，员工的较高层

---

[1] 周文霞：《管理中的激励》，企业管理出版社2003年版，第82页。

次薪酬需求得到满足的程度越高，则薪酬对于员工的激励作用就越大。反之，如果员工的薪酬需要得不到满足，则很可能会产生消极怠工，工作效率低下，人际关系紧张，缺勤率和离职率上升，组织凝聚力和员工对组织的忠诚度下降等多种不良后果。[①] 因此，农村学校教师津贴过低，所产生的激励作用就会有限，农村学校教师津贴如果不能保证对在艰苦、偏远地区工作的教师起到补偿性作用，或者不能完全体现其补偿性，则将无法从根本上解决优秀教师外流等问题。当农村偏远地区教师发现自己的收入与绩效工资实施前差不多或与其他学校教师收入相比相差很多时，他们会出现消极怠工的现象，也难以调动广大教师扎根农村偏远地区，长期服务农村中小学的积极性。

三 同一县域及同一学校教职工绩效工资分配不均

所谓教师绩效工资分配不均主要包括同一县域内不同类型学校校长和教师绩效工资差距大，同一县域内不同类型学校班主任津贴以及同一学校内不同人员绩效工资标准不统一。

首先，同一县域内不同类型学校校长绩效工资差距大。根据现行规定，校长的绩效工资由人事、财政部门根据对校长的考核结果统筹考虑确定。在实施义务教育学校教师绩效工资制度改革后，一般的做法是，校长绩效工资由教育局考核和发放，而考核的主要依据是学校规模的大小。例如，湖北省大冶市教育局规定，义务教育学校校长绩效工资依据学校规模大小确定。学生人数在300人以下的学校，其校长绩效工资每月为970元；在301—500人的，每月为1132元；在501—1000人的，每月为1294元；在1001—3000人的，每月为1455元；在3001人以上的，每月为1617元。可以看出，校长最高绩效工资和最低绩效工资每月相差647元。湖北省郧县教育局规定，校长按所聘同等次专业技术职务教师的基础性绩效工资标准按月发放基础性绩效工资，其校长岗位津贴与奖励性绩效工资单列，按教育局考核方案和考核结果统一发放。其岗位津贴标准为：中心学校70元/月，初级中学（含九年一贯制）60元/月，中心小学50元/月，完全小学40元/月，初级小学30元/月。

---

① 刘昕：《薪酬福利管理》，对外经济贸易大学出版社2003年版，第13页。

湖南省平江县教育局规定，乡（镇）中心学校和初中学校校长绩效工资的标准按校长绩效工资的平均水平与义务教育学校工作人员绩效工资平均水平1.3：1的标准确定；乡（镇）中心小学校长绩效工资的标准按校长绩效工资的平均水平与义务教育学校工作人员绩效工资平均水平1.2：1的标准确定；其余完全小学校长绩效工资的标准按校长绩效工资的平均水平与义务教育学校工作人员绩效工资平均水平1.1：1的标准确定，其标准也是依据学校规模来确定的。同样，西部地区的广西壮族自治区武鸣县教育局规定，义务教育学校校长的奖励性绩效工资由全县统筹管理，设立校长岗位津贴。其标准为：校长岗位津贴＝（全县校长岗位÷全县校长系数）×（1＋岗位系数＋考核系数），全县校长总系数＝1×校长总人数＋全县校长岗位系数＋全县校长考核系数。而岗位系数主要考虑学校规模，对学校规模大、管理难度大的学校适当倾斜，具体分为两个层次：（1）小学和初中均按学校规模将岗位系数分为5类，其中在校生1200人以上的为0.35，在校生800—1199人的为0.3，在校生400—799人（其中，200—399人的非寄宿制学校为0.25，200—399人的寄宿制学校为0.2）以下的为0.1；（2）镇中心学校校长岗位系数为0.45，学生达1200人及以上的县直学校校长岗位系数为0.4，学生数在1200人以下的县直学校岗位系数为0.35。该县校长奖励工资的分配方式也是主要根据学校规模确定的。由此可见，这些按照学校规模大小确定义务教育学校校长绩效工资的做法，拉大了规模不同学校校长之间的工资差距，严重挫伤了小规模学校校长的工作积极性。

其次，同一县域内不同类型的学校教职工绩效工资标准不统一。这主要指同一县域内各个乡镇中心小学与下辖的完小、初小和教学点教职工绩效工资标准不统一。1985年《中共中央关于教育体制改革的决定》规定：各地普遍建立以乡镇中心小学为核心，完小带村小的新型管理体制。2006年教育部《关于确保农村义务教育经费投入，加强财政预算管理通知》又规定：农村中小学预算以学校为基本编制单位，村小（教学点）纳入其所隶属的中心学校统一代编。可以看出，中心学校不仅要负责教学点和完小的日常教学管理，而且教学点和完小的资金划拨也被纳入中心学校的职责范围之内。县财政以中心学校为单位进行支出预算，主要包括基本支出（人员经费支出、公用经费支出、对个人和家庭的补助支出)和项目支出等,这些经费划拨后归中心学校统一管理。在实施绩效工资制度改革后,很多地方将绩效工资的分配权力也下放到各中心学校,由各中心学校负责下辖的完小、初小和教学点的绩效工资分配。中心学校在分配绩效工资时,为了自己的利益往往忽视其他学校教师的切身利益。例如,湖北省宜昌市教育局规定,农村各初小和教学点由所属完小负责考核,各完小考评细则要报中心学校审查,绩效工资由中心学校统一管理。2010 年下半年,我们在该市五峰县和霍峰县一些农村初小及教学点调研时,发现一些中心学校在制定奖励性绩效工资分配方案时,有意偏袒中心学校或寄宿制学校等规模较大学校的教师,忽视了农村初小及教学点等小规模学校教师的利益。中心学校或寄宿制学校等规模较大学校的教师人均奖励性绩效工资都高于初小及教学点等小规模学校教师,导致这些小规模学校教师意见很大,不少教师千方百计调到规模较大的学校,结果导致小规模学校教师大量流失,不利于城乡义务教育的均衡发展。

湖北省恩施市教育局规定,各中心学校成立相应的领导小组,负责所辖中小学奖励性绩效工资考核、分配的组织、指导、督查和管理,绩效工资由中心学校统一管理。2011 年 4 月,我们在该市一些农村小学和教学点调研时发现,这些学校教师的绩效工资完全由中心学校统一支配,中心学校教师的绩效工资普遍要比农村初小及教学点的教师高,这些中心学校的负责人解释了其中的原因。他们认为,初小及教学点规模小,一般没有学生寄宿,因此教师劳动强度相对小一些,而且到初小及教学点的教师都是年老体衰、即将退休的老教师,因此在分配奖励性绩效工资时,他们会有意侧重于规模较大的学校或寄宿制学校的教师。据我们调查,该市农村初小及教学点等小规模学校教师的人均奖励性工资一般要比中心学校教师低 800—1000 元。2011 年 6 月,我们在广西壮族自治区武鸣县调研时也发现,2010 年下半年,该县教育局做出新的规定,在原先义务教育学校教师奖励性工资分配方案中,增加了学生管理津贴和初中、镇中心小学、村小按系数 1.25∶1.15∶1 分配两项内容。按照这一规定,该县不同学校之间教师奖励性工资差距拉大,中心学校和寄宿制学校的教师奖励性绩效工资普遍高于初小及教学点的教师。如我们调查的甘圩中心学校教师奖励性工资人均达 4000 元,而下辖的英烈小学教师人均不足 2000 元，二者相差一倍多。据该县教育局基教科负责人介绍，按照这种方式分配奖励性绩效工资，中心学校教师的人均奖励性绩效工资一般要比下辖的初小及教学点教师高 1000 元以上。这显然有悖于公平原则，严重挫伤了初小及教学点等小规模学校教师的工作积极性，导致小规模学校教师大量流失，不利于城乡义务教育的均衡发展。其实，问卷调查结果也印证了这一点，当问到"您认为同一县域内不同类型学校教师绩效工资是否大致相同"这一问题时，在我国东、中、西部地区的教师卷中，分别有 9.9%、11.4% 和 13.5% 回答"完全不同"，校长卷中分别有 3.4%、7.3% 和 9.5% 回答"完全不同"（见表 4-8）。可见，同一县域内不同类型学校教职工绩效工资分配不均的问题在我国东、中、西部地区都不同程度地存在着。

表 4-8　您认为同一县域内不同类型学校教师绩效工资是否大致相同　（%）

教师卷	东部	中部	西部	校长卷	东部	中部	西部	教育行政人员卷	东部	中部	西部
完全相同	70.5	67.2	59.8	完全相同	74.5	75.2	65.2	完全相同	81	76	73
基本相同	20.4	21.4	26.7	基本相同	22.1	17.5	25.3	基本相同	19	24	27
完全不同	9.9	11.4	13.5	完全不同	3.4	7.3	9.5	完全不同	0	0	0

再次，同一县域内不同类型的学校班主任津贴分配不均。按现行规定，国家原规定的班主任津贴①与绩效工资中的班主任津贴项目归并，不再分设，纳入绩效工资管理。教育部印发的《中小学班主任工作规定》就班主任待遇提出新的要求，即班主任工作量按当地教师标准课时量的一半计入基本工作量，纳入绩效工资管理。在绩效工资分配中要向

---

① 1979 年 11 月，教育部、财政部和国家劳动总局印发了《普通中小学班主任津贴方案》。该方案指出，为了鼓励教师做好班主任工作，提高教育质量，按照"各尽所能，按劳分配"和"多劳多得"的标准，经国务院批准，从 1979 年 11 月开始，在公办教师（国家职工）中试行班主任津贴：原则上每个班（40—50 人）设班主任一人。根据现有学校布点、校舍条件不同，每个班人数有多有少，班主任工作量有大有小，班主任津贴应有所区别。津贴标准一般为：中学每班人数 35 人以下发 5 元，36—50 人发 6 元，51 人以上发 6 元，20 人以下可酌情减发。1988 年《关于提高中小学班主任补贴标准和建立中小学教师超课时薪金实施办法》规定，中小学班主任津贴标准提高的幅度和教师超课时薪金的具体数额，均由各省、自治区和直辖市结合实际情况自行确定。

班主任倾斜。对于班主任承担超课时量的，以超课时补贴发放班主任津贴。我们调查发现，即使是同一县域内不同类型的学校班主任津贴分配也不均，有些农村偏远地区学校或城区薄弱学校班主任津贴很少，而一些农村中心学校或城区学校的班主任津贴数额却较多。例如，2011年4月，我们在湖北省恩施市红土乡调研时，发现该乡中心学校下辖的几个初小和教学点的班主任津贴均很少，班主任津贴的标准是每月30—50元，而中心小学班主任津贴的标准是每月100—150元，初中班主任津贴标准则为每月150—200元。通过和中心学校负责人访谈得知，班主任津贴一般是以学生规模为主，而农村初小和教学点规模小，学生数量少，班主任的劳动量相对来说也小得多，因此班主任津贴自然不多。我们在恩施市其他几个乡镇中小学调研时，同样遇到类似的问题。2011年5月，我们在江西省分宜县、泰和县和铜鼓县调研时，这三个县中小学班主任津贴的标准也是以学生规模为主，中心小学和初中班主任津贴普遍较高，而位于农村偏远地区的初小和教学点班主任津贴均很低，甚至有个别教学点的班主任津贴每月仅5元。

另外，我们在湖北、湖南、江西、广西和四川等地农村地区调查还发现，一些地方中小学在计算班主任工作量时，并没有按照国家标准将其计入基本工作量，班主任承担超课时量的也没有以超课时补贴的形式发放班主任津贴。为什么会出现这种情况？我们通过和当地教育局负责人访谈得知，由于农村贫困地区经济落后，地方财政收入少，教师绩效工资总量本来就不大，而这些地区农村中小学位置分散，班级规模小但数量多，所以班主任需求量大。如果按照国家标准计算的话，除去班主任津贴，其他教职工的绩效工资就很少了。因此，他们通行的做法是采取模糊的方式来发放班主任津贴，其标准一般都较低。以我们调查的湖北省浠水县和江西省分宜、铜鼓和泰和县为例，浠水县位于城区的初级中学班主任津贴达到300元/月，较低的初级中学班主任津贴仅几十元，甚至有些"普九"债务大、代课教师多的农村薄弱学校根本没有班主任津贴，每周仅给班主任计算两课时的标准课时量。而该县小学班主任津贴最高达到250元/月，最低的根本就没有。原因是有些初小或教学点是包班上课，任课教师的课时量普遍较多，加上欠发达地区绩效工资总量偏少，因此很多地方中心学校在分配绩效工资时，干脆就没有给所辖的初小和教学点设立班主任津贴，也没有将班主任津贴折算成在初小和教学点任教老师的课时量。同样，广西武鸣县、四川纳溪县等县城区班主任津贴每月达400元，而偏远地区学校班主任津贴每月仅30元，甚至少数教学点根本没有任何班主任津贴。同样，即使是发达地区，不同学校班主任津贴的标准也大不一样。以我们调查的武汉市洪山区为例，位于闹市区繁华地带初级中学的班主任津贴最高达到450元/月，而位于城乡接合部和偏远地区学校的班主任津贴最低不足100元/月；小学班主任津贴最高达到350元/月，最低的竟不足50元/月。同一县（区）域内班主任津贴标准不统一，严重影响了薄弱学校班主任工作的积极性。也有部分城区学校或优质学校班主任津贴较高，原因是他们学校有校产收入或其他额外收入。我们对广州、中山、深圳等大中城市中小学的调研也证实了这一点。总之，同一县域内不同学校班主任津贴分配不均是一个较为普遍的现象。其实，问卷调查也证明了这一点，例如，当问到"您所在县（市、区）班主任津贴是否相同"这一问题时，在东、中、西部的教师问卷中，分别有67.2%、72.4%和78.1%的教师回答"不相同"；在校长卷中，分别有54.3%、58.7%和62.5%的校长回答"不相同"。

最后，同一学校内的不同主体绩效工资分配不均。义务教育学校教师绩效工资制度改革涉及教师、管理人员和后勤服务人员。尽管改革要求学校进行绩效考核时根据不同岗位的特点，坚持"多劳多得、优绩优酬，重点向一线教师、骨干教师和有突出贡献的工作人员倾斜"的原则，然而，由于种种原因，同一学校内不同主体绩效工资分配标准并不合理，学校在进行绩效工资分配时，往往会出现"管理人员拿上限，后勤服务人员拿下限，普通教师拿平均数"的现象，最终绩效工资变成了"官效工资"。为了全面了解绩效工资制度改革后不同主体绩效工资发放的真实情况，我们在调查问卷中设计了"请您将所在学校教职工奖励性绩效工资按'校长、非毕业班班主任、毕业班教师及班主任、学校中层干部、非毕业班教师、教辅人员、工勤人员'从高到低排序"这一问题。在回收的教师问卷中，有近80%教师的排序分别是"校长、学校中层干部、毕业班教师及班主任、非毕业班班主任、非毕业班教师、教辅人员、工勤人员"。而在回收的校长卷中，近60%的校长基本认同以上教职工奖励性绩效工资排序,这种结果刚好印证了在基层中小学调研时部分教职工所反映的事实——绩效工资成为"官效工资"。那么为什么会出现这种情况呢?我们在和中小学教职工所做的进一步访谈中得知,出现这种现象的主要原因是基层学校在进行绩效考核时,有不少地方在制定绩效工资分配方案时,将校长、副校长和中层干部等管理岗位折合成"绩效"系数。例如,设定绩效基数后,校长所得绩效工资用基数乘以绩效系数2,副校长乘以1.5,中层干部乘以1.2,还有教研组长、年级组长、学科组长、备课组长等,这些业务带头人的绩效基数在1.1—1.2,凡是带"长"字号的学校管理人员自然所得颇丰,而长期奋斗在教学一线的大多数普通教师则收获不多,有些教师甚至连"绩效"基数都没有达到。不仅如此,几乎所有学校中层干部的职务工作都是按0.5—1个工作量计算的,所以在安排教学工作时他们一般都只有普通教师一半左右的课时量,却拿到了普通教师1.1—2倍的岗位津贴。因此,不少教学一线的普通教师怨声载道,愤愤不平。这种类似于按照行政级别来分配义务教育学校教师绩效工资的做法,很显然是把教育管理放在教学一线之上。而学校工作的核心是教学,在绩效工资实施过程中,将学校管理工作的"绩效"系数定得过高,显然违背了国家关于义务教育学校教师绩效工资制度改革的初衷。

我们对一些地方中小学的实地调研也证实了这一点。例如,在武汉市某区部分学校奖励性绩效工资方案中,几乎所有学校中层以上干部的绩效系数均高于普通教师,还有部分学校设立了干部岗位津贴,结果是学校中层以上干部的绩效工资均远远高于普通教师及班主任等(见表4-9)。2010年3月底,我们在该市某区一所中学调研时,一位不愿透露姓名的教师无奈地说:"绩效工资实施后,学校行政人员最高工资可达一线教师的2.5倍。"据该教师反映,该校一线教师对这次教师绩效工资改革普遍不满,因为他们的收入原地踏步甚至还有所减少,而中层领导、校领导待遇增加的幅度过大。该校另外一名教师也有同感:"在这种绩效工资方案下,一线教师辛勤劳动没有得到体现,积极性备受打击。没有一线教师辛勤劳动,就靠几个行政领导能行吗?这种不公平的现象必然会导致教育质量的下降。"2010年4月,我们在江西省分宜县某中学调研时,一位工作了近20年的教师说:"绩效工资政策规定要打破大锅饭,那应该就是干多少活,拿多少钱;工作成绩越出色,拿的钱越多。可事实呢?"这位教师顿了顿,"就拿我们学校来说,方案明确规定奖励性绩效工资这一块是人均5000元,但校长可以是这个平均数的2.5—2.8倍,教务主任等中层干部达1.7—2.2倍。他们拿得多,我们就拿得少,等于挖我们的去补他们的,难道校长、中层干部比一线教师干的活多一两倍吗?"最后这位教师若有所思地说:"干得好,不如当个领导。"同样,广东省中山市不少学校在执行教师绩效工资政策时,同样出现了偏行政、轻教学的现象。2010年,中山市两位政协委员在当地两会上反映,工作20多年的教学一线教师的绩效工资,还不如20多岁的学校团委书记。这两位政协委员调研发现,义务教育教师绩效工资在部分学校实施时完全变了味,一些学校在制定绩效工资分配方案时,明显向学校行政管理人员倾斜,一线教师获益不多,反响强烈。我们实地调查发现,绩效工资偏爱"领导"的情况并不单独发生在中山市,在广州、深圳等地中小学同样存在类似的情况。例如,广东省深圳市某区教育局规定,在奖励性绩效工资分配方案中,设立学校中层干部以上行政津贴,其中校长500元/月,副校长400/月,主任300元/月,副主任200元/月,另外学校中层以上的干部在课时量核算上均有特殊照顾。其结果是,该区所有中小学校中层以上干部的奖励性工资要比一般教师高出6000—10000元。以上这些事实均表明同一学校内教师绩效工资分配不合理,绩效工资最终变成"官效工资"。

表4-9　武汉市某区部分义务教育学校教职工绩效工资考核方案

A中学	在奖励性考核内容中,师德所占比例约为15%,工作量及教育教学过程所占比例为50%,教学业绩所占比例约为22%,班主任所占比例约为9%,安全所占比例为4%。 周标准课时量:语数外11,物理化学13,思想品德15,体音美15,其他学科15。 管理津贴:行政人员管理津贴基数为350元/月,管理工作人员量化系数:政教员0.5,教务员0.5,学籍管理员0.4,资料员0.4,义务卫生1.0,门卫0.7,食堂管理员0.3,总务员0.5,校办工厂0.5,保健员1.0。 副校级干部(完成教学任务1/4)、中层干部(完成教学任务1/3)按教师平均津贴1.4倍、1.3倍计算,超出课时部分按课时计算。 班主任津贴:基本津贴200元/月(含工作津贴150/月和家校联系通信津贴50元/月);考核津贴100元/月;奖励津贴60元×班级人数×6个月+考核津贴扣减的部分。

续表

B中学	标准工作量和超课时工作量：以语文、英语的周课时12节为标准工作量，每月4.5周，每年按10个月计算；班主任0.5标准工作量，周课时记为6节；行政干部：中层正职1.2个标准工作量；副职0.9个标准工作量（10.8节），校级副职1.5个标准工作量（18节），正职由教育局考核。兼课的科室主任、年级主任、学科主任0.8个标准工作量（9.6节）。 超课时计算方法：周课时（含班主任、行政岗位工作量）÷标准工作量×课程系数。 课程系数：语数外1.0，理化史地0.98，生地体美计算机0.96，校级副职1.02，中层正职1，副职系数0.98，科室主任、年级主任、学科主任课程系数0.98。 行政系列分为一类岗位、二类岗位、三类岗位，以上岗位工作量（记10节），每月4.5周，每年按10个月计算。 会计、人事干事、学籍管理员、政教干事、司机为一类岗位，记1.2个标准工作量（12节）；宿舍管理、实验员、校医、教务员、打字员为二类岗位，记1.1个标准工作量。 超课时计算方法：（周工作量-标准工作量）÷标准工作量×岗位系数。一类岗位、科室系数为1，二类岗位为0.98，三类为0.96。
C中学	奖励性考核内容中，全勤、师德所占比例约为10%，工作量津贴所占比例约为50%，班主任津贴占6%，职务津贴占2.5%，教学常规考核占4%，教育、教学业绩所占比例约为10%，教师综合能力发展奖占1.4%，节日费占13%，其他占3.1%。 实施细则： 1. 全勤、师德奖：标准100元/月；2. 工作量津贴：1）工作量投入基数：个人职位标准金额+职称比例投入金额（职称投入比例金额：教师，按高级、中级、初级之比为1.2∶1∶0.8，教辅、工勤人员，按高级、中级、初级之比为1∶0.8∶0.7，个人职位标准，教师岗位300元/月，职员工勤岗280元/月；2）教师标准课时量及报酬系数：语数外10节/周，物化生12节/月，政历体综合14节/周，音美信息16节/周。 行政管理：校级正职1.6，校级副职1.5，中层正职1.2，中层副职1.1，会计1.0，出纳0.75，人事档案0.6，政教员1，校医1，教务员1，实验员1，学籍管理员0.95，校工0.8，炊事员1。 课时（岗位津贴）计算办法：课时津贴，工作量投入基数×（实际授课数÷额定工作量）；岗位津贴：工作量投入基数×岗位系数。 班主任津贴：班主任津贴由固定津贴、增加工作量部分和考核部分组成。 固定津贴100元/月，标准班额为45人，每增加1人，补贴金额增加2元；班主任早、中提前到班增加工作量，每月增加100元，由政教处考核。 职务津贴：校级正职100元/月，中层正职80元/月，中层副职70元/月，年级组长60元/月，女工主任35元/月，教研组长40元/月，备课组长20元/月。

续表

D中学	奖励性绩效工资分配：班主任、行政干部（含年级组长）、教研组长、备课组长等以岗位津贴形式呈现，占奖励性绩效工资的25%左右。 考核五大内容：师德占10%，出勤占10%，教育教学过程占20%，教育教学占20%（教师专业发展占20%，学期教学质量占80%），教师工作量占40%。这些占奖励性绩效工资的75%左右。 考核类别及办法：教师及管理人员工作量奖按照岗位津贴和课时津贴发放，管理干部（副校长、中层干部）、年级主任、备课组长按照工作量奖执行岗位津贴，任课教师和行政人员、教研人员将执行工作量数转化为课时津贴发放。 工作量系数：教学岗位系数为语文、数学、英语10节/周，物理、化学、思品、历社、体育12节/周，其他学科14节/周。 课时系数：各学科周课时工作量，其系数为1.4，语数外为1.4/10=0.14节，物理、化学、思品、历社、体育为1.2/12=0.12/节，其他学科为1.4/14=0.1节。 教师教学工作系数=各学科每课时系数乘以实际所任学段、学科的周课时；教师课时系数增加情况：跨学科按备课时数1/2节数计算课时系数，毕业班教师按照每周课时增加一课时，语文、外语早自习，按0.15计算系数，中自习、第八节按0.1系数，九年级按0.1系数计算，体育老师课间操按另加2课时计算，教师上竞赛课，按1.5节计入总量。 岗位津贴：教研组长每月100元，初三备课组长每月80元，初一、初二备课组长每月60元，班主任津贴350—400元。
E中学	班主任津贴：班级人数达45人及以上的，班主任工作量为0.5个标准工作量，少于45人差额达5人以上的，适当减少工作系数；所承担的教学工作量不到一个标准工作量的，按300元/月，达到一个标准工作量的，按400元/月。 校级副职：另承担教学或其他工作，工作量系数达到0.5及以上的，比照一线教师10名工作量均值确定；小于0.5大于或等于0.33的，比照一线教师前20名均值确定；小于0.33大于0.25的，比照一线教师前30名均值确定；小于0.25的，比照全校教职工均值确定。 中层正职：另承担教学或其他工作，工作量系数达到0.5及以上的，比照一线教师15名工作量均值确定；小于0.5大于或等于0.33的，比照一线教师前25名均值确定；小于0.33大于0.25的，比照一线教师前40名均值确定；小于0.25的，按低于全校教职工均值10%确定。 中层副职：另承担教学或其他工作，工作量系数达到0.67及以上的，比照一线教师15名工作量均值确定；小于0.67大于或等于0.5的，比照一线教师前20名均值确定；小于0.5大于0.33的，比照一线教师前30名均值确定；小于0.33的，按低于全校教职工均值20%确定。 后勤工作量系数：会计0.8+0.2，出纳0.60+0.25，学籍管理、司机0.9，教务员0.6，政教员0.5，保管员0.5，安全员、采购员0.7，油印员0.6，勤杂工0.5，图书管理员0.6。 津贴：教研组长30元/月，教科组长30元/月，备课组长30元/月，女工委员30元/月，党小组长30元/月。

F小学	奖励性绩效工资构成：班主任津贴10%，超课时津贴8%（加班费），教育教学课程奖励70%，职务及岗位津贴、专业技术津贴（骨干教师、学科带头人）7%，教育科研成果5%。 班主任津贴：平均210元/人，每天8元。 职务绩效津贴：副校级240元/月，主任级180元/月，助理、大队辅导员80元/月，教研组长60元/月，办公室组长40元/月，保健老师40元/月，工会委员30元/月。 专业技术绩效标准：市级学科带头人100元/月，区级学科带头人60元/月，校级学科带头人40元/月。 课时量（标准教学工作量）：正校级0—3节，副校级 语数外6节（1/2工作量），主任（1/3工作量），副主任（1/4工作量）12—14节 教师岗位：语数外中高年级11节，低年级13节，英语14节，体音美、科学、品德、综合18节。 教辅岗位（折算课时量）：档案员2课时，大队辅导员9课时，卫生保健老师4课时，学籍管理员2课时，图书管理员1课时，网络管理员4课时。

总之，在绩效工资实施后，不仅同一县域内不同类型学校的校长、教师绩效工资分配不均和班主任津贴标准不一致，而且同一学校内不同个体绩效工资同样存在分配不均的问题。而绩效激励中的公平理论认为，雇员倾向于将他们在工作中所得到的与付出的进行比较，同时他们也比较自己和同事的工资所得与工作绩效。比较的结果必然是雇员看到他的报酬与同事的报酬要么一样，要么不一样。那些感觉不公平的人会认为他们的报酬给得过低。[1] 所谓"公平"，就是员工把自己的工作绩效和所得报酬拿来与他人的工作绩效及所得报酬进行主观比较时所产生的积极心理平衡状态；相反，"不公平"是指比较时所产生的消极的、不平衡的心理状态。因此，公平感实质上是一种主观价值判断，在不同的社会文化背景和意识形态下，其标准有很大的差别。员工评价自己能否得到公正的评价，在一般情况下是以同事、同行、亲友、邻居或以前的情况等作为参考依据的。由此可见，员工不仅关心自己经过努力所获得的报酬的绝对数量，也关心自己的报酬和其他人报酬之间的关系。即员工是根据自己的投入产出关系和他人的投入产出关系的对比来判断自己所获得的报酬的公平性的。当与感知到的收入（如努力、工作行为）

---

[1] 罗纳德·W. 瑞布：《教育人力资源管理——一种管理的趋向》，重庆大学出版社2003年版，第222页。

相对比，员工感到自己所得到的产出是对等的时，他们就会受到激励；反之则会导致员工心里不舒服。如果员工认为其他人所付出的努力与自己相同但是所获得的报酬却更多或者是他人的努力比自己少但大家的报酬相同，他们就会采取负面行动（比如消极怠工）来找回双方在投入产出比上的平衡。同样，义务教育学校教师的积极性不仅受到自己绝对报酬（实际收入）的影响，而且受到相对报酬（自己实际收入与他人实际收入比较）的影响。每一名教师都会自觉或不自觉地把自己的工作或报酬与其他学校或其他地方的教师进行比较，也会把现在的工作或报酬与自己过去的相比较，当发现公平合理时，则心情舒畅，会更加努力工作；当发现不公平不合理时，就会怨声载道，消极怠工。因此，当同一县域内不同类型学校的个体（校长、教职工或班主任）得到绩效工资时，发现自己的所得同其他学校的个体相比少了许多，或同一学校内不同个体发现自己的绩效工资和其他人相比差距悬殊，就会产生不公平感，感到不合理，往往会发泄不满，工作积极性会大打折扣，师资流失现象会比绩效工资实施前更严重。

四 代课教师的绩效工资没有纳入保障范围

代课教师[①]是我国教师队伍中的一个特殊群体。他们在极为艰苦的条件下坚守农村义务教育第一线，兢兢业业，任劳任怨，弥补了农村中小学师资的不足，缓解了广大农村特别是偏远、贫困地区义务教育师资的供求矛盾，实际上已成为支撑我国农村特别是中西部贫困地区义务教育的重要力量。尽管现在国家正在实施"农村教师特岗计划"，我国代课教师逐渐退出历史舞台，但代课教师在我国中西部农村地区仍有相当的数量。据统计，2006年，全国各省（区）小学代课教师比例高于10%的县共有495个，其中，东部地区61个，中部地区92个，西部地区342个。其中四川（51个）、广西（49个）、云南（49个）、西藏

---

① 代课教师原指专任教师因病假、产假、事假等原因而被请来代课的定岗教师。在20世纪80年代末，代课教师的数量非常少，随着民办教师"转正"政策的落实以及1986年国家明文禁止招聘新民办教师和一些满足义务教育要求以补充教师数量不足的不在编教师就成了代课教师。详见安雪慧、丁维莉《代课教师：合理存在还是应该清退》，《教育研究》2011年第7期。

(49个)、陕西（39个）、甘肃（36个）。2006年，各省（区）最高20%县的小学代课教师比例高于17.54%（全国水平为17.38%）的有11个省（区），其中东部地区有2个省，西部地区有8个省（区）。在11个省（区）中，最高20%县的小学代课教师比例高于20%的省（区），分别是东部地区的广东省（21.05%）、湖北省（21.94%），西部地区的广西（32.48%）、甘肃省（29.75%）、西藏（21.56%）、云南省（21.19%）和四川省（20.12%）。可以看出，最高20%县的小学代课教师比例较高的省（区）主要位于西部和东部地区。在2006年最高20%县的小学代课教师比例高于20%的8个省（区）中，有6个是西部省（区），其中2006年小学代课教师占岗位教师的比例超过7.9%（全国平均水平为5.29%）的，分别是东部地区的广东（10.36%），西部地区的广西（16.38%）、甘肃（12.14%）、西藏（10.03%）、云南（9.23%）、陕西（7.92%）。尤其是广西和甘肃不仅是2006年各省（区）中最高20%县的小学代课教师比例最高的省（区），也是小学代课教师比例最高的省（区）。① 另据统计，到2007年底，全国中小学还有代课教师37.9万人。② 这些代课教师主要分布在农村偏远地区初小和教学点，那里条件十分艰苦，教师待遇差，大多数正式教师不愿到那里任教，加上有些地方教师严重短缺，无法安排教师到那里任教。可是，我们在中西部地区实地调研时发现，在实施绩效工资制度改革后，这些代课教师均没有领到任何绩效工资。

例如，湖北省浠水县大吉岭教学点属于巴驿镇中心小学管辖，现有180余名学生，其中1—4年级学生124名，幼儿园学生56名。因为地理位置偏僻，条件尤为艰苦，加上该县师资一直十分紧张，该教学点一直没有正式教师到那里任教，只好聘请5名代课教师，实行包班上课。他们的收入是每月400元，是巴驿镇中心小学用公用经费解决的。实行绩效工资改革后，该教学点的代课教师没有任何绩效工资。浠水县汪岗镇和绿杨乡所属的几个教学点也存在类似的情况，据该镇中心学校干事介绍，该镇有1所初中，5所完小，5个教学点。现有学生5186人（其

---

① 张钰等：《中国义务教育公平推进实证研究》，教育科学出版社2011年版，第244页。
② 周济：《农村义务教育普及实现新跨越》，《中国教育报》2008年2月26日。

中小学生 3168 人，初中生 2018 人），正式在职教师 206 人，"隐性"代课教师 48 人[①]，其中 5 个教学点全部是"隐性"代课教师。教学点代课教师工资主要通过中心学校下拨的公用经费、学前班学杂费和收取少量的早餐费解决。在实行绩效工资改革后，他们均没有拿到绩效工资，工作积极性受到很大的打击。绿杨乡有初中 1 所，完全小学 5 所，9 个教学点。教学点都是在地理位置偏远的高山上和白莲河水库库尾，最近的教学点离绿杨乡中心学校也有约 20 千米，交通尤为不便。教学点只有学前班和小学一年级，一般有 10 多名学生，1—2 名代课教师，是典型的复式教学。这些代课教师的工资每月约 400 元，一般由村里出一部分（据该乡教育干事介绍，这些教学点本来要撤并，因为学生上学路程太远，村民强烈要求保留。因此，教学点所在村自行聘请本村略有文化的人为代课教师，村里想办法解决一部分工资），再由中心学校下拨给教学点的公用经费解决一部分。在实行绩效工资改革后，他们同样没拿到任何绩效工资。

  2011 年，我们在广西壮族自治区百色市凌云县调查发现，该县是一个仅有 18 万人口的山区小县，属于典型的喀斯特地貌，九分石头一分地。该县经济尤为落后，财政收入很少。目前仍有代课教师 186 人，其中小学代课教师 182 人。这些代课教师绝大部分在偏远山区教学点任教，那里条件极为恶劣，不通车，不通电，甚至不通水，正式教师都不愿到那里任教。在绩效工资实施前，他们每月仅 200 元的工资，没有其他任何补助。在绩效工资实施后，他们也没有拿到任何绩效工资。不仅如此，他们还面临着随时被清退的困境。同样，广西河池市凤山县是一个不到 20 万人口的山区县，目前还有代课教师 401 人。该县乔音学校教英语的卢老师 2002 年毕业于广西师范大学英语专业，到目前为止，她仍是一名代课教师。在绩效工资实施前，她每月仅 150 元工资，寒暑假还要扣除。在绩效工资实施后，她同该县其他代课教师一样，没有领到任何绩效工资，其收入也没有发生任何变化，而其他正式教师每月收

[①] 之所以称为"隐性"代课教师，是因为该县 2009 年宣布已经取消了代课教师，各中心学校负责统筹师资。如果出现师资短缺情况，一般由各中心学校自行聘请代课教师，利用学校公用经费来解决他们的工资，发放时仍以公用经费形式下拨，因此，现在该县不存在代课教师工资的说法。

入在 2000 元以上。提起现在的处境，卢老师含泪说道："绩效工资对于我来说，是一个遥远的梦。为什么同在三尺讲台下，教师收入差距竟那么大呢？"据了解，广西河池市仅小学代课教师就有 3000 多人，他们几乎都执教在那些偏远落后且根本无法撤并的教学点，有力地支撑着这些地方的义务教育。他们每月的工资仅 100—150 元，有时还不能按时发放，甚至一些地方出现了"义务代课教师"。在绩效工资实施后，他们均没有领到任何绩效工资，其工作积极性受到很大的影响。

根据我们的实地调查，不仅地理位置偏僻的教学点存在着代课教师，就是普通中小学也同样存在着代课教师。例如，湖北省浠水县汪岗镇初级中学自 2000 年以来没有进 1 名正式教师，该校在学生最高峰时有 40 名代课教师，目前还有 13 名代课教师，他们的工资是每月 630 元（除此以外没有任何绩效工资），工资全部由学校自行解决。每年仅代课教师工资就需近 10 万元，而该校还有教育债务 152 万元。该镇另一小学有 540 名学生，11 名正式教师，8 名"特岗生"，6 名代课教师。代课教师每月工资约 400 元（除此以外没有任何绩效工资），工资从公用经费和学生伙食费利润中解决。由于代课教师工资挤占了学校公用经费，学校运转尤为艰难。该县绿杨乡初级中学 2000 年以来同样没有进 1 名正式教师，该校还有代课教师 10 人，后勤临时工作人员 10 人，每年学校仅支付他们的工资就需近 15 万元，学校校长的压力可想而知。

不仅农村偏远地区教学点和普通中小学存在着代课教师，在我国大中城市和经济发达地区同样也存在着代课教师。例如，2010 年上半年，我们在湖北省黄冈市黄州区某中学调研时发现，该校共有教师 121 名，其中正式教师 79 名，无编在册的教师 6 名（这些教师有编制，是通过正常渠道招聘过来的，但由于黄州区财政困难，他们还没有被纳入财政预算，其工资暂时由学校自行解决），学校自聘教师 30 名（真正意义上的代课教师，这些教师没有财政编制和教师编制，其工资由学校解决），政府招聘教师 6 人（他们是政府安置的复退伍军人，暂时还没有财政编制，但区政府每月为每人下拨 644 元工资，剩余部分由学校自己解决），仅这些教师学校每年就至少需承担 40 万元经费。经济发达地区的情况也不乐观。例如，广东省还有代课教师 52185 人，其中小学 42469 人，占 81.4%；中学 9716 人，占 18.6%。经济发达地区代课教师 17110

人，占 32.8%；欠发达地区代课教师 35075 人，占 67.2%。代课教师在教育教学岗位上承担着与公办教师同样的工作任务和职责，但其平均工资水平一般只有公办教师的 1/3，收入差距过大。特别是欠发达县市的代课教师月平均工资水平只是 200—500 元，尚未达到当地最低工资标准。不少农村代课教师被生活所迫，过着"亦教亦农"的生活，成为"教书的农民，种地的教师"，是农村最贫困的社会群体之一。与此同时，代课教师基本上都没有购买医疗、养老和失业等社会保险，生活极为艰难。[1] 2009 年教师绩效工资实施后，这些代课教师同样没有任何绩效工资。例如，2009 年 5 月，我们在广东省新丰县调研，该县位于粤北贫困地区，经济条件落后，目前还有 200 多名代课教师，这些代课教师的年收入不足 5000 元，而且没有任何补助，也没有购买医疗、养老和失业保险。在绩效工资实施后，他们同样没有享受到任何绩效工资，年收入基本上没有发生任何变化。不仅如此，2008—2009 年，广东省实施"代转公"考试后，大部分代课教师面临着下岗失业的困境。另据广东省东莞市教育局基教科负责人介绍，该市原有代课教师 3058 名，2008—2009 年实行两次"代转公"考试后，目前仍有代课教师 796 名。这些代课教师月收入不足 1000 元，在实行绩效工资改革后，他们同样没有享受到任何绩效工资。于是，为生计而奔波，为果腹而忙碌成为这些代课教师的真实写照。部分代课教师由于缺少精神支柱，丧失了人生信念，所有工作便都"降低为机械的习惯，降低为虚伪的、半心半意的例行公事"[2]。部分代课教师在职业生涯中找不到自己，失落了自己，在令人气馁的矛盾中挣扎着。因此，代课教师的绩效工资没有纳入绩效工资的保障范围，极大地影响了他们工作的积极性，对于我国义务教育尤其是农村偏远地区义务教育均衡发展构成了严峻挑战。

　　义务教育学校教师绩效工资制度改革所存在的这样或那样的问题，导致教师对绩效工资的满意度不高。我们知道，义务教育学校教师绩效工资制度改革是否令人满意，绩效工资满意度是其中一个重要的衡量标准。尽管教师对绩效工资的满意度受到很多复杂因素的影响，但是，通

---

[1] 《我省全面部署解决代课教师和教师待遇问题》，《广东教育》2008 年第 10 期。
[2] [德] 奥伊肯：《生活的意义与价值》，万以译，上海译文出版社 1997 年版，第 69 页。

过对问卷和访谈的分析,还是可以从中发现一定问题的(见表4-10)。对教师卷和校长卷的分析均表明,无论是东部、中部还是西部地区,义务教育学校教师对绩效工资的满意度均不高,其中,表示满意的均不足1/3,不满意的却超过了40%。

表4-10　　　　　　义务教育学校教师绩效工资满意度　　　　　　(%)

	教师卷				校长卷		
	东部	中部	西部		东部	中部	西部
满意	9.4	11.8	13.6	满意	11.8	13.5	14.9
较满意	11.5	10.9	14.7	较满意	13.1	14.9	18.2
一般	29.2	21.8	24.5	一般	27.4	18.5	16.7
不满意	32.4	37.3	35.6	不满意	27.5	35.5	27.2
很不满意	17.5	18.2	11.6	很不满意	20.2	17.6	23.0

为什么教师对绩效工资的满意度不高呢?这是因为义务教育学校教师普遍认为,尽管他们的工资水平和当地公务员基本一致,但他们的实际收入比当地公务员低得多。例如,对问卷的分析显示,在回答"和当地相同级别公务员相比,您的实际收入高于、稍高于、差不多、低于、低得多"这一问题时,在东部地区,仅11.2%的教师和13.6%的校长认为"高于"当地相同级别的公务员,认为"稍高于"的教师和校长分别只占12.5%和15.1%,认为"差不多"的教师和校长分别占20.3%和18.5%,但认为"低于"的教师和校长分别占30.7%和29.1%,认为"低得多"的教师和校长比例高达25.3%和23.7%;在中部地区,仅6.9%的教师和7.5%的校长认为"高于"当地相同级别的公务员,7.3%的教师和6.9%的校长认为"稍高于",认为"差不多"的教师和校长也占到25.7%和24.3%,但认为"低于"的教师和校长分别占到38.6%和36.2%,认为"低得多"的教师和校长也占到21.5%和25.1%;在西部地区,认为"高于"当地相同级别公务员的教师和校长仅为5.2%和5.6%,6.2%的教师和6.7%的校长认为"稍高于",30.3%的教师和27.9%的校长认为"差不多",但认为"低于"的教师和校长分别占到35.2%和38.2%,认为"低得多"的教师和校长占到

23.1%和21.6%（见表4-11）。可见，在绩效工资实施后，尽管政策明文规定义务教育学校教师与当地公务员平均工资水平应一致，但大部分教师还是认为自己的实际收入比本地公务员低。

表4-11 您认为"和当地相同级别公务员相比，您的实际收入……" （%）

	教师卷				校长卷		
	东部	中部	西部		东部	中部	西部
高于	11.2	6.9	5.2	高于	13.6	7.5	5.6
稍高于	12.5	7.3	6.2	稍高于	15.1	6.9	6.7
差不多	20.3	25.7	30.3	差不多	18.5	24.3	27.9
低于	30.7	38.6	35.2	低于	29.1	36.2	38.2
低得多	25.3	21.5	23.1	低得多	23.7	25.1	21.6

我们在东、中、西部地区调研时对义务教育学校教师的访谈也证明了这一点。例如，湖北省恩施市红土乡红土中学的一位不愿透露姓名的老师说："我们教师的实际收入和当地公务员没法比较，我们教师拿的是'裸体'工资，除了工资，基本没有其他收入。而公务员工资之外的收入无法计算，目前的工资发放方式不透明，我认为教师的实际收入比当地公务员低是一个公开的秘密。"深圳市盐田区某中学的王老师也有相同的感受，他很无奈地说："我在深圳一所中学教书，我的同班同学在区政府工作。绩效工资实施后，尽管我和他的工资卡上的工资基本相同，但我的同学工资之外的收入比我高多了，他的一些隐形收入甚至比我的基本工资还高呢。"同样，四川省安溪县基教科的一位负责人告诉我们，尽管义务教育学校教师工资平均水平和当地公务员基本一致，除了公务员的额外收入多以外，我们教师的社会保险、失业保险和医疗保险办理率均不高，教师的住房补贴标准也比公务员每月少500元左右，因此，义务学校教师认为自己的实际收入比公务员低是很正常的。其实，问卷调查结果也证实了这位基教科负责人的观点。除东部地区外，中西部地区义务教育学校教师、校长除医疗保险办理情况稍好些外，其失业和养老保险以及住房公积金的办理率都很低。在中部地区，办理了失业保险、养老保险和住房公积金的教师分别只占21.8%、

25.1%和8.9%,校长稍高点,但分别也只占30.5%、23%和11.6%。西部地区则更低,分别只有17.2%、24.3%、7.2%的教师和27.4%、21.9%、7.5%的校长办理了失业保险、养老保险和住房公积金(见表4-12)。可见,我国中、西部地区教师社会保障不到位,尤其是住房公积金办理率极低,直接影响到义务教育学校教师工作的积极性,也影响到对教师绩效工资的满意度。

表4-12　教师医疗、失业和养老保险以及住房公积金办理情况　　(%)

	地区	医疗保险	失业保险	养老保险	住房公积金
教师卷	东部地区	99.1	85.3	82.5	72.1
	中部地区	92.8	21.8	25.1	8.9
	西部地区	85.6	17.2	24.3	7.2
校长卷	东部地区	99.5	89.5	88.1	75.6
	中部地区	94.2	30.5	23.0	11.6
	西部地区	89.1	27.4	21.9	7.5

其实,心理因素对教师工资水平的确定有着不可忽视的重要作用。激励理论认为,激励功能的目标就是最大限度地刺激员工努力工作,实现最大的经济效益。虽然激励的目的是实现经济效益。但是激励的过程却是一个心理的内在动机的过程。心理学研究表明,实现激励功能的基本条件是满足个体的需要,个体努力工作也就是为了其需要得到满足。通过增加员工的工资来满足员工的实际需要,这正是实现工资激励功能的重要手段之一。要使增加工资能真正起到激励作用,就要使员工确实感到工资的增加能满足员工的实际需要。因此,心理感知因素对工资增长的激励功能起着非常重要的作用。然而在客观现实中,并不是所有客观物理刺激的变化我们都能感觉到。例如,1千克重量增加10克,人们并不能感觉到这种变化。15克、20克也不能引起原来感觉的变化,一定要使重量增加到30克,或者更多,人们才能感觉到重量的改变。这种刚刚能够引起个体感觉水平变化的物理量(ΔI),心理学上称其为

感觉的绝对差别阈限，△I：I 为相对差别阈限。① 一方面，只有物理刺激发生很大的变化才能引起微小的变化；另一方面，有时客观上微小刺激所产生的变化，却能使人感觉到很大的变化。如对电击的痛感觉。电击水平微小的增加能引起个体痛觉巨大的改变。心理学上说明这种客观物理变化与主体感觉不一致性的规律为心理物理法则。② 在简单条件下，随着工资水平的增加，同时，对工资增长的差别阈限也有所增加。但这种增长很微小，很缓慢。因此，在简单条件下，工资水平的增长应以个体对工资增长所感觉的差别阈限为基础。否则，如果工资的增长率小于对工资增长感觉的差别阈限，则工资的增长由于不能被感知，而起不到任何刺激的作用。由于提高一级工资水平，使感觉阈限有所增大，下一次工资增长时，就需要更大的绝对增长量和更大的相对增长率。另外，如果工资的增长率大于对工资增长感觉的差别阈限，则这种多加的工资也只能起到相同的刺激效果。超出差别阈限以上的增长在没有达到引起下一个感觉变化时，也不能起到更大的激励效果，并同样会给以后提高工资带来因超过差别阈限而需要更大增量的困难。

正因为如此，在绩效工资实施后，由于义务教育学校教师绩效工资期望值普遍较高，也就是说，他们对工资增长感觉的差别阈限很大；而实际所得的绩效工资与他们的期望值存在很大的差距，或者说教师工资水平的增长率远远小于工资增长的差别阈限。因此，教师工资水平的这种增长不能被感知，这样就起不到刺激的作用，教师对绩效工资的满意度也就普遍较低。对问卷调查的分析可以证实这一点。例如，当问到"根据目前的情况，您所期望的教师（校长）年收入是多少"这一问题时，在中部地区，义务教育学校教师期望收入在 40000—70000 元的占 68.3%，而 70000 元以上的占 19.6%，40000 元以下的仅占 9.1%；在

---

① 心理学认为，感觉器官的感受性决定于在一定条件下能引起感觉的最小刺激。引起刚刚可觉察到的感受的最小刺激强度，叫感受性绝对阈限的下限；产生与作用刺激物相应的感觉的那种最大刺激度，叫绝对感受性上限；引起刚刚可觉察到的感觉差别的两个刺激物间的最小差别，叫差别阈限。绝对感受性和阈限值存在相反的关系，阈限值越小，则感受性越高；差别感受性与差别阈限的大小有相反的关系，差别阈限越大，则差别感受性越小。具体参见 [苏] 彼得罗夫斯基主编《普通心理学》，人民教育出版社 1981 年版，第 261 页。

② 赵延、陈保华：《工资理论与实践》，北京经济学院出版社 1991 年版，第 81 页。

东部地区，期望收入在 40000—70000 元的占 48.3%，而 70000 元以上的占 46.0%，40000 元以下的仅占 5.7%；在西部地区，期望收入在 40000—70000 元的占 68.2%，而 70000 元以上的占 15.2%，40000 元以下的仅占 16.6%。同样，在中部地区，校长期望收入在 40000—70000 元的占 66.2%，而 70000 元以上的占 24.5%，40000 元以下的仅占 9.3%；在东部地区，期望收入在 40000—70000 元的占 45.6%，而 70000 元以上的占 50.1%，40000 元以下的仅占 4.3%；在西部地区，期望收入在 40000—70000 元的占 67.2%，而 70000 元以上的占 18.7%，40000 元以下的仅占 14.1%（见表 4 - 13）。可以看出，绝大部分义务教育学校教师（校长）收入的期望值都在 40000 元以上，而事实上，在绩效工资实施后，大部分教师的绩效工资总额在 40000 元以内。这表明教师（校长）收入的期望值同实际绩效工资总额存在很大的差距。我们将义务教育学校教师（校长）绩效工资满意度与其所期望的收入进行交联列表分析，并进行卡方检验，结果显示，义务教育学校教师（校长）绩效工资满意度与其所期望的收入存在显著性差异（$P<0.001$），并且期望值越高，满意度越低。其实，我们对中、西部中小学所进行的实地调研也证实了这一点。例如，2011 年我们在江西省铜鼓县调研时，该县一所农村偏远学校的教师说："目前我们教师的工资收入一般不到 30000 元，也就是说，我们每月的收入仅 2500 元左右。而我们当地的泥瓦匠每天的工资为 120 元，每月的收入至少是 3000 元。教师收入赶不上泥瓦匠，在我们这里已经是一个非常普遍的现象了。说句实在话，我们期望的工资同实际发放的工资相差太大，每月 5000 元左右的工资才是我们的理想值。"恩施市是湖北省远近有名的贫困山区，我们在对该市书院中学教师做集体访谈时，该校教师迫不及待地说："绩效工资政策实施后，我们学校教师年收入在 25000 元左右，我们教师收入一般比该政策实施前多 3000—5000 元。对比目前我们地区的生活水平和本人的期望值，我认为教师收入在 5 万元左右就差不多了。同公务员相比，表面上看不相上下，但公务员有不少隐形收入，而教师只有'裸体'工资，除工资以外没有任何其他收入。"可以看出，这些教师的期望值和实际的工资收入存在很大的差距。

表4-13 根据目前的情况，您所期望的教师（校长）年收入是多少 （%）

教师卷				校长卷			
教师期望收入	东部	中部	西部	校长期望收入	东部	中部	西部
20000—30000元	0	3.2	6.9	20000—30000元	0	2.9	5.4
30001—40000元	5.7	8.9	9.7	30001—40000元	4.3	6.4	8.7
40001—50000元	9.5	13.4	18.1	40001—50000元	8.6	8.5	16.3
50001—60000元	12.6	26.2	26.6	50001—60000元	10.2	27.8	24.7
60001—70000元	26.2	28.7	23.5	60001—70000元	26.8	29.9	26.2
70000元以上	46.0	19.6	15.2	70000元以上	50.1	24.5	18.7

总之，义务教育学校教师绩效工资制度改革，既取得了初步成效，又存在着许多问题，对这些问题我们也决不能忽视。否则，必然会影响我国义务教育学校教师绩效工资制度的完善。

第五章 义务教育学校教师绩效工资制度改革存在问题的原因分析

义务教育学校教师绩效工资制度改革出现这样或那样的问题，其原因是相当复杂的，既有经济社会发展差距的影响，又有历史形成的体制、机制等方面的原因，必须进行系统的研究，方能得出正确的结论，并采取行之有效的应对策略。

第一节 公共财政对义务教育投入仍然不足

"公共财政"源于英文"Public Finance"，由于"Finance"一词的含义较广，包括了财政、财务、资金、金融等众多义，为了避免将"财政"的含义与"Finance"所包含的其他含义相混淆，突出以国家为主体的"财政"的意义，所以根据国家财政提供公共产品、满足公众共同需要的特点，将其称为"公共财政"。总的来说，公共财政是指在市场经济条件下国家提供公共产品或服务的分配活动或分配关系，是满足社会公共需要的政府收支模式或财政运行机制模式，是与市场经济相适应的一种财政类型，是市场经济国家通行的财政体制和财政制度。公共财政的基本特征是它的公共性，即公共财政着眼于满足社会公共需要。公共财政的职能范围是以满足社会公共需要为口径界定的，凡不属于或不能纳入社会公共需要领域的事项，公共财政不涉及其中；凡属于或可以纳入社会公共需要领域的事项，公共财政就必须发挥作用。我们知道，社会的需要尽管种类繁多，但从最终需要来看可归为两大类：一类是私人、个别需要，另一类是社会公共需要。社会公共需要，是指社会安全、公共秩序、公民基本权利的维护和经济发展等公众共同利益的需要。相对于个体需要而言，社会公共需要具有以下特征：一是社会公共需要是社会公众在生活、生产和工作中的共同需要，是相对于社会总体而言的；二是为了满足社会共同需要而提供的公共产品，应由社会成员共同享用；三是由社会成员享用，为满足社会公共需要所提供的公共产品和劳务，无须直接付出代价或只需支付与提供这些公共产品的耗费不对称的少量费用；四是满足社会公共需要的物质来源只能是社会产品的剩余部分。① 在我们生活的周围存在着许许多多的共同活动和共同需要，但这些并不都是我们所说的"公共需要"。要分清在市场经济条件下哪些是公共需要和哪些不是公共需要，就需要了解"公共产品"的特征。

公共产品是"这样的产品或劳务，即每个人消费这种产品或劳务不会导致别人对该产品或劳务的减少"②。它有两个基本特征：第一，消费的非竞争性（non-rivalry in consumption）。对于一般的私人产品来说，如果某人消费了这一产品，那么其他人就无法再消费。譬如，你购买一盏台灯放在家里的卧室里，除了你的家人之外，其他人无法再使用这盏台灯。然而公共产品却可以被许多人同时消费，而且增加一个消费者不会带来额外的成本（即边际成本为零）。譬如街上的路灯开启以后，每个路人都可以享受灯光的照明，你享受路灯的服务并不妨碍别人也享受这种服务，而且增加一个路人不会引发更高的照明成本。第二，消费的非排他性（non-exclusion in consumption）。消费者在购买了私人产品之后就获得了该物品的所有权，可以轻而易举地排除其他人对该物品的消费。然而公共产品却做不到这一点，因为要排除某个人消费公共产品是很困难的。仍然以路灯为例，不论是本地居民还是外来打工者都可以享受路灯的服务，不太可能设置某个标准来排除某些消费者对路灯的消费。在现实生活中，典型的公共产品是国防、法律保护、外交、社会治安维护、消防等。私人产品是具有消费的排他性和竞争性的产品，而介于公共产品和私人产品之间的是准公共产品（quasi-public goods）或混合产品（mixed goods），它既有公共产品的性质，又有私人产品的成分。

---

① 陈共：《财政学》，中国人民大学出版社2000年版，第8页。
② 萨缪尔森：《公共支出的纯理论》，《经济学和统计评论》1954年第9期。

例如，高速公路具有一定的非竞争性但不具有非排他性，而城市里的公园在一定程度上具有非排他性但不具有非竞争性。理论与实践证明，对于私人产品，当然应当由市场提供。而对于准公共产品，则应由政府和市场共同提供。公共产品由于其效用具有外溢性，在消费上具有非排他性，无法排除不付费者获得外溢的效用，从而导致"免费搭车现象"，最终形成"公地悲剧"。所以公共产品一般由政府部门直接提供，通过税收的方式强迫每个人都为公共产品付费。如果交由市场通过私人来提供，那么由于提供者不能强迫每个消费者付费，总会有人没有付费却享受了公共产品，结果导致公共产品提供不足。"公共经济和政府介入应限制在市场失效的范围内"，而"提供公共经济正是政府最主要的活动范围之一"①。所以对于弥补市场失灵的政府财政来说，提供公共产品是其最主要的活动内容。政府财政的本质就是集中提供经济社会不可或缺的公共产品以满足经济社会不断发展、变化对公共产品的需求。明确政府财政的本质，其重要性在于：第一，经济社会必须按照满足社会公共需要的范围来大体限定政府发挥其基本职能的合理范围，使之既不能过于宽泛（即财政越位），也不能过于狭窄（即财政缺位）；第二，经济社会原则上规定了政府财政活动的主要目标，即要求政府选择有效的途径，采取合适的方式、方法，按照公众意愿来提供足够的公共产品与公共劳务；第三，即使从动态的角度看，政府也不能任意地、随意地变动其财政活动的内容，而只能按照不同经济发展时期公众对公共需求内容和数量的改变来调整其财政活动内容；第四，无论在现代化经济过程中积极的财政政策具有何等重要性，政府也只有在使构成公共财政所有不同要素圆满完成其基本任务的情况下，才能使积极财政政策共同被用于实现其他各种国民经济与社会目标。②

一般来说，公共产品按其受益范围或效用溢出程度可分为全国性公共产品和地方性公共产品。所谓"全国性公共产品"，是指那些受益范围是跨区域的、可供全国居民同等消费而且共同享用的物品，如国防、

---

① 杨志勇：《当代财政和财政学主流》，东北财经大学出版社2007年版，第456页。
② 张志超：《现代财政学原理》，南开大学出版社2011年版，第15—16页。

太空探险、最高法院等。① 所谓地方性公共产品，也称为"区域性公共产品"，是指地方层次上被消费者共同地且平等地消费的产品，如城市的消防队、治安警察、路灯等。② 地方性公共产品一般而言只能满足特定区域（而非全国）范围内居民的公共消费需求。公共产品受益层次论认为，政府责任划分应根据公共产品的受益范围来决定，受益范围覆盖全国的由中央政府负责，受益范围覆盖地方的由地方政府负责。与中央政府相比，地方政府更贴近企业和居民，更了解居民对公共产品的需求偏好及其数量、质量结构等信息，且获得信息的成本低。如果地方性公共产品的决策和服务均由中央政府来做，必然造成决策失误和效率低下。从公共产品的有效需求来看，由于地方居民对公共产品的需求偏好和结构不同，若公共产品均由中央政府提供，全国统一的公共产品不可能最大限度地满足各地居民的需求。

　　义务教育是根据法律规定，适龄儿童和青少年都必须接受，国家、社会和家庭必须予以保证的国民教育，其实质是国家依照法律的规定对适龄儿童和青少年实施一定年限的强迫教育制度。义务教育对社会来说是具有"正相邻影响"的教育，即"儿童受到的教育不仅有利于儿童自己或家长，而且社会上其他成员也会从中得到好处，孩子受到的教育由于能促进一个稳定和民主的社会而有助于你的福利，由于无法识别受到利益的具体的个人（或家庭），所以不能向他们索取劳务的报酬"③。某人接受义务教育并不妨碍其他人也接受义务教育，即义务教育具有消费上的非竞争性。另外，义务教育又是一种免费教育，不能因某人没有或不愿付费就将其排除在义务教育范围之外，即义务教育具有受益的非排他性。由此看来，义务教育具有非竞争性和非排他性，是纯公益性事业，属于公共产品的范畴，所以义务教育必须由政府直接提供。同时，接受义务教育的大部分学生主要在本地就业生活，义务教育主要受益者是当地政府。因此，义务教育是典型的地方性公共产品，由地方政府提供可以将其外溢性控制在尽可能小的范围之内，从而有利于义务教育供

---

① 李齐云：《分级财政体制》，经济科学出版社 2003 年版，第 62 页。
② 同上。
③ 弗里德曼：《资本主义与自由》，商务印书馆 1988 年版，第 84 页。

给高效化。不仅如此,义务教育还是一种典型的正外溢性很强的地方性公共产品。所谓正外溢性很强的地方性公共产品,是指地方政府提供某些公共产品或服务的受益范围超出了它所管辖的行政边界而扩散到邻近的其他地区,从而使其他地区的居民在不承担任何费用的情况下也同样获得部分好处。[1] 适龄儿童在接受义务教育后,通过在高等学校继续深造,毕业后有些会选择到经济发达地区创业发展,使得这些地区享受了义务教育投资的正外部性;适龄儿童消费义务教育既使其自己受益,国民素质的提高也降低了社会"维持成本",提高了社会资源的配置效率,使社会享受到义务教育消费所带来的正外部性。因此,根据"财政联邦主义论"[2]中的"基本公共服务最低原则"和"财政地位的平等性原则",中央和省级政府对义务教育应负更大的财政责任。根据义务教育是典型的外溢性很强的地方性公共产品这一特性,义务教育应当由中高层地方政府承担。总之,从公共财政的视角看,义务教育既是广大人民群众最迫切的公共需要,也是各级政府应当提供的基本的公共服务。

正是基于此,近年来,我国政府不断加大了对包括义务教育在内的基本公共服务的财政投入,大大改善了基本公共服务的条件,提升了公共服务的品质。不过,也应当看到,与世界上其他一些国家相比,我国对基本公共服务的投入仍有相当的差距。事实上,早在1993年颁布的《中国教育改革与发展纲要》就提出,要"逐步提高国家财政性教育经费支出占国民生产总值的比例,到本世纪末达到4%,达到发展中国家80年代的平均水平"的目标。1995年《中华人民共和国教育法》规定:"国家财政性教育经费支出占国民生产总值[3]的比例应随着国民经济的发展和财政收入的增长逐步提高。"然而,改革开放以来,我国财

---

[1] 李祥云:《我国财政体制变迁中的义务教育财政体制变革》,北京大学出版社2008年版,第127页。

[2] 财政联邦主义是指无论一国家采用什么样的政治体制,就财政来说,就是中央与地方在划分收入的基础上,各自按预算程序安排支出,实现收支平衡,中央政府在行政上对地方是一种领导关系,在资金上是一种联邦关系。马国贤:《中国公共支出与预算政策》,上海财经大学出版社2001年版,第501页。

[3] 一个国家的GDP是该境内生产者生产的总价值,GNP是该国国民生产的总价值,二者差异很小。20世纪90年代,国家组织多用GDP反映一国的经济总量,用人均GDP反映一国的人均经济发展水平,但也有采用GNP指标的。

政性教育经费占 GDP 的比例一直没有达到 4% 这一目标。从公共教育的角度来看，已有研究表明，当人均 GDP 达到 800—1000 美元时，要实现教育与经济的良性发展，公共教育支出占 GDP 的比重必须达到下限，即 4.07%—4.25%。[①] 2003 年，我国人均 GDP 就已超过 1000 美元，达到 1090 美元，2006 年人均 GDP 首次突破 2000 美元，[②] 2007 年人均 GDP 为 2629 美元，2009 年人均 GDP 达到 3770 美元。但 2003 年我国公共财政对公共教育的支出仅占 GDP 的 3.41%，2004 年为 2.79%，2005 年为 3.12%，2006 年降到 2.86%，2007 年为 3.32%，2008 年为 3.48%。[③] 这不仅低于 20 世纪末 21 世纪初世界的平均水平，也没有达到国家规定的我国公共财政对公共教育支出占 4% 的目标（见图 5–1）。

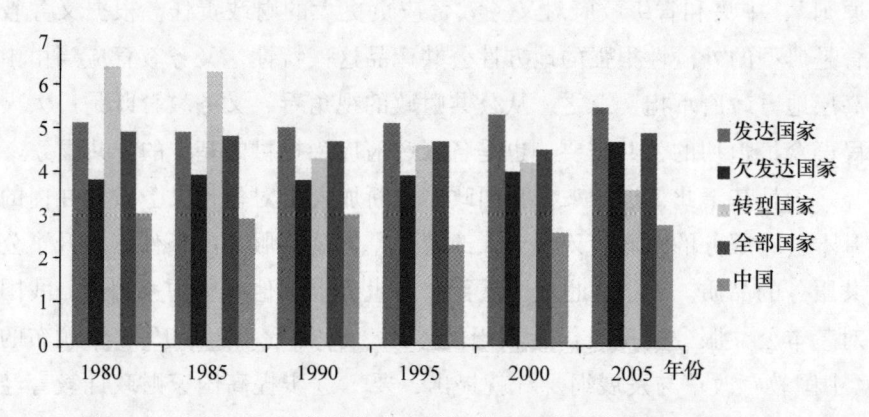

图 5–1 1980—2005 年公共教育投资占 GDP 比例的国际比较（%）

资料来源：1980—1995 年资料取自 UNESCO（2000）*World Education Report 2000*, UNESCO Publishing, 第 118 页。2000 年资料取自联合国教科文组织《2003—2004 年全球教育监测报告》，人民教育出版社 2004 年版，第 382 页。2005 年资料取自 UNESCO（2007）*Education for All by 2015: Will We Make It*? Oxford University Press, p. 354.

如果说教育经费总额占 GDP 的比重并不能全面反映一国教育经费充足程度，那么生均教育经费及其与人均 GDP 的比值（即生均教育经

---

① 刘明慧：《城乡二元结构的财政视角研究》，中国财政经济出版社 2008 年版，第 224 页。
② 同上书，第 114 页。
③ 《2009 年我国教育经费投入占 GDP 的比例达 16 年最高》，腾讯网，2010 年 2 月 24 日。

费指数）则可以予以补充。生均教育经费指数把教育投入与经济发展水平联系起来，消除因学生人数多寡或经济条件好坏而表现出的巨大差异，该指数可以看成是由经济对教育的支撑程度与教育投入的总额整合而成的。UNESCO 在 1991 年就正式使用它作为教育投入努力程度与经济关系研究的重要指标之一。[①] 一般而言，生均教育经费指数能够较好地反映各级政府对义务教育投入的努力程度（见表 5-3）。[②] 与 2000 年相比，2006 年美、英、日、法教育经费总额的增长幅度均超过各国在校人数的增长幅度。1993—2006 年 4 国生均教育经费与人均 GDP 之比（即生均经费指数）都呈稳步增长，2006 年生均教育经费指数达到或超过 0.26，美国更是一直保持了超过 0.3 的比例，北欧国家芬兰 2006 年生均经费指数达到了 0.25。而我国 2003—2006 年义务教育阶段生均教育经费指数普遍偏低（见图 5-2），小学阶段的生均教育经费指数维持在 0.13 左右，初中阶段的生均教育经费指数基本上维持在 0.16 左右。还有 OECD 绝大多数国家政府教育经费是以中央政府和中层政府（按 OECD 的统计口径，中层政府为省、州、邦等介于中央政府和基层政府

表 5-1 1980—2006 年美、英、日、法 4 国教育经费支出占 GDP 的比重

（%）

	1980	1985	1990	1995	1999	2000	2001	2002	2003	2004	2006
美国	4.9	4.6	5.2	6.7	6.5	7.0	7.3	7.2	7.5	8.0	7.4
英国	5.4	4.6	4.8	4.9	5.2	5.3	5.5	5.9	6.1	—	5.9
日本	5.7	5.1	4.7	4.7	4.7	4.6	4.6	4.7	4.8	4.7	5.0
法国	5.0	5.8	5.6	6.3	6.2	6.1	6.0	6.1	6.3	6.2	5.9

资料来源：UNESCO World Education Report (2001, 2002), OECD Education at a Glance (1996—1998, 2001—2005)。转引自唐斌、朱静《当代美英日法 4 国教育多元筹资比较研究》，《教育与经济》2008 年第 2 期。2006 年数据源自 OECD Education at a Glance 2009（除英国外其他国家仅为直接投入教育机构的经费）。

---

① 隗斌贤：《教育统计问题研究》，《江苏高教》2003 年第 1 期。
② 丁金泉：《我国义务教育均衡发展问题研究》，博士学位论文，华东师范大学，2004 年。

表 5-2　美、英、日、法 4 国 2006 年较 1995 年教育经费的变化情况　　（%）

	初等及中等教育						高等教育					
	教育经费变化		在校人数变化		生均经费变化		教育经费变化		在校人数变化		生均经费变化	
	1995	2006	1995	2006	1995	2006	1995	2006	1995	2006	1995	2006
美国	80	117	95	103	83	114	70	122	92	118	77	103
英国	86	134	87	89	99	150	97	149	89	107	109	139
日本	98	101	113	91	86	112	88	114	99	102	88	112
法国	90	101	—	98	—	103	91	110	—	105	—	105
芬兰	89	125	93	105	96	119	90	119	89	106	101	112
OECD	88	121	100	98	89	124	83	130	84	118	99	111

资料来源：OECD Education at a Glance（2009）.

表 5-3　　1980—2006 年美、英、日、法 4 国生均教育经费与人均 GDP 之比　　（%）

	1993	1995	2000	2001	2002	2003	2006
美国	30.3	30.0	30.0	31.0	31.0	32.0	31.0
英国	25.6	24.0	21.0	22.0	23.0	25.0	27.0
日本	23.3	23.0	26.0	26.0	27.0	28.0	28.0
法国	24.3	25.0	27.0	27.0	27.0	28.0	27.0
OECD	25.6	26.0	25.0	26.0	26.0	26.0	26.0

资料来源：UNESCO World Education Report（2001，2002），OECD Education at a Glance（1996—1998，2001—2005）。转引自唐斌、朱静《当代美英日法 4 国教育多元筹资比较研究》，《教育与经济》2008 年第 2 期。2006 年数据源自 OECD Education at a Glance 2009。

之间的政府，相当于我国的省级政府）负担为主，中央政府和中层政府负担了 78% 的政府教育经费。发展中人口大国巴西、印度、菲律宾，中央和中层政府的负担也在 74% 以上。而 2006 年我国全部政府教育经费中，中央政府的比例为 10.9%，省级政府为 13.8%，与 OECD 及巴西、印度等国相比，我国中央和省级政府负担比例很低。[①]

[①] 袁连生：《我国政府教育经费投入不足的原因及对策》，《北京师范大学学报》2009 年第 2 期。

总之，同 OECD 国家及其他国家相比，我国公共财政对义务教育投入明显不足。

表 5-4　　　　　2003 年发展中国家生均教育经费指数　　　　　（%）

	小学	初中	高中	大学
阿根廷	11	13	14	26
巴西	11	14	15	127
印度	18	18	20	60
巴拉圭	13	13	41	77
菲律宾	12	12	12	40
保加利亚	18	19	20	54
罗马尼亚	13	13	16	31

资料来源：转型期中国重大教育政策案例研究课题组《缩小差距——中国教育政策的重大命题》，人民教育出版社 2005 年版，第 231 页。

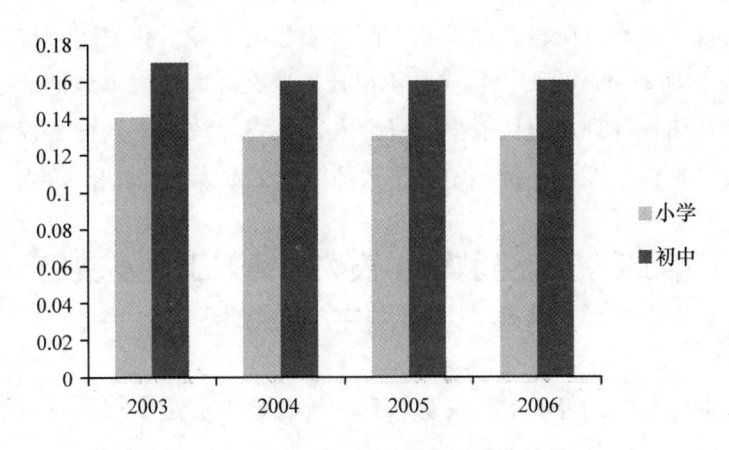

图 5-2　2003—2006 年我国生均经费指数　（%）
资料来源：根据《中国教育经费年鉴（2003—2006）》计算得出。

义务教育学校教师绩效工资制度改革后，尽管中央和省级政府加大了对义务教育的投入，但和实际需要相比，公共财政对义务教育的投入依然不足。目前我国义务教育阶段学校教师总数约为 1200 万人，2009 年中央财政转移支付用于支持各地落实绩效工资的资金总额仅为 120 亿元，每位教师平均只有1000元，每月还不到100元，这一标准对于切实改善长期收入微薄且与城市教师和公务员差距巨大的农村教师待遇而言仅是杯水车薪。对省级政府而言，义务教育学校教师绩效工资经费同样是相当沉重的负担。调研结果显示，各省普遍反映实现绩效工资需40—70亿元，有的中西部大省如湖南省则高达91.8亿元，① 安徽高达94.3亿元，② 除去中央支持外，缺口达数十亿元。③ 例如，全国"人大"代表、云南省教育厅厅长表示："云南省财力有限，落实起来太难。"据云南省一代表测算，义务教育学校教师绩效工资参照当地公务员水平，按照每人每年1万元的最低标准，地方财政要给每人至少补9000元，云南省义务教育学校教师绩效工资还需50亿元，实在拿不出这样一笔钱。④ 海南省从2007年起就开始对义务教育阶段教师实施绩效工资制度，标准为每人每月平均150元，2008年标准提高为300元，2009年提高到450元。"虽然海南省义务教育阶段教师绩效工资有5000多元，但和现行的公务员所享受的每年1万多元的阳光补贴相比，还有一定的差距，真正实现义务教育阶段教师工资不低于公务员工资，我们还有很长的路要走。"⑤ 而地方政府要么实在拿不出钱，要么片面夸大本地区的经济困难，往往以种种理由直接减少经费投入，最终导致义务教育学校教师绩效工资经费供给严重不足，中小学教师绩效工资无法完全落实到位。

第二节　义务教育学校教师绩效工资发放仍沿袭"以县为主"的体制

从世界各国的经验看，义务教育学校教师工资由中央和较高层次政

---

① 湖南省人事厅：《湖南省义务教育学校绩效工资实施工作情况汇报》，2010年2月25日。

② 民进安徽省委：《关于我省义务教育学校实施绩效工资有关情况的汇报》，2010年2月25日。

③ 庞丽娟等：《完善机制　落实义务教育教师绩效工资政策》，《教育研究》2010年第4期。

④ 张晓震：《十五年浮出水面的绩效工资》，《教育旬刊》2010年第1期。

⑤ 陈成智、谭丽琳：《实施义务教育阶段教师绩效工资，海南先行一步》，《海南日报》2009年3月7日。

府承担，是解决教师工资问题的基本途径。在世界各国，教师工资经费历来是各国义务教育经费中最主要的支出，一般达到80%左右。许多国家在实施义务教育之初，曾将义务教育作为基层政府的责任，并将教师工资经费的支付责任也一并交给基层政府。这种做法不仅给地方财政造成很大负担，而且无法切实保证教师工资。为此，各国相继调整了教师工资的管理体制，采取的办法是将保障义务教育学校教师工资的责任上移或适当集中，由中央或高层地方政府分担主要责任。目前各国义务教育工资责任承担主体大致可以分为四种：一是由中央政府单独承担，例如法国，中央财政直接提供中小学教师工资，该国把教师全部纳入公务员系列，其工资一律由中央财政安排，国家是唯一的支付主体，包括基本工资和岗位津贴，全部由中央财政负担，保证了教师在工资、生活、医疗等方面的合法待遇，有利于教师队伍的稳定和提高。为吸引优秀大学毕业生加入教师队伍，法国政府自1989年起采取一系列措施：全面提高小学教师工资，每年增加教师工资5—8个百分点；增加教师工资外的津贴，设立方向指导津贴和超课时津贴；增设特级教师工资等。[①] 二是由高层地方政府独立承担，例如日本，属于义务教育的小学教育和初中教育基本上由公立学校承担，国立学校和私立学校为数极少。义务教育阶段公立学校教师工资，由国家和地方各承担50%。[②] 德国的教师属于国家公职人员，工资由州政府直接发放，但非教学人员的工资由地方政府发放。在德国，教师一经聘任，终身无失业之忧。一般说来，德国中小学教师的工资收入相当于普通工人工资的1.5—2倍。由于政府对教师的待遇优厚和教师职业的稳定可靠，大批优秀大学毕业生竞相从事教育职业，从而保证了教师职业的稳定和教师高水平的职业素质。三是由各级政府联合承担。四是由基层政府独立承担。世界上大多数国家选择前三种比较集中的教师工资筹措方式。美国基础教育财政体制相对分散一些，该国实行10—12年制义务教育。义务教育经费由地方、州和联邦政府共同负担，但主要由州和地方政府负担。目前，美国联邦、州、地方社区三级教育初等和中等公共经费负担比例为8%、

[①] 高如峰：《义务教育投资的国际比较》，人民教育出版社2003年版，第93页。
[②] 日本解说教育六法编修委员会编：《解说教育六法》，三省堂1992年版，第93页。

48%和44%。① 其中高层次地方政府负担教育经费的比重高于中央政府和基层地方政府，因此，根据西方发达国家的经验，义务教育学校教师工资由中央政府或高层地方政府承担，不仅可以切实保证教师工资的发放，还可以在全国或全省的范围之内保证义务教育阶段教师大致相当的福利待遇，有利于教师队伍的稳定和教师质量的提高。

然而，长期以来，我国义务教育学校教师工资一直实行基层政府负担的体制，教师工资的发放完全取决于基层政府的财政能力。这种体制使义务教育阶段教师的工资水平很不平衡，城乡教师实际收入悬殊过大，农村教师工资拖欠严重。自2001年起义务教育阶段教师工资由县级政府统一支付，但由于我国大多数县级财政能力薄弱，入不敷出，基本上成为"吃饭财政"，根本无法足额按期支付农村教师工资，长时间大面积拖欠农村教师工资的现象仍然存在。教师工资是维持教师基本生活的来源，按时足额获取劳动报酬是教师的合法权益。而长期拖欠教师工资严重地影响了农村教师的生活，也造成了农村骨干教师的流失和农村教师队伍的不稳定。2005年12月，国务院在其所颁布的关于深化农村义务教育经费保障机制改革的通知中，就明确提出要"巩固和完善农村中小学教师工资保障机制。中央继续按照现行体制，对中西部及东部部分地区农村中小学教师工资经费给予支持。省级人民政府要加大对本地区区域内财力薄弱地区的转移支付力度，确保农村中小学教师工资按照国家标准按时足额发放"。这里所说的"现行体制"就是"以县为主"的体制。"以县为主"的管理体制的具体含义是，县级人民政府对本地义务教育负有主要责任，承担中小学规划、布局调整、建设和管理，统一发放教职工工资，负责对中小学校长和教师的管理，指导学校教育教学工作。由此可以看出，通知所提到的"按照现行体制"就是"以县为主"的农村中小学教师工资保障机制。因此，农村义务教育经费保障机制实施后，农村中小学教师工资问题还是无法得到根本解决：农村教师待遇普遍偏低，教师工作积极性不高；地方津补贴不到位导致部分农村教师实际收入下降；代课教师工资没有纳入"新机制"保障

---

① 高如峰：《中国农村义务教育财政体制研究》，人民教育出版社2005年版，第97页。

第五章 义务教育学校教师绩效工资制度改革存在问题的原因分析 243

范围,农村教师社会保障制度不健全。①

　　义务教育学校教师绩效工资制度改革,离不开政府公共财政的支持,这是毫无疑问的。现在的问题是,在我们这样一个由多级政府组成的发展中大国里,绩效工资究竟该由哪级政府来负担?从绩效工资制度改革的要求来看,义务教育学校实施绩效工资所需经费,应纳入财政预算,按照管理以县为主、经费省级统筹、中央适当支持的原则,确保义务教育学校实施绩效工资所需经费落实到位。但由于绩效工资制度改革没有明确划分中央、省、市、县四级政府的财政责任,也没有具体规定各级政府应承担的比例,加上中央政府对省级统筹和省级投入缺乏有力的监管督导措施,最终造成绩效工资财政保障的责任层层下移,最终仍落到了县级财政上。例如,2009 年 10 月,全国人大对湖北省的专项调研结果表明,该省义务教育学校实施绩效工资需新增经费 58 亿元,除了中央投入 4.8 亿元外,尚需地方配套资金 53.2 亿元,其中省级财政拿出 12 亿元,其余缺口由县级财政自行承担,平均每个县需支付 3000 多万元,这笔钱对于该省大多数县来说是一个极大的压力。② 2009 年湖南省义务教育学校实施绩效工资所需经费 91.8 亿元,其中中央专项转移支付资金为 6.07 亿元,省级财政补助 15 亿元,共计 21.07 亿元,占绩效工资总量的 22.95%,其余 70.73 亿元,占总量的 77.05%,全部由各县财政自行负担;③ 江西省义务教育学校实施绩效工资所需经费约 51 亿元,2009 年中央下拨专项转移支付资金 4 亿元,省级政府下拨 9 亿元,共计 13 亿元,约占绩效工资总量的 25.49%,还有 38 亿元,约占总量的 74.51%,需各县财政自行解决。④ 可以看出,上述三省义务教育学校教师绩效工资大约只有 1/4 是由中央和省级财政负担的,约 3/4 的经费需由各县财政自行承担。同样,其他省份负担义务教育学校教

---

　　① 范先佐、付卫东:《农村义务教育新机制:成效、问题及对策》,《华中师范大学学报》2009 年第 4 期。
　　② 翟帆:《绩效工资:好政策呼唤有力的财政保障》,《中国教育报》2010 年 4 月 23 日。
　　③ 刘声:《中央开口子地方掏腰包,绩效工资难倒财政拮据县》,《中国青年报》2010 年 3 月 29 日。
　　④ 全来龙:《江西省预计发放 51 亿元义务教育学校绩效工资》,《新法制报》2010 年 2 月 23 日。

师绩效工资经费比例也不容乐观。例如，重庆市将绩效工资所需经费全额纳入财政预算，市财政与贫困区（自治县）财政承担的比例为8:2，主城七区为2:8，其余区县（自治县）为5:5。① 可以看出，该市大部分县（区）教师绩效工资所需经费仍由县（区）级财政负担。其他省（市、自治区）的情况也大致如此，即义务教育学校教师绩效工资经费的负担仍沿袭"以县为主"的体制。

"以县为主"的体制，尽管相对于以前"以乡镇为主"的体制而言，可以缓解过去长期普遍存在的一县之内经济发展不平衡所导致的义务教育发展不均衡的问题，因为与乡、村相比，县级政府一般具有更强的财政能力，可以使义务教育发展建立在更加坚实的经济基础之上。但也必须看到，"以县为主"的体制所存在的问题是十分突出的。"在任何国家，只要地方或社区财政是学校经费的主要来源，那么严重的地区差别就会出现。"② 在1994年分税制后，我国各级政府财政收入关系发生了很大变化，财政收入重心上移，中央财政占全国财政收入的比重明显提高，大约占50%，再加上省级财政收入，所占比重超过60%，而县乡财政收入的比重在20%左右。1978—2007年，中央财政收入由占总财政收入的15.5%上升到54.1%，财政支出由占总财政支出的47.4%减少到23.0%，收入比重增加38.6个百分点，支出比重减少24.4%。而地方财政收入由占总财政收入的84.5%下降到45.9%，财政支出由占总财政支出的52.6%增加到77%，收入比重减少38.6%，支出比重增加24.4个百分点（见表5-5和表5-6）。显然，各级政府的责任与其财政能力不相称。这样一来，多数县级政府，特别是中西部地区的县级政府财力薄弱，入不敷出，基本上成为"吃饭财政"，根本无力负担义务教育学校教师绩效工资经费。据统计，在中国2860多个县级政府中，其财政赤字的比例高达73%，占县级财政支出总量的77%；全国县辖乡、村债务总规模高达5355亿元，乡、村两级公共债务平均每个县高达2.55亿元。③ 可见，义务教育学校教师绩效工资的主

---

① 康丽：《绩效工资：改变的不仅仅是教师待遇》，《中国教师报》2010年3月14日。
② 菲利普·库姆斯：《世界教育危机》，人民教育出版社2001年版，第122页。
③ 秦大军：《数千亿县乡财政赤字成中国新农村建设绊脚石》，http//news.xinhuanet.com/misc/2006.03.04。

要筹资重任仍压在县级财政的肩上，但在这些省的很多地方，教师正常工资的发放已让地方财政捉襟见肘，很难拿出钱来安排教师绩效工资。

以我们调查的中西部地区几个县（区）为例。如湖北省沙洋县现有义务教育教师4336人，按照本地公务员最低月津补贴标准660元计算，全县兑现义务教育学校教师绩效工资每年需要超过3434万元，扣除湖北省政府安排的教师绩效考核补贴每月人均150元，全年合计1800元外，该县兑现义务教育学校教师绩效工资还需约2654万元。而沙洋县年新增财力仅500多万元，即使新增财力全部用于兑现义务教育学校教师绩效工资都远远不够，更不用说发展其他事业了。该省英山县现有义务教育阶段中小学教师3656人，如果按照本地公务员最低月津补贴计算，全县兑现义务教育学校教师绩效工资，除省财政每月150元/人的教师绩效考核补贴，合计658万元外，县财政每年还需要2105万元。而湖北省英山县是一个国家级贫困县，全县2007年财政收入为7961万元，财政支出为30331万元，上级转移支付资金不足5000万元，其中中小学教师基本工资支出5290万元，而该县"普九"债务达4000多万元。湖北省长阳土家族自治县既是一个少数民族自治县，又是一个国家级贫困县。该县有义务教育学校87所，其中农村学校72所；义务教育学校在职教职工2010人，其中农村教师1599人。2009年，全县义务教育学校教师绩效工资按年人均6711元发放，共需1350万元；义务教育校长绩效工资按年人均7545元发放，共需66万元；教师津贴按人均月30元和50元标准发放，共需74万元；离退休教职工1774人，生活补贴发放需667万元；4项相加，总共需财政预算资金2157万元。由于是少数民族自治县，2009年中央和省级财政通过专项转移支付，给该县下拨1243万元义务教育学校教师绩效工资专项经费，占义务教育学校教师绩效工资总量的57.62%，但剩下的914万元，占绩效工资总量的42.38%，仍需县财政自筹。而该县的财政收入近些年最多为1.2亿元左右，支出却高达5亿—6亿元，每年上级下拨的转移支付资金仅9000多万元。显然，要支付义务教育学校教师绩效工资是十分困难的。

在湖南省邵东县，截至2011年底，该县在职义务教育学校教师共有7648人，离退休教师3738人，二者相加超过1.1万人。"在邵东，'呷饭'的大约有两万多人，其中在职公务员3000多人，离退休人员

5000多人,加上教师和其他事业单位人员,我们县每年仅工资支出保守估计也需要4亿元。其中,仅义务教育学校教师绩效工资每年就得多支出1亿多元。但是,在目前每月支付的教师绩效工资里,除中央财政支持的100元和省级财政支持的75元外,剩下的全要靠县财政解决。"邵东县财政局综合计划股一领导苦恼地说。经粗略计算,该县的义务教育学校教师绩效工资经费负担比重达到了80%。"教师绩效工资的水平

表5-5　　　　　　我国中央和地方财政收入及比重一览

年份	财政收入(亿元)			比重(%)	
	总计	中央	地方	中央	地方
1978	1132.26	175.77	956.49	15.50	84.50
1980	1159.93	284.45	875.48	24.50	75.50
1985	2004.82	769.63	1235.19	38.40	61.60
1990	2937.10	992.42	1944.68	33.80	66.20
1991	3149.48	938.25	2211.23	29.80	70.20
1992	3483.37	979.51	2503.86	28.10	71.90
1993	4348.95	957.01	3391.44	22.00	78.00
1994	5218.10	2906.50	2311.60	55.70	44.30
1995	6242.20	3256.62	2985.58	52.20	47.80
1996	7407.99	3661.07	3746.92	49.40	50.60
1997	8651.14	4226.92	4424.22	48.90	51.10
1998	9875.95	4892.00	4983.95	48.50	50.50
1999	11444.08	5849.21	5594.87	51.10	48.90
2000	133395.23	6889.17	6406.06	52.20	47.80
2001	16386.04	8582.74	7803.30	52.40	47.60
2002	18903.64	10388.64	8185.00	55.00	45.00
2003	21715.25	11865.27	9849.98	54.60	45.40
2004	26396.47	14503.10	11803.37	54.90	45.10
2005	31649.29	16548.53	15100.76	52.30	47.70
2006	38760.20	20456.62	18303.58	52.80	47.20
2007	51321.78	27749.16	23572.62	54.10	45.90

资料来源:《中国统计年鉴(2008)》,中国统计出版社2009年版。

表5-6　　　　　　　我国中央和地方财政支出及比重一览

年份	财政收入（亿元）			比重（%）	
	总计	中央	地方	中央	地方
1978	1122.09	532.12	589.97	47.40	52.60
1980	1228.83	666.81	562.02	54.30	45.70
1985	2004.25	795.25	1209.00	39.70	60.30
1990	3083.59	1004.47	2079.12	32.60	67.40
1991	3386.62	1090.81	2295.81	32.20	67.80
1992	3742.20	1170.44	2571.76	31.30	68.70
1993	4642.30	1312.06	3330.24	28.30	71.70
1994	5792.62	1754.43	4038.19	30.30	69.70
1995	6823.72	1995.39	4828.33	29.20	70.80
1996	7937.55	2151.27	5786.28	27.10	72.90
1997	9233.56	2532.50	6701.06	27.40	72.60
1998	10798.18	3125.60	7672.58	28.90	71.10
1999	13187.67	4152.33	9035.34	31.50	68.50
2000	15886.50	5519.85	10366.65	34.70	65.30
2001	18902.58	5768.02	13134.56	30.50	69.50
2002	22053.15	6771.70	15281.45	30.70	69.30
2003	24649.95	7420.10	17229.85	30.10	69.90
2004	28486.89	7894.08	20592.81	27.70	72.30
2005	33930.28	8775.97	25154.31	25.90	74.10
2006	40422.73	9991.40	30341.33	24.70	75.30
2007	49781.35	11442.06	39339.29	23.00	77.00

资料来源：《中国统计年鉴（2008）》，中国统计出版社2009年版。

在逐年变化，只能高不能低，但中央和省级财政的教师绩效工资拨款每月都是175元，三年来一直没变过。"谈到教师的绩效工资，该县财政局负责人也是一肚子苦水，"邵东县每年的财政收入约7亿元，但各方面支出要20多个亿，其中就包括教师和公务员等的工资支出4个亿，除去国家专项转移支付外，每年还要亏空几个亿。"同样，就西部地区来说，义务教育学校教师绩效工资经费保障问题也令人担忧。例如，贵州省六盘水市实施绩效工资中央和省级财政共支持 7077 万元，其余 2 亿多元则完全依靠市县两级特别是财力薄弱的县级财政为主予以配套。[①]

由此可见，义务教育学校教师绩效工资发放仍沿袭"以县为主"的体制，是导致部分地区教师绩效工资得不到保障的根本原因。绩效工资不能完全到位的后果是严重的，正如有人所言："目前全国很多县级财政是教育财政，教育支出占当地财政支出的 65% 左右，调控能力弱，负担沉重。有些地方甚至是靠银行贷款才勉强发放 2009 年前几个月的绩效工资，其后的奖励性绩效工资兑现还需另想办法。这势必会增加地方财政的负担，甚至会引发新一轮的教育乱收费。"[②] 我们在中西部一些中小学调研得知，部分县（市）因为地方财政困难，教师绩效工资经费缺口太大，已经开始默许义务教育学校通过办小班、周末补课等形式收取部分资金来弥补绩效工资资金的不足部分。例如，我们调查的湖北省黄州区、浠水县和江西省铜鼓县、泰和县以及河南省许昌市等地部分中小学因为绩效工资总量缺口大，教师绩效工资得不到保证，学校只好通过周末办补习班、课余办小班或日托班等形式收取资金来弥补绩效工资经费缺口，这些学校校长均表示向学生乱收费实在是无奈之举，原因就是绩效工资不到位严重影响了学校教师工作的积极性。

第三节 绩效考核中教师评价方式不合理

绩效考评是指学校在一定时期内，根据绩效管理的需要，针对教师所承担的工作，运用各种科学的定性和定量的方法，对教师的工作结果和工作表现进行考核和评价。[③] 绩效考评离不开对教师的工作表现和工作成果的合理评价。绩效考核中教师评价方式不合理，会严重影响义务教育学校教职工绩效考核的结果和绩效工资的分配。

教师评价也叫"教师考评"，在英国，通常把人事的评价称为"考

---

① 庞丽娟等：《完善机制 落实义务教育教师绩效工资政策》，《教育研究》2010 年第 4 期。

② 王娇萍、郑莉：《绩效工资引起代表委员的强烈关注》，《工人日报》2010 年 3 月 10 日。

③ 王斌华：《教师评价：绩效管理与专业发展》，上海教育出版社 2005 年版，第 98 页。

评"(appraisal),而在北美等国则没有这种区分,一般笼统地称作"评价"(evaluation)。教师评价是对教师工作现实的或潜在的价值做出判断的活动,它的目的是促进教师专业发展和提高教学技能。[1] 有学者按照评价的功能进行分类,认为教师评价主要有两种:教师胜任力评价(competence evaluation)和教师绩效评价(performance evaluation)。教师的胜任力是指教师指导的(知识)、能做的(技能)、信仰的(价值观)具体内容,它直接影响教师的教学成绩,但它(胜任力)并不指这些因素作用的效果。[2] 绩效,是工作的结果和成绩。教师绩效评价是对教师实际工作表现和产出的反馈,主要用于学校的日常管理和表彰、奖励。教师绩效特指教师在工作场所所做到的,它取决于教师的胜任力,指教师在工作中所做到的,而不是教师能做到的,它取决于教师的胜任力、教师在工作中的努力程度和教师在给定的时间段内应用其胜任力的能力。两者之间就像智商和学习成绩一样,虽然有密切关系,但却是性质截然不同的两类评价。[3] 这两类教师评价的理论依据是不同的,前者的依据是教师素质构成,将教师的能力、技能表现与教师应该具有的素质构成进行比较,从而得出是否胜任的判断。后者的依据是工作职责和职业规范,这些内容被称为工作描述(job description),是关于某一个或某一类岗位工作职责、责任划分、汇报关系、工作条件、监督责任的罗列。绩效评价是将教师实际工作表现与岗位要求进行比较,从而得出是否达到或在多大程度上达到要求的判断。[4]

从教师评价目的而言,比较普遍的教师评价制度有两种:奖惩性教师评价和发展性教师评价。奖惩性教师评价又称"绩效管理型教师评价""绩效管理型教师评价制度"或"责任模式"(accountability model),它是以加强教师绩效管理为目的,根据对教师工作的评价结果,做出解聘、晋级、增加奖金的决定。[5] 奖惩性评价是一种以奖惩为目的

---

[1] 陈玉琨:《教育评价学》,人民教育出版社1999年版,第98页。
[2] George Madaus, "Conventional Tests for Licensure," Jsaon Millman and Linda Darling-hammond (ed.), *The New Handbook of Teacher Evaluation*, SAGE Publications, 1990, pp. 257–275.
[3] 曾晓东:《对中小学教师绩效评价过程的梳理》,《教师教育研究》2004年第1期。
[4] 王斌华:《教师评价:绩效管理与专业发展》,上海教育出版社2005年版,第98页。
[5] 同上。

的总结性评价，也是一种面对过去的评价，是一种以应试为导向的评价。它以教师已有的工作成绩或当时的工作表现为评价的依据，是以是否符合学校的要求或期望为标准，考察教师教学工作的目标达成度。它忽略了教师个体之间的差异，忽略了不同学科、不同年龄层次教师群体的不同特点。奖惩性教师评价制度加强了教师的绩效管理，使优秀的教师得到应有的奖励，不合格的教师得到应有的惩罚，但它在不同程度上忽略了教师的自我诊断、自我提高和自我发展。发展性教师评价又称"专业发展性教师评价制度"或"专业发展模式"（professional development model），它是以促进教师专业发展为目的，在没有奖惩的条件下，通过实施教师评价，达到教师与学校共同发展、个人与组织共同发展的双赢结果。[①] 它始于20世纪80年代中后期，首先出现在英国、美国、日本等国家，20世纪90年代开始被介绍到我国，并在我国部分地区和学校推行和实施。发展性教师评价依据一定的发展目的和发展价值观，由评价主体和评价对象配对，共同确定双方认可的发展目标，由评价主体与评价对象共同承担发展目标的职责，运用发展性评价技术方法，对教师素质发展、工作职责和工作绩效进行价值判断，教师在教育评价活动中，不断认识自我、发展自我、完善自我、实现发展目标。因此，它是一种以发展为目的的评价，其核心就是促进可持续性的教师专业发展。它又是一种以教师为本的评价，是一种关注过程的评价，是一种民主互动的评价。有学者认为，奖惩性教师评价和发展性教师评价是两种目的截然不同的教师评价，它们之间的冲突是不可调和的。正如埃文斯和汤姆林森所指出的：

> 这两种模式只能两者取一。尽管对许多计划美国做过许多尝试，但是它们不能成功地合二为一。理由是简单明了的。发展性模式的成功依赖于教师在评价过程中的襟怀坦白和开诚布公。他们必须能够探讨问题及制约的因素，或者对学校管理的方方面面提出建设性批评……然而，如果教师评价包括奖惩性模式的成分，如奖金或解聘，则将明显地阻碍教师的襟怀坦白和开诚布公，而襟怀坦白

[①] 王斌华：《教师评价：绩效管理与专业发展》，上海教育出版社2005年版，第31页。

和开诚布公是专业发展模式成功的基础……①

但也有人认为，发展性教师评价和奖惩性教师评价之间并非截然对立的，而是一种继承和发展的关系。发展性教师评价不是不与奖惩挂钩，而是不直接挂钩，发展的结果总是和奖惩联系在一起的。因此，不能简单地将这两种教师评价制度对立起来②这正如法国著名思想家埃德加·莫兰（E. Morin）所认为的"对立的原则和概念是以不可分离的方式互补地联系着的"③。奖惩性教师评价和发展性教师评价应该可以相互促进，而不能简单地把它们对立起来。

就教师评价标准来说，它是学校管理者对教师的期望，是教师工作的方向和准绳，也是教师争取达到的预期标准。④它不仅是教师评价的出发点，而且是教师评价的依据和标尺。教师评价标准的分类有很多。例如，教师评价标准、教学评价标准和课堂教学技能标准；绝对评价标准和相对评价标准；内隐的教师评价标准和外显的评价标准；定量的教师评价标准和定性的教师评价标准；综合教师评价标准和专项教师评价标准，等等。而评价指标体系是教师评价标准的载体和具体表现，它是一系列相关的、系统的、个体的评价指标的总和。教师评价标准、教学评价标准和课堂教学技能评价标准是三个不同的概念。其中，课堂教学技能评价标准隶属于教学评价标准，而教学评价标准又隶属于教师评价标准。教学工作是教师工作的核心，教学工作具体包括课前备课、课堂教学、课后辅导、命题辅导、命题考试、教研活动、教学资源开发和利用等。课堂教学是教师教学工作的重要组成部分。课堂教学包括语言技能、导入技能、讲解技能、提问技能、结束技能、板书技能、变化技能、强化技能等。有人指出，在制定教师评价标准的过程中，要尽力避

---

① Alan Evens and John Tomlinson, *Teacher Appraisal: A National Approach*, London: Jessica Kingsley Publishers, 1989, p. 15.
② 涂艳国：《教育评价》，高等教育出版社2007年版，第319页。
③ [法]埃德加·莫兰：《复杂思想：自觉的科学》，陈一壮译，北京大学出版社2001年版，第2页。
④ 王斌华：《教师评价：绩效管理与专业发展》，上海教育出版社2005年版，第65—66页。

免以下几种错误倾向：采用"拿来主义"的方式，总是希望从国外文献中找到现成的、固定的、适用的教师评价标准；为了求省事、省力、省心，采用"千人一面"的教师评价标准；采用"陈旧过时"的教师评价标准，不能与时俱进，体现其时代性；采用"过分柔性"的教师评价标准，使教师评价过程带有极大的主观性、随意性和模糊性，从而降低了评价结果的可靠性和有效性；采用"不切实际"的教师评价标准，导致其标准不具备可行性，只能是纸上谈兵、空中楼阁；采用"目的模糊"的教师评价标准，导致为了评价而评价，没有具体的目的和针对性。①

教育部在其指导意见中规定，教师履行《中华人民共和国义务教育法》《中华人民共和国教师法》等法律法规规定的教师法定职责，以及完成学校规定的岗位职责和工作任务的实绩，包括师德和教育教学、从事班主任等实绩，但不得把升学率作为考核指标。绩效考核主要采用定性和定量相结合，教师自评和学科组评议、年级组评议、考核组评议相结合，形成性评价和阶段性评价相结合等方法，同时适当听取学生、家长及社区的意见，要充分发挥校长、教职工在绩效考核中的作用。

但我们发现，在实际操作过程中，对义务教育学校教师的绩效考核和评价往往不太合理。第一，从评价的目标来看，绩效目标是学校教师绩效工资制度改革的核心内容之一，因为其目标内容的设定反映了这一工作的本质特征和价值取向。然而，尽管各省都明确规定严禁将升学率作为教师绩效考核的重要依据，但我们调查发现，部分学校尤其是一些重点中学仍将升学率作为绩效考核的重要内容。这些学校表面上的绩效考核标准中不体现升学率标准，但教师绩效考核各项指标无不与升学率有着千丝万缕的关系。由于教师评价的目标没有发生根本的变化，许多学校教师绩效考核仍是"穿新鞋，走老路"。

第二，教师绩效评价主体不合理。教师绩效评价主体是参与评价活动的组织、实施，根据一定的评价标准，采用科学的态度和方法对评价对象进行质和量的价值判断的个人或团体。目前很多学校教职工绩效考

---

① 具体参见王斌华《教师评价：绩效管理与专业发展》，上海教育出版社 2005 年版，第 74—77 页。

核成员全部都是学校相关部门负责人,主要包括学校领导、班主任、教研组长和德育处的负责人等,而占全校教职工大多数的普通一线教师、教育管理人员和后勤人员则很少有人参加,也没有代表学生和当地群众利益的家长代表及社区代表。因此,学校在制定教职工绩效考核方案时,明显地偏向于学校相关负责人(包括学校行政干部、年级组长、班主任等)的利益,忽视了广大一线教师和教育管理人员、后勤人员的利益,最后绩效工资变成了"官效工资",从而引起教学一线普通教师的不满。

第三,绩效考核过分重视奖惩结果,忽视了教师专业发展。众所周知,教学活动的复杂性要求教师在整个教育教学活动中投入大量的精力、情感以及智慧等,但教师在教学活动中的投入与其所获得的结果不一定成正比。因此,教师绩效考核不能过分重视奖惩结果。但是,从目前反馈的情况来看,教师绩效考核中过多地将考核结果同绩效工资挂钩而忽视了教师专业发展。许多学校将教学效果作为绩效奖惩的主要依据,而没有着重关注教师在工作过程中的实际表现,更没有刻意关注教师作为专业人员的成长过程。其实,"现实中的教师工作价值取向是多元的,但是反映在当前管理制度对教师的激励原则中,仅剩下了对金钱追求的刺激。一旦制度安排将之变成教师在工作中的唯一的动机时,对学生培养有关的任何工作,只要没有'工分'来换取报酬,也会使理性计算的教师们不再为学生的教育尽心竭力了"[1]。要知道,学校组织和教师之间还存在着某种情感依赖,还有归属感,这些没有报酬的内容是联系教师与学校组织的纽带,也是影响教师行为和态度的重要因素,它会直接影响教师的工作绩效和工作满意度等。不仅如此,教师从事教学工作,除了完成规定的教学任务以外,在周期性的重复教学活动中所追求的是一种职业成就感。教师群体对学校组织的要求,除了经济报酬以外,最需要的是教师专业发展的规划和激励。因此,"教师管理应是以人为本的绩效管理,不是人情化管理、仁慈化管理,更不是不要管理,或刚性化管理,而应是在制度和人性之间,将以人为本的管理融入教师管理制度中去,实行绩效管理制度下柔情管理,才能更好地激发教

---

[1] 林静:《以人为本做好绩效管理工作》,《中国大学教学》2007年第6期。

师的潜在动力，更好地增强团队的凝聚力，才能形成一个团结向上的群体"①。显然，进行教师绩效考核，在制定绩效指标、目标及绩效计划时要充分考虑教师的职业发展及其教师专业发展，使个人目标和学校目标一致，从而使教师在努力追求个人专业发展的同时，也促成了组织目标的实现。这样看来，目前很多中小学过分重视奖惩性评价，忽视了教师职业成就感和教师专业发展。这样不仅未能充分发挥评价的激励和导向功能，反而使教师工作积极性受到很大影响。

第四，过分重视物质奖励，忽视了精神奖励。物质激励和精神激励作为两种不同类型的激励方式，是相辅相成、缺一不可的，只强调物质激励而忽视精神激励，或只强调精神激励而忽视物质激励都是片面和错误的。只有两者的有机结合，才构成激励的完整内容。我们知道，教师群体是一个特殊的群体，教师群体和其他群体最大的区别在于：教师是知识型工作者，教师的工作主要是以知识为中介的培养人的活动，其劳动价值更多的是用脑而不是用手来实现的，他们通过自己的创新、分析、判断、综合，给一般意义上的人际交往带来社会价值。从教育学的视角看，教师工作的特殊性在于它以促进学生身心整体发展为目的而创造性地组织和实施教育。这就决定了教师专业的特殊性，教师作为知识型员工最主要的特点决定了他们的创新性和自主性，还决定了他们在对待奖励的态度上高度重视精神奖励和成就奖励，也就是如何更好地实现职业成就感。目前的教师绩效考核，一个致命的弱点在于过分重视物质奖励却忽视了精神奖励，只关注教师薪酬的评价而使得教师工作成为单一的谋生手段，而不是实现他们的人生价值。曾在美国洛杉矶联合学区任教28年的沃尔特·加德纳（Walt Gardner）认为："绝大多数教师从教的动机实际上出于和儿童一起工作的内心自豪感。如果金钱是他们首要的考虑因素，他们是不会选择从事教学这一行当的。"② 因此，如果过分重视物质激励而忽视了精神激励，最终的结果是，金钱作为报酬加

---

① 从冬旭：《教师绩效管理——基于组织目标和教师发展》，《黑龙江教育学院学报》2007年第7期。

② Allan M. Mohrman, Jr., Susan Albers Mohrman and Allan R. Odden, Aligning Teacher Compensation with Sytemic School Reform: Skill-based Pay and Group-based Performance Rewards Educational Evaluation and Policy Analysis, 2006, 8.

剧了教师对学校管理层的怨恨和降低了教师之间的信任度,而这两方面都会降低教师工作的积极性。其实,一些非物质性奖励会带来更好的激励效果。例如,增加教师休假时间,给教师更好的工作环境,提升教师自主权,减轻教师教学工作量,提升对卓越教师的公众赞誉。[①]

第五,绩效考核中过分强调了个人激励,忽视了团体激励。我们知道,教师的劳动属于脑力劳动,而脑力劳动总是以个人的智力活动为主,所以教师的劳动具有很强的个体劳动的特点。对教师个人来说,即使需要一定数量的教师共同完成某一任务,或共同教育某一对象,也要在教师个人智力活动的基础上,共同协商,献计献策,制定周全的方案或计划。没有个人的智力活动,集体活动不可能产生高效率。就学校教学而言,一位教师往往担任一至两门学科的教学,负责教好一至两个班级的某门学科。为完成所担负的教学任务,教师要独立钻研教学大纲、教科书、上课、辅导、批改作业、研究学生情况,进行分析、思考、判断、组织实验或实习等一系列活动。可以说,在一定时期、一定场合、一定目标之下,教师个人独立劳动起着决定性作用。不仅如此,一个人的成长更是许多学段不同学科教师集体协作的结果。从教育的层次看,幼儿园教师、小学教师、中学教师、大学教师等构成了一个逐步递进的教育链条,环环相扣,层层深入,每一个阶段教师所面对的学生几乎是前一阶段教师劳动的产物,没有哪一位教师能单独完成一个人的全部教育;从教育的内容看,语文、数学、外语等学科的教师构成了一个完整的教育网络,相依相连,彼此渗透,每一名教师只是从某个侧面对学生进行某一学科的教学,没有任何教师能承担所有学科的教学。即使是一位学问渊博的教师,也不可能做到每门课都能教,何况每个教师的生命、时间和精力都是有限的。只有担负不同学科教学的教师齐心协力,通力合作,才能促进学生的健康成长,这使得教师职业表现出鲜明的协作性特征。苏联教育家马卡连柯指出:"无论哪一位教师,都不能单独地进行工作,不能做个人冒险,不能要求个人负责,而应该成为教师集

[①] 李延知:《国外基础教育教师绩效工资改革的主要争议》,《外国中小学教育》2010年第7期。

体的一分子。"① 只有与其他教师合作,每个教师才可能"使自己本身的成就辉煌起来,同时,使整个集体的成就也辉煌灿烂起来"②。因此,一个学生在整个受教育的过程中,要受到许多教师的教育和影响,每一个教师的劳动只能是整个教师集体劳动的一部分。每一个教师个人的劳动,终归要融汇于由教师集体协作所提高的学生的劳动能力之中。培养人才倾注了教师集体劳动的心血,培养出的人才是教师及其他有关人员共同劳动的结果。教师既要在个人努力的基础上,又要通过教师集体协作,共同履行教育人、培养人的全部职能。所以,教师劳动是个体性和集体性相统一的。

梅奥(G. E. Mayo)通过霍桑实验所提出的社会人的假设,凸显了团体组织的作用。研究表明,人的工作动机不仅取决于正式组织的激励措施,同时也取决于非正式组织与正式组织目标的吻合程度以及在此基础上对成员施加的团体压力。③ 不仅如此,"给少部分老师提供奖励在非正式制度中制造了破坏性的'噪音',而非正式制度是健康制度环境中的一部分。最后,金钱激励潜在地带来了机会主义的可能,即为考试而教学,或者成为提高个人形象的'平台',这损害了学校的主要使命"④。可见,过分重视个体激励计划,奖励教职工个体的突出贡献,拉大了教职工之间的收入差距,尽管提高了教职工竞争意识和工作积极性,但也造成了教职工之间缺乏合作意识,不利于团体协作。而教职工之间的合作互助,是构建和谐校园,促进儿童和谐、健康发展的重要条件。毋庸置疑,团队协作对教学工作尤为重要,因为从表面上看,学生成绩是教师个人劳动的结果,但实际上学生成绩是教师集体劳动的结果。任何一个学生德、智、体、美、劳的发展都不能说是一位或数位教师辛勤劳动的结果,而是全体教师共同努力、形成合力、辛勤劳动的结果。所以,"给予团体绩效奖励鼓励了社区追寻学术的目标。它不会使

---

① [苏]安·谢·马卡连柯:《论共产主义教育》,刘常松译,人民教育出版社 1954 年版,第 304 页。
② 同上书,第 467 页。
③ 郭咸纲:《西方管理思想史》,经济管理出版社 1998 年版,第 174 页。
④ [美]罗伯特·W. 麦克米金:《教育发展的激励理论》,武向荣译,北京师范大学出版社 2008 年版,第 128 页。

老师之间处于相互竞争的状态,或者领导的功能局限于评判和发放奖金,从而替代了领导应有的社区领袖或者教练的功能。给予整体团体绩效奖励加强了学校社区的感情"①。因此,过分重视个人激励,忽视了团体激励,其结果是不利于教师之间的团结协作,最终也会直接影响整个学校教学质量的提高。

第六,绩效考核指标过分量化,忽视了质性评价。毋庸置疑,教师劳动是一种复杂性劳动,其复杂性主要表现在以下三个方面:一是教师劳动的对象是变化中的、主要是未成熟的"人"。他们作为有思想、有感情、有个性的活生生的人,时时处于生命的发展变化之中。他们既有共同的生理、心理特点,遵循一定的发展规律,又有各自不同的经历、兴趣爱好。学生是具有一定主观能动性的主体,学生发展具有多向性和殊异性。二是教师工作的多面性。教师要促进学生全面和谐地发展:既要面向全体学生,又要照顾个别学生;既要培养优秀学生,又要帮助后进学生;既要与家庭、社会协调一致,又要对学生的校内生活全面负责。三是教育过程的复杂性。教师要抓好教育过程必须做好多种工作,既要了解学生个体,又要针对学生整体,还要对教材进行重组加工,以适应学生的身心发展水平和情趣,更要随时观察学生的反应,及时做出调整,以调动他们的积极性。② 然而,现在大部分学校在绩效考核中过分强调量化指标,如考勤、教学工作量和班主任工作等,甚至师德、安全和教学过程等也都被详细地量化成相应的指标。尽管量化评价比较客观,不易受评价参与者个人因素的影响,而且结果比较精确,能够对细微的差别进行区分。但量化评价忽视了教育的一些重要因素。教育中的许多因素,如态度、情感、品行、理想等根本不能量化,对师德、教育教学质量进行公正合理的评估,一直都是教师评价中难以解决的问题。而且学校和企业存在着显著的差别:一是产品的形式不同,学校为国民经济和社会生活提供服务,而企业提供的是私人产品;二是产品价值表现形式不一样,学校提供的是无形服务,其价值不能用货币来表现,而

---

① [美]罗伯特·W.麦克米金:《教育发展的激励理论》,武向荣译,北京师范大学出版社2008年版,第128页。

② 王道俊、郭文安:《教育学》,人民教育出版社2009年版,第447页。

企业产品的价值可以用利润、销售收入等形式直观地表示出来；三是经济核算方式不同，学校不实行经济核算，所需经费由国库开支；四是行为价值取向不同，学校为国家改善生产条件，促进社会福利，满足人民群众的教育需求，不以赢利为生存发展条件，不直接为国家创造利润和积累资金，而企业是以利润最大化为价值取向的。因此，对教师的绩效考核并不能等同于对一般企业员工常用的计件考核，教师所从事的工作内涵非常丰富，为了培养对社会有用的人才，教师需要做更多深入细致的工作，而这些工作并不是通过升学率和学生分数等这样一些简单的量化指标就能体现出来的。事实上，质性评价法是一种更为人性化、人文化的方法，对于评价的改进功能来说，它更有利于评价对象的进步。

总之，目前的绩效考核方式不合理，严重地影响了义务教育学校教师工作的积极性，也直接影响了义务教育学校教师绩效工资制度改革的顺利开展。

第四节 重视绩效考核却忽视了绩效管理

绩效管理的概念是20世纪70年代后期被提出来的，在20世纪80年代后半期和90年代早期，随着人们对人力资源管理理论和实践研究的重视，绩效管理逐渐成为一个被广泛认可的人力资源管理过程。考斯泰勒认为，"绩效管理是通过各个员工或管理者的工作单位的宗旨连接在一起，来支持公司或组织的整体事业目标"，而另一种认识是"绩效管理的中心目标是挖掘员工的潜力，提高他们的绩效，并通过将员工的个人目标与企业战略结合在一起来提高公司的绩效"[①]。我们认为，绩效管理既鼓励员工提高他们自身的绩效，促进他们进行自我激励，又通过管理者和员工之间开放式沟通来加强彼此的关系，鼓励员工个人发展目标和企业发展战略的有机结合，共同提高。绩效管理是人力资源管理体系中的核心内容，而绩效考核（或绩效评估）只是绩效管理中的关键环节。绩效管理是一个完整的管理过程，它侧重于信息沟通和绩效提高，强调事先沟通和承诺，伴随着管理活动的全过程；而绩效考核是管

---

① 付亚和、许玉林：《绩效考核与绩效管理》，电子工业出版社2009年版，第18页。

理过程中的局部环节和手段，它侧重于判断和评估，强调事后评价，而且仅在特定的时期内出现。① 绩效考核和绩效管理是密切相关的。绩效考核是绩效管理的一个不可或缺的组成部分，绩效考核可以为企业绩效管理的改善提供资料，帮助企业不断提高绩效管理的水平和有效性，使绩效管理真正帮助管理者改善管理水平，帮助员工提高绩效能力，帮助企业获得理想的绩效水平。绩效管理可以有效弥补绩效考核的不足，可以有效促进质量管理，有助于适应结构调整和变化，避免管理人员和员工之间的冲突，促进员工的发展。

绩效管理理论的发展趋势是从绩效考核走向绩效管理。绩效考核是当代管理学中一个重要的发展成果，它对教育领域也产生了深远的影响。传统的绩效考核以管理者为中心，强调对外部控制的服从，主要着眼于对过去的总结性评价，是一种事后反应的管理方式。利文森指出："多数正在运用的绩效评估（考核）系统都有许多不足之处，这一点已得到广泛的认可。绩效评估的明显缺点在于，对绩效的判断通常是主观的、凭印象的和武断的；不同管理者的评定不能比较；反馈延迟会使好多绩效没有得到及时的认可而产生挫败感，或者对根据自己很久以前的不足作出的判断而恼火。"② 实践证明，提高绩效的有效途径是进行绩效管理。绩效管理是一个持续、循环的过程，它的核心是通过提高员工的绩效，以达到提高企业整体绩效的目的。

就教育系统而言，现代绩效管理以教师为中心，强调承诺和自我控制，着眼于过去、现在和将来的有机统一，是一种主动开发型，是在过程中解决问题的管理系统。③ 绩效管理是对绩效实现过程中各要素的管理，是基于学校长远规划的建立、目标分解、业绩评价并将绩效成绩用于改善学校质量的日常管理活动，是激励学校员工持续改进业绩并最终实现学校战略规划和目标的一种管理活动。④ 绩效管理将教师绩效考核置于学校发展规划中，通过绩效考核促进学生身心的健康成长、教师专

---

① 付亚和、许玉林：《绩效考核与绩效管理》，电子工业出版社2009年版，第19—20页。
② 胡君辰等：《绩效管理》，四川人民出版社2008年版，第22页。
③ 李军：《高校教师绩效管理体系的构建》，《高等教育研究》2007年第1期。
④ 赵中建：《学校经营》，华东师范大学出版社2006年版，第196页。

业的发展，从而促进学校办学质量的提升和学校愿景的实现。

教师绩效评价标准充分体现了学校发展规划的方向，是为学校整体变革服务的。绩效管理其实就是一个发现问题、解决问题的过程，完整的绩效管理包括绩效计划、绩效考评、绩效分析、绩效沟通和绩效改进等环节，其核心内容包括绩效计划、过程控制、考核改进。绩效计划是指实施教师绩效管理的初期，在明晰学校发展规划的基础上制定评价方案，进而确定绩效评价标准，它是学校绩效管理的第一步。过程控制就是在绩效考核的过程中通过积极的、持续的沟通使得教师认同工作目标，正确执行绩效评价方案，不断提高和改进自己的专业素养，最终实现学校发展目标。过程控制是教师绩效管理的关键环节，其出发点在于通过管理教师的行为和结果来实现学校发展规划。考核改进是指在教师绩效管理的后期，学校管理层和教师对教师的工作表现进行总结性评价、反馈、改进等一系列活动，其内容主要包括绩效考核和绩效改进。教师绩效考核是指在绩效信息的基础上，对照教师绩效评价标准，对教师的工作表现做出评定，并将评定的结果反馈给教师的过程。而绩效改进是学校管理层和教师在积极沟通的基础上，对教师绩效评价结果进行分析，共同制定绩效改进方案，从而进入下一轮绩效管理的过程。总之，绩效计划、过程控制和考核改进是紧密相连、缺一不可的。

在我国义务教育学校教师绩效工资制度改革中，很多学校十分注重对教师进行绩效评价，却忽视了对教师进行有效的绩效管理。这主要表现在以下几个方面：

第一，教师绩效评价和学校发展规划相脱节。我们知道，一所学校从创立、发展到为社会所认可，需要经历一个较长的阶段。因此，学校发展规划应当是有着长远愿景和达到长远愿景的系统管理安排。在这个过程中，教师能否与学校发展规划相配合，并积极参与学校长远发展规划，是一个关键。学校发展规划描述了学校的发展使命和未来的蓝图，体现了学校全体教职工对学校办学思路的思考和探索，具有全局性和前瞻性，是引领学校不断变革和发展的风向标。因此，教师绩效评价必须建立在学校发展规划的基础上，是为学校发展规划服务的。教师绩效评价将学校组织的使命通过层层分解，最终落实到个人绩效上，这样教师通过自己的卓越表现来促进学校发展规划的实现。而我国义务教育学校的现状是,在教师绩效工资改革中,将教师绩效评价和学校发展规划人为地割裂开来,没有将绩效工资改革中的教师绩效评价有机地融入学校发展规划中,使教师绩效评价与学校组织使命、愿景、目标及战略不能保持高度一致,最终不利于学校的良性发展。

第二,在教师绩效工资改革中,忽视了过程控制。要知道,进行义务教育学校教师绩效工资制度改革的目的不仅仅在于用总结性考核结果来评价教师的工作表现或工作成果,还在于通过管理教师的行为和结果最终实现学校的发展规划。因此,对过程的控制尤为重要。绩效管理中的过程控制包括信息收集和绩效辅导,绩效信息的收集是学校系统地收集有关教师及其教师工作表现或工作成果的方法。没有有效的绩效信息,就无法详细地掌握教师工作完成的情况,也无法对教师绩效进行评价,教师绩效工资改革也无法进行;绩效辅导是"管理者通过对员工的观察,为员工提供及时的反馈和意见,表扬优秀的员工,同时帮助未达到绩效要求的员工自我提高、改进绩效"[①],它要求在整个绩效评价过程中,学校管理者和教师进行持续的沟通,为教师提供及时的反馈和指导。但不少学校在进行绩效评价时,往往不注重对教师绩效信息的收集,因而无法详细地掌握教师工作表现或工作成果,也就不能对教师的工作表现或工作成果进行公正合理的评价;不注重绩效辅导,学校管理者和教师之间没有进行面对面的沟通,不能在平等地交往中获取信息,增进了解,创造共同合作的气氛,最终当然不能为教师达到良好的绩效提供优越的工作环境,从而无法保证义务教育学校教师绩效工资改革的顺利进行。

第三,没有注重绩效改进。绩效管理的终极目的是改进教师的绩效,所以绩效改进是绩效管理的一个非常重要的环节。绩效改进是绩效考核的延续,它是在诊断的基础上,为教师厘清下一阶段工作的目标和前景。绩效改进同时也是实现学校效能提升的根本途径,学校发展规划通过层层分解落实到每一位教师的身上,因此学校效能的整体提升依赖于教师个人的卓越表现和教师群体的齐心协力。但在义务教育学校教师绩效工资改革中,只注重绩效评价,忽视了绩效改进。没有对学校教师的绩效进行有效的诊断,也没有对教师不足之处或和学校发展规划相悖

---

① [美]赫尔曼·阿吉斯:《绩效管理》,中国人民大学出版社2008年版,第201页。

的地方提出改进措施，导致个人绩效和学校发展规划相脱节，也就难以实现义务教育学校教师绩效工资制度改革的终极目的。

第五节 绩效工资分配公平性缺失

众所周知，绩效工资的分配关系到广大义务教育教师的切身利益，如果不进行公平分配的话，就会直接影响他们工作的积极性，也会直接影响义务教育学校教学的正常开展。因此，绩效工资公平分配问题备受广大义务教育教师的关注，理应受到各级政府的高度重视。

其实，公平最早属于道德、法律范畴。公平问题涉及生产关系、社会关系、上层建筑等各个领域，所以也属于经济范畴、社会范畴、政治范畴等。不同时代，不同阶级、阶层都有自己的公平追求。公平具有客观性、历史性和绝对性，也具有主观性、阶级性、相对性。[①] 不同的学者从不同的角度出发，对"公平"概念的定义也大不相同。公平是指社会制度规则的公正、平等。公平是指收入分配规则的公平。公平包括三个层次的内涵：一是制度规则的公平、平等；二是收入分配制度的公平，即个人向市场提供的生产要素（劳动、资本、土地、技术等）的多少，要与获得的报酬相适应；三是收入补偿制度的公正，即政府对个人收入进行合理的调节。公平是指一种主观感觉、心理平衡，是由每一个人做出的主观评价。公平，是指人与人之间的一种"相称"或平衡关系。它具有以下特征：（1）自身条件、努力和合理期待（需求、愿望）与所得之间的关系。（2）在与他人的关系中，关系双方的条件差距之比处于同一比例中。[②] 公平是指社会组织中的个体，常常将个人贡献与个人所得包括物质报酬与社会荣誉、地位等与另外和自己条件相等（或相似）的个体相比较，如果二者各自的贡献与所得相比之比值相等（或相似），则双方都有公平感，此谓之公平，反之，则认为不公平。[③] 调节人们之间社会关系和财富分配关系的规范所具有的客观性，能够促

---

① 朱永坤：《教育政策公平性研究——基于义务教育公平性问题研究》，博士学位论文，东北师范大学，2008年。
② 万光侠：《公平范畴的社会哲学审视》，《探索》2001年第1期。
③ 梁军：《高校教师中不公平感现象透析》，《社会科学家》2000年第5期。

进效率最大限度地提高,是公平的本质内涵;反之,不能促进效率提高的,即使从道德上看是进步的,也不能算是公平的。① 公平是社会关系中一种特有的属性,是对某种社会关系进行规范和评价的基本尺度。② 公平是对人与人及人与自然关系的一种认识、评价。③ 公平是一种调节人与人之间利益关系合理性的规范、原则。④

可见,从不同的利益需要,从不同的角度,不同的层面出发,对公平的内涵有不同的理解。从伦理学的视角看,公平是以人平等的基本权利为准则对社会成员之间利益关系的一种评价,即对社会成员之间各种权利及利益的分配是否合理;从经济学的视角看,公平问题是分配问题,是资源配置问题,是指如何处理社会经济生活中各种利益关系的合理准则。从组织学的角度看,公平在于权利的分配及制衡机制;从社会学的角度看,公平是个社会问题,涉及城乡关系,社会各阶层、各群体利益关系。⑤ 因此,我们可以从以下几个方面理解公平的内涵:第一,公平是人与人之间利益的调节或分配;第二,公平必须有一个标准,不同的标准会有不同的分配结果;第三,公平必须有分配原则,即按照标准如何分配利益;第四,公平是一种心理体验和评价;第五,公平既是一种道德规范,也是一种伦理准则。⑥

从不同的视角来考察,可以对公平做不同的划分:⑦(1)"利益—分配"型公平。具体包括机会的公平、起点的公平和结果的公平,主要是从利益获得的过程来划分的,反映了人们如何参与利益的分配,怎样进行利益分配。(2)"操作—程序"⑧ 型公平,包括标准(原则)

---

① 李风圣:《论公平》,《哲学研究》1995年第11期。
② 夏文斌:《走向正义之路:社会公平研究》,黑龙江教育出版社2000年版,第37页。
③ 夏文斌:《建立社会正义之路——学习邓小平社会公平理论》,《北京大学学报》(哲学社会科学版)1999年第2期。
④ 郭彩琴:《教育公平论——西方教育公平理论的哲学思考》,中国矿业大学出版社2004年版,第34页。
⑤ 朱永坤、曲铁华:《公平的分类对我国教育公平问题解决的路径的指引》,《教育科学研究》2008年第6期。
⑥ 同上。
⑦ 具体参见徐梦秋《公平的类别与公平中的比例》,《中国社会科学》2001年第1期。
⑧ 根据《辞海》的解释,"程序"有"行事的先后次序,有序的步骤"之意。从词源学上看,"程"有"典范、法度"和"步骤、过程"两种解释;"序"则有"次第、次序"的含义。所以,程序就是行事过程的规范标准和逻辑步骤。

的公平、操作的公平和结果的公平。这主要从利益分配的操作程序来划分公平类型。如何进行利益分配,不同的操作方法将会带来不同的结果。在"操作—程序"型公平中,原则(标准)公平就是对利益的分配需要一个公认的原则或标准,标准不同,最终的分配结果在各人之间就会有较大的差异,或有利于一方,或有利于另一方。分配标准是否公平往往受人们利益需要、价值取向和公平观的影响。操作公平就是在原则和标准确定以后,人们根据标准进行操作。如果不按照规定程序进行,就会出现操作不公平的问题。操作不公平,就会使公平的标准无法贯彻,最终导致结果不公平。由于操作总是由人来进行的,而人的操作总会受到个人的利益、观点、情感等一系列因素的影响,因此必须做出相应的规定,把操作的步骤合理化地固定下来,形成公平性程序,从而保证操作公平。可见,程序性公平是保证操作公平的关键之一。冯建军认为,程序公正[①]是一种形式的公平,它强调利益分配中坚持同一原则,分配的过程符合正义的要求,不能出现某种特权或双重标准。只要标准或分配原则是大家所认可或同意的,分配过程中的行为是公正的,至于结果如何,则不是主要的。[②] 程序公平可以分为两类:"纯粹性程序公平"和"非纯粹性程序公平"。两者的区别在于,纯粹性程序公平是保证达到结果公平的充分必要条件,而非纯粹性程序公平则起不到这样的作用。罗尔斯指出:"在纯粹程序正义中,不存在对正当结果的独立标准,而是存在一种正确的或公平的程序。这种程序若被人们恰当地遵守,其结果也会是正确的或公平的,无论它们可能会是一些什么样的结果。"[③] 罗尔斯主张纯粹的程序公平,前

[①] 冯建军认为,相对于公正来说,公平强调公共财富、利益分配的平等,重在强调平等。公平和正义存在着四种关系:第一,公平就是善的、正义的。第二,公平的但不是正当的或不是正义的。第三,不公平的行为却符合正义的性质。第四,不公平的也是不正义的。和公平相比,公正带有明显的价值取向,它要符合正义的要求。公平则表现在工具、技术层面上,它只是需要遵循同一标准规则而不涉及价值的问题,是中性的。正如亚里士多德所说,公平与公正,"如若两者都是好事,那么两者就是一回事"。详见冯建军《教育公正——政治哲学的视角》,福建教育出版社2008年版,第23页。

[②] 冯建军:《教育公正——政治哲学的视角》,福建教育出版社2008年版。

[③] [美]约翰·罗尔斯:《正义论》,何怀宏译,中国社会科学出版社1988年版,第86页。

提是建立一个正义的制度体系。"只有在一种正义的社会基本结构的背景下，在一种正义的政治结构与经济和社会制度安排的背景下，我们才能说存在必要的正义。"①"非纯粹性程序公平"还可以分为"完善的程序公平"和"不完善的程序公平"，这两者的区别在于：前者能保证公平的标准得到贯彻，而后者则不一定能达到这一点。对于完善的程序公平，罗尔斯认为，在程序之外存在着决定结果是否合乎正义的某种标准，同时也存在着使满足这个标准的结果得以实现的程序。"首先，对什么是公平有一个独立的标准，一个脱离随后要进行的程序来确定并先于它的标准。其次，设计一种保证达到预期结果的程序是有可能的。"②"有一个决定什么结果是正义的独立标准，和一种保证达到这一结果的程序"是"完善公正"的两个要件。譬如等分蛋糕，只有在程序上做出"切蛋糕的人最后领到蛋糕"的规定，那么等分蛋糕的结果公正就可以实现。而"不完善的程序公平"则是这样一种情况，即"当有一种判断正确结果的独立标准时，却没有可以保证达到它的程序"③。譬如刑事审判，"即使法律被仔细地遵循，过程被公正恰当地引导，还是有可能达到错误的结果……不正义并非来自人的过错，而是因为某些情况的偶然结合挫败了法律规范的目的"④。为了确保操作的公平，除了要制定公平的程序以外，还需要各种形式的监督机制、监督机构及配套的技术手段。此外，道德良心对于保证操作的公平也是一个关键因素。结果公平，也叫实体公平、实质公平。根据一定的标准、程序进行操作，会产生一个结果，如分配的结果、竞争的结果、评判的结果。判断结果的公平，应该区分两种情况：一是如果这个结果纯粹是由某个程序造成的，只要这个程序是公平的，那么它的结果就是公平的；二是如果这个结果是根据一定的标准按照相应的程序操作造成的，那么，判断结果是否公平，就要看标准和操作是否都公平，只有在两者都公平的情况下，才能说结果是公平的。

---

① ［美］约翰·罗尔斯：《正义论》，何怀宏译，中国社会科学出版社1988年版，第86页。
② 同上。
③ 同上。
④ 同上。

"操作—程序"型公平在义务教育学校教师绩效工资分配中的应用，就是要保证绩效工资分配原则或标准的公平，以及操作过程的公平，即整个绩效工资分配过程中的公平。首先是绩效工资分配标准的公平，其次是绩效工资分配的程序性公平。因此，分析义务教育学校教师绩效工资分配公平性问题，可以按照"操作—程序"型公平类型，从绩效工资分配的标准、程序方面入手，来剖析绩效工资分配公平性影响因素。然而，从笔者实地调研的情况来看，义务教育教师绩效工资分配存在着标准不统一、程序不公正等问题。

首先，绩效工资分配标准不统一。这主要表现在以下几个方面：第一，学校领导岗位系数不统一。从调查的样本县（区）来看，有不少地方在制定绩效工资分配方案时，将校长、副校长和中层干部等领导岗位折合成"绩效"系数。凡是带"长"字的学校领导自然所得颇丰，而长期奋斗在教学一线的大多数普通教师则收获不多，有些教师甚至连"绩效"基数都没有达到。这样，绩效工资就变成了"官效"工资，对此工作在一线的普通教职工意见非常大。第二，班主任津贴标准不一致。从调查的样本县（区）来看，尽管教育部印发的《中小学班主任工作规定》就班主任待遇提出了新的要求，即班主任工作量应按当地教师标准课时量的一半计入基本工作量，纳入绩效工资管理。在绩效工资分配中要向班主任倾斜。对于班主任承担超课时量的，以超课时补贴发放班主任津贴。由于对中小学班主任津贴没有做出统一的规定，即使是同一县（区）域内的不同学校，班主任津贴也大不一样，有些学校甚至根本没有发放班主任津贴，也没有将班主任津贴折算成课时量。第三，教育管理人员和后勤人员岗位系数不合理。教育管理人员和后勤人员是维持学校正常运转不可或缺的重要因素。有些学校过分重视学校行政人员和一线教师，忽视了勤勤恳恳工作的教育管理人员和后勤人员，结果出现了"学校行政人员拿上限，普通教师拿平均数，教育管理人员和后勤人员拿下限"的现象。

其次，绩效工资分配程序不公正。诸多研究表明，程序性公平是公平的一个重要组成部分，它对于群体合作行为、员工工作满意度、组织承诺度以及工作倦怠等都有明显的影响。① 而工资分配的程序性公平，也直接影响着员工对工资分配结果的看法。② 调研发现，有些学校在制定绩效工资分配方案时，仅仅由学校领导班子参与决策，很少或根本没有征求广大一线教师的意见和建议，更没有征求社区成员和学生家长的看法。即使有些学校允许部分教职工代表参与绩效工资分配方案的制定，但由于这些教职工代表人数较少，话语权普遍较弱，导致制定出的绩效工资分配方案明显偏向于话语权较强的学校领导班子成员的利益，最终导致绩效工资变成了"官效"工资。例如，调查问卷中问到"您所在学校制定绩效工资分配方案时，征求过哪部分人的意见"这一问题时，仅有22.5%的教师承认"由全体教职工大会通过"，有34.5%的教师承认"征求过部分教职工意见"，承认"征求了教职工的意见，学校通过"的教师占18.2%，认为"根本没征求意见"的占24.3%。可以看出，大部分学校在制定绩效工资考核方案时，往往只是征求部分教职工的意见，或者根本不征求他们的想法和建议，只是由学校行政领导班子通过，根本没有经过教代会或全体教职工代表大会的讨论。另外一份涵括东部、中部、西部中小学的调查报告显示，截至2009年底，只有22.49%的教师表示，在制定教师绩效考核方案时，"有教师代表参加"；有19.07%的教师表示"没有教师代表参加"；有55.01%的教师回答"不知道是否由教师参与制定方案"。同时，要求由教职工代表大会制定实施规则的占85.81%。③ 这从另一个侧面表明教职工参与绩效考核方案的重要性。而且，在进行绩效工资分配时，没有做到公开、公正和公平。有些学校担心本校绩效工资分配方案会引起部分普通教师的不满，因此大搞一言堂，暗箱操作。绩效工资分配方案仅仅在小范围内公示，或者根本没有进行公示就开始执行，导致大部分教职工感觉不公平，意见很大。

---

① 李超平、时勤：《分配公平与程序公平对工作倦怠的影响》，《心理学报》2003年第5期。
② 谢义忠、时勤：《程序公平对工作满意度、组织承诺的影响：工作不安全感的终结作用》，《中国临床心理学杂志》2007年第2期。
③ 柴纯青、王雄：《义务教育教师绩效工资实施效果的调查研究》，杨东平主编：《教育蓝皮书：中国教育发展报告（2010）》，社会科学文献出版社2010年版，第231页。

最后，绩效工资分配时申诉程序缺失。正常的申诉程序可以消除教职工和学校领导层之间的隔阂，解决彼此在绩效工资分配中的分歧。然而，有些学校根本没有教职工绩效工资申诉的程序，也没有对绩效工资分配结果在教职工之间做耐心的解释，部分教职工思想包袱大，严重影响到他们工作的积极性。

第六节　绩效工资的监督机制不健全

监督是落实政策不可缺少的环节。正如孟德斯鸠所言："一切用权的人都容易滥用权力，这是万古不易的一条经验。有权力的人们使用权力非到限度，绝不休止。"不论在何种情况下，这种权力的滥用都会导致政策执行力的弱化，所以必须对这种权力进行有效监督。在义务教育学校教师绩效工资制度实施过程中，同样存在着监督机制不健全的问题。

首先，绩效工资经费投入监督机制缺失。尽管指导意见对义务教育学校实施绩效工资所需经费的来源有明确的规定，但并没有建立各级政府绩效工资经费投入的约束机制。这样一来，地方政府官员的"经济人"特性就会导致他们在义务教育学校教师绩效工资经费供给中出现逆向选择和道德风险。义务教育属于公共产品，政府提供公共产品会出现"政府失灵"的情况。特别是在中央和地方财政分权的情况下，中央政府和地方政府之间存在着委托代理关系。中央政府将义务教育责任交给地方政府，中央政府扮演委托人的角色，地方政府则是代理人。按照公共选择理论，作为代理人的地方政府同样具有"经济人"的特性，是具有公共性和私人性的两面体。其公共性在于政府行为的目的是满足社会公共需要，其私人性在于执行政府职能的个体是追求自身利益最大化的"经济人"。尼斯坎南认为，政府官僚和所有普通人一样，都是个人利益最大化者。构成官僚个人利益的主要因素有权力、地位、金钱、特权等，具体不外乎"薪金、职务津贴、社会名望、权力、人事权、较大影响力、轻松的工作负担等"[1]。由于信息不对称，地方政府往往会按照

---

[1] 许云霄：《公共选择理论》，北京大学出版社2006年版，第42页。

自己的利益行事而忽略委托人的利益，出现偷懒和机会主义行为。例如，审计署2008年对全国16个省份的54个县2006—2007年农村义务教育经费进行审计，结果显示，在实施农村义务教育经费保障新机制后，2006年和2007年上半年，中央财政补助16个省份的农村义务教育专项经费分别为153.26亿元和98.49亿元，同比增长90.49%和59.55%。但审计发现，部分地区却存在着经费投入不到位的问题：（1）部分地区未落实应由地方承担的资金1.22亿元。在审计调查的16个省份中，有3个省份未按照规定的分担比例落实资金，少承担资金1.08亿元，占应承担资金总额的8.65%。在审计调查的54个县中，有8个县未按规定落实应承担的资金1350.58万元，占应承担资金总额的71.78%。（2）有5个县级政府减少了农村义务教育经费投入，2006年与2005年相比，共计减少3186.90万元，减幅为13.2%。[1] 可见，地方政府官员的"经济人"特性决定了他们为了追求政绩考核的形象工程，会极力减少对农村义务教育的投入，甚至还会千方百计地寻找机会挪用或挤占转移支付资金或其他专项教育经费，出现败德行为。

同理，由于没有规定相应的绩效工资经费监督保障措施，也没有建立各级政府绩效工资经费投入的约束机制，在义务教育学校教师绩效工资经费供给过程中，地方政府官员的"经济人"特性也会导致出现偷懒和机会主义行为。一方面，绩效工资经费投入监督机制缺失导致地方政府挪用或挤占义务教育学校教师绩效工资经费。从现实中看，我国上下级政府存在着不完全信息博弈的机制。[2] 在义务教育学校教师绩效工资经费供给中至少存在着三层委托代理关系，即中央—省级政府委托代理关系，市级政府—县级政府委托代理关系，县级政府—学校委托代理关系。政府间委托代理关系过长，以及委托人和代理人角色的重叠，加剧了政府间信息不对称，从而导致地方政府往往为了自己的利益行事而忽略了委托人的利益，它们会利用一切机会极力减少对义务教育学校教师绩效工资经费的投入，甚至还会千方百计地寻找机会挪用或挤占转移

---

[1]《八成以上被审计县挤占挪用教育经费》，http://edu.people.com.cn/GB/1053/7473536.html. 2008-7-6。

[2] 蒋斌、蒲勇健：《县级政府财政困境：一个不完全信息动态博弈模型》，《乡镇经济》2006年第3期。

支付资金或上级下拨的绩效工资专项教育经费,出现败德行为。另一方面,绩效工资经费投入监督机制缺失会导致义务教育教师绩效工资经费供给不到位。詹姆斯·E. 安德森认为:"行政管理机构常常在内容广泛但含糊不清的法令下活动,这给它们应该做什么和不应该做什么留下很大的余地。"[1] 由于教育政策一般都留有一定的实施空间,这种自由裁量空间易导致地方政府的机会主义行为。例如,省级政府往往会转嫁和消解义务教育学校教师绩效工资经费供给的责任,将绩效工资经费供给责任层层下放,最终推给财力薄弱、经费十分困难的县级政府。例如,2007 年财政收入排名第一的中部某发达省份,对涉及全省 65 万名中小学教师的绩效工资制度改革,省级财政仅投入 6.69 亿元,仅占其全省 2007 年财政收入的 0.24%;2007 年财政收入全国排名第七的东部某发达省份,为落实绩效工资,省级财政投入 4.65 亿元,仅占全省 2007 年财政收入的 0.43%。[2] 这样一来,县级政府更会片面夸大本地区义务教育学校教师绩效工资经费供给的困难,以种种理由直接减少经费投入,最终导致义务教育学校教师绩效工资经费严重供给不足,中小学教师绩效工资无法完全到位。

其次,绩效工资分配监督机制不健全。义务教育学校教师绩效工资的实施需要有关部门的密切配合,加强工作指导,建立健全有效的监督检查机制,严格把握政策和程序,指导和督促学校严格执行实施绩效工资的有关政策。但是,从我们调研的情况来看,绩效工资分配监督机制不健全。第一,各级教育行政主管部门尤其是县级教育行政主管部门对绩效工资分配监管责任不到位。例如,县级教育主管部门对基层学校上报的绩效工资考核方案把关不严,导致一些"官效工资"和违背广大教职工意愿的绩效考核方案也"坦然"过关。第二,县级教育主管部门没有对基层学校的绩效工资分配过程进行有效监管。在绩效工资分配的过程中,没有教育行政部门人员或其他监督人员全程参与,导致部分学校程序不公开,大搞暗箱操作,教职工对此意见很大。

总的看来,义务教育学校教师绩效工资制度改革所存在的这样或那

---

[1] [美] 詹姆斯·E. 安德森:《公共政策》,华夏出版社 1990 年版,第 16 页。
[2] 徐滔:《教师绩效工资改革:"用我的钱奖励我"》,《南方日报》2009 年 11 月 12 日。

样的问题,是由多种因素综合作用的结果,既有公共财政对义务教育投入的不足,也有教师工资管理体制固有的弊端,还有教师绩效考核方式的不合理,以及绩效工资监督机制的不完善,等等。

第六章　进一步改革和完善我国义务教育学校教师绩效工资制度的政策建议

义务教育学校教师绩效工资制度改革能否顺利进行，不仅关系到教育资源在城乡间能否得到合理配置，而且直接涉及义务教育阶段中小学教师的切身利益，关系到事业单位绩效工资制度改革的成败。因此，必须采取切实可行的措施，解决义务教育学校教师绩效工资制度改革过程中所出现的问题，确保城乡义务教育均衡发展和事业单位绩效工资制度改革的顺利进行。

第一节　国外义务教育学校教师绩效工资制度改革的经验借鉴

自 20 世纪 80 年代以来，绩效责任制成为国外学校改革的重要内容之一。在学校绩效改进活动中，主要推动力量就是来自教学第一线的教师。如何促使学校有更好的表现，除了加强教师职业伦理和专业化水平外，改革教师薪酬制度来调动教师工作积极性应该是一个最有效的途径。[①] 近年来，许多国家都将教师绩效工资改革与追求卓越，提升办学质量的内在需求相联系，以形成与注重质量和效率优先的教育改革目标相配合的教师激励机制。在最近 10 年里，美国、英国、澳大利亚、法国、德国、新西兰、瑞典、墨西哥、印度、肯尼亚、以色列等国家将教师绩效工资改革与国家追求教育优异，提升教育质量的内在需求紧密联

[①] 陈丽珠：《美国教育财政改革》，五南图书出版公司 2000 年版，第 197—206 页。

系，逐步采用绩效工资制度以改变传统的工资制度，在基于绩效评价的基础上给教师奖励或惩罚，都取得了成功。[①] 如美国的丹佛教师专业薪酬计划（Procomp）、得克萨斯州的质量薪酬计划（GEEAP）、明尼苏达州的教师质量薪酬计划（Q-Comp）、米切尔家族基金教师提升计划（TAP）、佛罗里达州的绩效奖励方案（MAP）等，英国、澳大利亚等国家的一些绩效工资方案也取得了积极的效果。[②] 因此，对国外学校教师绩效工资改革的基本经验进行总结，可以为我国义务教育学校教师绩效工资制度改革提供有益的经验借鉴。

20 世纪 80 年代，澳大利亚政府就开始进行教师绩效工资制度改革。以往该国的中小学教师都是按照教龄和学历来增加工资的，这种单一的工资制度导致优秀教师人才流失，教学水平低下，学生成绩下降。因此，以教师绩效考核为基础，并以此作为衡量教师工资水平的绩效工资制度开始试行并得到逐步推广。由于有关教师绩效数据的收集在绝大多数学校里被视为烦琐的和没有价值的，能力强的教师往往视这一过程是浪费时间，而不太有能力的教师可能会质疑领导者为他们提供客观情况的反馈能力。绩效工资制度在大多数学校没有得到执行，只有 3 个州和地区的教育局制定了系统收集质量教学的第一手数据，进而鉴别并奖励高质量教师的分类标准。[③] 20 世纪 90 年代以后，基于知识技能的教师工资制度（Knowledge and Skills-based Pay）改革在澳大利亚开始盛行起来，这种工资制度的关键在于构建了一套用于衡量教师专业知识和技能的系统、科学、操作性强的专业标准。2007 年 6 月，教育部长朱丽·毕晓普公布了顾问遴选计划，为教师绩效工资制度的具体实施聘请专职顾问。2008 年 9 月，在总理陆克文的积极倡导下，联邦政府推出了国家优质教学合作伙伴关系计划，以奖励校长和专家型教师。鼓励学校和地区教育行政部门向表现最优异的任课教师提供奖励，并鼓励所有

---

① 李延知：《国外基础教育教师绩效工资改革的主要争议》，《外国中小学教育》2010 年第 7 期。

② 同上。

③ Lawrence Invarson, Elizabeth Kleinhenz, Jenny Wilkesin, "Research on Performance Pay for Teachers," http：//www.dest.gov.au/NR/rdonlyres/D477C6A5-C8EF-4074-8619-FF43059445F8/25208/ACER Performance Pay Paper.pdf, 2009-3-5.

教师花更多的时间和精力来提升教学工作水平。① 从2009年开始,澳大利亚联邦政府将对学校的拨款同是否实施了绩效工资制相挂钩。② 绩效工资的推出极大地促进了澳大利亚全国41.5万名中小学教师的专业发展。③

澳大利亚义务教育学校教师绩效工资制度改革的特点较为突出。首先,教师绩效评估形式多样。该国政府将教师分为新手教师、普通教师和专家教师三个层次,评估者对照不同的层次对教师进行教学表现评估。教学行为评估框架以课堂教学活动观察作为评估教学行为表现的主要方法;评估者需要接受严格的培训,以保证观察、评估的一致性;评估分阶段多次观察被评教师的教学活动,分析学生作业和考试成绩,并参照有关该教师专业发展的记录档案;评估标准、评估过程和评估结论都对被评教师公开,为被评教师提供一次以对比标准来认识和评价自己的机会,促使他们有目的地学习知识,提高教学能力。④ 其次,将教师绩效加薪和学校组织目标有机结合起来。为了培育一种重视教师成长和发展的文化,澳大利亚政府将教师绩效工资和学校发展规划结合起来,以激励教师通过支持协作的方式不断改善自身的知识与教学技能。最后,将教师年度审查和教师的绩效工资相联系。教育行政部门对年度审查合格的教师发放绩效工资,对表现欠佳的教师则扣除绩效工资,对审查不合格的不予注册。总之,该国通过义务教育学校教师绩效工资制度改革,提高了教师工作的积极性,促进了教师专业发展和学校发展目标的实现。

早在1908年美国马萨诸塞市就进行了教师绩效工资改革。⑤ 在20世纪20年代达到了最高峰,整个美国有99%的城市进行了教师绩效工

---

① 胡乐乐编:《澳大利亚三大举措推进教育革命》,《湖南教育》2009年第1期。
② 李茂:《美澳试水教师绩效工资制》,http://www.cupa.com.cn/Article_Show.asp?Article=20289,2009-3-10。
③ 《澳大利亚拟为优秀教师加薪》,http://www.cultural.teco.org.au/2005/latest_ch/education_01_2008-08-31-2.pdf,2009-3-7。
④ 刘邦祥:《美国部分学区试行教师工资改革的启示》,《比较教育研究》2005年第6期。
⑤ G. E. Robinson (1984), Incentive Pay of Teachers: An Analysis of Approaches, Concerns in Education, Arlington, Virginia: Educational Research Service, Inc.

资改革，产生了 25000 个教师绩效工资计划。据调查，全美共有 48 个州加入了这一改革风潮。① 由于种种原因，20 世纪 20 年代末，教师绩效工资制度改革渐渐进入低潮。20 世纪 60 年代，教师绩效工资改革再次复现，但改革并非一帆风顺。到 70 年代早期，实施绩效工资的学校降至 5.5%，而且持续的时间不长。② 20 世纪 80 年代，美国的基础教育改革转向了以绩效为本、优质为先，教师绩效工资改革再次风起云涌。1983 年，美国教育部报告提出要建立以绩效为基础的工资制度并在学校和社会上引起了广泛的争论，一些学校和学区在争论中开始改革实验并取得了一定的成效。

进入 21 世纪，美国基础教育教师绩效工资制度改革的步伐加大。2001 年，美国众议院通过了《提高教学效果措施法》，建议建立全国教师考试制度和教师绩效工资制度，提出向建立考试和绩效工资计划的中小学提供奖励，资助各州建立对教师工资制度有着重要影响的绩效工资计划。2002 年，《不让一个儿童落伍法案》颁布，该法案要求公立学校学生参加标准考试，各学区要对每所学校的考试成绩提出报告，根据学生考试成绩拨款，并根据学生标准考试成绩评价教师表现，鼓励学校建立教师绩效工资制度。一份由美国进步政策研究院公布的报告显示，以学校为单位发放业绩奖励是美国公立中小学最为普遍的绩效工资实践。③ 2006 年 8 月，美国联邦教育部部长格丽特·斯佩林斯依据有关法规，授权组建"战略规划委员会"（Strategic Planning Committee），修订《2002—2007 年战略规划》并制定教育部《2007—2012 年战略规划》。该计划的使命是：通过加强优质教育和保证教育公平，提升学生学业成就，为全球竞争做好准备。为了提升学生的学业成绩，该计划提出"鼓励地方学区改革教师薪酬制度，奖励教学效果最好的教师，建立机制以吸引最好的教师到急需的学校教授难度最大的课程"，并且"建立奖励机制，使用如按级加薪或分红利等措施，增加急需的外语 AP 课程和 IB

---

① Lary E. Frase ed. (1992), *Teacher Compensation and Motivation*, Lancaster, PA: Technique Publishing Company, Inc., p. xv.
② 许立新：《英美中小学教师绩效工资研究》，《外国教育研究》2010 年第 4 期。
③ B. C. Hassel, "Better Pay for Better Teaching: Making Teacher Pay off in the Age of Accountability," PPI Policy Report, Washington, DC: Progressive Policy Institute, 2002.

课程合格的人数，奖励使学生通过上述课程考试的教师"[1]。2009 年 7 月 24 日，美国总统奥巴马和教育部长阿内·邓肯宣称，致力于学校改革的各州将有资格竞争 43.5 亿美元的"力争上游基金"（Race To the Top Fund），以支持教育改革和课堂创新。其中有 2.97 亿美元的教师激励基金，州和学区将采用绩效工资制，树立先进教师模范，奖励提高学生学业成绩的教师和校长，激励优秀教师共同致力于贫困学生、少数族裔学生和处境不利学生的学业成绩的改进与高难度科目的教学。[2] 在 2009 年全美拉美裔商会上，美国总统奥巴马力推实施教师绩效工资，重申支持以绩效为基础的教师工资制度，并赞扬了南卡罗来纳州地区在这一领域所做的工作。[3]

到目前为止，美国政府对教师绩效工资的兴趣逐渐高涨，如联邦政府资助的国家绩效激励中心（NCPI）、各州教育委员会（ECS）和教育者工资改革中心等组织和机构开始追踪研究教师绩效工资制度改革。联邦教育部实施了 19 个教师绩效工资试验项目，芝加哥公立中小学学校系统的 20 所学校参加了绩效工资试验项目，具体方案得到了芝加哥教师工会和学校大部分教师的同意。该市教育长官罗恩·胡伯曼表示，他支持奥巴马的建议，并且可能继续推广该项目。教育部计划在 5 年内为该市投入 2700 万美元的经费支持。美国南达科他州、得克萨斯州、田纳西州、纽约市等公立中小学也陆续开始实行教师绩效工资改革。[4] 总之，进入 21 世纪以来，美国的国家形势发生了变化，特别是全球金融危机的爆发，美国政府为了进一步振兴经济，提高教育质量，深入推进公立中小学教师绩效工资制度改革。

美国义务教育学校教师绩效工资制度改革的特点较为鲜明。首先，长久酝酿，先行先试。美国教师绩效工资制度改革并非一蹴而就，而是

---

[1] 赵中建：《质量为本——美国基础教育热点问题研究》，安徽教育出版社 2010 年版，第 30—33 页。

[2] Address by the Secretary of Education at the 2009 Governors Education Symposium, www.ed.gov/news/Speeches/2009/06/06142009.html.

[3] US Fed News Service, President Obama Voices Support For Teacher Performance Pay, Spotlights South Carlina, http://proquest.Umi.com/pqdweb?did=1668296391and sid=1 and Fmt=3 and clientId=43816and RQT=309andVName=PQD, 2009-03-27.

[4] 李长华：《美国新一届政府的教育政策解析》，《基础教育参考》2009 年第 12 期。

经过长时间的实验,取得了众多成功的经验和失败的教训。美国在20世纪早期就开始试行教师绩效工资制度,当时并没有大面积推广,而是先在少数州、学区和学校进行试验,然后慢慢向其他学校、学区和州推广。例如,美国丹佛市早在20世纪80年代就开始酝酿义务教育教师绩效工资制度改革,直到1999年,美国公立学校系统(Denver Classroom Schools)才与丹佛教师工会(Denver Classroom Teachers Association)达成绩效工资制度改革的实行方案,并决定用4年的时间在16所学校进行改革试点。2004年,丹佛学校董事会批准了ProComp计划,2006年进入全面实施阶段,2008年开始进行相应的修订。在修订期间,一些教师为了给谈判施加压力,甚至策划集体托病怠工(Slick-outs)和罢工,使得持续数月的谈判一度陷入僵局,改革几乎到了崩溃的边缘。[①]最后劳资双方达成妥协,丹佛市义务教师学校绩效工资制度改革持续至今。其次,联邦政府倡导,各州自主决定。由于教师绩效工资制度改革需要大量的资金,美国联邦政府不断采取有力的措施,积极推进教师绩效工资制度改革。具体的措施是:一方面,美国国会议员通过提交各种议案来扩大联邦政府在教师工资制度改革中的作用。另一方面,联邦政府通过财政拨款法案,建立教师激励基金(Teacher Incentive Fund)。此外,美国各州会根据州实际财力状况、地方政府及学区意愿、教师和校长愿望等因素综合考虑是否进行改革,一般通过和地方政府及教师中介组织等进行集体谈判的方式决定。一旦确定启动改革后,州政府就会向学区和学校下拨大量的绩效奖励专款。美国大约有3/4的州实行了和公立学校教师教学效果相联系的绩效奖励政策,包括密西西比、俄克拉荷马、南加利福尼亚和弗吉尼亚州在内,很多州每年对用于教师工资的奖励基金进行了大量的拨款。最后,形式多样,不拘一格。除了个人绩效工资制、学校绩效工资制和混合制三种基本形式外,美国各州和学区在义务教育教师绩效工资制度改革中进行了多种尝试。概括起来,主要还有以下几种绩效工资形式。一是以市场激励为基础的绩效工资(Market-Based Compensation),其目的是吸引和招募优秀教师到条件差的学校任

[①] Stephanic Simon, "U. S. News: Denver Teachers Object to Changes in Pay-for-Performance Plan," *Wall Street Journal* (Eastern edition), 2008 - 08 - 18 (A.3).

教。二是基于知识和技能的绩效工资，其目的是表彰和奖励那些在所教科目领域长期不断积累、在知识和技能方面取得进步的教师。三是额外责任工资（Additional Duty Pay）。其目的在于为学校教师所做的额外活动进行相应的补偿，学校教师运用其知识和技能积极参与学校和社区的工作。四是卓越绩效工资（Extraordinary Performance Pay），其目的是奖励教师的卓越绩效。

在英国，早在1861年政府就提出了"按成绩付款"的教师绩效工资制度，尽管在19世纪末由于种种原因被取消了，然而，20世纪80年代后义务教育学校教师绩效工资制度改革再次进行。1983年和1985年，英国政府颁布的《教育质量》（Teaching Quality）和《把学校办得更好》（The Better Schools）白皮书均要求对教师的"表现或绩效"（Performance）进行综合评价，将教师表现和教师奖惩制度联系在一起。1987年英国就颁布了《1987年教师工资与条件法》（School Teachers' Pay Conditions Document 1987），该法首次明确规定，对教师的杰出表现和额外工作给予一定的奖励。1998年，英国教育与就业部发布的《教师：迎接变化的挑战》绿皮书提出一项通过教师队伍现代化以提升教师专业标准的策略，其核心任务之一是教师工资制度的根本改革。[1] 同年，英国政府签署了一系列教育改革文件，其中包括义务教育阶段引入绩效考核机制、"绩效门槛"和"高工资等级制"等，目的是招聘和留任优秀的教师，激励中小学教师努力工作。尽管将近20万教师已经申请通过了这一富有争议的新绩效"门槛"，以便自2000年9月起获得2000英镑的加薪，但评价过程最终被迫终止。[2] 但义务教育学校教师绩效工资制度改革并未因此而停步，其后英国政府进行教师绩效工资制度改革的力度不断加大。

英国义务教育学校教师绩效工资制度也称PRP（Performance Related Pay System），同时也是教师绩效考核和评价的主要方式，即将绩效与薪金挂钩的教师评价国家体系。概括地讲，英国教师绩效工资制度改革由

---

[1] Michael Barber, High Expectations and Standards for All, No Matter What: Creating a World Class Education Service in England in Michael Fielding, *Taking Education Really Seriously*, Routledge Falmer, 2001, p. 33.

[2] Clyde Chitty, *Understanding Schools and Schooling*, Routledge Falmer, 2001, p. 33.

两部分组成：一是"绩效门槛"评定（Threshold Assessment），它决定哪些教师有资格进入高级别的工资行列，其工资明显要高于他们目前的最高工资；二是绩效管理（Performance Management），不仅需要校长和学校管理层明确哪些教师应该进入高级别工资行列，哪些教师暂时会被排斥在"绩效门槛"之外，它还要求校长和学校管理层进一步负责学校的教学管理和学校战略规划。其中绩效管理主要由以下三个环节组成：绩效设定（Planning），绩效监控（Monitoring），绩效评定（Review）。绩效设定包括由教师和校长一起召开计划会议，确定学校教学目标，安排课堂观察事宜，探讨绩效评价依据，确定绩效评价标准，规定完成目标时间表等。在计划会议召开之后的 5 天内，校长要草拟书面报告，参与绩效考核和评价的教师要发表自己的意见。在计划会议召开之后的 10 天内，校长签署正式绩效计划报告。绩效监控是绩效管理的核心环节，一般采用正式和非正式讨论及课堂观察等，其中课堂观察由英国教育与技能部专门提供学校参考范例，主要包括收集、评价、反馈三个环节。通过课堂观察可以直接考察教师在教学中的绩效表现，还可以准确地发现问题，这样可以及时和教师进行沟通，有效地促进教师的专业发展。课堂观察一般不超过 3 个小时，具体时间视每名参与绩效考核和评价的教师个人情况而定，在课堂观察之后的 5 天内教师可以拿到反馈的书面报告。绩效评定是教师绩效考核和评价小组与教师共同根据既定目标对教师在绩效管理周期内的工作绩效进行全面考核和评估。在学校教师绩效考核和评价结束之前，评定人要同被评价的教师进行会谈，核实他们的相关情况。评价的依据包括课堂观察结果、教师自我陈述及相关材料——学生出席率、学生家长满意度、参与学校教学活动证明等。最后，根据教师绩效评定的结果，决定被评价教师相对应的绩效工资。这样，教师可以通过自己的优异表现，努力获取与之相对应的薪金。学校可以通过制定绩效目标，进行绩效过程监控，找出教师工作的成绩和不足，帮助教师明确新的专业发展目标。同时，学校根据绩效考核和评价结果，向学校董事会提出对优秀教师的奖励和晋级建议。对于不合格的教师进行进一步评价以决定是否继续聘用，以此激励教师不断进步和发展。还有绩效管理可以通过对学校长远规划的设立、目标分解、绩效评价并将绩效成果用于改善学校质量的日常管理活动，激励学校教师持续改进绩效并最终实现学校战略规划和目标。总之，英国义务教育学校教师绩效工资制度改革是在实践中不断探索、不断完善的。

英国义务教育学校教师绩效工资制度改革的特点同样引人关注。首先，绩效工资文件较为完备。为了保证教师绩效工资制度改革的顺利进行，确保教师绩效工资有法可依、有据可查，自1998年至今，英国政府每年都要公布一份《学校教师工资与条件文件》。它又被称作蓝皮书（Blue Book），具有一定的法律效力，是英国学校教师审议会（STRB）每年制定的关于英国义务教育教师工资和工作条件的规定和实施细则。该文件由政府审核后公布，供地方教育当局和学校参考执行。其次，绩效奖励和绩效管理有机结合。英国教师评价体系包括两个方面："绩效门槛"评定和绩效管理，这种制度将对义务教育教师的绩效奖励同学校绩效管理有机结合在一起。学校管理层通过绩效管理，定期检查个人和组织的目标达成情况，根据绩效评定结果，向学校董事会提出合格教师和优秀教师的奖励与晋级建议。教师通过"绩效门槛"评定中优异的个人绩效表现，可以获得额外的奖励或晋升高一级的工资，这样可以激励教师围绕学校发展目标而努力工作。这种绩效奖励和绩效管理有机结合的制度，有利于将个人绩效表现、教师专业发展和学校发展目标融为一体，最终促进学校教学质量的提高。最后，奖惩性评价和发展性评价并重。在英国的PRP教师评价体系中，英国教育当局为教师设置了基本的绩效指标和与此相对应的薪金，教师通过自己的表现，努力达到此标准并获得相应的薪水，表现优异的教师可以进一步接受更高的评价标准，如果符合了该标准就会获得更多的薪金和奖金。此举正是英国教育当局认为的"双重"功能：奖励优秀教师和促进教师专业发展。一方面，通过目标制定、过程监控和绩效评估，找出教师工作的成绩和不足，帮助教师明确新的教师专业发展目标；另一方面，学校根据绩效评价结果，向学校董事会提出优秀教师奖励和晋级的建议。这种奖惩性评价和发展性评价并重的教师评价体系，改变了过去单纯地重视对绩效评价结果的奖惩，既关注了教师专业发展，又重视了"奖惩"的作用。

在以色列，教师绩效工资制度改革是该国20世纪90年代以来教育改革的一项重要内容。以色列教育部针对教师人浮于事、义务教育质量下滑等情况，不断推出新的教育改革计划。1995年，以色列宣布了一项根据学生的成绩对初中学校和教师实施现金奖励的学校绩效工资制。① 目的是降低辍学率，提高学校成就。评估的依据是学生的平均学分、升学率和辍学率等。2000年12月，以色列在50所高中进行教师个人绩效工资制改革。这次改革是以学生成绩为依据对教师进行奖励，具体根据实际班级成绩和学生的平均成绩与学生的基础、每科熟练程度以及固定的学校级别的效果等来实施。参与该方案的629名教师，有302名教师获得奖项，对这个方案进行分析发现，它明显改善了学生入学考试参与率以及参加考试的及格率和平均成绩。② 2003年9月，以色列成立以教育部长为委员会主席的教改委员会，开始新的一轮教育体制改革，提出教师工资待遇不再以资历为依据，而是依据教师的业绩、学生的成绩和校方的满意度。③

以色列义务教育学校教师绩效工资制度改革的特点也很鲜明。该国教师绩效工资制度分为个人绩效工资制和学校绩效工资制。其中学校绩效工资制强调，学生成绩是全校众多教师共同作用的结果，应该对实现学校发展目标的教师提供团体激励。同时，个人绩效工资发放，是根据每个教师所教班级的平均成绩单独对教师排名，该排名是根据班级成绩和学生基础、每科的熟练程度以及固定的学校级别的效果确定的，在此基础上预测绩效之间的差别，对每名教师排名两次，一次用学生通过率，一次用学生平均分，以保证个人教师绩效工资发放的公正性和公平性。

其实，不仅仅是美国、英国、澳大利亚和以色列等国家积极实行教师绩效工资制度改革，随着经济全球化趋势的不断拓展，一些国家正在更大范围内逐步推广教师绩效工资改革，④ 改革的主要目的在于提高教育质量和教师工作积极性。由此可见，我国义务教育学校教师绩效工资

---

① Details of This Program are Provided in a Publication Issued by the Chief Scientist of the Israeli Ministry of Education: The Differential Compensation Principles for Allocation, Jerusalem, 1995, in Hebrew.
② Victor Lavy, Paying for Performance and Teacher Effort Productivity, and Grading Ethics, Working Paper 10622, Cambridge, Mass National Bureau of Economic Research, 2004.
③ 马文起：《以色列基础教育教师绩效工资改革及启示》，《教育评论》2010年第4期。
④ 李延知：《国外基础教育教师绩效工资改革的主要争议》，《外国中小学教育》2010年第7期。

制度改革也是符合世界各国教师绩效工资制度改革潮流的。国外学校教师绩效工资制度改革的一些成功经验，也是值得我国义务教育学校教师绩效工资制度改革加以借鉴的。

一 必须以专门的教育法规和政策做保障

义务教育学校教师绩效工资制度改革，必须以专门的教育法规和政策做保障。我们知道，一些国家的政府为教师绩效工资制度改革提供了强有力的政策法规支持，同时对教师绩效工资政策的执行也非常严格，如美英等国政府还通过行政部门和司法部门来推动绩效工资制度改革。只有对违反教师绩效工资政策的行为严加制裁，才能保证义务教育学校教师绩效工资制度改革的顺利推进。然而，我国义务教育学校教师绩效工资制度改革，仅仅依靠教育部下发的指导意见，根本没有完备的政策法规作为依据，必然会导致教师绩效工资制度改革不力。因此，我们应该尽快制定与绩效工资政策相配套的操作细则，明确义务教育教师的绩效责任和义务，保障义务教育学校教师的合法权益。同时，应该像英国义务教育学校教师绩效工资制度一样，对教师绩效工资划分出详细的等级，明确规定不同等级的教师所应负的职责和任务，根据教师不同的教学表现或成就给予不同级别的绩效工资。不仅如此，我国义务教育学校教师绩效工资制度改革暴露出来的一些问题并非仅仅因为教育法规不健全，还因为教育法规没有发挥应有的作用，是政府有法不依，执法不严，没有依法行政所致，这严重影响了法律的权威和尊严。只有政府严格依法行政才是真正的法治。[①] 所以，我们在完善义务教育学校教师绩效工资政策法规的同时，还需进一步加大法规的执行力度，切实保证教师绩效工资制度改革的顺利进行。

二 必须建立完善的教育经费投入机制和责任监督机制

稳定充足的资金是一项新制度的必要条件。如果没有这一条件，义务教育学校教师绩效工资制度改革根本无法进行。即使能够进行，最终也不会坚持下去。一些国家义务教育学校教师绩效工资制度改革起起伏

---

① 罗平：《拖欠工资法不容》，《人民日报》2002 年 1 月 23 日。

伏，其中一个重要的原因就是缺乏稳定的经费来源。例如，美国大部分绩效工资方案的实施在时间上一般不超过 6 年，主要原因在于管理者与教师关系难以处理、集体谈判极易破裂以及财政预算短缺等。① 值得注意的是，美国绩效工资计划除了从教育经费中筹集大量的绩效工资经费外，还从增税、企业捐赠和联邦政府资金的支持中获得大量的经费来源。近年来，英国政府意识到实施教师绩效工资改革会引起学校财政支出的持续增加，因此宣布由政府全额拨款支付教师的绩效工资，即全部承担绩效工资实施后所造成的教师工资增加部分。因此，我国在实施义务教育教师绩效工资制度改革过程中，必须建立完善的教育经费投入机制，确保绩效工资改革拥有稳定充足的经费。因此，各级政府要进一步加大教育投入，要将教师绩效工资全额纳入财政预算，不留任何经费缺口。与此同时，各级政府要将预算外资金的增量部分，如土地出让资金、各种罚没收入等，每年拿出固定的比例用于教师绩效工资经费支出，以拓展教师绩效工资经费的来源。此外，应建立健全责任监督机制。义务教育学校教师绩效工资制度改革是一项非常复杂的系统工程，需要各级政府齐心协力，通力合作，因此，必须将贯彻落实义务教育学校教师绩效工资的情况作为考核各级政府工作的重点之一，接受社会方方面面的监督，确保义务教育学校教师绩效工资落实到位。

三 必须建立公正有效的教师绩效考核机制

教师绩效工资的实施依赖于客观权威的评价。教师绩效评价是学校管理者和教师之间的一项管理沟通活动，绩效评价的结果可以直接影响教师工资的调整和职务升降等诸多切身利益。因此，建立公正有效的教师绩效考核机制尤为重要。首先，必须制定教师绩效评价标准，尤其要注重学生的学业成就和身心发展。这可以借鉴美国教师绩效工资改革的经验，引入"增值评价"方法来考核教师绩效。由于我国同一县域内城乡之间、不同学校之间以及不同班级之间在学生素质、教学设备等方面存在较大差距，如果仅仅以考试分数来评价教师的绩效显然是不合理

---

① C. K. McGuire, and J. A. Thompson, *The Cost of Performance Pay Systems*, Denver: Education Commission of the States, October 1984.

的。引入"增值评价"法可以比较公正合理地体现不同教师为学生学业成绩的提高所付出的努力。其次,坚持参与评价主体多样化。这可以采取多个评价主体相结合的办法,如对教师的评价可以采取学校绩效考核小组、年级组和学科组、同行评价、家长和学生评价、教师自我评价等相结合的办法,根据教师平时表现及学期末考核情况进行评分。最后,将绩效考核和绩效管理有机结合起来。这可以借鉴英国教师绩效工资改革的经验,将绩效考核融入整个学校绩效管理过程中,通过绩效标准设定(Planning)、绩效过程监控(Monitoring)和绩效评定(Review),使学校发展目标和个人发展目标融为一体。在绩效考核的过程中,还要将奖惩性评价和发展性评价相结合,既要考核教师的个人业绩,加强教师的绩效管理,使优秀教师得到应有的奖励,不合格的教师得到应有的惩罚,也要注重教师的专业发展,注重教师的自我诊断、自我提高和自我发展。

四 必须坚持教师绩效工资形式的多样化

从工作性质来看,教师工作具有团队合作的特点,引入个人绩效工资制度可能会造成教师之间的恶性竞争和合作的减少,最终不利于团队协作,反而会降低学校绩效。所以有学者认为,绩效工资会削减教师之间及教师和学校管理者之间的协作。[①] 团队协作对于教育工作尤为重要,因为不管是单个的学生还是某个学生群体的成长都不可能是哪一位优秀教师工作的结果,而是众多教师共同辛勤劳动的结果。反之,教育工作的失败也可能并非哪一位教师单独造成的。因此,如果单纯实施个人教师绩效工资制,结果会导致团队精神的丧失,最终不利于学生的成长和义务教育的健康发展。如果绩效奖金给予整个教师团队的话就可以大大削弱教师之间的矛盾,然而,团队激励会产生"搭便车"的现象,结果会出现"机会主义"和"道德风险"等问题。这可以借鉴美国的经验,坚持绩效工资形式多样化,如个人绩效工资制、团队绩效工资制、个人和团体混合制,还可以实施学校绩效工资制。坚持个人绩效工

[①] N. Adnett (2003), "Reforming Teachers? Incentive Payments, Collegiate Ethos and UK Policy," *Cambridge Journal of Economics*, Vol. 27, No. 1. pp. 145 – 147.

资制，对那些表现优秀、成绩突出的教师给予一定的奖励，可以提高教师工作的积极性；实施团队绩效工资制，对促使学生成绩提高和身心发展的教师团体给予一定的奖励，可以促进教师之间的团结协作，鼓励教师为了共同的目标而努力工作；实施学校绩效工资制，对教学质量和发展规划达到预期目标的学校给予一定的奖励，可以激发教师的集体意识，增强教师的集体荣誉感。此外，像英国那样在义务教育学校教师绩效工资中设立不同类别的津补贴，例如，教师根据自己在课堂、教学方面的表现及承担学校职务的大小，可以获得教学责任津贴；教师根据自己所处学校的艰苦程度，可以获得偏远地区教师补贴，这些都是值得借鉴的。不仅如此，义务教育学校的教师还可以获得各种不同的补助，例如津贴转化计划补助、招募和留任鼓励补助、负责学校住宿责任补助和额外补助等。总之，坚持教师绩效工资多样化，可以充分满足教师的需求。

五 必须与促进薄弱学校的改进结合起来

义务教育均衡发展，是我国新的历史时期教育发展的战略方针。多年来，由于种种原因，我国义务教育发展很不均衡，城乡差距和地区差距越拉越大，即使在同一县域内优质学校和薄弱学校在师资力量、生源质量上也是差距悬殊。教师作为教育者，是促进中小学生身心发展、学业进步的中坚力量。因此，义务教育师资均衡尤为重要。在缺乏师资合理流动机制的情况下，很多薄弱学校面临着骨干教师流失严重，难以招聘到优秀教师的尴尬局面，所以非常有必要利用义务教育学校教师绩效工资制度改革的契机，引导师资的合理流动，促进义务教育均衡发展。这可以借鉴美国和英国的经验，为缩小学校之间的差距专门设计市场激励工资，以吸引教师到招聘困难的岗位以及工作难度大的学校去工作。为此，可以设置不同的绩效工资标准，教师招聘愈困难，工作难度越大的学校，其标准越高，目的是激励优秀教师到这些学校任教。此外，还可以借鉴英国的经验，对薄弱学校设立不同形式的补贴，例如薄弱学校教师补贴，招聘和留任鼓励补贴，薄弱学校额外补贴等，激励优秀教师长期扎根于薄弱学校，促进薄弱学校的改进和教育质量的提高。

第二节　我国义务教育学校教师绩效工资
　　　　制度的完善

结合我国的现实国情，借鉴他国的成功经验，要进一步改革和完善我国义务教育学校教师绩效工资制度，我们认为，主要应解决好以下几个问题。

一　加大公共财政的投入力度，确保义务教育学校教师绩效工资制度改革的顺利进行

公共财政是政府为社会提供公共产品的行为，公共财政和公共服务型政府是相对应的，政府职能决定着财政职能。我国正在实现政府职能转换，努力构建公共服务型政府是我国政府努力的方向。而公共财政是公共服务型政府在财政领域的集中体现，公共财政制度建设也必然成为公共服务型政府建设的重要前提和内容。财政制度决定着财政政策，公共财政制度的确定在客观上要求政府以提供公共产品和公共服务为基本出发点。为保证公共服务供给长期、可持续实现，提供人民群众所需的公共产品，必须建立面向民生的公共财政体制。公共服务是指由公共部门（包括政府部门和一些非政府组织等社会力量）提供的满足全社会或某一类社会群体需要的服务，具有公众性、公用性和公益性等特点。[①] 而基本公共服务是覆盖全体公民，满足公民对公共资源最低需求的公共服务，涉及义务教育、医疗、住房、治安、社会保障等方面，其属性在于它的公共性、普惠性和社会公平。[②] 所以，义务教育理所当然是公共财政投入的重点领域。面对义务教育学校教师绩效工资制度改革中所出现的种种问题，政府财政必须加大对义务教育的投入力度。之所以如此，是因为从我国的现实情况看，义务教育的经费使用，在中小学中基本上以教师的工资和福利开支为主，如1990年我国普通中学和普

[①] 高培勇：《中国财政政策报告2007/2008：财政与民生》，中国财政经济出版社2008年版，第24页。
[②] 同上书，第36页。

通小学教师工资分别占财政预算内教育事业费的 72.41% 和 80.07%，2006 年仍高达 63.06% 和 74.92%，① 而农村中学和小学所占比重更高。由此可见，只有政府加大对义务教育的投入力度，义务教育教师绩效工资制度改革过程中所出现的种种问题才能得到解决。因此，根据公共财政的基本要求，各级政府应继续将义务教育作为公共财政支出的重点。

从国家的经济实力和财政收入看，政府完全有能力统筹义务教育学校教师工资，保证义务教育学校教师绩效工资按时足额发放。那么，怎样才能加大公共财政的投入力度，确保义务教育学校教师绩效工资制度改革的顺利进行？

首先，各级政府必须依法落实"三个增长"的法定要求。按照《中华人民共和国教育法》关于教育经费"三个增长"的要求，在近年财政预算安排支出中，中央和地方各级政府教育财政支出增长幅度都明显高于财政经常性收入增长幅度，这是一个良好的发展趋势。但在财政预算超收部分中，政府教育支出远低于超收收入的增长幅度。各级政府预算超收收入规模很大，仅在中央财政方面，2004 年超收 2000 亿元，2006 年超收 3307 亿元，2007 年超收突破 4000 亿元，年均增长率为 50%。② 但是，在政府预算超收收入的支出中，教育支出比重较小。在 2007 年财政预算外超收收入的支出中，教育支出仅占 5.25%，这一比重远低于该年财政性教育支出占财政总支出的比重。如果该比重达到 2007 年财政性教育经费占经常性财政收入的 15%，预算超收收入中的教育支出将达到 900 亿元，占该年国家财政性教育经费支出的 11%，高出实际支出 700 亿元。③ 因此，各级政府必须依法落实"三个增长"的要求，特别要强调预算超收收入部分同时也要达到"三个增长"的要求，确保 4% 的目标如期实现。同时，4% 目标的落实是中央、省（自治区、直辖市）、市、县、乡（镇）各级政府共同努力的结果，应制定各级政府教育财政支出占政府财政支出的比例标准。就整体而言，

---

① 国家教育发展研究中心：《2007 年中国教育绿皮书》，教育科学出版社 2007 年版，第 87 页。

② 顾明远、石中英：《国家中长期教育改革和发展规划纲要（2010—2020）》，北京师范大学出版社 2010 年版，第 396 页。

③ 同上。

为了实现4%的目标，各级政府应依法严格落实教育经费"三个增长"和"两个比例"。由于"三个增长"和"两个比例"并没有对每一级政府的努力程度建立科学的评价机制，各省要考虑各自的财政体制安排，在充分考虑每一级财政财力的基础上，制定各级政府财政性教育支出占政府财政支出比例的最低标准。

其次，要规范政府收支管理，优化政府支出结构。长期以来，我国存在政府收入多头管理、支出重经济轻民生的问题。我国政府预算外收入、制度外收入庞大，支出由多个部门掌握，没有纳入统一的预算管理，不能如实地反映政府收支全貌，严重妨碍了公共财政职能的实现。例如，按照财政部官方网站相关专题报告中所提供的数据来看，包括社保基金在内，2007年政府预算外收入接近2万亿元（19606亿元），占当年GDP的比例为7.62%。[①] 按照财政部官方网站的数据，即使扣除社保基金后，该部分资金占GDP的比例仍有4.23%的规模。如果将这笔庞大的预算外收入的一部分用于教育，将有助于大幅度提高公共教育经费占GDP的比例。2008年全国土地出让金收入为10375亿元，主要用于各地基础设施建设等方面的支出。如果各地政府能将其中一部分用于教育，便可增加500亿—1000亿元的财政性教育经费。[②] 而且，这些政府预算外收入和制度外收入大量游离于预算管理之外，严重违反了公共财政收支规范、透明的原则，显然不符合财政支出主要用于公共产品和公共服务的基本要求。因此，应该加快公共财政体制改革，建立规范的政府收支和管理制度，将所有政府收支和支出纳入预算管理。在强化政府收支统筹的基础上，继续优化政府支出结构，提高教育支出的比例。

再次，完善政府治理结构，强化教育预算约束机制。各级政府要依照教育法的规定，定期向同级人民代表大会或其常务委员会报告教育经费预算及执行情况，对不按照生均经费拨款规定标准编列预算，未达到法律规定增长要求的，在预算审查时不予通过；预算执行结果达不到法

[①] 胡瑞文：《推进我国教育公平与质量提升的教育经费缺口分析》，《中国教育报》2010年1月20日。

[②] 顾明远、石中英：《国家中长期教育改革和发展规划纲要（2010—2020）》，北京师范大学出版社2010年版，第396页。

定要求的,要限期补足,并对政府主要负责人实施问责。要将"三个增长"和"两个比例"纳入政府任期目标,作为考核政府主要负责人政绩的一项重要制度,对连续不能实现"三个增长"和"两个比例"的负责人实行"一票否决"。与此同时,应公开教育经费信息,每年要定期对各级政府教育投入的努力程度进行评价,并及时向社会公布,以利于社会监督。

最后,各级政府要将新增教育经费主要用于义务教育投入,并着重向中西部农村贫困地区倾斜。由于教师工资经费占义务教育经费的大部分,各级政府应将新增教育经费优先用于义务教育学校教师绩效工资经费支出。重点向中西部农村贫困地区及义务教育学校绩效工资经费缺口大的地区倾斜,确保这些地区义务教育学校教师绩效工资制度改革的顺利进行。

二 明确各级政府的责任,逐步建立省级统筹的教师绩效工资保障机制

根据我国的实际情况,借鉴其他国家的经验,要让政府真正负担起义务教育学校教师绩效工资,必须进一步明确各级政府的财政责任。从我国财政收入分配的格局和多年的实践看,义务教育学校教师绩效工资不能由基层政府负担。除发达地区外,义务教育教师绩效工资应实行省级统筹,让省级政府成为教师绩效工资最主要的负担者。

首先,从我国的现实国情来看,除发达地区外,县级政府所拥有的财力,是无法负担义务教育教师绩效工资的,因而义务教育教师绩效工资不宜下放到基层政府。同时,由于我国地域辽阔,人口众多,由中央政府直接负担义务教育学校教师绩效工资或直接面对县级实施转移支付也是不现实的,我国有近 3000 个县及县级市,中小学的数量庞大,基础信息分散在基层,不仅难以集中,而且信息难以准确。由于信息不对称,由中央政府直接负担义务教育学校教师绩效工资或直接面对基层政府实施转移支付显然是行不通的。即使中央政府对基层政府掌握了足够准确的基础信息,对一个将地方政府划分为多个层级的大国来说,绕过中间层级政府,由中央政府和县级政府直接分担责任,也不符合政府管理的一般规律,容易引发其他方面的矛盾。

其次,从财政结构的变化来看,自1994年我国实行分税制财政改革以来,财政结构已发生了重大变化,财政收入重心上移,中央财政占全国财政收入的比重明显提高,从1993年的28.11%激增到2007年的54.11%,而地方财政收入比重仅为45.89%。① 近些年来,这种情况尽管有所改变,但中央财政占全国财政收入的比重大约仍占50%,如2010年全国财政收入83080.32亿元,其中,中央财政收入42470.52亿元,占51.12%,地方财政收入40609.8亿元,占48.88%。② 如果加上省级的财政收入,中央和省级财政所占比重超过70%,而县乡财政收入的比重在30%左右。与此同时,在事权方面,地方政府的支出比例变化并不明显,长期维持在70%以上,财力与事权严重不对等。而在省内财权与事权的分配上,地市和县一级的财权较小,事权又较多。这样,中央政府和省级财政收入占全国财政收入的比重大大提高,而财政支出变化不大,省级政府完全有能力负担义务教育学校教师绩效工资。就全国大多数省级的情况来看,以人均财力为标准,省级财力远远高于县级政府,实行省级统筹,让省级政府负担义务教育教师绩效工资,不会对省级财政构成太大压力。另据报道,国际货币基金组织最新公布的数据表明,2010年世界经济增速为5.0%。其中美国为2.8%,欧元区为1.8%,日本为4.3%。在新兴和发展中经济体中,俄罗斯为3.7%,印度为9.7%,巴西为7.5%,而中国为10.3%。《中国经济周刊》报道,最近10年来,中国经济总量在世界上的排名大踏步前进。2005年底,中国GDP增速为16.8%,超过意大利,成为世界第六大经济体。2006年,中国经济规模超过英国,成为仅次于美国、日本和德国的世界第四大经济体。2007年,中国GDP增速为13%,超过德国成为全球第三大经济体。仅仅三年之后,中国GDP便超越日本,成为"世界第二"。中国的GDP从1978年的2683亿美元,猛增到2010年的5.879万亿美元,30余年间增长了20余倍,平均增速接近10%,开创了中国经济发展史上前所未有的"高速"时代。从各省(自治区、直

---

① 王常雄:《财政体制缺陷与地区性行政垄断研究》,《市场论坛》2009年第10期。
② 《关于2010年中央和地方预算执行情况与2011年中央和地方预算草案的报告》,《光明日报》2011年3月26日。

辖市）的情况看，GDP 超万亿元（人民币）的省份迅速增加，有些省份"富可敌国"，甚至赶超当年的"亚洲四小龙"。在 2009 年 14 个省（自治区、直辖市）GDP 总量超万亿元后，2010 年"万亿俱乐部"新增加 3 名成员，达到 17 个。其中，东部的广东、山东已经超过 4 万亿，我国中西部地区增长也十分强劲：内蒙古、黑龙江和陕西迈入"万亿俱乐部"，辽宁和四川超过上海跃居第七位和第八位。英国《经济学人》杂志把 2010 年中国地方的经济状况和世界国家进行对比，结果显示，上海、山东、浙江的 GDP 可以和芬兰、瑞士、奥地利等发达国家相提并论。① 可见，随着改革开放的进一步深入，中央和省级财政实力已大大增强。让省级政府承担义务教育学校教师绩效工资的主要财政责任，同时加大中央政府对中西部省级政府的转移支付力度，应该不会对省级财政构成太大压力。此外，省级政府管辖范围内的县级政府数量不算太多，长期以来，大多数省份省以下的政府间财政关系也都直接到县，特别是省直管县制度的推行，省级政府有比较可靠的信息和预算基础。从具体操作与管理的角度讲，实行省级统筹，让省级政府负担义务教育学校教师的绩效工资也具备可行性。

再次，从缩小省内义务教育学校教师工资待遇差距来看，省级地方高层政府有必要负担义务教育学校教师的绩效工资。我国义务教育学校教师工资待遇不仅在大区域内存在着较大差距，省际差距也很严重，甚至省内差距大于省际差距。例如，2006 年，我国小学教职工人均年收入为 18189 元，比 2002 年增长了 5997 元，在 3000 多个样本县中，小学教职工人均年收入的基尼系数从 0.21 扩大到 0.23。最低 20% 县的小学教职工人均年收入平均仅为 11489 元，而最高 20% 县的平均水平为 36529 元，县际差距从 2002 年的 2.88∶1 扩大到 3.18∶1，东、中、西部平均及全国有 20 个省份的小学教职工年收入的县际差距在扩大。同样，2006 年，我国初中教职工人均年收入平均为 19497 元，比 2002 年增长了 6520 元，在 3000 多个样本县中，小学教职工人均年收入的基尼系数从 0.22 扩大到 0.24。最低 20% 县的小学教职工人均年收入仅为 11981 元，而最高 20% 县的平均水平为 35727 元，县际差距从 2002 年

---

① 《2010 年我国 GDP 同比增长 10.3%》，http://wwwinfzm.com/content/55781。

的 2.97∶1 扩大到 3.32∶1，东、中、西部均有所扩大，全国有 21 个省份的初中教职工年收入的县际差距在扩大。① 导致这一问题的根本原因是，教师工资待遇长期"以县为主"。当前，在义务教育学校教师岗位工资和薪级工资标准全国基本固定和统一的情况下，教师工资待遇的差距主要是由于绩效工资没有形成统一标准而造成的。因此，要解决省内义务教育学校教师工资待遇差距过大的问题，其根本办法是，必须实行省级统筹，让省级政府负担起义务教育学校教师绩效工资，使其更好地在全省范围内发挥应有的宏观调控能力，保证在全省不同地区给教师提供大致差不多的工资待遇。

最后，从世界范围来看，虽然各国财政体制差异很大，但是大部分国家义务教育学校教师工资是由中央或较高层次政府来负担的。在世界各国，教师工资即人员经费，历来是各国义务教育公共经费的最重要支出。许多国家在实施义务教育之初，曾将义务教育视为基层政府的责任，这种做法不仅给地方财政造成很大负担，而且无法切实保证教师的工资。为了解决这一问题，各国相继调整了教师工资的筹措机制，采取的基本办法是将教师的保障工资提供责任适当上移，由中央和高层次地方政府负责。例如，法国、泰国、韩国、埃及等国，均将义务教育学校教师工资全额作为中央财政预算，由中央财政独立负担。在法国，教师工资制度是与国家公务员制度相一致的，由国民教育部实行中央集权型的统一管理。教师工资等级的划分、标准的制定、晋级增薪的办法由国民教育部统一规定。国家是中小学教师工资和岗位津贴的支付主体，由中央财政根据国民教育部每年申报的工资预算方案审核批准后支出。② 在日本，国立学校教师工资的全额由中央财政独立负担，地方学校教师工资由中央财政和都、道、府、县财政各负担一半。《义务教育经费国库负担法》规定，普通国库负担义务教育阶段教职工工资的 1/2，负担义务教育阶段教职工长期保险福利费的 1/2。同时，《教育公务员特例法》第 25 条规定，公立学校教师的种类和额度，是根据"国立学校教

---

① 张钰等：《中国义务教育公平推进实证研究》，教育科学出版社 2011 年版，第 30—31 页。

② 高如峰：《义务教育投资的国际比较》，人民教育出版社 2003 年版，第 335 页。

育公务员的工资种类和额度为标准"确定的。① 也就是说，作为地方公务员的公立学校教师的工资是比照国家公务员的标准确定的。在德国，教师属于国家公职人员，工资直接由州政府发放，其他非教学人员的工资由地方政府负责。② 在印度，义务教育学校教师工资全额由州或邦财政独立负担。在美国，教师工资虽然由地方学区支付，但由于地方学区经费的半数以上来自州政府的财政补助拨款，因此实际上教师工资是由州和地方政府共同负担的。在瑞士，教师工资州负担 3/7，市镇负担 4/7。③

实行省级统筹，让省级政府成为义务教育学校教师工资待遇主要的负担者。这里政策层面上的含义是尽可能通过上收义务教育事权，将地方基层政府负担义务教育学校教师工资待遇的责任逐步上移至省级人民政府，从而尽可能地保证义务教育学校教师工资待遇的稳定来源，尽可能地降低绩效工资经费的短缺程度。为此，应逐步建立以省级统筹为主的义务教育学校教师工资保障机制，省级政府可以在全省范围内按国家统一规定的编制标准和工资标准把教师的工资福利支出采用专款的形式交由银行按月足额发放给教师。这样做，应该说不仅不会对义务教育学校教师工资待遇产生管得过死的弊端，反而有利于防止基层政府或教育部门截留、挪用义务教育经费，拖欠教师工资，同时也有利于在全省范围内为中小学教师创造一个大体相近的工资福利条件，从而有利于贫困落后地区学校教师队伍的稳定和义务教育的均衡发展。

当然，实行省级统筹，强化省级政府的责任，让省级政府成为义务教育学校教师工资待遇最主要的财政责任承担者并不意味着中央政府不承担财政责任。这是因为依照国际经验，政府间的财政收支结构呈现出这样的情形：收入结构划分以中央政府为主，支出结构的划分以地方政府为主，即在年度财政收支总量中，划归中央政府掌握的收入要超出其实质性职权范围的一定比例，而地方政府所承担的职权往往超过直接收入划分所拥有的财力。这种收入结构与支出结构的非对称性安排，主要

---

① 日本解说教育六法编修委员会编：《解说教育六法》，三省堂 1992 年版，第 93 页。
② 高如峰：《义务教育投资的国际比较》，人民教育出版社 2003 年版，第 114 页。
③ 同上书，第 380 页。

出于两方面的考虑：一方面，绝大部分公共需要的受益范围具有区域性，各地企业与居民对公共服务的需求均有质和量的差别，由各地方政府针对需求提供比中央政府提供更为便利，也更有利于降低成本，提高财政资金的使用效益；另一方面，中央政府拥有相对较多的财力，使地方政府在一定程度上依赖于中央政府的支持，同时中央政府也有能力予以支持，从而有利于保证中央政府在宏观调控中的主导地位，维护中央政府的权威性。

那么，中央政府怎样才能承担相应的义务教育学校教师工资待遇的财政责任呢？这种责任主要体现在对省级政府的一般性转移支付上。所谓一般性转移支付是指高层政府对地方政府的财政资助，以弥补地方政府财力之不足。通过强化一般性转移支付，确保省级政府发展包括义务教育在内的各项社会事业的基本财政能力。特别是对于经济发展比较慢，财政困难的省、自治区，中央政府应当通过转移支付的方式对这些地区的义务教育负起较大的责任。鉴于中国地区间差异过大，偶然因素较多，除通过一般性转移支付来确保省级政府承担义务教育学校教师工资待遇的财政责任外，中央政府还应通过专项转移支付，处理可能出现的特殊问题。所谓专项转移支付是指高层政府为了解决某一问题而对地方政府提供的特定财政资助，与一般性转移支付相比，专项转移支付更能得到落实。比如，20世纪80年代以来，中央政府根据义务教育法的有关规定，对经济困难地区、少数民族地区实施的义务教育以及贫困生和无正常学习能力的儿童提供专项补助政策，大都落实得比较好。这些专项补助，对促进经济困难地区、少数民族地区义务教育的发展，增进义务教育公平与效率均起到了较好的作用。因此，要使义务教育学校教师工资待遇得到落实，除一般性转移支付外，也要对经济困难地区、少数民族地区义务教育学校教师工资待遇实行专项财政转移支付，采取种种措施通过加大专项财政转移支付的力度来提高对贫困地区义务教育学校教师工资待遇的财政责任，以便能通过中央政府的专项财政转移支付，缩小贫困地区与发达地区义务教育学校教师工资待遇的差距，较好地实现各地区义务教育的均衡发展。

鉴于我国区域间经济发展水平与地方财政实力存在着显著差距这一基本事实，为了减轻我国中、西部省级政府统筹义务教育学校教师绩效工资的难度，我们可以借鉴义务教育经费保障新机制的基本经验，建立中央与地方分地区、分项目、按比例共同分担的绩效工资财政保障机制，切实加大中央政府投入和支持力度。具体的方案为：（1）将基础性绩效工资作为中央和地方财政分担的重点，奖励性绩效工资则由省级财政统筹解决；（2）划分三类地区，分别确定中央和地方财政分担的原则和比例。可以根据区域经济发达程度和财政收入水平的不同，结合当地农村人口与教师的数量和比例，将我国31个省（市、自治区）划分为发达、中等发达和贫困地区，采取发达地区基础性绩效工资经费主要由地方自行负担，中等发达地区实行中央和地方按5:5共同负担，贫困地区以中央为主、地方为辅，按8:2比例分担的原则。将基础性绩效工资落实的地方财政责任进一步明确为：经济发达地区实行"省级统筹，省市县共担"；中等发达地区实行以"中央与省为主，地方配套经费省级统筹、市县辅助"；贫困地区实行以"中央为主，地方配套经费省级主要承担"。同时，各地义务教育学校教师绩效工资政策实施的经验证明，省级财政的统筹职责是否切实履行，省级财政投入力度的大小是绩效工资能否落实的关键因素。因此，要进一步强化省级政府财政投入职责，中等与发达地区省级统筹力度至少达总经费的一半。① 与此同时，我们还必须进行认真摸底调查，调查各县（市）的绩效工资经费需求，摸清各县（市）落实绩效工资经费现有的保障水平和实际需求之间的缺口。对于财力特别薄弱，绩效工资经费供求尤为突出的县（市），中央和省级政府应给予特殊倾斜甚至全额支持，切实加大对特别贫困、欠发达地区学校教师绩效工资的投入与保障力度，充分保障义务教育学校的教师绩效工资按时足额发放到位。

总之，无论对我国财政收支结构的分析，还是对国外发达国家的基本经验比较，都可以得出结论，明确各级政府的责任，逐步建立省级统筹的义务教育学校教师绩效工资保障机制，是切实可行的。只有建立省级统筹的义务教育学校教师绩效工资保障机制，才能切实保证义务教育学校广大教师绩效工资的按时足额发放。

---

① 翟帆：《民进中央建言：好政策实施呼唤有力的财政保障》，《中国教师报》2010年3月14日。

三 大力提高农村特别是边远贫困地区教师经济待遇，稳定农村教师队伍

义务教育学校教师绩效工资实施后，尽管大部分县都设立了农村教师津贴，积极鼓励优秀教师到农村偏远地区任教。但农村，特别是边远、贫困地区教师的津贴标准普遍偏低，大部分县每月不到 100 元，最低的县每月只有 10 元，对农村教师的激励作用十分有限。而要吸引大批优秀教师到农村任教，稳定农村教师队伍，调动农村教师的工作积极性，关键是要提高教师的经济待遇，改善教师的物质生活条件。联合国教科文组织 1966 年在给各国政府《关于教学人员地位的建议》中写道："应当承认，改善教师的社会及经济地位，改善他们的生活与工作条件，改善他们的就业条件和职业前途，是解决缺乏有能力、有经验教师的所有问题的最佳途径，是使完全合格的人进入教师职业或回到教师职业中来的最好办法。"[1] 因为有越来越多的迹象表明，诸如教师的社会地位及人们对其职业的评价等因素，像别的许多类似职业一样，在很大程度上取决于他们的经济地位。

因此，稳定教师队伍，首先，要建立农村中小学教师激励制度，鼓励优秀教师到边远、贫困地区学校任教。教师法规定，要在待遇上建立面向农村、边远和艰苦地区中小学教师的优惠制度。可参照国家对农林、卫生等行业的优惠政策，设立农村、边远和艰苦地区中小学教师特殊津贴制度，以吸引和稳定教师在该地区任教。当务之急是鉴于农村地区中小学骨干教师严重流失问题，政府和教育主管部门应尽快出台骨干教师的优待政策，解决待遇低的问题。按县、市骨干教师级别和学校边远程度，每月分别向骨干教师足额发放等级津贴和交通费用补助，使农村骨干教师的工资收入比城镇同等的骨干教师高，从而使他们安心在农村工作，不再向往城里的学校，确保农村教师队伍的稳定。也可以借鉴国外的经验，根据农村地理环境和条件恶劣程度对农村教师进行适当分类补贴，对不同类型地区的农村教师给予高低不等的偏远地区教师津贴，鼓励优秀教师扎根农村偏远地区，献身农村义务教育事业。以日

---

[1] 苏真：《比较师范教育》，北京师范大学出版社 1991 年版，第 448 页。

本、韩国、澳大利亚和尼泊尔等国家为例,日本针对偏远地区教育落后的状况,实施了偏远地区教师津贴制度,积极鼓励教师到农村偏远地区任教。1954 年出台的历经四次修订的《偏僻地区教育振兴法》明确规定,市、町、村的任务之一就是"协助在偏僻地区学校工作的教员的住宅建造和其他生活福利,应采取必要的措施"[①]。在该法案中,还专门设有"偏僻地区津贴"一项,其中规定:"对偏僻地区学校或与其相当的学校工作的教员与职员,发给偏僻地区津贴",月津贴额在本人月工资和月抚养津贴总额的 25% 以内。其具体做法是,各都、道、府、县必须以特殊的勤务津贴的方式为处于偏远地区的公立小学、初中的教师及职员发放偏远地区教师津贴。偏远地区津贴每月实际支付额度由工资和抚养补贴的月额之和乘以偏远地区的偏远级别率得出。偏远地区的级别分为五级:一级率为 8%,二级率为 12%,三级率为 16%,四级率为 20%,五级率为 25%。[②] 韩国为了改善教师待遇,提高教师地位,促进教育事业发展,1991 年制定了提高教师地位的特例法。该法律规定实行岛屿偏远地区教师津贴,凡是工作在岛屿、偏远地区的教员都可以享受,根据地理位置远近和偏远程度分为五类地区:A 类地区教师每年可以享受 23000 韩元的岛屿偏远地区教师津贴,B 类地区每年可以享受 17000 韩元教师津贴,C 类地区每年可以享受 12000 韩元教师津贴,D 类地区每年可以享受 7000 韩元教师津贴。[③] 澳大利亚的边远和农村地区比较难以吸引教师,为了鼓励教师到这些地方教学并且在服务期满后仍留在当地工作,大多数州都为这些教师提供特别的奖励和培训。例如,昆士兰州设立了边远地区激励计划(Remote Area Incentive Scheme),为在边远农村学校工作的教师提供经济上的资助。包括:第一,每年 1000 澳元到 5000 澳元不等(根据学校的远近和条件的不同分等级)的补助金,加上一部分交通补贴;第二,服务期满后仍留在当地工作的教师每年另外有 2000 澳元到 5000 澳元的奖金;第三,给新分配到边远地区的教师提供入门培训,帮助他们适应边远地区的教学需要;第四,额

[①] 国家教委情报研究室:《日本教育法规选编》,教育科学出版社 1987 年版,第 250—253 页。
[②] 李文英:《战后日本振兴偏僻地区教育的措施及启示》,《教育研究》2004 年第 2 期。
[③] 池青山、金仁哲:《韩国教育研究》,东方出版社 1995 年版,第 88 页。

外增加 5—8 天的假期，让教师可以到中心城区处理一些紧急事务。[①] 为了鼓励教师到农村学校执教，尼泊尔政府根据学校所在地区的偏僻和艰苦程度，向教师加发工资和边远地区津贴。边远农村教师加发工资和津贴的标准为现行工资总额的 20%，最高者可达 70%。[②]

借鉴国外的经验，省级政府依据农村地理环境和条件恶劣程度对农村教师津贴进行适当分类，形成合理的等差梯度，建立全省统一分类标准的农村教师津贴。这样分类的好处是：一方面可以平衡统一省域内义务教育阶段教师收入；另一方面因为条件越恶劣，距离越偏远的农村学校教师津贴越多，越可以激励大学毕业生到农村偏远地区任教。

为了保证农村教师津贴按时足额发放，我们建议要提升农村教师津贴承担的责任主体，西部地区农村教师津贴由中央政府负责统筹；中部地区农村教师津贴由省级政府负责统筹，中央政府给予适当的支持；东部地区农村教师则坚持以县为主，省级政府给予适当支持。只有提升农村教师津贴的承担责任主体，才能充分保证农村教师补贴按时足额发放。同时，农村教师津贴实行"以省为主"或"以中央为主"的原则，可以在一定程度上平衡义务教育学校教师待遇上的地区差异、城乡差异以及优质学校和薄弱学校之间的差异，通过采取政策倾斜的方式，给予那些工作在农村偏远地区、条件艰苦地区的农村教师津贴，提高他们的工资待遇，使他们能安心在那里工作，同时还可以逐步保证同一省域内义务教育学校教师工资的大致平衡，从而促进城乡义务教育均衡发展。鉴于绩效工资实施后，农村教师津贴金额太低，对农村教师激励作用极为有限，我们建议要提高农村教师津贴标准，应该将农村教师津贴提高到本地教师工资总额的 10%—15%。将中部地区农村教师津贴提高到本地教师工资总额的 10% 左右，西部地区提高到本地教师工资总额的 10%—15%。只有提高农村教师津贴标准，才能有效防止农村偏远地区教师的流失，稳定广大农村中小学教师队伍，才能吸引优秀大学毕业生积极投身农村教育，从而促进农村义务教育健康稳定发展。因为至今为

---

① 范国睿：《教育政策观察》，华东师范大学出版社 2009 年版，第 73 页。
② 张乐天：《发展中国家农村教育补偿政策实施情况及其比较：中国、印度、马来西亚、尼泊尔四国案例分析》，《比较教育研究》2006 年第 11 期。

止我国仍有大量的农村教师常年在自然环境恶劣、物质文化生活匮乏的边远山区、林区牧区等地工作，他们为教育事业贡献了自己的青春，无怨无悔。如果他们得不到额外的补偿，教师的流失、下海等现象肯定会频频发生。因此，国家应该以其优厚的待遇吸引教师自愿到艰苦地区任教，若是不能保证教师在艰苦恶劣的自然和人文环境中工作的补偿性，或者完全不能体现其补偿性，则无法从根本上解决艰苦、边远地区的教育困境。

其次，健全医疗养老等社会保障制度，保证农村中小学教师安居乐教。1999年国际教育大会提出，"应该给农村和边远地区的小学教师们提供补偿措施，例如给予特殊津贴，对边远或不利于健康的地区进行定期观察，为教师提供住房、娱乐设备以及免费交通工具，对教师的家属给予免费的医疗服务，为其子女提供寄宿和学习的便利设备。"[①] 健全农村教师社会保障制度，有利于解决农村教师的后顾之忧，使他们能安居乐教，全心全意地投入教育教学中。第一，全面实施农村教师养老、医疗和事业保险制度。各地根据实际情况确定各种保险总额，一般应在教师本人基本工资的20%左右，其中教师个人缴纳7%左右，剩余部分由地方财政缴纳。教职工无论是公办教师还是代课教师，都按规定缴纳社会保险金，享受基本的社会保险待遇。地方财政要将属于地方政府缴纳部分的保险资金全额纳入预算，不得留有资金缺口，不得将责任转嫁给学校或教师个人。第二，积极实施农村教师住房公积金制度和农村教师安居工程。地方政府要将农村教师住房公积金全额纳入地方财政预算，并保证和当地公务员享受的住房公积金待遇完全一致。不仅如此，有条件的县还要实施农村教师安居工程，将本地低收入困难家庭的教师纳入政策保障范围，努力争取教师住房享受国家安居工程、经济适用房工程等各项优惠政策，积极争取对建设教师住房进行专项补贴，减免土地费用和税费等政策，努力建立政府、学校和教师共同分担住房建设资金机制。同时，在县城、乡镇政府所在地兴建教师公寓或教师生活小区，实现农村中小学教师生活城镇化，使他们安居乐教。

---

① 《全球教育发展的历史轨迹——国际教育大会60年建议》，赵中建主译，教育科学出版社1999年版，第286页。

最后，正确面对农村教育的现实，妥善解决农村代课教师工资待遇问题。代课教师的存在是一个客观现实，要在短时间内取消我国教师队伍中这样一个特殊群体，既不可能，也不现实。因此，必须妥善解决农村中小学代课教师工资待遇问题。第一，必须正视农村代课教师在一定时期内仍将存在的事实，尽快出台相应的政策和管理办法，及早制定农村代课教师的聘用标准、考核办法和辞退制度。第二，因地制宜，每年安排一定的教师编制，将多年在教学中兢兢业业、已取得大专学历和教师资格证的优秀农村代课教师直接转为公办教师，其余农村代课教师必须与其签订劳动合同，明确聘期、权利和待遇等。第三，将农村代课教师工资全额纳入政府财政预算，直接在农村税费改革固定性转移支付资金中列支，以解决农村中小学的后顾之忧，消除农村中小学教育乱收费的隐患。第四，努力提高农村代课教师的工资待遇，尽可能与当地公办教师同工同酬，至少要达到当地最低工资标准。第五，应逐步将农村代课教师医疗、失业和养老保险等纳入社会保障范围，让他们安心从教。

四　完善教师绩效评价机制，建立公开透明的绩效评价体系

绩效考核结果是绩效工资分配的主要依据。绩效工资政策执行的目的就是要通过发挥薪酬机制的激励约束作用来最大限度地调动教师工作的积极性、主动性和创造性。这就要求建立多元民主、公开透明的绩效考核体系，对义务教育学校教职工进行定期考核，发现问题和不足，并提出相应的改进措施。

首先，认真听取利益相关者的利益诉求，充分保证各方的切身利益。利益相关者理论是西方经济学家在研究公司治理时提出的一种全新的理论。自1963年斯坦福大学一个研究小组首次定义利益相关者以来，迄今为止已经提出了近30种概念。[①] 其中最具有代表性的是弗里曼（Freeman）的观点，即利益相关者是指与企业存在各种关系的个人或团体，是"能够影响一个组织目标的实现或能被组织实现目标的过程影响的人"[②]。根据利益相关者的定义，绩效工资政策的利益相关者包括校

---

①　王斐斐：《对利益相关者理论的思考》，《理论月刊》2007年第8期。
②　R. E. Freeman, *Strategic Management: A Stakeholder Approach*, Boston: Pitman, 1984.

长、学校中层行政干部、班主任、普通教师、教育管理人员和工勤人员等。教育政策主体有特定的利益矛盾，需要政府制定和实施教育政策来引导和协调，这种诉诸教育政策的利益期待，必须是各方利益得到渠道畅通的充分表达，在一个相对公正的平台上进行利益博弈的结果。① 因此，在义务教育学校教师绩效考核的过程中，考核机制及方法、考核程序、考核组织必须广泛听取多方利益相关者的利益诉求，耐心听取他们的意见和建议，不允许搞一言堂，不允许不顾民意地强制实施。要最大限度地整合各方利益，减少绩效工资政策运行过程中的摩擦成本，充分保证利益相关者的切身利益。

其次，根据学校岗位不同这一特点，建立各具特色的指标评价体系。从学校工作性质上划分，学校岗位可分为教师岗位、管理岗位和服务岗位。要建立全方位的评价指标体系，在广泛征求意见的基础上，对教师岗、管理岗和服务岗建立起系统的评价体系，坚决避免"管理岗位拿上限，服务岗位拿下限，教师岗位拿平均数"现象的发生。因此，我们必须注意以下几点：第一，全面考核教师的工作实绩，特别要注重学生进步幅度和教师团队协作精神。教师绩效考核的内容主要是对教师履行岗位职责，完成学校规定的教育教学任务情况进行全面考核，重点考核工作实绩，包括师德、教育教学、班主任工作的实绩。教育教学主要考核教师从事德育、教学、教育教学研究和专业发展情况。德育工作主要考核教师在日常管理和课堂教学中实施德育的情况；教学工作主要考核教学工作量、教学准备、教学实施、教学效果、执行课程计划和学生课业负担的情况，以及组织课外实践活动和参与教学管理的情况。教育教学研究工作主要考核教师参与教学研究活动的情况和实效；专业发展主要考核教师拓展专业知识，规定完成的培训进修任务，不断提高自身素质和教育教学能力及水平的情况。对于教学效果的考核，主要以完成规定的教学目标，学生达到的基本教育质量为依据，不得把升学率作为考核目标，要引导教师关爱每个学生，特别是学习上有困难或品行上有偏差的学生，要将学生进步幅度作为考核教师教学工作绩效的一个重要

---

① 梁秀清：《义务教育学校教师绩效工资的政策学分析》，《西南教育论丛》2009 年第 2 期。

依据。"增值评价"是20世纪90年代早期由美国田纳西州立大学的威廉·桑德斯博士最先倡导的,是一种用来确定学生在某一年进步程度的统计模式。它不仅可以使领导与教师都能看到学生成绩提高的客观依据,而且为奖励那些成绩突出的教师提供了依据。同时,知道了自己教学成绩的统计分析结果还能促使教师不断改进质量。[①] 1991年,田纳西州通过了《教育改进法》,"增值评价"作为一种教师评价方法,被正式作为田纳西州教育改革的一项重要措施。"增值评价"法在英国等一些国家也得到了应用。由于我国同一区域内城乡之间、不同学校之间以及同一学校不同班级之间在学生素质、教学设备配备等方面存在着较大差距,如果仅以学生的考试分数来评价学校教师的绩效显然是不合理的。因此,使用"增值评价"法可以有效地解决这个问题。它可以在较大程度上公正地体现不同教师为学生学习进步幅度所付出的努力。而且,如果教育主管部门在绩效考核标准中能够考虑到教师工作的艰苦性,给予在艰苦地区工作的教师以绩效分值上相应的补偿,那么会吸引更多的优秀教师到这些学校任教。不仅如此,教师绩效考核内容还应注重团体协作精神。从工作性质来看,教师工作具有团队合作性质,引入个人绩效工资制度可能会造成教师之间合作的减少,反而降低了学校绩效。一些学者研究认为,绩效工资会削减教师之间及教师和学校管理者之间的团队合作凝聚力,当委派管理者实施评估时,问题尤为严重。[②]但马里兰德认为:"团体激励的标志性意义……可能比金钱激励更重要,每一个学校里重要的目标是关注集体的结果,鼓励合作行动提高绩效。绩效奖励是一个正式的、切实的标志。在机制里,目标是重要的。但是在行动上,奖励动机本身可能比奖金的经济价值更重要。"[③] 毋庸置疑,团队协作对教学工作尤为重要,因为从表面上看,学生成绩是教师个人劳动的结果,但实际上学生成绩是教师集体劳动的结果。一个学生在接

---

① 贾建国:《美国中小学教师绩效工资改革及其对我国的启示》,《比较教育研究》2009年第9期。

② N. Adnett (2003), "Reforming Teacher? Incentive Payments Collegiate Etheos and UK Policy," *Cambridge Journal of Economics*. Vol. 27, No. 1, pp. 145 – 147.

③ [美] 罗伯特·W. 麦克米金:《教育发展的激励理论》,北京师范大学出版社2008年版,第55页。

受教育的过程中，受到许多教师的影响。任何一个学生在德、智、体、美、劳方面的发展都不能说是某一位或某几位教师辛勤劳动的结果，而是全体教师共同努力、形成合力、辛勤劳动的结果。不管单个学生还是某个学生群体的成长都不可能仅靠哪一位优秀教师出色的工作就能实现，反之，教育工作的失败也可能并非哪一位教师单独造成的。美国绩效工资分为教师绩效工资、学校（集体）绩效工资和混合型绩效工资三种。其中学校绩效工资制强调，教师和学生合作才能提高成绩，学生成绩是全校许多师生共同工作的结果，因此应该对实现学校目标的每一个人提供激励，也就是提供集体激励。集体激励明确鼓励教职工集体合作，因而集体激励的重点应放在有代表性意义的结果上，同时避免个人绩效奖励的分化作用。[1] "在一个组织内给社区或组织内所有成员进行绩效奖励最适合。因为只有在社区所有成员合作的框架下，工作才能被非常出色地完成。"[2] "集体奖励加强了学校领导和教师之间的关系，促使人们在'同一个团队'里追求更好的绩效，奖励会激励领导和教师督促学生更加努力地学习。"[3] 因此，教师绩效考核要注重考虑团队协作，要把团队协作作为教师教学考核的一个重要内容。第二，管理岗位侧重于目标达成、部门协调和服务质量等。学校管理人员是学校的中坚力量，对于绩效工资改革和学校发展的作用至关重要。对于学校管理人员的考核，一定要注意将工作实绩和群众意见相结合，不仅要有工作实绩，而且要取得学校教职工的普遍认可。第三，服务岗位考核完成岗位职责、服务教学和服务育人等。学校后勤人员也是学校开展正常教育教学不可或缺的重要因素之一，因此，他们的作用同样不可小视。对于他们的考核，一定要注重教职工的意见，绝对不能认为他们的工作无足轻重而将他们的绩效工资定得最低，影响他们的工作积极性。

最后，重视教职工的积极参与，保证绩效评价公开、公正和透明。教师是教学活动的主体，决定着学校教学质量的高低，学校进行正常的

---

[1] 陈时见、赫栋峰：《美国公立中小学教师绩效工资改革》，《比较教育研究》2009年第12期。

[2] ［美］罗伯特·W. 麦克米金：《教育发展的激励理论》，北京师范大学出版社2008年版，第67页。

[3] 同上书，第65页。

教学活动离不开教师。有学者研究美国部分学区教师绩效工资制度后，认为"义务教育学校管理者必须认识到并接受这样的事实：没有教师参与设计的改革方案，无论其形式多么完美，事实上是难以行得通的"①。"薪酬体制的变革强调了知识、能力和可观察的绩效，从而使传统体制从单单依靠学历水平和工龄评定工资的束缚中脱离出来。为了保证成功，必须有客观的、公平的、积极的、基于绩效有效指标的评价体系，最好教师可以参与制定评价的过程。"②"吸引员工参与到绩效管理体系的设计过程中来，人们总是会支持亲手创建的东西，员工在绩效管理体系设计过程中的参与程度越高，其对该体系的支持程度就越高。"③ 同样，学校教育管理人员和工勤人员是保证学校正常运转不可或缺的重要因素，他们为学校的发展做出了不同的贡献。因此，义务教育学校教师绩效评价政策离不开教职工的积极参与。在以往的教师评价中，学校管理人员或专业评价人员根据评价标准开展评价活动，教职工作为评价对象只能被动地接受。义务教育学校教师绩效评价政策应将教职工作为绩效评价的主体，因为其他评价主体当然能够反映教职工的工作表现，但属于外在的刺激，而且对于不熟悉的教职工主观判断居多，不能全面反映教职工工作的真实情况。教职工作为绩效评价的主体是从内在的刺激出发的，和其他评价主体相比，他们更了解自己，能提供全面的、最新的信息，能更深入地评价自己、反思自己，发现自己和其他教职工的差距，可以激发他们要求自我提高、自我改善的决心，从而有效地帮助、指导教职工的成长与发展。研究表明，教师是一群具有较高自尊心又很容易为真理所说服的人，在编制评价方案的时候，要让教师参与整个编制过程，使他们了解评价的意义以及评价方案的依据所在，尽可能地使用外显的评价指标，并对其做出充分的解释。一旦教师了解了评价的依

---

① 刘邦祥：《美国部分学区实行教师工资改革的启示》，《比较教育研究》2005 年第 6 期。

② ［美］罗伯特·W. 麦克米金：《教育发展的激励理论》，北京师范大学出版社 2008 年版，第 128 页。

③ A. Kleingfield, H. Van Tuijl and J. A. Algera (2004), "Participation in the Design of Performance Management Systems: A Quasi-experimental Field Study," *Journal of Organizational Behavior*, 25, 831–851.

据，他们在心理上就会接受这种方案，在以后的行动上，也就能积极地配合组织者开展评价工作。[①] 在"一个透明的、被视为具有法律效应，有安全感和信任感的体制里，如果教师参与设计和执行这种体系，如果他们有权批判和提高它，如果他们像评价者一样工作，这有利于培养信任感。"[②] 教职工积极参与绩效评价，全面参与绩效评价的每一个环节，包括评价目的的制定、评价内容的选择、评价结果的反馈和监督等，在一定程度上能消除教职工的心理疑惑，激发他们参与绩效评价的热情，有利于绩效考核工作的顺利开展。同时，在进行教师评价时，还要注重教师互评的方式，"在绩效评估阶段，同事互评是其中一个关键组成部分，这是因为它可以带来更高水平的工作负荷共担、更高水平的合作以及更高水平的绩效"[③]。在进行教师绩效评价时，我们可以借鉴发达国家的做法：设立校务委员会。作为义务教育学校决策机构的校务委员会成员应该包括校长、教师代表、教育管理人员代表、工勤代表、家长代表和社会人士等。其中，教职工参与学校的决策对教师绩效考核具有十分重要的意义，因为教职工作为学校的一员，有权参与学校的管理。教职工积极参与绩效考核和决策，可以保证教育管理人员、普通教师和工勤人员的切身利益，防止部分学校领导暗箱操作，滥用权力，保证绩效评价公开、公正和透明，从而保证义务教育学校教师绩效工资制度改革的顺利进行。

五 加强教师绩效管理，确保教师绩效工资改革和学校发展同步推进

学校发展规划是指为了学校办学质量的提高，教师专业发展和学生全面发展，学校管理者、教师、家长和社区在合作沟通基础上，总结分析学校的内部资源和外部环境，确立适合自己的办学方向和发展目标，

[①] 陈玉琨：《教育评价学》，人民教育出版社1999年版，第112页。

[②] [美]罗伯特·W. 麦克米金：《教育发展的激励理论》，北京师范大学出版社2008年版，第72页。

[③] A. Erez, J. A. Lepine and H. Elms (2002), "Effects of Rotated Leadership and Peer Evaluation on the Functioning of Effectiveness of Self-Managed Teams: A Quasi-experiment," *Personal Psychology*, 55, 929–948.

并为此制定优先发展项目的行动计划。① 从组织的角度来看，学校发展规划是教师绩效评价的起点和归宿。如果学校要"有的放矢"，那么教师绩效评价是"矢"，学校发展规划是"的"；如果教师绩效评价是"木"，那么学校发展规划就是"本"，从来没有无本之木；如果说教师绩效评价是"划桨"，那么学校发展规划是"掌舵"。而教师绩效评价是教师绩效工资发放的前提和基础，因此，搞好学校发展规划对于义务教育学校教师绩效工资制度改革尤为重要，两者是相互促进、相辅相成的。

第一，制定学校发展规划。学校发展规划的目的是根据学校的实际情况，制定未来一定时期内学校发展的"蓝图"。从绩效管理的角度看，制定一项战略规划需要五个关键步骤：（1）进行环境分析；（2）创建组织使命；（3）创建组织愿景；（4）确定目标；（5）制定能帮助一个组织履行其使命，实现其愿景以及各项目标的战略。② 每所学校都有自己的办学传统和现实基础，在生源、师资、教育资源上的差异使得每所学校的发展目标和模式不尽相同。③ 因此，在制定学校发展规划的过程中，首先要摸清学校的"家底"，认真分析本校的优势和薄弱环节，以及学校在发展过程中所面临的机遇和挑战。同时，根据管理大师彼得·圣吉（Peter Senge）"学习型组织"的观点，学校发展规划就是建立"共同愿景"的过程。所谓学校愿景，就是学校对自身未来发展的一种理想和展望，包括学校发展的理念、态度、价值、理想、使命等，是指导学校发展、规划学校未来的思想和信念，对学校发展具有方向性指导作用，是学校发展的目标和行动纲领。④ 愿景明确了学校发展思路，引领学校发展的方向，是学校发展的动力。正如彼得·圣吉所言："共同愿景也是组织中人们所共同持有的意象或景象，它创造出众人是一体的感觉，并遍布组织的全面活动中，从而使各种不同的活动融

---

① 洪志忠：《教师绩效评价研究——从宏观视角到微观行动》，博士学位论文，华东师范大学，2011年。
② ［美］赫尔曼·阿吉斯：《绩效管理》，中国人民大学出版社2008年版，第56页。
③ 谢利民：《学校发展规划的制定、实施与评价》，《教育研究》2008年第2期。
④ 孟繁华等：《学校发展论》，教育科学出版社2011年版，第71页。

汇起来。"① 确立愿景的方法是建立一个由利益相关者组成的规划团队，成员包括专家、校长、教师代表和学生代表与家长代表等。学校愿景的内容主要包括学校的办学思想或办学理念、学校规划的未来发展目标、学生培养目标，还应当提出在规划未来发展目标和学生培养目标引导下的学校德育目标、课程目标、教学目标、队伍目标、管理目标等比较具体的工作愿景。② 在此基础上，明确学校发展的目标和重点，从而确立学校优先发展的项目和工作内容。同时还要根据学校的实际情况，提出相应的发展规划实施保障措施，如经费保障、制度保障等，促进学校健康而理性地发展。

第二，进行绩效目标分解。学校发展规划能否实现，最终体现在规划的要求能否层层分解落实到教师的工作表现上，促使每位教师为组织目标的实现承担相应的责任。从学校愿景到教师个人的绩效目标需要一个层层分解的过程，而目标分解就是以科学管理和行为科学为基础，通过层层分解的目标来管理组织成员，使组织成员参与工作目标的制定，从而达到自我控制的目的。③ 目标分解法是以德鲁克的目标管理为基础的，他认为："企业需要的管理原则是，能让个人充分发挥特长，凝聚共同的愿景和一致努力的方向，建立团队合作，调和个人目标和共同福祉的原则。"④ 首先，我们要厘清学校管理活动、教师教育教学行为，确定哪些绩效指标应该作为绩效评价的内容及其权重。其次，在取得学校全体教职工理解和认同的基础上，把学校发展规划层层分解落实到学校各个部门乃至教职工本人身上，明确工作责任、质量、时限，形成目标分解体系和责任落实体系，使各部门工作目标、个人发展目标和学校办学目标协调一致，呈链式状态，最终让学校发展规划成为有内在联系的整体系统。同时，彼得·圣吉认为："共同愿景的整合，涉及发掘共有'未来景象'的技术，它帮助组织培养成员主动而真诚地奉献和投

---

① 彼得·圣吉：《第五项修炼——学习型组织的艺术与实务》，生活·读书·新知三联书店1998年版，第241页。
② 谢利民：《学校发展规划的制定、实施与评价》，《教育研究》2008年第2期。
③ 孙宗虎：《目标分解与绩效考核设计实务》，人民邮电出版社2006年版，第3页。
④ [美] 德鲁克：《管理的实践》，齐若兰译，机械工业出版社2006年版，第102页。

入,而非被动地遵从。"① 因此,学校要让教师明确学校组织对自己的要求,鼓励教师积极参与学校管理。通过参与学校管理,教师以自身的工作表现或工作成果对学校组织产生相应的影响,从而达到实现学校发展规划的目的。

第三,进行绩效管理过程控制。过程控制包括信息收集和绩效辅导。信息收集主要是掌握教师工作完成情况和所面临的困难,为教师绩效评价和绩效改进提供准确的信息。在收集绩效信息时,注意采用多种方法从不同的角度收集与教师绩效相关的信息;既要关注教师的行为,又要体现成果;既有过程性信息,也有总结性信息。在进行绩效辅导时,首先要和教师进行定期的、有效的沟通。管理沟通是指为了实现组织目标,管理者把信息、观念或想法传递给他人的过程,是一种有目的的互动过程,其中沟通是多层面的,强调所传达的信息为沟通的对象所接受。② 有效的管理沟通对提高教师的绩效主要体现在激励上。在管理的过程中,激励依赖于沟通,它能满足高层次的需要。根据马斯洛的需要层次论,人有生理、安全、归属、尊重和自我实现的需要,有效的沟通对于人的归属、尊重和自我实现的满足有一定的促进作用。如果在义务教育学校教师绩效工资改革过程中,通过学校管理者和全校教职工不断的沟通,使教职工能感受到自己在学校内的归属感,感受到自己更加受到重视,感受到自己的工作表现或工作成果受到认可,就可以提升他们的绩效。通过不断的沟通,还可以逐步化解在绩效工资改革过程中的各种矛盾和冲突,让全体教职工在工作中逐渐形成默契,这样有利于教师绩效工资制度改革的顺利进行。其次要对教师的绩效表现加以及时反馈,并提出建设性意见。绩效反馈可以帮助教师发现、分析自身的优点和不足、强项和弱项,从而明确努力的方向,便于更加出色地完成绩效任务。

第四,注重绩效改进。义务教育学校教师绩效工资制度改革的终极目标是让教师改进绩效,最终实现学校发展规划。因此,绩效改进

---

① 彼得·圣吉:《第五项修炼——学习型组织的艺术与实务》,生活·读书·新知三联书店1998年版,第10页。

② 王建民:《管理沟通理论与实务》,中国人民大学出版社2005年版,第30页。

尤为重要。绩效改进为教师提供了一个自我反思的机会，冷静分析自己的工作表现，总结自身成功的原因和需要改进的地方。绩效改进也是学校提升效能的根本，它鼓励学校进行自我诊断和自我改进，最终使教师绩效目标和学校发展目标趋于一致。在进行绩效改进的过程中，首先要鼓励教师参与绩效改进的全过程，因为"教育教学是富有专业含量、个人付出巨大努力的工作，教师基于专业价值的追求，促使他们都有提高自身专业素养的愿望，并希望得到激励和认可。我们有理由相信教师是最了解自己所从事工作的人，因此在制定绩效改进计划时应该更多地发挥教师的主动性，更多地听取教师的意见。"[1] 其次要坚持平等性原则，因为教师绩效改进只有在民主平等的氛围中才能取得预期的效果。

六 坚持标准统一、程序公正和结果公平的原则，确保义务教育学校教师绩效工资分配公平

绩效工资分配方法是义务教育学校发放绩效工资的依据，直接关系到教职工的经济利益。"如果教职工感受到分配办法的内容不公平时，其工作的积极性就会不同程度地下降，并采用不同的反应方式恢复公平，而多数恢复公平的办法都带有破坏性，对义务教育学校发展不利。"[2] 因此，保证义务教育学校教师绩效工资分配公平尤为重要。

首先，统一绩效工资分配标准，保证同一县（区）域内不同学校相同岗位的教职工绩效工资分配公平。统一绩效工资分配标准，是坚持教师绩效工资分配公平的基本前提。鉴于在义务教育学校教师绩效工资分配时，教师工作量不统一，农村教师补贴标准不一，班主任津贴也是千差万别，因此，省级教育主管部门应及早出台全省统一的"义务教育阶段教师工作量基本标准"和"农村学校教师津贴标准"，明确全省范围内义务教育学校教学工作量的基本标准和农村教师津贴标准；县级教育主管部门会同其他相关部门及时出台"义务教育学校教师基础性绩效工

---

[1] 肖远军：《教师绩效改进的策略探讨》，《教学与管理》2009 年第 12 期。

[2] J. S. Adams, "Toward an Understanding of Inequality," *Journal of Abnormal and Social Psychology*, 1963.

资标准表"和"班主任津贴标准"等,保证同一县(区)域内不同学校教职工的基础性绩效工资和班主任津贴相一致。同样,在义务教育学校教师绩效工资分配时,教职工岗位系数、班主任岗位系数及学校领导岗位系数等不统一,造成同一县(区)域内不同学校相同岗位绩效工资分配结果相差甚远。因此,县(区)级教育主管部门在制定奖励性绩效工资具体实施办法时,要设立全县(区)统一的义务教育学校教师岗位工作量系数,班主任岗位工作量系数,学校领导岗位工作量系数,教育管理人员岗位工作量系数和工勤人员岗位工作量系数,保证同一县(区)范围内不同学校相同岗位的教职工奖励性绩效工资分配标准相同。

其次,坚持程序公正透明的原则,保证同一学校内不同岗位的教职工绩效工资分配公平。有研究者指出,计划和执行政策的过程才是感知公平的决定性因素,而非之后所得结果的多少。当程序被知觉为不公平时,员工会针对组织做出报复性反应。如果员工感到程序是公平的,那么即使结果是不公平的,他们也可能不会做出负面反应。[①] 从这一意义上说,程序公平比分配公平重要。需要指出的是,分配公平很难实现,但程序公平是比较容易控制的。而且,程序公平可以在一定程度上减弱分配不公平的消极影响。因此,在制定绩效工资分配方案时,一定要收集充分的信息,经过多方论证,综合学校各利益群体的需要,确保绩效工资分配方案的规范性和公平性。义务教育学校在对绩效工资进行分配的过程中,一定要做到程序公正、公平和公开。特别要注意的是,一定要将绩效工资分配结果在全校范围内进行一段时间的公示,保证每一名教职工均知晓自己和其他人的绩效工资。公平的程序可以减少绩效工资分配中的技术性失误,从而最大限度地实现结果公平。同时,要加强与教职工的沟通,增进绩效工资政策的民主性。其中最为关键的是提前告知、保留申诉的权利和要求解释的权利。"对于争取获得员工对绩效工资体系的认可来说,在体系中包含一个申诉程序是很重要的,这是因为

---

① J. Brocker, B. M. Wiesenfeild, T. Reed, S. Grover, C. Martin, "Interactive Effect of Job Content on the Reactions of Layoff Survivors," *Journal of Personality and Social Psychology*, 1972 (22): 113 – 120.

它能够使员工明白，一旦他们无法接受自己得到的绩效评价结果或者任何与此相关的决策，他们可以通过一种平和的而非报复性的手段提起公诉。此外，在绩效管理体系中增加一个申诉程序，还有助于提高员工对于该体系的公平性认知。"[1] 建立申诉程序的目的是为教职工和学校领导层之间消除隔阂提供一种手段，解决彼此在绩效工资分配中的分歧。只有这些基本权利获得了有力的保障，程序上的公正得到广大教职工的认可，绩效工资才能发挥积极的作用。

最后，改进绩效工资经费分配和管理方式，确保同一县（区）域内不同类型学校教师绩效工资分配的公平。鉴于新机制实施后我国农村中小学逐步实行"校财局管"的管理体制，我们可以在县级教育局成立"农村义务教育学校教师绩效工资管理中心"，取消学校银行账户，对全县农村中小学教职工绩效工资实行统一管理。对全县所有的农村中小学（包括村小、教学点等）都单独进行部门预算，中心学校只是负责收集、汇总辖区内各学校的绩效工资考核结果，然后上报县农村义务教育学校教师绩效工资管理中心。农村义务教育学校教师绩效工资管理中心将各中心学校汇总后上报的教师绩效考核结果上交教育局审核审批，然后由财政部门拨款，直接将农村义务教育学校教师绩效工资划拨到教师个人账户上。这样，可以保证农村初小、教学点和其他类型学校教师绩效工资分配公平。不仅如此，"绩效工资往往给予学校里表现最好的、获得成绩或增值最大的教师。但是也需要另一个政策，即提高分配底端学校的绩效。一些地方机构用奖金吸引教师在绩效低的学校里工作。其他机构为学校改革和发展提供了额外资源。政策很难做到既奖励优秀的学校，又资助困难的学校。这意味着两个极端的学校同时需要受到奖励。"[2] 因此，义务教育学校教师绩效工资管理中心对所辖县（区）中小学教师进行绩效工资分配时，要额外照顾那些工作在偏远地区或条件艰苦的学校的教师，例如，城乡接合部学校教师，农村偏远地区初小和教学点教师，流动儿童或留守儿童较多的学校教师，等等。

---

[1] J. Greenberg (1986), "Determination of Perceived Fairness of Performance Evaluations," *Journal of Applied Psychology*, 71, 340–342.

[2] 罗伯特·W. 麦克米金：《教育发展的激励理论》，北京师范大学出版社2008年版，第56页。

七 创新绩效工资监管机制，促进义务教育健康稳定发展

孟德斯鸠说："从事物的性质来说，要防止滥用权力，就必须以权力制约权力。"因此，高效安全的管理和有效的监督是义务教育学校教师绩效工资制度成败的关键。为了保证义务教育学校教师绩效工资制度改革的顺利进行，促进义务教育健康稳定的发展，必须创新绩效工资监管机制，加强监督管理。

首先，要建立绩效工资经费投入信息披露机制。政府间信息不对称是产生逆向选择和道德风险的重要原因。因此及时披露义务教育学校教师绩效工资经费投入信息是完善绩效工资制度的重要内容。2008年5月1日《中华人民共和国政府信息公开条例》正式实施后，公开政府信息成为政府公共服务的一项新内容，教育信息作为反映行政机关职能情况、与人民切身利益密切相关的信息被纳入政府信息公开的内容。就义务教育学校教师绩效工资政策而言，各级政府应该公开的教育信息包括政府财政收入状况，政府间义务教育转移支付情况，义务教育学校教师绩效工资经费需求情况，教育财政预算和决算年度报告，义务教育财政经费管理、拨付和使用情况等。政府教育财政信息公开方式应以政府公报、政府网站、新闻发布会以及报刊、广播、电视为主，便于上级政府部门和公众的查询。在监督保障方面，各级政府应当建立教育财政信息公开考核制度、社会评议制度和责任追究制度，定期对政府财政信息公开情况进行考核、评议，以保证教育财政信息的及时、真实和可靠。

其次，建立绩效工资经费投入问责机制。我们知道，监督机制不健全，容易产生激励不相容的问题。所谓激励不相容，是指地方政府不执行或不完全执行上级政府下达的命令，反而获得更大的利益。[①] 造成激励不相容的主要原因是，上级政府对地方政府政策执行的监督不完全，上级政府并不能直接发现地方政府不执行或不努力执行上级政策。然而，制度是人们为防止机会主义而缔结的契约。[②] 奥克森认为，通过建

[①] 张强等：《农村义务教育经费"挤出"效应研究》，《清华大学教育研究》2004年第5期。

[②] 卢现祥：《新制度经济学》，武汉大学出版社2003年版，第131页。

立一种"选择性激励"可以驱使集团中的理性个人采取有利于集团的行为。"选择性激励"包括"积极的选择性激励"和"消极的选择性激励"两种不同的形式,前者是通过奖励参与行为示范、诱导其他人采取相同的行为,后者是通过惩罚不承担集团行动成本和不行动者,以便对其他人起到警示作用。我们要把教育投入指标作为考核地方政府官员政绩的一个重要依据,可以采取激励和惩罚相结合的绩效考核方式。首先,我们应严格要求各级政府依法落实教育经费的"三个增长",确保财政性教育经费增长速度明显高于财政经常性收入增长幅度,并将其作为考核地方政府官员政绩和职位升降的一项硬指标。这样,就可以明确地方政府官员的行政责任,督促地方政府继续扩大教育财源,调整财政支出结构,加大对义务教育的投入,保证义务教育学校教师绩效工资按时足额发放到位。其次,要将义务教育学校教师绩效工资标准及其与当地相同级别公务员大致相当作为监督问责的重要内容。建议国家将义务教育学校教师绩效工资落实情况作为各级政府、人事、财政、教育等相关部门和相关负责人政绩考核的主要内容,纳入其工作考核评估体系,作为工作奖惩和问责的重要依据。

再次,健全绩效工资经费管理监督制度。我们要建立国库集中支付制度,避免义务教育学校教师绩效工资经费被挤占或挪用。所谓国库集中支付制度,是指预算单位不再单独设置存款账户,而由国库直接向企业、个人支付报酬(含劳务报酬和商品贷款)、结算收入的财政制度。在财政集中收付制度下,各支出部门不再设置存款账户,而是集中于财政部门。[①] 国库集中收付是政府预算执行的重要环节,国库集中支付制度是公共财政体制的核心内容之一,也是市场经济国家国库管理制度的通行做法。具体来讲,首先,省级财政部门在支出中央专项资金时要在银行开设义务学校教育教师绩效工资专项资金特设账户,县级财政部门支出中央和省级专项资金时也要开设农村义务教育学校教师绩效工资专项资金特设账户,专门用于绩效工资经费的管理。所有专项资金直接通过国库支付系统结算,严禁任何相关资金在国库支付系统外循环。其

---

① 马国贤:《政府预算理论与绩效政策研究》,中国财政经济出版社 2008 年版,第 302 页。

次，按照财政部关于财政国库集中支付改革"横向到边，纵向到底"的要求，切实做好改革向乡镇、社区的延伸工作，将义务教育阶段中小学教育经费全面纳入财政国库集中支付系统，从制度上防范义务教育经费被截留、挪用和挤占，增强义务教育经费预算执行的透明度，加强对义务教育经费使用的监督。建立和完善中小学教师工资由县级财政集中发放制度，县（区）级财政按照工资统一发放的程序，将岗位工资、薪级工资、绩效工资和津补贴全部通过国库集中支付，由银行直接划入教师账户，避免教师工资被学校或教育行政部门挤占、挪用，同时也防止学校挪用公用经费或通过教育乱收费发放教师的福利和奖金。同时，县（区）级教育主管部门要强化义务教育学校的财务管理，加强对学校支出的监督，要求学校严格按照预算批复的支出项目和规定的标准执行，严禁任何形式的教育"乱收费"，对利用学校的国有资产所获取的各类收入，一律按照国家有关规定上缴同级财政，严格实行"收支两条线"。对各个学校利用自筹资金建立的津补贴，也应全部纳入绩效工资预算中，坚决禁止任何资金预算外循环。学校应按规定的程序和办法发放教师绩效工资，不得在核定的绩效工资总量外以任何名义、任何形式自行发放津补贴。

最后，加强对教师绩效工资分配的监督。奖励性绩效工资分配出现了"官效"工资等问题，其主要原因在于分配过程中缺乏监督指导。首先，各级教育主管部门应主动承担起监督指导的责任。县级教育主管部门要深入基层学校开展调研，广泛听取一线教职工和学校管理者的意见，根据各地的实际，制定出若干套相对科学合理的绩效考核方案或奖励性绩效工资分配方案供当地学校参考，对学校在绩效考核和绩效工资分配中出现的难题要及时指导。同时，对各个学校的绩效考核和绩效工资分配方案进行严格监督，各学校的绩效考核方案和绩效工资方案要送教育行政主管部门备案。教育行政主管部门要安排专人进行审查，对于违背了向一线教师、骨干教师和做出突出贡献的工作人员倾斜的方案要及时纠正，对明显有"官效"工资倾向的分配方案要坚决制止。还有县级教育行政主管部门要到各基层学校进行明察暗访，对各学校绩效考核方案和奖励性绩效工资分配情况进行监督，认真分析和解决绩效工资分配中所存在的问题，不断总结和推广典型学校的先进经验。

总之，义务教育学校教师绩效工资制度改革，既是涉及广大义务教育学校教师切身利益的问题，又是关涉九年制义务教育能否均衡发展的问题，如果不采取有效措施予以解决，就难以保证改革的顺利进行。当然，义务教育学校教师绩效工资制度改革是一个复杂的系统工程，不是一天两天就能改革到位的，但只要各级政府高度重视，社会各方共同努力，从一点一滴做起，义务教育学校教师绩效工资制度就会不断得以完善。

结束语

义务教育学校教师绩效工资制度改革是我国教师工资制度乃至整个事业单位工资制度改革的重要组成部分。本书基于国内外现有的文献和对我国东、中、西部8个省（自治区）40个县（市）80余所中小学的实证调研，对义务教育学校教师绩效工资制度进行了较为系统、全面的研究。研究结果表明，义务教育学校教师绩效工资制度改革已经取得了初步成效，即依法保障了义务教育学校教师的收入，稳定了广大义务教育学校教师队伍；建立了和当地公务员工资联动机制，保证了义务教育学校教师工资随公务员工资同步增长；保证了同一县域内教师工资水平的大体平衡，促进了区域内义务教育的均衡发展；坚持多劳多得、优绩优酬的原则，提高了广大教职工工作的积极性；设立农村教师津贴，促进了农村教师队伍的稳定。但改革也存在不少问题，即部分地区义务教育学校教师绩效工资难以得到保障；城乡之间、地区之间义务教育学校教师绩效工资差距拉大；同一县域内及同一学校内教职工绩效工资分配不均；代课教师的绩效工资没有被纳入保障范围。造成上述问题的根本原因是：公共财政对义务教育投入仍然不足，义务教育学校教师绩效工资发放仍沿袭"以县为主"的体制，绩效考核中教师评价方式不合理，重视绩效考核却忽视了绩效管理，绩效工资的监督机制不健全。而要进一步改革和完善我国义务教育学校教师绩效工资制度，就必须继续加大公共财政投入力度，确保义务教育学校教师绩效工资制度改革的顺利进行；明确各级政府的责任，逐步建立省级统筹的教师绩效工资保障机制；大力提高农村，特别是边远、贫困地区教师的经济待遇，稳定农村教师队伍；完善教师绩效评价机制，建立公开透明的绩效评价体系；加强教师绩效管理，确保教师绩效工资改革和学校发展同步推进；坚持标准统一、程序公正和结果公平的原则，确保义务教育学校教师绩效工资分配公平；创新绩效工资监管机制，促进义务教育健康稳定的发展。

义务教育学校教师绩效工资制度改革是一项复杂的系统工程，涉及方方面面的问题，本书只是对此进行了一些初步的研究，其创新之处主要在于：（1）运用经济学中的按劳分配理论、效率工资理论以及管理学中的激励理论详细阐述了义务教育学校教师绩效工资制度改革的理论依据，深化了对义务教育学校教师绩效工资制度改革的认识；（2）通过大规模的实证调查、结构性访谈和案例分析，比较全面地弄清了义务教育学校教师绩效工资制度改革的背景、所取得的成效以及所存在的问题；（3）突破了"就教育论教育"的局限，从体制、机制等方面全面分析了义务教育学校教师绩效工资制度改革所存在问题的深刻的经济和社会根源，从而保证了对问题分析的深度；（4）运用对比研究方法，分析了国外义务教育学校教师绩效工资制度改革的基本经验，并结合我国的现实国情，提出了进一步改革和完善我国义务教育学校教师绩效工资制度切实可行的政策建议。

但是，限于研究条件和笔者的研究能力，本书对义务教育学校教师绩效工资制度改革的研究还存在很多不足：首先，本书没有深入研究企业绩效工资和教师绩效工资的异同，导致对义务教育学校教师绩效工资制度改革与企业绩效工资改革缺乏足够的比较；其次，没有深入研究义务教育学校教师绩效工资制度改革和非义务教育学校教师绩效工资制度改革的异同，从而没有准确地把握义务教育学校教师绩效工资制度的特点。本书的不足将成为笔者今后工作和学习的动力，笔者会将义务教育学校教师绩效工资制度改革的研究不断深入进行下去。

附　　录

附录1

编号_____ _____省（区）_____县（市）_____乡（镇、城市社区）_____学校

义务教育学校教师绩效工资基本情况调查问卷
（教职工卷）

尊敬的教师：您好！

　　为了全面了解义务教育阶段学校教师绩效工资的真实情况，我们特意组织这次调查，目的是为国家制定相关政策提供重要依据，希望能得到您的积极配合。本次调查是以匿名的形式填答，所有信息仅供参考研究使用。请您在您同意的答案后打"√"或在____上填写数字，谢谢您的支持。

华中师范大学课题组

　　1. 您的年龄____周岁，教（工）龄____年，职称_____
　　2. 您目前工作的学校是：①重点初中　②普通初中　③重点（中心）小学　④完小　⑤初小　⑥教学点　⑦九年一贯制学校　⑧其他
　　3. 您目前工作的学校在：①农村　②乡镇　③县城　④大（中）城市　⑤其他
　　4. 您目前的身份是：
　　①一线任课教师　　②教辅人员　　③工勤人员　　④学校中层管理干部

5. 如果您是任课教师的话，您任教的年级_____，每周的课时为_____节

6. 如果您是班主任的话，绩效工资实施前，您的班主任津贴约为_____元/月；绩效工资实施后，您的班主任津贴约为_____元/月

7. 如果您是任课教师的话，您目前是否带毕业班？　①是　②否

8. 如果您是任课教师的话，您任教的主要科目：（可以多选）
①语文　②数学　③英语　④物理　⑤化学　⑥音乐　⑦体育　⑧美术　⑨政治　⑩历史　⑪信息技术　⑫其他

9. 绩效工资实施后，您的全年奖励性绩效工资（绩效工资总额30%部分）约为：
①0—2000元　②2001—4000元　③4001—6000元　④6001—8000元　⑤8001—10000元　⑥10000元以上

10. 绩效工资实施后，您认为您的奖励性绩效工资和本校其他教师相比属于：
①上等　②中上等　③中等　④中下等　⑤下等

11. 请将您所在学校教职工奖励性绩效工资排序：
①校长　②非毕业班任课教师　③毕业班教师及班主任　④学校中层管理干部　⑤非毕业班班主任　⑥教辅人员　⑦工勤人员
他们奖励性绩效工资从多到少的顺序是：_____（填序号）

12. 绩效工资实施前，您一年的总收入大约是_____；绩效工资实施后，您一年的总收入大约是_____
①15000—20000元　②20001—25000元　③25001—30000元　④30001—35000元　⑤35001—40000元　⑥40001—45000元　⑦45001—50000元　⑧50000元以上

13. 您所期望的教师年收入水平应在多少为宜：
①2万—3万　②3万—4万　③4万—5万　④5万—6万　⑤6万以上

14. 绩效工资实施后，您认为您的收入和本地公务员相比属于：
①上等　②中上等　③中等　④中下等　⑤下等

15. 绩效工资实施后，您所在地区在同一县（区）域内教师绩效工

资水平是否大致平衡？

①相同　　②不相同　　③不清楚

16. 您对目前实施的绩效工资制度：

①非常满意　②比较满意　③一般　④不太满意　⑤很不满意

17. 您对实行绩效工资的基本看法：（可以多选）

①实行绩效工资效果好　②可以大大减轻校长的压力　③可以提高教师的积极性　④可以增加教师的收入　⑤班主任干劲更充足了　⑥绩效工资很难操作　⑦绩效工资不适合学校实际　⑧以上都不是

18. 您所在学校的教职工是否办理了"三险一金"？（请在相应的框内打"√"）

	①已办	②未办
医疗保险		
失业保险		
养老保险		
住房公积金		

19. 您认为实施绩效工资制度，应着重考虑哪些方面的因素？（可以多选）

①向一线教师、骨干教师和班主任倾斜　②注重师德、岗位职责和教学实绩相结合　③坚持多劳多得、优绩优酬原则　④坚持公平优先，防止绩效工资过度悬殊　⑤坚持自评、教师评议、家长评议和学校评议相结合　⑥向贫困地区、农村学校和薄弱学校倾斜　⑦吃大锅饭，坚持平均主义

20. 您所在的学校是如何进行奖励性绩效工资评议的？（可以多选）

①严格按照上级文件精神进行评议　②以学校行政领导班子评议为主　③以职代会教师代表评议为主　④坚持自评、家长评议和领导评议相结合　⑤其他

21. 您认为您所在学校进行奖励性绩效工资的评议方式：

①太烦琐　②太简单　③比较适宜

22. 您认为教师奖励性绩效工资考核体系的参考因素应包括哪些？（可多选）

①岗位职责　②个人工作实绩　③工作量　④团队业绩　⑤教师师德　⑥出勤率　⑦职称　⑧学历　⑨工作年限　⑩其他

23. 如果您所在学校有非义务教育阶段教师（包括幼儿园教师、代课教师等），您知道贵校是如何解决非义务教育阶段教师绩效工资的？

①和其他教师一样　②学校给予少量经济补贴　③根本没有解决　④不清楚

24. 您认为实施绩效工资制度不足之处：（可以多选）

①绩效工资很难操作，不适合我校实际　②实施绩效工资制度，不利于教职工之间的团结　③绩效工资总量少，难于分配　④不同类型的学校绩效工资很难统一　⑤绩效工资制度无法平衡教师工资地区差别

25. 请在以下选项中表明您个人的看法。（请在相应的框内打"√"）

	①非常同意	②同意	③不确定	④不同意	⑤非常不同意
①绩效工资实施后，教师收入增加了					
②绩效工资实施后，学校便于管理了					
③绩效工资实施后，班主任干劲更足了					
④绩效工资很难操作，不适合学校实际					
⑤绩效工资应该吃大锅饭，搞平均主义					
⑥不同类型学校绩效工资标准很难统一					
⑦绩效工资促进了城乡教育均衡发展					

26. 您对目前实施的义务教育阶段教师绩效工资制度有什么看法？

27. 您对完善义务教育阶段教师绩效工资制度有什么政策建议？

附录2

编号_____ _____省（区）_____县（市）_____乡（镇、社区）_____学校

义务教育学校教师绩效工资基本情况调查问卷
（校长卷）

尊敬的校长：您好！

  为了全面了解义务教育阶段学校教师绩效工资的真实情况，我们特意组织这次调查，目的是为国家制定相关政策提供重要依据，希望能得到您的积极配合。本次调查是以匿名的形式填答，所有信息仅供参考研究使用。请您在您同意的答案后打"√"或在____上填写数字，谢谢您的支持。

华中师范大学课题组

  1. 您目前工作的学校是：

  ①重点初中　②普通初中　③重点（中心）小学　④完小　⑤初小　⑥教学点　⑦九年一贯制学校　⑧其他

  2. 您目前工作的学校在：①农村　②乡镇　③县城　④大（中）城市　⑤其他

  3. 您的教龄_____年，职称_____，您在您所在学校担任校长_____年

  4. 绩效工资实施后，您的校长绩效工资约为：

  ①0—3000元　②3001—6000元　③6001—9000元　④9001—12000元　⑤12001—15000元　⑥15001—20000元　⑦20000元以上

  5. 绩效工资实施后，您的校长绩效工资总额和本校优秀教师（包括骨干教师、毕业班教师和班主任）的平均绩效工资相比：

  ①比他们平均绩效工资高　②比他们平均绩效工资低　③差不多

  6. 绩效工资实施后，您的校长绩效工资同其他类型学校校长绩效工资相比属于：

①上等　②中上等　③中等　④中下等　⑤下等

7. 绩效工资实施后，您的校长绩效工资总额和您的期望值相比

①偏高　②偏低　③差不多

8. 您认为绩效工资实施后，同一县（市）域内教师绩效工资水平是否大致平衡？

①是　②否　③不清楚

9. 请您将您所在学校教职工奖励性绩效工资总额排序：

①校长　②非毕业班的任课教师　③毕业班的教师及班主任　④学校中层管理干部　⑤非毕业班的班主任　⑥教辅人员　⑦工勤人员

他们奖励性绩效工资从多到少的顺序是：_____（填序号）

10. 绩效工资实施前，您一年的总收入大约是_____；绩效工资实施后，您一年的总收入大约是_____

①15000—20000元　②20001—25000元　③25001—30000元　④30001—35000元　⑤35001—40000元　⑥40001—45000元　⑦45001—50000元　⑧50000元以上

11. 绩效工资实施后，您认为您的收入和本地公务员相比属于：

①上等　②中上等　③中等　④中下等　⑤下等

12. 绩效工资实施前，您所在学校的班主任津贴约为_____元/月；绩效工资实施后，您所在学校的班主任津贴约为_____元/月。

13. 您对实行绩效工资的基本看法：（可以多选）

①实行绩效工资效果好　②可以大大减轻校长的压力　③可以提高教师的积极性　④可以增加教师的收入　⑤班主任干劲更充足了　⑥绩效工资很难操作　⑦绩效工资不适合学校实际　⑧以上都不是

14. 您对目前实施的绩效工资制度：

①非常满意　②比较满意　③一般　④不太满意　⑤很不满意

15. 您所在学校的教职工是否办理了"三险一金"？（请在相应的框内打"√"）

	①已办	②未办
医疗保险		

续表

养老保险		
失业保险		
住房公积金		

16. 您认为实施绩效工资制度，应着重考虑哪些方面的因素？（可以多选）

①向一线教师、骨干教师和班主任倾斜　②注重师德、岗位职责和教学实绩相结合　③坚持多劳多得、优绩优酬原则　④坚持公平优先，防止绩效工资过度悬殊　⑤坚持自评、教师评议、家长评议和学校评议相结合　⑥向贫困地区、农村学校和薄弱学校倾斜　⑦吃大锅饭，坚持平均主义

17. 您所在的学校是如何进行奖励性绩效工资评议的？（可以多选）

①严格按照上级文件精神办　②以学校行政领导班子评议为主　③以职代会教师代表评议为主　④由自评、家长评议和领导评议相结合　⑤其他

18. 您认为教师奖励性绩效工资考核体系的参考因素应包括哪些？（可多选）

①岗位职责　②个人工作实绩　③工作量　④团队业绩　⑤教师师德　⑥出勤率　⑦职称　⑧学历　⑨工作年限　⑩其他

19. 您认为进行义务教育阶段教师绩效工资考核的难点在于：（可以多选）

①如何科学合理地设置岗位　②考核指标难确定　③考核指标难量化　④原有的分配体系难以打破　⑤其他

20. 您所在的学校有代课教师等吗？

①有　②没有

21. 如果您所在学校有非义务教育阶段教师，您是如何解决非义务教育阶段教师绩效工资的？

①学校自行解决，待遇和其他教师一样　②学校给予少量补贴　③向地方政府或教育主管部门争取经费　④根本没有解决

22. 您认为实施绩效工资制度不足之处。（可以多选）

①绩效工资很难操作，不适合我校实际　②实施绩效工资制度，不利于教职工之间的团结　③绩效工资总量少，难于分配　④不同类型的学校绩效工资很难统一　⑤绩效工资制度无法平衡教师工资地区差别

23. 请在以下选项中表明您个人的看法。（请在相应的框内打"√"）

	①非常同意	②同意	③不确定	④不同意	⑤非常不同意
①绩效工资实施后，教师收入增加了					
②绩效工资实施后，学校便于管理了					
③绩效工资实施后班主任干劲更充足了					
④绩效工资很难操作，不适合我校实际					
⑤绩效工资应该吃大锅饭，搞平均主义					
⑥不同类型学校教师绩效工资很难统一					
⑦绩效工资促进了城乡教育均衡发展					

24. 您对目前实施的义务教育阶段教师绩效工资制度有什么看法？

25. 您对完善义务教育阶段教师绩效工资制度有什么看法？

附录3

编号＿＿＿　＿＿＿省（区）＿＿＿县（市）＿＿＿乡（镇、城市社区）

义务教育学校教师绩效工资基本情况调查问卷

（教育行政人员卷）

尊敬的领导：您好！

为了全面了解义务教育阶段学校教师绩效工资的真实情况，我们特

意组织这次调查，目的是为国家制定相关政策提供重要依据，希望能得到您的积极配合。本次调查是以匿名的形式填答，所有信息仅供参考研究使用。请您在您同意的答案后打"√"或在_____上填写数字，谢谢您的支持。

华中师范大学课题组

1. 您目前的工作单位_____，职务_____
2. 您目前工作的地方在：
①乡镇　②县（区）城　③中等城市　④大城市　⑤其他
3. 您所在的县（区）域的公务员津补贴标准，处级正职约为____元/年，处级副职约为____元/年，科级正职约为____元/年，科级副职约为____元/年，科员约为____元/年，办事员约为____元/年。
4. 目前您所在地区发放义务教育阶段教师绩效工资：
①非常困难　　②有些困难　　③完全可以发放
5. 绩效工资实施后，您所在地区校长平均绩效工资约为本校普通任课教师绩效工资的_____倍。
6. 绩效工资实施后，您那里考核校长绩效工资时着重考虑哪些因素：（可以多选）
①工作态度　②管理水平　③学校综合实绩排名　④学校升学率
⑤担任校长的年限　⑥综合学校规模、学生寄宿和学校偏远程度等
7. 您所在地区义务教育阶段教师班主任津贴的标准：绩效工资实施前，小学____元/月，初中____元/月；绩效工资实施后，小学____元/月，初中____元/月。
8. 绩效工资实施后，同一县（市）域内义务教育阶段教师班主任津贴是否相同？
①是　　②否　　③不清楚
9. 您认为绩效工资实施后，同一县（市）域内教师绩效工资水平是否大致平衡？
①是　　②否　　③不清楚
10. 绩效工资实施后，您认为教师的收入和本地公务员相比属于：
①上等　　②中上等　　③中等　　④中下等　　⑤下等

11. 对实行绩效工资的基本看法。(可以多选)

①实行绩效工资效果好　②可以大大减轻校长的压力　③可以提高教师的积极性　④可以增加教师的收入　⑤班主任干劲更充足了　⑥绩效工资很难操作　⑦绩效工资不适合学校实际　⑧以上都不是

12. 您对目前实施的绩效工资制度：

①非常满意　②比较满意　③一般　④不太满意　⑤很不满意

13. 绩效工资实施后，您所在地区对薄弱学校、偏远学校和小规模学校（教学点）的教师绩效工资总额是如何进行分配的？

①和其他类型学校一样　②向薄弱学校、偏远学校和小规模学校适当倾斜　③由中心学校自行决定

14. 您对学校实施绩效工资，拉开分配档次，体现多劳多得，优绩优酬持何态度？

①支持　②无所谓　③反对

15. 学校实施绩效工资，拉开分配档次的关键是：

①提高认识，进一步营造"多劳多得，优绩优酬"的氛围　②要建立一套科学合理的绩效考核评价体系　③进一步向一线教师倾斜，向中青年骨干教师倾斜

16. 您认为实施绩效工资制度，应着重考虑哪些方面的因素？(可以多选)

①向一线教师、骨干教师和班主任倾斜　②注重师德、岗位职责和教学实绩相结合　③坚持多劳多得、优绩优酬原则　④坚持公平优先，防止绩效工资过度悬殊　⑤坚持自评、教师评议、家长评议和学校评议相结合　⑥向贫困地区、农村学校和薄弱学校倾斜　⑦吃大锅饭，坚持平均主义

17. 您认为教师奖励性绩效工资考核体系的参考因素应包括哪些？(可多选)

①岗位职责　②个人工作实绩　③工作量　④团队业绩　⑤教师师德　⑥出勤率　⑦职称　⑧学历　⑨工作年限　⑩其他

18. 您认为进行义务教育阶段教师绩效考核的难点在于：(可以多选)

①如何科学合理地设置岗位　②考核指标难确定　③考核指标难

量化　④原有的分配体系难以打破　⑤其他

19. 您所在地区有非义务教育阶段教师（包括幼儿园教师、代课教师等）吗？

　　①有　　　②没有

20. 如果您那里学校有非义务教育阶段教师，请问学校是如何解决非义务教育阶段教师绩效工资的？

　　①学校自行解决，待遇和其他教师一样　②学校给予少量补贴
③地方政府或教育主管部门下拨经费　④根本没有解决

21. 如果您所在学校处于农村偏远地区，您所在学校教师是否享受农村教师津贴？

　　①有　　　②没有

22. 如果您所在地区实行了农村教师津贴，那么其标准为_____元/月。

23. 您认为实施绩效工资制度不足之处是：（可以多选）

　　①绩效工资很难操作，不适合学校实际　②实施绩效工资制度，不利于教职工之间的团结　③绩效工资总量少，难于分配　④不同类型的学校绩效工资很难统一　⑤绩效工资制度无法平衡教师工资地区差别

24. 请在以下选项中表明您个人的看法。（请在相应的框内打"√"）

	①非常同意	②同意	③不确定	④不同意	⑤非常不同意
①绩效工资实施后，教师收入增加了					
②绩效工资实施后，学校便于管理了					
③绩效工资实施后，班主任干劲更充足了					
④绩效工资很难操作，不适合学校实际					
⑤绩效工资应该吃大锅饭，搞平均主义					
⑥不同类型学校教师绩效工资很难统一					
⑦绩效工资促进了城乡教育均衡发展					

25. 您对目前实施的义务教育阶段教师绩效工资制度有什么看法？

26. 您对完善义务教育阶段教师绩效工资制度有什么政策建议？

附录4

访谈提纲

1. 本地公务员津补贴标准及金额。

2. 校长绩效工资的发放标准及考核依据。（金额、比例及标准）

3. 农村教师津贴的标准及发放。（金额、标准）

4. 非义务教育阶段教师的绩效工资问题（代课教师及幼儿园教师）。

5. 教师绩效工资实施前后，义务教育阶段教师收入的对比。

6. 义务教育阶段教师奖励性绩效工资的评议方式。

7. 同一区域内不同类型学校奖励性绩效工资的评价标准。

8. 不同职称的教师绩效工资差别。

9. 班主任津贴的标准、工作量的计算。

参考文献

一 中文著作

范先佐:《教育经济学》,人民教育出版社1999年版。

靳希斌:《教育经济学》,人民教育出版社2001年版。

范先佐:《筹资兴教——教育投资体制改革的理论与实践问题研究》,华中师范大学出版社1999年版。

范先佐:《教育经济学新编》,人民教育出版社2010年版。

范先佐:《中国中西部地区农村中小学合理布局结构研究——基于对中西部地区6省区38个县市177个乡镇的调查与分析》,中国社会科学出版社2009年版。

王善迈:《教育投入与产出研究》,河北教育出版社1999年版。

王善迈:《教育经济学概论》,北京师范大学出版社1989年版。

[美] Martin Carnoy:《教育经济学百科全书》,高等教育出版社2000年版。

[美] 西奥多·舒尔茨:《教育的经济价值》,曹延亭译,吉林人民出版社1982年版。

雅克·哈拉克:《投资于未来——确定发展中国家教育重点》,尤莉莉译,北京教育科学出版社1993年版。

《西方教育经济学流派》,曾满超译,北京师范大学出版社1990年版。

高如峰:《农村义务教育财政体制研究》,人民教育出版社2005年版。

盖浙生:《教育财政学》,东华书局1986年版。

林文达:《教育财政学》,三民书局1986年版。

[美] Y. 巴泽尔:《产权的经济分析》,生活·读书·新知三联书店1997年版。

王英杰等：《亚洲发展中国家的义务教育》，人民教育出版社 2003 年版。

王道俊、郭文安：《教育学》，人民教育出版社 2009 年版。

雷万鹏：《中国农村焦点问题实证研究》，华中科技大学出版社 2007 年版。

约翰·希恩：《教育经济学》，教育科学出版社 1980 年版。

联合国教科文组织：《教育的使命——面向 21 世纪的教育宣言和行动纲领》，教育科学出版社 1996 年版。

顾明远：《教育大辞典》，上海教育出版社 1998 年版。

裴娣娜：《教育研究方法导论》，安徽教育出版社 1997 年版。

［美］理查德·D. 范斯科德等：《美国教育基础——社会展望》，教育科学出版社 1984 年版。

［美］科恩、盖斯克：《教育经济学》，范元伟译，格致出版社 2009 年版。

理查德·A. 金等：《教育财政——效率、公平和绩效》，曹淑江等译，中国人民教育出版社 2010 年版。

［美］约翰·罗尔斯：《正义论》，何怀宏译，中国社会科学出版社 1988 年版。

熊贤君：《千秋基业——中国近代义务教育研究》，华中师范大学出版社 1998 年版。

陈向明：《质的研究方法与社会科学研究》，教育科学出版社 2000 年版。

于建嵘：《岳村政治——转型期中国社会乡村政治体系探讨》，商务印书馆 2001 年版。

高如峰：《义务教育投资国际比较》，人民教育出版社 2003 年版。

陈共：《财政学》，中国人民大学出版社 2004 年版。

刘昕：《薪酬管理》，中国人民大学出版社 2002 年版。

马新建：《薪酬管理与公平分配》，北京师范大学出版社 2008 年版。

付亚和、许玉林：《绩效考核与薪酬管理》，北京电子工业出版社 2003 年版。

李宝元：《薪酬管理：原理、方法、实践》，清华大学出版社 2008

年版。

檀传宝:《教师伦理学专题》,北京师范大学出版社 2000 年版。

吴清山等:《教育绩效责任研究》,九州出版社 2006 年版。

刘欣:《基础教育政策与公平问题研究》,华中师范大学出版社 2008 年版。

顾明远、石中英:《国家中长期教育改革与发展纲要》,北京师范大学出版社 2010 年版。

张力:《中国公务员工资收入决定机制转换研究》,首都经济贸易大学出版社 2008 年版。

商丽浩:《中国教育财政史论(1949—1965)》,浙江大学出版社 2011 年版。

叶映华:《归因与教师绩效评估——基于内隐的视角》,浙江大学出版社 2008 年版。

洪明:《美国教师质量保障体系历史演进研究》,北京师范大学出版社 2010 年版。

克里夫·R. 贝尔菲尔德:《教育经济学——理论与实证》,曹淑江译,中国人民大学出版社 2006 年版。

联合国教科文组织:《教育——财富蕴藏其中》,教育科学出版社 2004 年版。

联合国教科文组织:《全球教育发展的历史轨迹——国家教育大会 60 年建议书》,教育科学出版社 1999 年版。

苏君阳:《公正与教育》,北京师范大学出版社 2008 年版。

赵中建:《质量为本——美国基础教育热点问题研究》,安徽教育出版社 2010 年版。

赵中建:《全球教育发展的历史轨迹——联合国教科文组织国家大会建议书专集》,教育科学出版社 2005 年版。

转型时期中国重大教育政策课题组:《缩小差距——中国教育政策的重大命题》,人民教育出版社 2005 年版。

曲恒昌、曾晓东:《西方教育经济学研究》,北京师范大学出版社 2000 年版。

蔡敏:《美国中小学教师评价及定型案例》,北京大学出版社 2009

年版。

李建民编：《事业单位绩效工资改革操作实务手册》，机械工业出版社2010年版。

滕晓丽：《事业单位绩效考核与绩效工资设计》，中国劳动社会保障出版社2010年版。

[美] 爱德华·拉齐尔：《人事管理经济学》，北京大学出版社2000年版。

华桦：《教育公平新解——社会转型期的教育公平理论和实践研究》，上海社会科学出版社2010年版。

邬志辉编：《农村义务教育经费保障新机制》，北京大学出版社2008年版。

[德] 格奥尔格·席美尔：《货币哲学》，朱桂琴译，光明日报出版社2008年版。

[美] 威廉·维尔斯马：《教育研究方法导论》，袁振国等译，教育科学出版社2010年版。

刘明慧：《城乡二元结构的财政视角研究》，中国财政经济出版社2008年版。

靳希斌等：《中国民办教师问题研究》，北京师范大学出版社2004年版。

王斌华：《教师评价：绩效管理与专业发展》，上海教育出版社2005年版。

康士勇：《工资理论与工资管理》，中国劳动社会保障出版社2009年版。

邱白莉：《当代美国中小学教育绩效责任探析》，中山大学出版社2003年版。

郭朝红：《影响教师政策的中介组织》，天津教育出版社2006年版。

马戎等：《中国农村教育问题研究》，福建教育出版社2000年版。

[美] I.菲利普·扬等：《教育管理中的人力资源功能》，赵中建等译，江苏教育出版社2006年版。

李光：《薪酬管理研究》，中国社会科学出版社2010年版。

叶澜等：《教师角色与教师发展新探》，教育科学出版社2001年版。

［美］斯蒂芬·P. 罗宾斯等：《管理学》，孙健敏等译，中国人民大学出版社 2009 年版。

格里高利·曼昆：《宏观经济学》，中国人民大学出版社 2009 年版。

芮明杰：《管理学》，上海财经出版社 2005 年版。

程正方：《现代管理心理学》，北京师范大学出版社 2009 年版。

乔治·T. 米尔科维奇：《薪酬管理》，中国人民大学出版社 2008 年版。

俞文钊：《人力资源管理心理学》，上海教育出版社 2005 年版。

教育经济学编写组：《教育经济学概论》，青海人民出版社 1988 年版。

王玉昆：《教育经济学》，文化艺术出版社 1992 年版。

日本筑波大学教育学研究会编：《现代教育学基础》，钟启泉译，上海教育出版社 1980 年版。

国家教育发展与研究中心：《发达国家教育改革的动向和趋势》，人民教育出版社 1987 年版。

国家教委教育经费研讨组：《教育经费与教师工资》，教育科学出版社 1988 年版。

罗纳德·W. 瑞布：《教育人力资源管理——一种管理的趋向》，重庆大学出版社 2003 年版。

［苏］斯·尔·科斯塔扬：《国民教育经济学》，吉林人民出版社 1981 年版。

［美］菲利普·库姆斯：《教育规划基础》，上海教育出版社 2009 年版。

［美］菲利普·库姆斯：《世界教育危机》，人民教育出版社 2001 年版。

靳希斌：《从滞后到超前——20 世纪人力资本学说·教育经济学》，山东教育出版社 1995 年版。

杨贤江：《新教育大纲》，教育科学出版社 1982 年版。

高建民：《美国基础教育财政发展研究》，人民教育出版社 2005 年版。

［美］罗伯特·W. 麦克米金：《教育发展的激励理论》，北京师范大学出版社 2008 年版。

张学敏：《教育经济学》，西南大学出版社 2001 年版。

［法］圣西门：《圣西门选集》，何清新译，商务印书馆 1962 年版。

［法］沃尔金：《论空想社会主义者》，中国人民大学出版社 1959 年版。

［法］沃尔金：《圣西门和圣西门主义》，商务印书馆 1964 年版。

参考文献

[法] 傅立叶：《傅立叶选集》第 4 卷，冀甫等译，商务印书馆 1964 年版。

[英] 欧文：《欧文选集》第 2 卷，柯象峰等译，商务印书馆 1981 年版。

《马克思恩格斯选集》第 3、19、22、23 卷，人民出版社 1972 年版。

王玉昆：《教育经济学》，文化艺术出版社 1992 年版。

国家教育发展研究中心：《2003 年中国教育绿皮书》，教育科学出版社 2003 年版。

《斯大林文选》上册，人民出版社 1969 年版。

[德] 格奥尔·西梅尔：《货币哲学》，中国社会科学出版社 2007 年版。

马克思：《资本论》，人民出版社 1975 年版。

《邓小平文选》第 3 卷，人民出版社 1993 年版。

俞文钊：《人力资源管理心理学》，上海教育出版社 2005 年版。

阿克洛夫：《一位经济理论家讲述的故事》，首都经济贸易大学出版社 2006 年版。

叶奕乾等：《普通心理学》，华东师范大学出版社 1999 年版。

[美] 小詹姆斯·H. 纳利：《管理学基础——职能·行为·模型》，中国人民大学出版社 1982 年版。

周黎安：《转型中的地方政府：官员激励与治理》，格致出版社 2008 年版。

许云霄：《公共选择理论》，北京大学出版社 2006 年版。

[美] 曼瑟尔·奥尔森：《集体行动的逻辑》，格致出版社 2009 年版。

何怀宏：《公平的正义》，山东人民出版社 2009 年版。

[美] 罗纳德·J. 奥克森：《治理地方经济》，北京大学出版社 2005 年版。

栗玉香：《公共教育财政制度生成与运行》，中国财政经济出版社 2004 年版。

卢现祥：《新制度经济学》，武汉大学出版社 2004 年版。

杜育红、孙志军：《中国义务教育财政研究》，北京师范大学出版社 2009 年版。

冯建军：《教育公正——政治哲学的视角》，福建教育出版社 2008 年版。

曾满超等：《效率、公平与充足——中国义务教育财政改革》，北京大学出版社 2010 年版。

[美] 马丁·布朗芬布伦纳：《收入分配理论》，方敏等译，华夏出版社 2010 年版。

风笑天：《社会学研究方法》，中国人民大学出版社 2001 年版。

许正中等：《财政分权：理论基础与实践》，社会科学文献出版社 2002 年版。

杨会良：《当代中国教育财政发展史》，人民出版社 2006 年版。

杨秀芹：《教育资源利用效率与教育制度安排》，华中师范大学出版社 2009 年版。

张梦欣：《工资福利法律手册》，中国劳动社会保障出版社 2006 年版。

易钢等：《公共财政学理论与实践》，上海人民出版社 2005 年版。

唐娟：《政府治理理论》，中国社会科学出版社 2006 年版。

樊继达：《统筹城乡发展中的基本公共服务均等化》，中国财政经济出版社 2008 年版。

德鲁克：《管理的实践》，齐若兰译，机械工业出版社 2006 年版。

王建民：《管理沟通理论与实务》，中国人民大学出版社 2005 年版。

马国贤：《政府预算理论与绩效政策研究》，中国财政经济出版社 2008 年版。

中国（海南）改革发展研究院：《中国人类发展报告》，中国对外出版集团公司 2008 年版。

胡平平等：《农村义务教育投入保障机制及管理体制问题研究》，科学出版社 2007 年版。

杨志勇、杨之刚：《中国财政制度改革 30 年》，格致出版社 2008 年版。

郝大海：《社会调查研究方法》，中国人民大学出版社 2005 年版。

[美] 小弗恩·布里姆莱：《教育财政学——因应变革的时代》，中国人民大学出版社 2007 年版。

毛寿龙：《中国政府功能的经济分析》，中国广播电视出版社 2005 年版。

文政：《中央与地方事权划分》，中国经济出版社 2008 年版。

刘英杰编：《中国教育大事典 1949—1990》，浙江教育出版社 1993

年版。

中国教育年鉴编辑部:《中国教育年鉴(1949—1982)》,中国大百科全书出版社1984年版。

何东昌编:《中华人民共和国重要文献(1976—1990)》,海南出版社1998年版。

廖其发等编:《当代中国重大教育改革事件专题研究》,重庆出版集团2007年版。

克劳德·巴斯蒂安:《中国古代小学教育研究》,上海教育出版社1998年版。

张承芬编:《教师素质学》,济南出版社1990年版。

洛克:《教育漫话》,人民教育出版社1957年版。

[苏] 苏霍姆林斯基:《把整个心灵献给孩子》,天津人民出版社1981年版。

阿瑟·奥肯:《平等与效率》,王忠民译,四川人民出版社1999年版。

马静:《财政分权与中国财政体制改革》,上海三联书店2008年版。

国家教育发展研究中心:《2004年中国教育绿皮书》,教育科学出版社2003年版。

孙喜亭:《教育原理》,北京师范大学出版社1993年版。

中央教育科学研究所教育督导评估研究中心:《义务教育均衡发展报告·2010》,教育科学出版社2010年版。

周天勇:《劳动与经济增长》,上海三联书店、上海人民出版社1994年版。

彼得·圣吉:《第五项修炼——学习型组织的艺术与实务》,生活·读书·新知三联书店1998年版。

Stephen P. Robbins:《管理学》,黄卫伟译,中国人民大学出版社1997年版。

陈振明:《政策科学——公共政策分析导论》,中国人民大学出版社2003年版。

刘昕:《薪酬福利管理》,北京对外贸易大学出版社2003年版。

[苏] 彼得罗夫斯基主编:《普通心理学》,人民教育出版社1981年版。

赵延、陈保华:《工资理论与实践》,北京经济学院出版社1991年版。

［德］奥伊肯：《生活的意义与价值》，万以译，上海译文出版社1997年版。

杨东平编：《教育蓝皮书：中国教育发展报告（2010）》，社会科学文献出版社2010年版。

陈共：《财政学》，中国人民大学出版社2000年版。

杨志勇：《当代财政和财政学主流》，东北财经大学出版社2007年版。

张志超：《现代财政学原理》，南开大学出版社2011年版。

李齐云：《分级财政体制》，经济科学出版社2003年版。

弗里德曼：《资本主义与自由》，商务印书馆1988年版。

李祥云：《我国财政体制变迁中的义务教育财政体制变革》，北京大学出版社2008年版。

赵中建：《学校经营》，华东师范大学出版社2006年版。

夏文斌：《走向正义之路：社会公平研究》，黑龙江教育出版社2000年版。

郭彩琴：《教育公平论——西方教育公平理论的哲学思考》，中国矿业大学出版社2004年版。

陈鸣、朱自锋：《中国教育经费论纲》，中央编译出版社2008年版。

许云霄：《公共选择理论》，北京大学出版社2006年版。

［美］詹姆斯·E.安德森：《公共政策》，华夏出版社1990年版。

赫尔曼·阿吉斯：《绩效管理》，中国人民大学出版社2008年版。

金娣、王刚：《教育评价与测量》，教育科学出版社2007年版。

［法］埃德加·莫兰：《复杂思想：自觉的科学》，陈一壮译，北京大学出版社2001年版。

罗纳德·W.瑞布：《教育人力资源管理——一种管理的趋向》，重庆大学出版社2003年版。

陈丽珠：《美国教育财政改革》，五南图书出版公司2000年版。

劳伦斯·A.雷·克明：《美国教育史》，北京师范大学出版社2002年版。

瞿保奎主编，马骥雄选编：《教育学文集·美国教育改革》，人民教育出版社1990年版。

吕达、周满生：《当代外国教育改革著名文献》（美国卷·第一册），人民教育出版社 2004 年版。

马骥雄:《战后美国教育研究》,江苏教育出版社 1991 年版。

王斌华:《发展性教师评价》,华东师范大学出版社 1998 年版。

周满生:《教育宏观政策比较研究》,教育科学出版社 2009 年版。

易红郡:《从冲突到融合:20 世纪英国中等教育政策研究》,湖南教育出版社 2005 年版。

梁忠义:《世界教育大系·英国教育》,吉林教育出版社 2000 年版。

徐辉、郑继伟:《英国教育史》,吉林人民出版社 1993 年版。

张建新:《高等教育体制变迁研究——英国高等教育从二元制向一元制转变探析》,教育科学出版社 2006 年版。

王振华等:《重塑英国——布莱尔与第三条道路》,中国社会科学出版社 2000 年版。

王英杰等:《世界教育大系·美国教育》,吉林教育出版社 2000 年版。

孙大廷:《美国教育战略的霸权向度》,吉林大学出版社 2009 年版。

滕大春:《美国教育史》,人民教育出版社 1994 年版。

高培勇:《中国财政政策报告 2007/2008:财政与民生》,中国财政经济出版社 2008 年版。

国家教育发展研究中心:《2007 年中国教育绿皮书》,教育科学出版社 2007 年版。

王善迈编:《市场经济中的政府与市场》,北京师范大学出版社 2002 年版。

张钰等:《中国义务教育公平推进实证研究》,教育科学出版社 2011 年版。

孙宗虎:《目标分解与绩效考核设计实务》,人民邮电出版社 2006 年版。

[美]伊兰伯格、史密斯:《现代劳动经济学:理论与公共政策》,潘功胜、刘昕译,中国人民大学出版社 1999 年版。

亚当·斯密:《国民财富的性质和原因的分析》,商务印书馆 1979 年版。

苏真:《比较师范教育》,北京师范大学出版社 1991 年版。

国家教委情报研究室:《日本教育法规选编》,教育科学出版社 1987

年版。

池青山、金仁哲:《韩国教育研究》,东方出版社 1995 年版。

范国睿:《教育政策观察》,华东师范大学出版社 2009 年版。

陈玉琨:《教育评价学》,人民教育出版社 1999 年版。

褚宏启:《中国教育管理评论》,教育科学出版社 2004 年版。

孟繁华等:《学校发展论》,教育科学出版社 2011 年版。

经济合作与发展组织教育研究与革新中心:《经济合作与发展组织教育要览》,人民教育出版社 2000 年版。

二 中文期刊

郝锦花:《民国时期乡村小学教员收入状况考察——中国教育早期现代化问题研究之一》,《教育与经济》2007 年第 2 期。

朱俊杰、夏智伦:《拖欠中小学教师工资现象透析》,《教育研究》1994 年第 4 期。

宋利国:《拖欠教师对西部地区教育发展的影响》,《伊犁教育学院学报》2002 年第 1 期。

周大平:《拖欠教师工资:一个必须抓紧解决的问题》,《瞭望周刊》2003 年第 1 期。

张克雷:《拖欠教师工资问题的成因及法治研究》,《教育评论》2002 年第 4 期。

陈赟:《20 世纪 90 年代教师工资问题研究》,《清华大学教育研究》2003 年第 1 期。

杨力行:《我国农村中小学教师工资执行中的问题及其对策研究》,《经济问题》2003 年第 11 期。

范先佐:《税费改革后农村义务教育面临的问题及对策》,《华中师范大学学报》2004 年第 6 期。

贾建国:《美国中小学绩效工资改革及其对我国的启示》,《比较教育研究》2009 年第 9 期。

李文英:《战后日本振兴偏僻地区教育的措施及启示》,《教育研究》2004 年第 2 期。

何艳:《"绩效"才是硬道理——澳大利亚教师工资改革的启示》,《教育与职业》2010年第2期。

马志远：《中国财政性教育经费占GDP 4%的可行性分析——国家比较的角度》，《教育研究》2011年第3期。

马文起：《以色列基础教育教师绩效工资改革及其启示》，《教育评论》2010年第4期。

胡四能：《美国绩效工资改革述评——以20世纪80年代以来的改革为对象》，《现代教育论丛》2004年第6期。

朱宛霞：《绩效工资制——路在何方》，《世界教育信息》2009年第5期。

张园园：《英国义务教育教师绩效工资制度研究综述》，《湖北成人教育学院学报》2009年第6期。

陈时见、赫栋峰：《美国公立中小学教师绩效工资改革》，《比较教育研究》2009年第12期。

李智：《美国义务教育学校教师绩效工资的实践及争论》，《教学与管理》2010年第9期。

张扬：《美国：奥巴马力推教师绩效工资》，《教育旬刊》2009年第5期。

许立新：《英美中小学教师绩效工资研究》，《外国教育研究》2010年第4期。

子君：《义务教育学校绩效工资改革一年回眸》，《河南教育》2010年第4期。

范先佐：《构建"以省为主"的农村义务教育财政体制》，《华中师范大学学报》（人文社会科学版）2006年第2期。

梁秀清：《义务教育学校教师绩效工资的政策学探析》，《西南教育论丛》2009年第2期。

陈平、乔锦忠：《美国丹佛市公立学校教师绩效工资制度改革研究》，《外国教育研究》2010年第4期。

李沿知：《美、英、澳三国基础教育教师绩效工资制度实施对办学质量的影响分析及启示》，《教师教育研究》2010年第4期。

吴青云、马佳宏：《义务教育阶段教师绩效工资问题的探讨》，《教育学术月刊》2010年第7期。

张崴:《绩效工资改革好事还需办好》,《中小学管理》2010年第1期。

赵宏斌等:《我国义务教育教师绩效工资实施现状研究》,《教育理论与实践》2011年第10期。

刘霞等:《教师绩效工资实施中的绩效评价价值取向研究》,《文教资料》2010年第1期。

何嘉:《义务教育绩效工资与考核对教师专业发展的影响——以江苏省为例》,《教育科学论坛》2010年第9期。

苏君阳:《义务教育学校实施绩效工资面临的问题》,《中国教育学刊》2010年第2期。

王斐斐:《对利益相关者理论的思考》,《理论月刊》2007年第8期。

胡耀宗:《义务教育学校绩效工资制路在何方——义务教育学校教师绩效工资财政保障机制探讨》,《中国教师》2009年第12期。

李长华:《美国新一届政府的教育政策解析》,《基础教育参考》2009年第12期。

刘美玲:《美国基础教育阶段教师绩效工资实施方案及成效分析》,《教育发展研究》2010年第5期。

刘昕:《义务教育学校实施绩效工资政策背景及实施建议》,《北京行政学院学报》2010年第1期。

帅玉生等:《义务教育学校实施教师绩效工资制的学校管理学思考》,《内蒙古师范大学学报》2009年第10期。

问秋:《落实教师绩效工资政策应该解决的几对矛盾》,《中小学管理》2009年第5期。

孙振建:《绩效工资改革关键在于考核绩效》,《中小学校长》2010年第7期。

柴纯青、从春侠:《教师绩效工资政策访谈》,《中小学教育》2009年第5期。

刘文章:《以学校为主体的绩效工资发放机制探索》,《教学与管理》2010年第7期。

吴全华:《教师绩效工资制的潜在影响》,《教育发展研究》2010年第12期。

鲜红、陈恩伦:《中小学教师绩效工资政策实施中的交易费用研究》,

《教育与经济》2010年第1期。

王光东：《警惕教师绩效工资考核中的"过度理由效应"》，《基础教育研究》2010年第7A期。

杨凤英、袁刚：《教师绩效评估中的问题探究》，《教学与管理》2010年第1期。

刘俊仁等：《义务教育制定绩效工资分配办法的法理分析》，《中国教师》2009年第12期。

毕婷：《教师应纳入公务员体系——劳凯生谈义务教育学校落实绩效工资》，《教育旬刊》2009年第5期。

陈克现：《我国农村教师薪酬体系激励的功能缺失与对策》，《现代教育论丛》2009年第6期。

胡耀宗等：《义务教育教师绩效工资政策执行中的问题及解决策略》，《教师教育研究》2010年第4期。

李桂茹：《绩效工资改革给中小学校长带来的挑战》，《现代教育科学》2010年第4期。

赵德成：《设计奖励性教师绩效工资计划的基本原则》，《中小学管理》2009年第5期。

吴强：《如何做好教师奖励性绩效工资分配方案》，《中小学校长》2010年第4期。

孙占林：《绩效工资分配要找准两种公平的平衡点》，《江苏教育》2010年第6期。

叶忠：《实施绩效工资应维持内部公平》，《江苏教育》2010年第6期。

张乐天：《发展中国家农村教育补偿政策实施情况及其比较：中国、印度、马来西亚、尼泊尔四国案例分析》，《比较教育研究》2006年第11期。

谢义忠等：《程序公平对工作满意度、组织承诺的影响：工作不安全感的中介作用》，《中国临床心理学杂志》2007年第2期。

张德远：《现代西方效率工资理论的评述》，《财经研究》2002年第5期。

郝锦花：《20世纪二三十年代乡村塾师的收入》，《福建论坛》（人文社会科学版）2005年第8期。

何祚庥：《我国教师收入合理水准研究》，《科技时报》1990年第6期。

曲恒昌：《关于我国中小学教师收入的几个问题》，《高等师范教育研究》1995年第3期。

柯昌万：《如何推动管理模式改革》，《云南教育》2010年第2期。

司晓宏等：《当前我国西部地区农村义务教育形势分析》，《教育研究》2010年第8期。

王晋堂：《教育均衡发展重在规范教师工资待遇》，《人民教育》2008年第2期。

尹鸿伟：《"秀才"造反：川渝教师停课要待遇》，《南风窗》2008年第4期。

冯广明等：《做好绩效工资发放，确保教师收入稳步提高》，《河南教育》2010年第4期。

夏人青：《九十年代中期以来美国师范教育的发展危机与改革趋势》，《高等师范教育研究》2002年第2期。

王小飞：《英国教师评价制度的新进展——兼PRP体系计划述评》，《比较教育研究》2002年第3期。

范先佐、付卫东：《农村义务教育新机制：成效问题及对策》，《华中师范大学学报》2009年第4期。

谢利民：《学校发展规划的制定、实施与评价》，《教育研究》2008年第2期。

《广东教育》记者：《我省全面部署解决代课教师和教师待遇问题》，《广东教育》2008年第10期。

国家教育督导团：《国家教育督导报告（2008）——关注义务教育教师》，《教育发展研究》2009年第1期。

汪柱旺：《构建"以国为主"的农村义务教育投入体制》，《改革与战略》2004年第12期。

冯广明、史发泉等：《做好绩效工资发放，确保教师收入稳步提高》，《河南教育》2010年第4期。

柴江：《苏北地区初中教师绩效工资收入的调查研究》，《教育评价与测量》2011年第4期。

李军：《高校教师绩效管理体系的构建》，《高等教育研究》2007年第

1期。

张晓霞、崔歧恩：《美国绩效教育教师薪金制研究》，《教师教育研究》2005年第3期。

徐梦秋：《公平的类别与公平中的比例》，《中国社会科学》2001年第1期。

蒋斌、蒲勇健：《县级政府财政困境：一个不完全信息动态博弈模型》，《乡镇经济》2006年第3期。

林静、从冬旭：《教师绩效管理——基于组织目标和教师发展》，《黑龙江教育学院学报》2007年第7期。

赵中建：《不让一个儿童落后——美国布什政府教育改革蓝图述评》，《上海教育》2001年第5期。

夏文斌：《建立社会正义之路——学习邓小平社会公平理论》，《北京大学学报》（哲学社会科学版）1999年第2期。

朱永坤、曲铁华：《公平的分类对我国教育公平问题解决的路径指引》，《教育科学研究》2008年第6期。

李超平、时勘：《分配公平与程序公平对工作倦怠的影响》，《心理学报》2003年第5期。

宗晓华、陈静漪：《中美教育财政制度与应对金融危机的政策比较》，《教育发展研究》2009年第5期。

隗斌贤：《教育统计问题研究》，《江苏高教》2003年第1期。

张强等：《农村义务教育经费"挤出"效应研究》，《清华大学教育研究》2004年第5期。

袁连生：《我国政府教育经费投入不足的原因及对策》，《北京师范大学学报》2009年第2期。

萨缪尔森：《公共支出的纯理论》，《经济学和统计评论》1954年第9期。

辛涛、李雪燕：《教育评价理论与实践的新进展》，《清华大学教育研究》2005年第6期。

曾晓东：《对中小学教师绩效评价过程的梳理》，《教师教育研究》2004年第1期。

梁军：《高校教师中不公平感现象透析》，《社会科学家》2000年第

5期。

李风圣：《论公平》，《哲学研究》1995年第11期。

张晓震：《十五年浮出水面的绩效工资》，《教育旬刊》2010年第1期。

袁希涛：《民国十年之义务教育》，《新教育》第4卷第2期。

胡乐乐编：《澳大利亚三大举措推进教育革命》，《湖南教育》2009年第1期。

湛启标：《英国教师供给危机及其质量保证》，《外国教育研究》2003年第1期。

易红郡：《20世纪影响英国中等教育发展的因素分析》，《外国教育研究》2004年第10期。

潘发勤：《21世纪初英国教育政策及其进展》，《世界教育信息》2004年第9期。

张明武：《经济独立与生活变迁——民国时期武汉教师薪俸及其生活状况研究》，博士学位论文，华中师范大学，2010年。

朱永坤：《教育政策公平性研究——基于义务教育公平性问题研究》，博士学位论文，东北师范大学，2008年。

丁金泉：《我国义务教育均衡发展问题研究》，博士学位论文，华东师范大学，2004年。

全力：《国家教育政策对基层教育管理的影响——以S区义务教育教师绩效工资政策执行为例》，博士学位论文，华东师范大学，2010年。

张丽秀：《我国义务教育学校绩效工资改革若干问题探析》，硕士学位论文，吉林大学，2011年。

周宏伟：《教师绩效工资改革的问题及对策研究》，硕士学位论文，华东师范大学，2011年。

赫栋峰：《美国公立中小学教师绩效工资改革研究》，硕士学位论文，西南大学，2010年。

梁延秋：《美国公立中小学教师绩效工资制度及其实施研究》，硕士学位论文，华中师范大学，2010年。

张园园：《英国义务教育教师绩效工资研究》，硕士学位论文，辽宁师范大学，2010年。

贺雪梅：《我国中小学教师工资分配制度改革研究》，硕士学位论文，湖南师范大学，2010年。

夏菁华：《中小学教师绩效工资满意度调查与分析》，硕士学位论文，杭州师范大学，2011年。

王晓松：《我国义务教育学校教师绩效工资政策研究》，硕士学位论文，西南大学，2010年。

三 报纸类

赵珊：《新一轮工资改革以"限高、稳中、提低"为原则》，《人民日报·海外版》2004年1月24日。

李益众：《到农村支教教师拿丰厚补贴，部分城郊教师收入高于城区》，《中国教师报》2010年3月28日。

陈成智、谭丽琳：《实施义务教育阶段教师绩效工资，海南先行一步》，《海南日报》2009年3月7日。

刘声：《中央开口子地方掏腰包，绩效工资难倒财政拮据县》，《中国青年报》2010年3月29日。

全来龙：《江西省预计发放51亿元义务教育学校绩效工资》，《新法制报》2010年2月23日。

康丽：《绩效工资：改变的不仅仅是教师待遇》，《中国教师报》2010年3月14日。

王娇萍、郑莉：《绩效工资引起代表委员的强烈关注》，《工人日报》2010年3月10日。

徐滔：《教师绩效工资改革："用我的钱奖励我"》，《南方日报》2009年11月12日。

翟帆：《民进中央建言：好政策实施呼唤有力的财政保障》，《中国教师报》2010年3月14日。

蔡继乐：《应明确地方政府教育投入责任——代表委员谈2012年教育投入实现4%的目标》，《中国教育报》2010年3月8日。

刘大江：《西部教师工资清欠还差"最后一公里"》，《人民日报》2006年9月4日。

刘金松：《如何让农村教育发展更有后劲》，《中国教育报》2007年8月23日。

刘华蓉、高伟山：《财政确保绩效工资兑现》，《中国教育报》2010年2月3日。

刘昕：《对公务员工资制度改革的几点认识》，《光明日报》2006年7月12日。

翟帆：《绩效工资：好政策呼唤有力的财政保障》，《中国教育报》2010年4月23日。

周济：《农村义务教育普及实现新跨越》，《中国教育报》2008年2月26日。

四 外文著作

Murnane, R. J., Singer, J. D., Willett, J. B., Kemple, J. J., Olsen, R. J. *Who Will Teach?: Policies That Matter.* Cambridge, Massachusetts: Harvard University Press, 1991.

Joseph Destefano and Ellen Foley. "The Human Resource Factor; Getting and Keeping-Good Teachers in Urban Districts." *Education Week*, April 16, 2003.

Allegretto, S. A., Corcoran, S. P., Mishel, L. *How Does Teacher Pay Compare? Methodological Challenges and Answers.* Washington, D. C: Economic Policy Institute, 2004.

Feglio, D. "Can Public Schools Buy Better-Qualified Teachers?" *Industrial and Labor Relations Review*, 2002.

Bacolod, M. "Do Alternative Opportunities Matter? The Role of Female Labor Markets in the Decline of Teacher Quality." *Review of Economics and Statistics*, 2007.

Henry C. Johnson, Jr. *Merit, Money and Teachers' Careers.* University Press of American, 1985.

Glen H. Tecken. Merit Measurement and Money, Establishing Teacher Performance Evaluation and Incentive Programs. Alexdria A: National School Boards Association, 1985.

Donald B. Gratz. *The Peil and Promise of Performance Pay: Making Education Compensation Work.* Maryland: Rowman and Littlefield Education, 2009.

Adam Urbanski. "Merit Pay Won't Work in the Schools, It Hurts Those It Purports to help." *Education Week*, January 15, 1997, p. 48.

E. C. Wragg, G. S. Haynes. *Performance Pay for Teachers: The Views and Experiences of Heads and Teachers*. Routledge Falmer, 2004.

E. C. Wragg, G. S. Haynes, C. M Wragg, and R. P. Chamberlin. *Performance Pay for Teachers*. RouledgeFalmer, Taylor and Francis Group. 2004.

Dixit, A. *Incentive and Organization in the Public Sector. An Interpretative Review*. Revised Version of A Paper Presented at the National Academy of Sciences Conference on Devising Incentive to Promote Human Management, 2007, (4).

E. Greenwood, S. Nosow and W. H. Form (eds.). *Man, Work and Society*, New York: Basic Books, 1962.

International Bureau of Education (IBE). Strengthening the Role of Teachers in a Changing World: Issues, Prospects and Priorities, 1996.

Figlio, D. and Kenny, L. (2006). Individual Teacher Incentives Boost Student Performance. *US Fed News Service*, Teacher Merit. Including US State News, Washington D. C. 2007 – 01 – 17.

Adele Atkinson, Simon Burgess, Bronwyn Croxson, Paul Gregg, Carol Propper, Helen Slater, Deborah Wilson. "Evaluating the Impact of Performance-related Pay for Teachers in England." *Labour Economics*, Volume 16, Issue 3, June 2009.

Altoniji, J. G., Pierret, C. R. Employer Learning and the Signaling Value of Education. Washington, DC: US Department of Labor, Bureau of Labor Statistics, 1996.

Stufflebeam, D. Philosophical Conceptual and Practical Guides for Evaluating Education, 1978.

Alan Evens and John Tomlinson, *Teacher Appraisal: A National Approach*. London: Jessica Kingsley Publishers, 1989.

Michael J. Podgursky, Matthew G. Springer (2007). "Teacher Performance pay: A Review." *Policy Analysis and Management*, Vol. 26, No. 4, 909 – 949 (2007).

Jean Protsik. *History of Teacher Pay and Incentive Reforms*. Consortium for Policy Research in Education, November2 – 4, 1994.

Macpherson, R. J. S. *The Politics of Accountability: Educative and international Perspective*. Thousand Oaks, CA: Crowin Pressw, 1988.

C. K. McGuire, and J. A. Thompson. *The Cost of Performance Pay Systems*. Denver: Education Commission of the States, October 1984.

Myr Marsden, D. and French, S. What a Performance: Performance Related Pay in the Public Services, London, Center for Economic Performance, London School of Economics, 1998.

D. B. Tyack. *The One Best System: A History of American Urban Education*. Harvard University Press, 1994.

Allen Odden and Carolyn Kelley. *Paying Teachers for What They Know and Do*. Corwin Press, Inc. A Sage Publications Company Thousand Oaks, California, 2001.

Michale Podgursky. The Single Schedule for Teachers in K-12 Public School, August 14, 2002. Bring, 87 – 109.

Sharpes, Donald K. (1987). *Incentive Pay and the Promotion of Teaching Proficiencies*. The Clearing House, Vol. 60, No. 9.

Joel Spring (1984). *The American School. 1642 – 1993*. New York: Longman. p283.

Robinson, G. E. (1984). *Incentive Pay of Teachers: An Analysis of Approaches, Concerns in Education*, Arlington, Virginia: Educational Research Service, Inc.

Lary E. Frase, ed. (1992). *Teacher Compensation and Motivation*. Lancaster, PA: Technique Publishing Company, Inc., p xv.

Michael Barber. "High Expectations and Standards for All, No Matter What: Creating a World Class Education Service in England in Michael Fielding." *Taking Education Really Seriously*. Rouledge Falmer, 2001.

Clyde Chitty. *Understanding Schools and Schooling*. Routledge Falmer, 2001. 33.

Details of This Program are Provided in a Publication Issued by the Chief Scientist of the Israeli Ministry of Education: The Differential Compensation Principles for Allocation. Jerusalem, 1995, in Hebrew.

Rof L. Johns, Edger L. Orphel and Kern Alexander. The Economics and Financing of Education, p. 261.

五 外文期刊

Murnane, R. "Merit Pay and the Evaluation Problem: Why Most Merit Plans Fail and a Few Survive." *Harvard Educational Review*, Vol. 56, No. 1, 1996.

Donald B. Gratz. "Lessons from Denver: The Pay for Performance Pilot." *Phi Delta Kappan*, 2005, (8).

M. L. Ambrose and C. T. Kulik. "Old Friends, New Faces: Motivation Research in the 1990s." *Journal of Management*, Vol. 25 (3), 1999, pp. 192-231.

J. S. Adams. "Toward an Understanding of Inequality." *Journal of Abnormal and Social Psychology* 67 (1963).

J. Brocker. "Why It's So Hard to Be Fair." *Harvard Business Review*, March 2006.

Adele Atkinson, Simon Burgess, Carol Propper, Helen Slater, Deborah Wilson. "Evaluating the Impact of Performance-Related Pay for Teachers in England." *Labor Economic*, Volume 16, Issue 3, June 2009.

Victor Lavy. "Using Performance-Based Pay to Improve the Quality of Teachers." *The Future of Children*, Vol. 17, No. 1.

J. G. Richardson and B. W. Hatcher (1983). "The Feminization of Public School Teaching, 1870 = 1920." *Work and Occupation*, 1983.

Brocker, J., Wiesenfeild, B. M., REED, T., Grover, S., Martin, C. "Interactive Effect of Job Content and on the Reactions of Layoff Survivors." *Journal of Personality and Social Psychology*, 1993, 64 (2).

Robinson, G. E. (1984). Incentive Pay of Teachers: An Analysis of Approaches, Concerns in Education, Arlington, Virginia: Educational Research Service, Inc.

Victor Lavy. Paying for Performance and Teacher Effort Productivity, and Grading Ethics, Working Paper 10622 (Cambridge, Mass National Bureau of Economic Research, 2004.

Murname, R. J., Cohen, D. (1986). "Merit Pay and the Evaluation Problem: Why Most Merit Pay Fail and Few Survive." *Harvard Education Review*, 56.

H. Atrober and Lauru Best (1979). "The Female/Male Salary Differential in Public Schools: Some Lessons From San Francico, 1879." *Economic Inquiry*. Vol. 17, Issue 2.

Adnett, N. "Reforming Teacher Pay: Incentive Payments. Collegiate Ethos and UK Policy." *Cambridge Journal of Economics*. Vol. 27, No. 1.

A Dam Urbanski. "Merit Pay Won't Work in the School, It Hurts Those It Purposes to Help," *Education Week*, January 15, 1997.

Belfield, C. R., Heyhood, J. S. "Performance Pay for Teachers: Determinants and Consequences." *Economics of Education Review* 2008, (3).

Nancy and Lawton. "Performance-Based Pay: A Key-stone for Improving Teachers' Salaries." *School Business Affairs*, November 2002.

Koretz, D. M. (2002). "Limitations in the Use of Achievements Tests as Measures of Educators Productivity." *The Journal of Human Resources*, Vol. 37, No. 4.

Lavy, V. (2002). "Evaluating the Effect of Teachers? Group Performance Incentives on Pupil Achievement." *Journal of Political Economy*. Vol. 110, No. 6.

Donald B. Gratz. "Lessons from Denver. The Pay for Performance Pay." *Phi Delta Kappan*, 2005, (8).

Feguson, R. F. "Paying for Public Education: New Evidence on How and Why Money Matters." *Harvard Journal on Legislation*, 1991.

后　　记

　　2006年，在基层地方政府工作了数年的我考上了华中师范大学教育学院的研究生，开始走上了学术的道路。六年弹指一挥，回顾求学过程中的快乐和辛酸，我心存无尽的感激。记得刚来桂子山时，专业基础非常差，学习十分吃力。但我还是尽最大的努力认真学习，六年来大部分时间是在图书馆中度过的。2009年春季，由于科研成果突出，我被顺利地保送为华中师范大学教育学院博士，继续师从著名教育经济学专家范先佐教授，从事教育经济与财政的研究。自2009年至今，我先后在全国中文核心期刊发表了18篇文章，其中CSSCI期刊文章14篇，还幸运地获得了华中师范大学"博士创新基金""优秀博士论文培育基金"和"蔡勖奖学金"等。

　　衷心地感谢我的恩师范先佐教授，没有范老师的精心栽培和悉心指导，我就不可能有今天的成绩。博士论文的写作过程饱含着范老师的心血，其中论文先后修改四次，甚至连一个标点符号也没放过，有些章节基本上是推倒重来。六年来，范老师不仅教会我如何做学问，更重要的是教会我如何做事和做人。范老师一丝不苟的严谨治学精神和慈父般的关爱，让我深深地体会到"学高为师，身正为范"的大师风范。

　　感谢雷万鹏教授！雷老师指引我逐步走上了实证研究的道路，在外出调研的过程中我学会了怎样进行结构性访谈和田野观察，如何撰写调研报告。我的硕士论文就是在外出调研过程中得到灵感的，我在《教育研究》上发表的文章也是借用雷老师的研究范式。

　　感谢郭文安教授！郭老师渊博的学识和高尚的人格也给了我深刻的影响，我的博士学位论文中有不少地方都引用了郭老师《教育学》中的内容，能得到郭老师的悉心指导和耳提面命的垂训是我一生的荣幸。

感谢教育学院的王坤庆教授、涂艳国教授、董泽芳教授、杜时忠教授、邓猛教授、陈斌教授、王建梁教授、方彤教授、余子侠教授、李晓燕教授、周东明教授、刘欣副教授、余学锋副教授等在不同场合给予的指导！感谢卢书记、雷红卫老师、张汉桂老师、王雨露老师、马英老师平时在工作上的大力支持！感谢教育学院资料室的张老师、戴老师等为我提供的周到的服务。

感谢曾新师姐！她在学术道路上为我提供了极大的方便，可以说，我在学术上所取得的一点点成绩也有着曾老师的功劳；感谢唐斌老师兄长般的关爱，有了他的叮嘱和关心，我在寂寞的时候感到无比的温暖；感谢徐文师兄为我的工作日夜操心；感谢王远伟师兄、贾勇宏师兄在学术上给予我的悉心指导；感谢赵丹师姐、纪春梅师姐在遥远的他乡给我的关心；感谢"范家军"汪昌海师兄、徐文师兄、李忠斌师兄、吴克明师兄、杨宏霞师姐、郭清扬师姐、冯帮师兄、郭晖师兄平时在学习和生活上的帮助；感谢张雪艳博士、杨晓霞师姐、杨江峰博士、白政府博士、姚勇强博士、叶庆娜博士在学术上和生活上的关心；感谢周静师妹、张靖梅师妹、周志师弟、成丽格师妹、何希师妹、奉祁薇师妹等"范家军"成员的支持。

感谢我的博士同门董世华！你三年的相伴，使我在寂寞的日子里有了许多的快乐，我们一起走过的日子我永远无法忘怀；感谢博士同门肖军虎老师平日对我兄长般的关怀；感谢教育学院方红博士、桂勇博士、陈峥博士、黄宝权博士、刘振宇博士、陈元博士、李浩泉博士、张敏博士、刘晓庆博士等平日在学习上的讨论和生活上的帮助。

感谢我的妻子徐晓丽女士，是你六年来含辛茹苦地支撑着我们的三口之家，没有你的大力支持，我是不可能舍弃公务员的职位从而走上学术道路的，是你在我最艰难的时候给我巨大的信心和勇气；感谢我的女儿付苗佳，当我在困惑不解和情绪低落的时候，是你给我无尽的欢乐和宽慰。

感谢华中师范大学研究生处为我提供了"博士创新基金""优秀博士论文培育基金"和"蔡勖奖学金"等，让我解除了生活之忧。

"情动于衷而形于言。"我心存太多的感激，无法形之于言，唯存于心，付诸行。每当蓦然回首时，仿佛又听到那熟悉而关切的话语，心中不由涌起一股股暖流。"路漫漫其修远兮，吾将上下而求索。"未来人生之路还很长，我一定会在以后的科研和工作中稳步前进。

付卫东
2012 年 5 月于桂子山